21世纪卓越人力资源管理与服务丛书

管理心理学

（第5版）

陈国海　林悦云　陈梦雄 ◎ 编著

内 容 简 介

　　管理心理学是研究心理学和经济管理学的交叉学科。本书研究并回答了管理对象中的个体、群体和组织行为模式是怎样的，它们之间如何互动，感知规律如何影响管理，个性如何与职业相匹配并影响工作绩效，如何激励员工，如何建设高绩效的团队，如何塑造完善的组织文化，如何改善管理沟通，如何运用权术和领导的权力，如何为员工提供援助计划，如何培育和开发员工的心理资本等问题。全书详细论述并分析了管理对象中的各种现象，内容共包括十二章，分别为管理心理学概述，知觉、归因理论与个人决策，个性与心理测验，价值观与态度，激励理论及其应用，群体心理与行为，管理沟通，权力与政治，领导理论，组织文化，员工援助计划，职业生涯规划与管理。

　　本书适合作为全日制普通院校和职业院校心理学专业和经济管理专业的本科和专科教材，也可作为"管理心理学"选修课的教材。

图书在版编目（CIP）数据

管理心理学 / 陈国海，林悦云，陈梦雄编著 . —5 版 . —北京：清华大学出版社，2023.8（2024.8 重印）
（21 世纪卓越人力资源管理与服务丛书）
ISBN 978-7-302-64407-1

Ⅰ. ①管⋯　Ⅱ. ①陈⋯ ②林⋯ ③陈⋯　Ⅲ. ①管理心理学—高等学校—教材　Ⅳ. ①C93-05

中国国家版本馆 CIP 数据核字（2023）第 149597 号

责任编辑：邓　婷
封面设计：刘　超
版式设计：文森时代
责任校对：马军令
责任印制：杨　艳

出版发行：清华大学出版社
　　　网　　址：https://www.tup.com.cn，https://www.wqxuetang.com
　　　地　　址：北京清华大学学研大厦 A 座　　　邮　　编：100084
　　　社 总 机：010-83470000　　　　　　　　　邮　　购：010-62786544
　　　投稿与读者服务：010-62776969，c-service@tup.tsinghua.edu.cn
　　　质量反馈：010-62772015，zhiliang@tup.tsinghua.edu.cn
印 装 者：三河市人民印务有限公司
经　　销：全国新华书店
开　　本：185mm×260mm　　　印　　张：18.25　　　字　　数：417 千字
版　　次：2008 年 6 月第 1 版　　2023 年 8 月第 5 版　　印　　次：2024 年 8 月第 2 次印刷
定　　价：66.00 元

产品编号：101542-01

第5版前言

本教材第1版自2008年出版以来，深受广大师生的喜爱。第5版教材结构完整、逻辑严密、内容新颖、例证丰富、体例活泼，力图做到每章正文内容少而精、科学严谨，用丰富的例证来说明相应的概念、原理和结论，每章章末附加思考练习题、心理测试、管理游戏（拓展训练）以及案例分析，并配备相应的教学参考资料。本教材的内容设计和编排为教师提供了多样化的课堂教学形式和方法，只要教师在课前结合教材适当设计教学活动，就可使师生互动性明显增强，让学生喜欢该课程并给予较高的评分。许多教师，特别是年轻教师，明显感受到了这个优点。许多高校教师在反馈信息中提到，本教材十分适合用作全日制普通院校和职业院校应用心理学专业、人力资源管理专业、工商管理专业、行政管理专业以及"管理心理学"全校性选修课、考研和自考的教材，也可用于心理学爱好者自学。

为了帮助教师更好地使用本教材，特提出如下五点建议，仅供参考。

1. 坚持少而精的教学原则

本课程教学安排一般为每周2～4学时，总课时为36～72学时。教材共有12章，内容比较充实和丰富，要在有限的课时内将教材的全部内容讲完，确实很难做到。因此，教师教学时要明确每章的重点和难点，根据这些重点和难点，坚持以"少而精"为教学原则来开展教学，按照1∶1的课外学时要求，安排学生课后阅读、做作业、进行讨论和拓展训练。本教材的某些内容与其他课程（如人力资源管理、管理学原理、组织行为学）的内容有所重复，但侧重点有所不同。例如，谈到激励时，本教材的重点在于激励理论和实践对于员工心理动机和需求、心理感受（如公平感）、心理期望、行为改变和塑造等的探究；谈到组织文化时，组织文化的心理功能、组织社会化过程和组织公民行为是重点内容；谈到领导理论时，基于行为科学的领导理论是重点内容。为督促和检查学生阅读和自学教材，可采用单元测验（如每三章为一个单元）。

2. 平衡使用多种教学方法

本教材的一大特色就是提供了多种教学方法，包括讲授、课堂讨论和辩论、案例分析、心理测验、管理游戏（拓展训练）、抽查提问、单元测验、录像教学。由于专业背景和经验不同，每位教师均有自己独特的教学风格和偏好。例如，心理学专业出身的教师可能偏好使用心理测验，而管理学专业出身的教师可能偏好使用案例分析。为了达到较好的教学效果，建议教师平衡使用多种教学方法，而不要过多地使用某一种教学方法。

3. 认真做好案例分析

本教材选用的案例主要根据国际企业和国内知名企业的案例改编而成，力求简洁短小，每章课后还有一个案例分析题。案例尽量不超过两千字，可供课堂或者课后讨论。如在课堂上讨论，可要求学生课前预习，使学生熟悉案例内容，这样有利于节约课堂讨论时间，提高课堂教学效率。课堂上可让学生自由组合进行讨论，最好每组都有不同个性的学生，并将每组人数限定为 5~6 人为宜，讨论后每组需推选至少 1 名代表发言。对案例分析，要求学生做到：① 理论联系案例，运用所学理论分析案例；② 紧扣所讨论的问题和案例实际，避免泛泛而谈；③ 逻辑条理清晰。教师要积极引导学生由脑力激荡（即大家出点子）到评估选择（对各种观点、想法和方案进行评估、批判，选出其中较好的），再到延伸提升（即通过进一步查阅图书馆和数据库、访谈、讨论和交流等获取的新资料和信息，达到螺旋式提升对问题的认识的目的）。教师就每个案例分析题制作相应的PPT，补充案例描述缺失的信息，提出解答和分析的主要思路和方法，提出案例分析的基本观点，鼓励学生创新，提出延伸的问题，引导学生进一步思考，以供课堂上使用。

4. 开展小组演讲和调研

小组演讲是一种很好的教学形式。当采用小组演讲的形式进行教学时，可以将班级分为若干个小组，演讲题目由教师拟定或者由小组自行选定，内容和形式可根据教学目的的不同采用不同的形式，如案例讲解、专题内容（如心理契约）讲解、拓展训练等，小组成员分工协作，每组的演讲时间宜限定在 10~20 分钟。这有助于培养学生的团队合作精神以及口头表达能力，也有助于对组织行为学领域的某些问题做更深入的了解和探讨，因此特别适合本科生或者硕士研究生的课程教学。

到企事业单位、政府机构进行调研是将管理心理学课程理论联系实际的重要环节，有助于学生了解不同组织丰富多彩的管理现状和实际，弥补课堂上感性材料的不足，并深化对管理心理学理论的认识。可以采用个人或者小组的形式开展调研，提交调研报告或者案例研究报告。调研的选题可以选择管理心理学领域一贯的核心问题，如激励机制和方法、领导风格、人与组织的匹配、组织沟通、健康问题等；也可以选择一些热点问题，如后疫情时代的招聘心理、雇主品牌建设等。

5. 厘清课程思维方式和课程学习地图

管理心理学课程具有自身独特的思维方式，这就是管理心理学的一般模型（包括自变量、因变量和协变量之间的关系），它可以帮助我们有效地探讨和构建实际案例问题的解决思路和方法。将这种思维方式贯穿于各章节的教学之中，可以引发学生的思考。例如，领导要提高其行为的有效性，应当表现出什么样的行为才是恰当的？

此外，有一些主线贯穿于各个章节中，因此每个章节并不是孤立的。例如，知觉（个性知觉、人际知觉、团体知觉、政治知觉、领导知觉、组织知觉）、管理制度和行为的心理效应都以感知规律为基础；又如，第三章的个性基本上也可以贯穿后面的各章，这是因为个性是个体的核心特征，而群体和组织离不开个体，如不同个性的个体的激励、不同的个性在群体和组织中的作用、不同的个性在权力与政治中的作用、领导特质理论、个性作为组织变革和发展的阻力和助力。

教学要与时俱进。第 5 版开始增补一些课程思政的内容，比如中国传统管理心理学思想、中国管理心理学发展史、中国积分制管理、优秀中国企业例证、中国社会心理服务体系建设、晋商等内容，同时增补了谦逊领导力、分布式领导、内隐式领导等理论内容。

第 5 版教材由陈国海、林悦云、陈梦雄编撰和统稿，其中，林悦云负责第五章至第八章书稿修改和统稿，陈梦雄负责第九章至第十二章书稿修改和统稿，广东省电力学校信晓宁老师专门设计了若干个拓展训练活动，广州市八方锦程人力资源服务有限公司、深圳市西点探索教育有限公司等提供了例证，陈国海教授的研究生协助修改全书格式、查找例证、制作配套资料，在此对他们的热心帮助和工作表示衷心的感谢。

通过访问清华大学出版社网站（http://www.tup.com.cn）可获取本教材的 PPT 演示文稿。为方便教师教学，减少教师教学备课工作量，我们特地制作了本教材的配套资料包，内容包括：① 教材 PPT；② 正文后习题解答；③ 中英文课程教学大纲；④ 课程考试大纲；⑤ 教学进度表；⑥ 习题库及解答；⑦ 考试 AB 卷及解答；⑧ 教学视频；⑨ 教学方法指导。

陈国海

广东外语外贸大学商学院教授

广东省人力资源研究会秘书长

香港大学心理学博士

2023 年 6 月 28 日

目　录

第一章　管理心理学概述 ·································· 001

第一节　管理心理学的发展 ······························ 002

第二节　管理心理学的概念、作用、研究方法与模型 ·········· 006

第三节　积极管理心理学 ································ 012

本章小结 ·· 017

思考练习题 ·· 018

心理测试　中国本土化心理资本问卷 ······················ 018

管理游戏　我的期望 ·································· 018

　　　　　宏伟的蓝图 ·································· 018

案例分析　华为"最差奖大会" ·························· 018

参考文献 ·· 019

第二章　知觉、归因理论与个人决策 ······················ 022

第一节　知觉 ······································ 023

第二节　人际知觉 ···································· 026

第三节　归因理论 ···································· 028

第四节　个人决策 ···································· 031

本章小结 ·· 037

思考练习题 ·· 037

心理测试　归因方式测验 ······························ 037

管理游戏　九点问题 ·································· 037

案例分析　你继续投资吗？ ······························ 038

参考文献 ·· 038

第三章　个性与心理测验 ······························ 040

第一节　个性 ······································ 041

第二节　心理测验 ···································· 047

本章小结 ·· 054

思考练习题 ·· 054

心理测试　你是 A 型人格吗？ ·························· 054

　　　　　"大五"人格问卷 ·························· 054

案例分析　乔布斯——有缺口的完美人生 ································· 054

讨论题　社交风格分析 ·· 055

参考文献 ·· 055

第四章　价值观与态度 ·· 057

第一节　价值观 ·· 058

第二节　态度及其改变 ·· 061

第三节　工作满意度 ·· 070

第四节　组织承诺 ·· 074

本章小结 ·· 079

思考练习题 ·· 079

心理测试　个人价值观 ·· 079

案例分析　价值 2 亿美元的工作态度 ·································· 079

参考文献 ·· 080

第五章　激励理论及其应用 ·· 082

第一节　内容型激励理论 ·· 083

第二节　过程型激励理论 ·· 088

第三节　激励理论的应用 ·· 095

本章相关视频资料 ·· 103

本章小结 ·· 104

思考练习题 ·· 104

心理测试　需要调查问卷 ·· 104

管理游戏　"糖豆" ·· 104

　　　　　　生死时速 ·· 105

案例分析　丰田集团的薪酬管理制度 ·································· 105

讨论题　如何调动课堂教学中师生的积极性 ···························· 105

参考文献 ·· 105

第六章　群体心理与行为 ·· 107

第一节　群体的基本概念 ·· 108

第二节　群体动力 ·· 115

第三节　团队建设 ·· 122

本章相关视频资料 ·· 129

本章小结 ·· 130

思考练习题 ·· 130

心理测试　贝尔宾团队角色问卷调查表 ································ 130

管理游戏　解"手链" ·· 130

　　　　　　　团队展示 ·· 131
　　案例分析　华为的团队建设 ·································· 131
　　参考文献 ·· 131

第七章　管理沟通 ·· 133

　　第一节　组织沟通原理 ·· 134
　　第二节　群体决策 ·· 140
　　第三节　改善管理沟通 ·· 147
　　本章小结 ·· 157
　　思考练习题 ·· 157
　　心理测试　倾听商数测验 ······································ 157
　　管理游戏　阅读能力测试 ······································ 157
　　　　　　　归队 ··· 158
　　案例分析　"5—15 报告"法 ·································· 158
　　参考文献 ·· 158

第八章　权力与政治 ·· 160

　　第一节　权力 ·· 161
　　第二节　政治——组织中的权力运用 ························ 166
　　第三节　性骚扰 ·· 173
　　本章小结 ·· 176
　　思考练习题 ·· 177
　　管理游戏　公司小品 ·· 177
　　案例分析　控制权争取与企业业绩 ·························· 177
　　参考文献 ·· 177

第九章　领导理论 ·· 179

　　第一节　领导与领导者的影响力 ····························· 180
　　第二节　领导特质理论 ·· 182
　　第三节　领导行为理论 ·· 187
　　第四节　领导权变理论 ·· 189
　　第五节　领导理论的新进展和应用 ························· 195
　　本章相关视频资料 ··· 200
　　本章小结 ·· 200
　　思考练习题 ·· 201
　　心理测试　"最不愿与之共事的同事"（LPC）分级表 ······ 201
　　管理游戏　他的授权方式 ······································ 201
　　　　　　　影视拓展 ··· 201

案例分析　刘强东领导风格的演变 ······························· 202

参考文献 ·· 202

第十章　组织文化 ·· 204

第一节　组织文化概述 ·· 205

第二节　组织文化的作用 ·· 210

第三节　塑造完善的组织文化 ·· 212

第四节　组织公民行为 ·· 219

本章相关视频资料 ·· 222

本章小结 ·· 223

思考练习题 ·· 223

管理游戏　组织文化调查表 ·· 223

　　　　　影视拓展 ·· 223

案例分析　华为的企业文化建设 ·· 223

参考文献 ·· 224

第十一章　员工援助计划 ·· 225

第一节　员工援助计划概述 ·· 226

第二节　员工心理保健 ·· 230

第三节　员工心理咨询 ·· 245

本章小结 ·· 250

思考练习题 ·· 251

心理测试　应对幽默量表 ·· 251

案例分析　广州地铁车务中心 EAP 项目实践 ·· 251

讨论题　多方沟通 ·· 251

参考文献 ·· 252

第十二章　职业生涯规划与管理 ·· 254

第一节　职业生涯规划与管理概述 ·· 255

第二节　职业生涯规划与管理的基本理论 ·· 259

第三节　个人职业生涯规划与管理 ·· 269

本章小结 ·· 277

思考练习题 ·· 277

心理测试　你的职业兴趣——三个圆的启示 ·· 277

管理游戏　圆球游戏 ·· 277

案例分析　西门子公司的新职业生涯计划 ·· 277

参考文献 ·· 278

第一章
管理心理学概述

学习目标

➢ 了解管理心理学的发展历史
➢ 掌握管理心理学的概念
➢ 了解管理心理学与组织行为学的联系与区别
➢ 掌握学习管理心理学的作用
➢ 掌握管理心理学的研究方法和模型
➢ 了解积极管理心理学和心理资本的概念和作用

引例

福特的积极心理管理法[1]

福特汽车公司的创始人老亨利的儿子亨利·福特二世对于职工的心理状况十分重视。他曾经在大会上进行了有关此项内容的讲演:"我们应该像过去重视机械要素取得的成功那样重视人性要素、重视员工的心理状况,让员工以积极的心态面对工作,这样才能解决战后的工业问题。"他说到做到,任命贝克为总经理,以改变公司职员消极怠工的局面。他还亲自听取员工的意见,并积极、耐心地着手解决存在的每一个问题,让员工感到企业的温暖,同时也给予员工袒露心声的机会。福特二世还和工会主席一起制订了"雇员参与计划",在各车间成立由工人组成的"解决问题小组",并鼓励员工共同解决问题,以激发员工的智力和自我效能感。工人们有了发言权,不但解决了他们自己的问题,更重要的是对工厂整体的生产工作起到了积极推动作用。

从这个案例可以看到,员工的积极心态对于企业的发展有着举足轻重的作用。那么,企业应该如何衡量员工的心理状况并采取相应措施来培养员工的积极心态呢?要想回答好这个问题,就要先了解管理心理学的历史。

管理心理学有近百年的发展历史,可以追溯到早期的工业心理学。人际关系理论及行为科学的发展奠定了管理心理学学科形成的基础。从 20 世纪 60 年代作为独立的学科,到 80 年代逐步分化,管理心理学至今关注的重点问题既有一贯的核心问题,也有一些热点问题。从 20 世纪 70 年代末期到现在，管理心理学在我国得到了一定程度的发展，但与西方发达国家的研究水平相比尚有一定的差距。管理心理学与组织行为学既有联系，又有区别。关于管理心理学的教学和实际应用，首先，应掌握其基本的研究方法和模型；其次，要掌握积极管理心理学以及心理资本的概念和作用，从而将其更好地运用到企业的管理实践中。

第一节　管理心理学的发展

西方管理心理学学者把自 20 世纪初以来管理心理学的发展历史划分为三个阶段：以泰勒为代表的经典科学管理理论阶段（1900—1927 年）；以霍桑实验开始的人际关系理论以及后来的 X—Y 理论阶段（1927—1965 年）；以权变态度和方法来看待人及其管理心理与行为的阶段（1965 年至今）。

一、管理心理学的早期研究

管理心理学得以发展的一个重要原因是心理学在工商业的应用能够有效地提高生产效率。在 19 世纪末和 20 世纪初，提高生产效率成为一个非常突出的社会问题，主要表现为以下两个方面。

第一，提高劳动生产率有助于缓解早期工业社会劳资关系的矛盾。在早期的工业社会，成本最小化、利润最大化是资方的目标，而改善工作条件以及提高工资福利待遇是劳方的要求。资方追求效益，劳方期待公平、满足生活和人性方面的需求。劳资矛盾的加剧引发了大规模罢工、关闭工厂甚至流血冲突等，使得劳资双方两败俱伤。在资本主义发展的早期阶段，特别是资本的原始积累阶段，劳资矛盾非常突出。解决劳资矛盾的一个重要方法是提高劳动生产效率。劳资双方不应为争夺小小的利益而喋喋不休，而应设法提高生产效率，进而提高产出和利润，提高工资并改善条件，只有这样，劳资双方的日子才会都好过。

第二，第一次世界大战期间，提高劳动生产率有助于满足军需物资生产的需要。当时各交战国的男性青壮年大量应征入伍，工厂由于缺乏熟练工人，除了雇用大量妇女，还不得不采取加班加点、延长劳动时间等办法来增加生产。但事与愿违，延长劳动时间增加了工人的疲劳度，因而还是达不到提高工作效率的目的，这就引起了人们对疲劳的研究，如英国就专门设立了疲劳研究所。

"科学管理之父"泰勒（F. W. Taylor）最早采用科学方法研究工人的工作效率问题。他在美国伯利恒钢铁厂对工人实行严格管理，并用计件奖励工资的方式激励工人努力生产。他运用"时间—动作分析"的方法进行了大量的试验，提出了"劳动定额""工时定额""工作流程图""计件工资制"等一系列科学管理制度和方法，工人按照他所设计的工具和操作方法进行劳动，工作效率得到成倍提高。[2]

雨果·芒斯特伯格（Hugo Münsterberg）被人们称为"工业心理学之父"，他在具有里程碑意义的《心理学和工业效率》一书中明确提出，他的目标在于去发现：① 如何使人们的智能与其所从事的工作最适合；② 在什么样的心理条件下，才能从每个人的工作中获得最大和最令人满意的产出；③ 企业如何去影响工人，以便从他们那里获得最好的结果。[3]

芒斯特伯格的著作得到了莉莲·吉尔布雷斯（L. M. Gilbreth）创新思想的补充。在1914 年出版的《管理心理学》一书中，吉尔布雷斯就尝试把早期的心理学概念应用到科学管理实践中去，她关心工作中人的因素。[4]她强调，在应用科学管理原理时，必须首先看到工人，并且要了解他们的个性和需要，工人之所以产生很多的不满并不是因为工作的单调，而是因为管理人员对工人的关心不够。她首次提出"管理心理学"的概念，力图把早期心理学的概念应用到管理实践中去，但这在当时并未引起人们足够的重视。

把心理学应用到管理领域的另一位重要的早期管理心理学学者是沃尔特·斯科特（W. D. Scott），他于 1900 年获得了心理学博士学位，写过许多关于把心理学概念应用于广告和市场销售方面的书，还写了一些关于有效地选拔人才等人事管理实务方面的著作。[5-6]

第一次世界大战期间，兵员选拔上的需要也推动了管理心理学的发展。各交战国为了有效地使用兵员资源，需要对应征入伍的大量兵员进行甄别和选拔，这有力地推动了心理学的人员测评研究。例如，当时美国就有很多心理学家被征召从事兵员的选拔工作。第一次世界大战后，心理学家设计的人事测评方法和技术很快就被应用于工业界，成为选拔工人的重要手段。此外，从 20 世纪 20 年代起，人们开始逐步认识到心理学在工作环境研究中的作用越来越重要，工业心理学开始兴起。这里所说的工业心理学是指以企业中的人—机关系、人际关系和人—工作环境关系为研究对象的学科。[7]管理心理学被看作工业心理学的一个分支。

二、霍桑实验的影响

1927—1932 年，在西方电气公司的霍桑工厂从事著名实验的埃尔顿·梅奥（Elton Mayo）、罗特利斯伯格（F. J. Roethlisberger）和其他一些人对管理心理学的发展具有巨大影响。早在 1924—1927 年，美国国家研究委员会就与西方电气公司合作开展了一项研究，以确定照明和其他条件对工人和生产率的影响。他们发现，改变实验小组的照明度，无论是增强还是减弱，生产率都有提高。正当研究人员打算宣布整个实验失败之际，哈佛大学的埃尔顿·梅奥却看出了某些不寻常的东西，便和罗特利斯伯格以及其他一些人继续进行研究。可是，改变实验小组照明度、改善休息时间、缩短工作日和变换有鼓励性的工资制度似乎都不能解释生产率变化的原因。于是梅奥和他的研究人员得出结论——必定有其他因素在起作用。他们认为，生产率的提高是一些社会因素在起作用，如士气、劳动集体成员之间满意的相互关系（一种归属感）以及有效的管理。这一类的管理工作要求管理者了解人的行为，特别是集体行为，并且通过这样一些人际关系的处事方法，如激励、劝导、领导和信息交流等方式开展管理工作。上述实验小组所出现的现象，基本上是由实验小组受人"注意了"而引起的，这一现象被统称为"霍桑效应"。[8-11]

霍桑实验及早期人际关系学者提出了许多关于组织中人的行为的概念，其中引人注目之处包括如下七个方面：① 企业组织不仅是一个技术—经济系统，而且是一个社会系统；② 个体不仅受经济奖励的激励，而且受各种不同的社会和心理的影响；③ 企业中存在着"非正式组织"；④ 强调"民主"而不是"独裁"的领导模式；⑤ 强调参与管理，重视在组织等级中的各层次之间建立有效的沟通渠道；⑥ 管理者不仅需要有效的技术才能，而且需要有效的社会才能；⑦ 组织成员都可以通过满足某种社会—心理需要来调动工作的积极性。

例证 1-1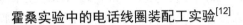

霍桑实验中的电话线圈装配工实验[12]

电话线圈装配工实验是霍桑实验中最主要的一项，是为了研究非正式组织的行为、规范及其奖惩对工人生产率的影响而设计出来的一组实验，于 1931 年 11 月到 1932 年 5 月进行。这次实验选了 14 名男工在一间单独的观察室中进行。通过实验，研究者注意到的第一件事情是：工人们对"合理的日工作量"有明确的概念，而他们认为的"合理的日工作量"低于企业管理层拟订的产量标准。工人们认为，如果他们的产量超过了非正式定额，工资率就会降低，或者产量定额就会提高；如果他们的产量低于非正式定额，又会引起企业管理层的不满，所以他们就制定了这个非正式定额，并运用群体的压力使每个工人都遵循这个定额。对电话线圈装配工中社会关系分析的结果表明，在组织中存在着两个非正式群体。非正式群体有下面四条不成文的规矩：① 你不应该干活过多；② 你不应该干活过少；③ 你不应该向监工报告任何有损于同伴的事；④ 你不应该对同伴保持疏远的态度或者好管闲事。

三、管理心理学在我国的发展

我国古代就有丰富的管理心理学思想。例如，春秋末年，军事家孙武在《孙子兵法》一书中就写道："道者，令民与上同意也。故可以与之死，可以与之生，而不畏危。"孙武强调领导与下属之间意愿协调一致的重要性，这在今天看来也是十分重要的管理心理学原则。我国古代的管理哲学思想充分反映在关于人性的争论上。荀子认为："今人之性，饥而欲饱，寒而欲暖，劳而欲休，此人之情性也。"（《荀子·性恶》）孟子则认为："人性之善也，犹水之就下也。"（《孟子·告子上》）今天，我国古代管理心理学思想已经受到了一定程度的重视，我国的有关古籍也成了一些国家培养管理人员的必读书目。虽然我国传统文化蕴含着丰富的管理心理学思想，但这些思想并未形成系统的理论，基本上停留在经验和朴素的认识上。

20 世纪初，在泰勒引导的科学管理运动和芒斯特伯格倡导的工业心理学的作用下产生了管理心理学，并在梅奥的"霍桑实验"推进下不断发展。到了 20 世纪 60 年代，在长时间的探索和发展中，管理心理学作为一门正式的独立学科，逐渐应用于现代企业管理中。直到 20 世纪 70 年代末，我国转向以经济建设为中心，工业部门感到需要运用心理学的知识调动企业管理者和职工的积极性，心理学界也感到需要开展有关生产管理中的心理学问题的研究，正是在这种改革和开放的形势下，管理心理学才逐步得到发展。

1980 年，中国心理学会工业心理专业委员会的成立，标志着中国管理心理学的起步。1985 年成立的中国行为科学学会，实际上就是管理心理学学会。迄今为止，各省（区、市）基本上都成立了行为科学学会。

从 20 世纪 80 年代开始，我国有两个工业心理学的专门研究机构从事管理心理学的研究。一个是中国科学院心理研究所社会经济与心理行为研究中心（原名为工业心理研究室），另一个是浙江大学心理与行为科学学院（前身为杭州大学心理学系），它们均为博士学位授予单位。20 世纪 90 年代之后，随着我国人力资源管理热潮的兴起，许多高校教师开始从事管理心理学的教学和研究，一批研究生也以管理心理学领域的问题作为学位论文的课题。

从 20 世纪 80 年代起，我国翻译出版了一批在国外较有影响力的著作，如薛恩（Shein）的《组织心理学》、马斯洛（Maslow）的《动机与人格》、麦考密克（McCormick）和伊尔根（Ilgen）的《工业与组织心理学》、罗宾斯（Robbins）和贾奇（Judge）的《组织行为学》以及 些以"管理心理学"和"组织行为学"命名的其他著作。1985 年，卢盛忠编写的《管理心理学》出版了，这是第一部由我国学者编写的管理心理学著作。随后，我国又出版了许多关于管理心理学和组织行为学的著作。其中，比较有影响的有俞文钊的《管理心理学》、陈立的《工业管理心理学》、徐联仓和陈龙的《管理心理学》以及王重鸣的《劳动人事心理学》等。据不完全统计，目前"管理心理学"著作有三百余种。

从 20 世纪末到 21 世纪初，我国大力推行了国有企业改制，大量劳动者需要转换工作，对人力资源管理提出更高要求，员工激励、干部管理与选拔等成为重点研究主题。在 20 世纪末，以计算机、互联网为代表的信息技术在中国迎来第一次发展高潮，为人员测评提供辅助支持。2001 年，我国加入世界贸易组织，对外开放的环境进一步优化，外资人力资源服务企业进入中国市场，猎头、外包等人力资源服务业态开始逐步发展，企业重组、战略管理、跨国公司、国际合资企业管理的研究呈现强劲势头，其中文化因素是这类研究的关注热点[13]。

从 21 世纪初到新型冠状病毒肺炎（以下简称"新冠肺炎"）疫情前期，我国经济高速发展，人力资源管理体系逐步形成并完善。随着全球竞争的加剧、科技创新和跨国公司的迅猛发展，管理心理学的研究更加注重探索管理者决策、技术创新和员工的胜任素质，更加关注如何充分利用和开发人力资源。

新冠肺炎疫情时期，大部分企业出现移动/远程/线上的弹性工作模式，不同于以往模式，新沟通模式迫使企业管理者及时调整团体合作、管理模式、激励制度等[14]。领导行为、管理决策、人员培训及员工激励仍是管理心理学的重点研究内容。

综上所述，目前管理心理学主要研究两个方面的内容：一方面，研究领导行为、领导风格、管理决策、组织变革与发展、团队建设、沟通、激励和跨文化管理理论问题；另一方面，从个体差异的角度研究职务分析、人员选拔、培训、工作态度与价值取向、绩效评价和薪酬分配等方面的相关理论和方法。然而，与西方发达国家特别是美国相比，我国在管理心理学领域的从业人员数量、成果的数量和创新性、社会影响等方面仍存在一定的差距。

第二节 管理心理学的概念、作用、研究方法与模型

管理心理学的新发展是组织行为学，它们既有一致性，也存在一定的差别。

一、管理心理学的内涵

本书采用孙健敏教授（2017）的定义。[15]管理心理学主要研究各种组织中人的心理现象和行为规律，以调动人的积极性、充分发挥人的潜能，从而达到提高生产和工作效率，增加组织功能的目的。与管理心理学密切相关的学科有管理学（包括人力资源管理学、组织管理学）、行为科学（包括心理学、社会学、人类学）、社会科学（包括政治学、经济学、伦理学），如表 1-1 所示。

表 1-1 与管理心理学密切相关的学科

学　科	具体学科	主要涉及研究领域
管理学	人力资源管理学	培训与开发、绩效管理、员工招聘与选拔、薪酬管理、劳资关系
	组织管理学	组织理论、组织技术、组织变革、组织文化
行为科学	心理学	激励、领导、知觉、个性、个体决策、工作满意度、态度、工作压力、工作设计
	社会学	群体动力、群体行为、团队建设、沟通、行为改变、态度改变、群体决策
	人类学	价值观比较、态度比较、跨文化研究、组织文化、组织环境
社会科学	政治学	冲突、组织内权力与政治
	经济学	消费者心理、外部性问题内部化
	伦理学	激励、领导、沟通的伦理问题

管理心理学研究的问题既有一贯的核心问题，也有一些热点问题。在 21 世纪，管理心理学研究需要应对经济社会转型中的组织变革与发展、人力资源开发与管理、经济心理与国家金融安全、组织文化与学习模式、工作方式变化等问题[16]。以下四个方面的问题一直是管理心理学研究的核心问题。

（1）人与工作、组织和环境的匹配问题。早期的管理心理学学者主要研究人与工作、职业的匹配，管理心理学的研究已从过去的人如何适应机器向机器怎样适合于人转变。近年来，管理心理学学者开始注意研究人与组织、环境的匹配问题，其研究结论为人力资源的招聘和选拔、绩效管理提供了坚实的理论基础。

（2）激励问题。这一领域，过去曾产生了内容学派、过程学派和强化学派等有关激励的理论。此外，与激励问题密切相关的研究是有关工作承诺的研究，主要从工作价值观、职业发展、工作责任心、组织认同和对社会的态度等方面进行研究。

（3）领导科学问题。领导科学主要研究领导者的个体素质、领导行为、思维方式、实践经验以及领导方法等与领导力和领导效能相关的问题。领导在组织变革和发展中的作用日益受到重视。

（4）健康问题。过去管理心理学主要关注出勤、病假、旷工、加班等身体健康方面，随着生活和工作节奏加快，员工面临的压力也越大，心理健康的研究日益受到重视，情绪管理、工作压力、人际关系、主观幸福感等都是管理心理学的重点研究方向。

管理心理学通过对动机管理、认知管理、情绪管理、行为管理、组织管理等方面的研究，对人的动机和激励理论、人的认知思维与决策、群体意识和管理、情绪劳动与管理、领导行为和决策方法、组织气氛管理和组织变革发展等方面进行梳理，从而指导实践。[17]近年来，国际心理学界开辟了心理学研究的新领域——积极心理学，该学科主要研究人类心理的积极状态和良好品质对行为和工作效率的影响等，研究成果既可用于员工的心理管理、心理激励，也可用于人类的自我激励。本章第三节将对积极心理学及积极管理心理学做介绍。

二、管理心理学与组织行为学的联系与区别

从研究目的、对象、内容和理论来源方面来看，组织行为学与管理心理学有着密切的联系。许多学者及教师认为，组织行为学就是管理心理学。然而，二者其实又略有不同[18-19]。正如俞文钊教授所说："在西方，管理心理学与组织行为学是一致的。管理心理学侧重从心理方面进行研究，组织行为学研究一定组织中人的行为，必然要以心理为基础。它们是一致的，但名字不同、侧重点不同、背景有差异。可以发挥各自的优势，从不同的角度进行研究，达到同一个目的。可以殊途同归，应该互相结合，不应该有门户之见。"

（一）管理心理学与组织行为学的联系

从组织行为学的发展来看，组织行为学可以看作是管理心理学的新发展。管理心理学与组织行为学在研究的目的、对象、内容和理论来源方面是一致的。具体表现在如下四个方面。

（1）研究的目的相同。通过对组织中人的心理与行为的研究，揭示其规律，并以此规律指导个体、群体或组织的行为，达到组织的预期目标。

（2）研究的对象一致。管理心理学和组织行为学都把心理与行为作为自己的研究对象。当管理心理学研究管理过程中人的心理特点及其规律时，不可能不涉及人的行为；当组织行为学研究一定组织中人的行为特点及其规律时，不可能不涉及人的心理。

（3）研究的内容大同小异。管理心理学与组织行为学的内容构架基本相同，如个体问题、群体问题、激励问题、领导问题、组织文化与变革问题等。

（4）很多理论来源相同。虽然组织行为学的理论来源比较广，但很多理论来源与管理心理学的理论来源相同，如心理学、社会学、人类学、教育学、生理学。其中，心理学是一门主要学科。

（二）管理心理学与组织行为学的区别

虽说管理心理学与组织行为学在诸多方面相一致，都是边缘学科和应用学科，很多学者也容易将两者混同起来，但其实它们还存在一些差别，表1-2对这些差别做出了比较。

管理心理学与组织行为学的主要区别在于研究对象的不同，前者的研究对象是指组织中人的心理（包括外在、可观测、可变的行为，也包括内在、不可观测、不可变的行为，如思维、本能），而后者的研究对象是指组织中人的外在、可观测、可变的行为。由此决定了管理心理学的研究成果显得比较抽象、隐晦和理论化，而组织行为学的研究成果更为具体、直观、实用。

表 1-2　管理心理学与组织行为学的比较

项　目	管理心理学	组织行为学
研究对象	管理过程中各层次人员的心理（感觉、知觉、记忆、思维、情绪、意志、气质、性格等心理现象的总称）	一定组织中人的行为（指外在的活动、动作、运动、反应或行动）
理论基础	心理学、社会学、经济学、教育学、管理学、生理学等	社会科学、行为科学、管理科学、自然科学等
学科性质	心理科学	行为科学
形成背景	莉莲·吉尔布雷斯《管理心理学》（1914）首次使用"管理心理学"一词； 20 世纪 20 年代和 30 年代，工业心理学与人际关系学说的发展； 莱维特出版专著《管理心理学》（Leavitt，1958），管理心理学成为独立学科	1949 年，"行为科学"一词出现，1953 年正式命名； 20 世纪 60 年代末，开始形成组织行为学； 20 世纪 80 年代，组织行为学分为宏观组织行为学和微观组织行为学

三、学习和研究管理心理学的作用

（一）有助于强化人性化管理意识，充分调动员工的工作积极性

霍桑实验是管理心理学发展史上的一个经典实验，它告诉我们，员工除了物质需求，还有社会、心理和精神需求，而后者对提高生产效率的作用更为显著。管理心理学的研究正是沿着这种理念和思路，重视对员工工作积极性即激励问题的研究，以充分调动员工的积极性、主动性和创造性的。通过学习和研究管理心理学，能够增进我们对人类本性和行为的了解，认识到通过人性化管理满足员工的社会、心理和精神需求的重要性；能够帮助我们掌握相关的激励理论并将其灵活运用到实际生活、学习、家庭教育和工作中，以调动自己以及周边人的积极性。

（二）有助于合理选拔和使用人才，做好职业生涯规划

做到知己知彼和掌握相应的方法是学习和研究管理心理学的重要目标。通过学习和研究相关的人格心理学理论和心理测试，能够帮助自己和他人更好地了解需要、动机、兴趣、理想、信念、世界观、气质、性格和能力。同时，通过学习和研究管理心理学，能够帮助我们掌握"人—工作—组织匹配"的理念和方法，有助于我们合理地选拔和使用人才，也有助于我们根据组织需要做好个人的职业生涯规划。

（三）有助于改善管理沟通，增强团队的凝聚力

通过学习和研究管理心理学，能够增进我们对个体、群体、团队的性质和特点的认识，帮助我们了解和掌握人际沟通和组织沟通的理论和技能，帮助我们掌握人际冲突处理的策略和方法，运用正式和非正式渠道改善管理沟通；同时能够帮助我们了解和掌握高绩效团队的特点和建设方法，以增强团队的凝聚力和战斗力。

（四）有助于提高领导能力和水平

通过学习和研究管理心理学，能够增进我们对领导素质的了解，提高对领导力和领导理论的认识，运用科学的领导理论和方法，指导对领导风格和行为的选取和改进，进而提高领导能力和水平。同时，通过学习和研究管理心理学，能够增进我们对领导者和被领导者的互动关系的认识，可以利用这些知识（如心理契约）来改善领导者和被领导者之间的关系。

（五）有助于促进组织变革和发展

通过学习和研究管理心理学，能够增进我们对组织、组织设计、组织文化、组织政治、组织变革与发展的特点和规律的认识，这些知识可以帮助我们在组织变革中寻求助力，克服阻力，面对组织变革和发展中的问题，运用组织发展的方法和技术，促进组织的发展。

（六）有助于对积极心理品质和能力的开发及有效管理

通过学习和研究管理心理学，能够增进我们对积极心理品质（如责任心、乐观、恢复力）的认识和辨别能力，有效地对这些积极心理品质进行测量、开发和管理。对这些积极心理品质的开发和提升有助于提高员工的工作绩效，促进他们的身心健康。

四、管理心理学的研究方法与模型

管理心理学是对组织管理活动中人的行为规律及心理活动进行研究的学科[20]。由于它的研究对象是人，而人的行为和心理具有复杂性，因此管理心理学的研究方法也多种多样，如实验法、案例分析法等。问题的性质不同，研究的方法也不一样，选择何种方法，通常取决于研究所提出的任务。

（一）研究方法

传统管理心理学学者关心的是组织理论内部的逻辑一致性，即设法保证得出的结论是从一系列数据中合乎逻辑地推衍出来的。在大多数情况下，这些数据来自实验室实验，而不是来自现实的组织及其行为。20 世纪 30 年代至 70 年代末，这种实验室研究方法在管理心理研究中颇为盛行，但到了 70 年代末和 80 年代初，管理心理学以实验室实验为基础的传统方法论体系受到质疑和挑战，人们认为这种方法得出的结论并不适合现实的组织，理论脱离实际，由此引发管理心理学研究方法转向外部有用性的体系。这种以现

实有效性为基础的研究方法面向现实的组织，强调研究的现实意义，发展成一种直接与现实组织相联系的概念模型和研究方法。具体研究方法除了实验室实验或现场实验等传统方法，还包括案例分析法、观察法、研究者与实践者相互参与的准实验方法、现场研究法、测验法等。下面主要对实验法、案例分析法、现场研究法、测验法分别加以介绍。

1. 实验法

这是研究者有目的地在严格控制的环境中或创造具有一定条件的环境，诱发被试者产生某种心理现象或行为，以研究人的心理活动规律和行为规律的一种方法。按实验地点的性质不同，实验法可分为实验室实验法和现场实验法。

实验室实验法是在专门的实验室内，运用一定的仪器和设备严格地控制实验条件，以研究心理现象的方法，其优点是能够严格控制各种无关变量对实验结果的影响，缺点是具有很强的人为色彩，与实际情境相差较远，因此不宜用于研究比较复杂的社会活动。[21]

目前，人们比较多地使用现场实验法。现场实验法主要有如下三个步骤：① 进行实验设计，主要包括明确研究目的和假设，确定研究对象，并将其分为实验组和控制组，拟订实验程序；② 进行实验，主要观察和收集由自变量引发的心理现象（因变量）等方面的数据；③ 对从实验组和控制组获得的有关数据进行统计分析，得出结论，并写出实验报告。

2. 案例分析法

案例分析法是对个案或组织进行研究。个案分析法又称经验总结法，是根据实际工作者的经验，用管理心理学的理论和知识进行归纳，使之科学化，总结后再加以推广的一种研究方法；而组织案例分析法是对一个组织进行详尽分析，将若干案例比较后得出一般性结论，这种方法在于认识和描述不同组织结构中的基本相同点，对这些相同点的收集和分析可以产生一些能够预测未来发展的工具，应用于其他类似的或可比较情景，从而得出一般结论。

3. 现场研究法

现场研究是在现有组织的环境范围之内进行的研究，通常与实际工作者合作共同完成。现场研究所用资料包括观察者记录的组织成员的行为、组织成员填写的问卷、谈话记录或录音、书面文件、各种有关产量和质量的报表等。

现场研究也包括研究者出于研究目的的挂职行为。研究者以某一层次的真正管理者的身份出现，参与企业的某些实际管理过程，从而在管理一线获得机会超前识别并解决管理过程中的管理心理问题。

4. 测验法

上述各种方法都可以结合使用测验法。测验法即采用标准化的心理量表或精密的测量仪器测量被试者有关心理品质的一种方法。运用测验法需要用标准化的测验工具，这些用文字或图形等表达内容的测验工具称为"量表"。在管理心理学研究中，许多心理学量表被采用。测验法在时间和经济上都比较合理，通常情况下，测试结果还可用于探求个体、群体和组织心理之间的关系。从目前国际流行的实证研究方法来看，许多变量需要通过具有一定信度和效度的量表加以测量。

例证 1-2

Diener（迪纳）的生活满意度量表[22]

Diener（迪纳）的生活满意度量表是在 1980 年设计的，被全世界研究人员广泛使用。该表的 Cronbach（克隆巴赫）信度系数为 0.87。表中有以下五项，被试者通过以下五点陈述进行自我评估，可以得出个人的生活满意度水平。每项分值为 1 分（完全不同意）～ 7 分（完全同意）。

（1）在多数情况下，我觉得我的生活和我的理想状况是一样的。

（2）我的生活状况太完美了。

（3）我对我的生活很满意。

（4）迄今为止，我已经得到我在生活中想要得到的最重要的东西。

（5）如果我的生命可以重新来过，我什么都不想改变。

如前所述，管理心理学研究的主导方法是量的研究的实验法、问卷调查法、测量法、统计模型法等，并长期处于统治地位。近年来，管理心理学研究方法的发展出现了两个重要变化：一是随着人类心理活动脑机制研究取得进展，开始采用神经科学的 PET、MEG、SPECT 等技术来阐释人类管理心理活动神经机制；二是质的研究方法开始引起管理心理学学者的兴趣。质的研究主要包括非反应性研究、观察研究、鉴赏学研究、社区研究、民族学研究、人类种族学研究、人类学生活史研究、微观民族志、交流民族志、常人方法学、谈话分析、现象学、后结构主义、新闻调查、传记研究、历史研究、口语史研究、文学批评、哲学研究、内容分析等。[23]

（二）一般模型

管理心理学一般从三个层面研究一定组织中人的心理和行为：① 个体水平，主要研究个性特征、知觉、价值观和态度以及能力对个体行为的影响；② 群体水平，主要研究沟通模式、领导方式、权力和政治、群体间关系和冲突水平如何影响个体和群体行为；③ 组织水平，主要研究从正式组织的设计、技术和工作过程、组织文化、工作压力水平等方面对个体、群体和管理心理的影响。个体、群体和组织的心理和行为的结果总是通过特定的外部有效性表现出来，从而显示出心理和行为（自变量）与行为有效性（因变量）之间的某种因果关系。自变量有时通过中间/中介变量影响因变量。

中介变量是自变量对因变量发生影响的中介，是自变量对因变量产生影响的实质性的、内在的原因，通俗地讲，就是自变量通过中介变量对因变量产生作用[24-25]。例如，为揭示下属心理资本在提升领导力有效性机制中的作用，研究发现：下属心理资本是战略领导力与下属工作绩效的中介变量，也就是说，战略领导力是通过下属心理资本对工作绩效产生影响的[26]。研究还发现，自我效能感是外界应激源与职业紧张的重要中介变量，即同样的外界应激源对于自我效能感低的员工，造成的职业紧张更为严重[27]。

需要注意的是，中介变量与调节变量、控制变量的概念常常容易被混淆。中介变量是自变量对因变量产生作用的中间条件，而调节变量则是指因变量与自变量的关系受到第三个变量，即调节变量的作用，它影响了因变量与自变量之间关系的方向和强弱[28]。控制变量也被称为额外相关变量、无关变量，是实验中自变量以外对因变量有影响的变量[29]。

因变量是研究者从自变量出发想要进行解释或预测的变量或主要因素[30]。早期管理心理学研究的因变量有生产率、流动率、缺勤率和工作满意度，随着知识经济的发展，工作绩效、组织承诺、管理压力、主观幸福感等也开始成为管理心理学研究的热点。

根据哈克曼对行为有效性的研究[31]，如果以下三个标准得到满足，就可以说个体、群体或组织在有效地从事工作：① 组织的产出（产品或服务）超过那些接受、评价或使用这种产出的个体或群体所需要的最低质量或数量标准；② 从事目前工作的经历有助于提高组织进一步完成新工作的能力；③ 组织中的人在本组织中工作所获得的经验有利于他们自身的成长和满足程度的提高。

表现上述行为有效性的比较常见的指标有：① 效果（effectiveness）；② 效率（efficiency）；③ 缺勤（absenteeism）；④ 离职（dimission）；⑤ 工作满意度（job satisfaction）。效果和效率是两个不同的概念，前者是指方向、目标正确，做正确的事；后者是指快速地实现目标，正确地做事，少走弯路。管理心理学模型的作用就在于通过定量的数学方法揭示个体、群体或组织的心理和行为及其行为有效性之间的相互关系（如相关关系或者因果关系）。

第三节　积极管理心理学

积极心理学是 20 世纪末在西方心理学界兴起的一股重要的心理学力量，最早是由美国的心理学家塞利格曼和希克珍特米哈伊提出来的[32]，他们主张心理学研究的重点要从人们实际的、潜在的、具有建设性的力量和美德出发，倡导用一种积极的方式来对人的心理现象做出新的诠释，从而激发人内在的积极的力量和优秀的品质，并在这个过程中寻求帮助，使人们最大程度地挖掘自身的潜力并获得幸福的途径。

一、积极管理心理学概述

（一）积极心理学的基本概念

1. 什么是积极心理学

"积极"一词是源自日语的汉语外来词，而在日语中该词则意译自英语 positive，含有"肯定的"和"正面的"意义。在心理学中，指每个人实际的和潜在的能力。希顿（K. M. Sheldon）和劳拉·金（Laura King）对积极心理学的定义如下：积极心理学是致力于研究人的发展潜力和美德等积极品质的一门学科[33-34]。换句话说，积极心理学就是利用心理学目前已经比较完善和有效的实验方法与测量手段来研究人类力量和美德等积极品质的一种心理学思潮。

2. 积极心理学的研究领域

目前积极心理学的研究领域主要集中在三大方向：主观层面的积极情绪体验研究、

个人层面的积极的人格特质研究以及群体层面的积极的社会支持系统研究。

（1）积极情绪体验。这个层面主要研究人的积极情绪体验对自身情绪以及行为的影响。弗雷德里克（B. L. Fredrick）提出了"拓展—建构"（Broaden-and-Build）理论，其研究表明，人类的各种积极情绪并不是截然分开的，而是具有高度的相关性和一致性，往往在体验到一种积极情绪的同时，也会体验到其他的积极情绪[35]。看起来相对离散的积极情绪会增强个体瞬间的思想和行动能力，并对指导自己思想和行动的心理资源有长远的影响。

（2）积极的人格特质。人格是一个复杂的组织，人格的形成受遗传因素和后天的各种生活经验的影响，它在日常生活中支持着个体的认知、情感和行为。积极心理学的人格理论被称为积极人格理论。积极人格理论认为，个体没有心理疾病或任何人格问题并不一定意味着具有良好人格。所谓积极人格，是指个体能在生活中不断地主动追求幸福并时时体验到这种幸福，同时又能使自己的能力和潜力得到充分的发挥。

例证 1-3

杰克·韦尔奇的积极人格特质[36]

被人们称为"全球第一CEO"的美国通用电气公司前首席执行官杰克·韦尔奇有一句名言："所有的管理都是围绕'自信'展开的。"韦尔奇的积极人格特质——自信，与他所受的家庭教育是分不开的。韦尔奇的母亲对他的关心主要体现在培养他的自信心上。韦尔奇从小就患有口吃，说话口齿不清，因此经常闹笑话。韦尔奇的母亲想方设法将儿子的这个缺陷转变为一种对他的激励。她常对韦尔奇说："这是因为你太聪明，没有任何一个人的舌头可以跟得上你这样聪明的脑袋。"于是从小到大，韦尔奇从未对自己的口吃有过丝毫的忧虑，因为他从心底相信母亲的话：他的大脑比别人的舌头转得快。在母亲的鼓励下，口吃的毛病并没有阻碍韦尔奇的学业与事业的发展，而且注意到他这个缺陷的人大都对他产生了某种敬意，因为他竟能克服这个缺陷，在商界出类拔萃。

（3）积极的社会支持系统。从积极心理学的三个主要研究方面来看，个体增加自身的积极体验会有利于其形成积极人格，而积极人格一旦形成，个体也将有可能体验到更多的积极体验。而在这一过程中，外在的环境系统也是一个不可缺少的必要条件。因此，创造一个积极的社会支持系统对个体获得积极体验和形成积极人格也十分重要。积极心理学把那种能够促使个体获得更多积极体验并易于个体形成积极人格的环境系统称为积极的社会支持系统。

（二）积极管理心理学的概念

早在霍桑实验时代，研究者就认识到了员工的积极感受与绩效之间的关系。多年来，一些研究结果表明，积极的帮助、正面的影响、员工积极的态度、幽默感均会对绩效有显著影响。尽管如此，管理心理学的研究重点仍然放在对员工的负面障碍的解决问题上，如研究如何更有效地解决冲突、压力和工作倦怠的问题，如何改进不良的态度对组织变革的抵制，如何激励那些处于边缘状态的、缺乏工作动力的员工等。

美国心理学会前主席塞利格曼（Seligman）在 1998 年的美国心理学会年会上明确提出，过去心理学研究对人的积极品质和积极力量不够重视，积极心理学应该成为 21 世纪心理学研究的重点，自此拉开了积极心理学运动的序幕。受积极心理学理论的影响，路桑斯提出了"积极管理心理学"的概念。

路桑斯将积极管理心理学定义为：为提高工作绩效，对心智、能力进行测量、开发及有效的管理，并以员工的积极活力为导向的应用学科。

积极管理心理学主要关注那些导向积极的，能够被有效测量、开发和管理并与高绩效相关的心理资源或要素的研究和应用。它强调对人类心理优势的开发与管理，将研究重点放在了如何采取积极的方法和怎样发挥组织成员优势以提高组织的绩效水平上。

在积极管理心理学的研究实践中，关于自我效能感（自信）、希望、乐观、主观幸福感和韧性（复原与超越）等积极心理要素的研究最具有代表性，如表 1-3 所示。

表 1-3　五种典型的积极心理要素

积极心理要素	内　涵	名　人　名　言
自我效能感	在特定情境下，为有效执行任务，个体对调动积极性、认知资源和开展行动方案的能力的信心	在真实的生命里，每桩伟业都由信心开始，并由信心跨出第一步——奥格斯特·冯·史勒格
希望	个体相信自己能够设置目标，想出实现目标的途径，并激励自己去实现目标的一种信念	这世上的一切都是借希望而完成的，农夫不会播下一粒玉米，如果他不曾希望它长成种子——马丁·路德·金
乐观	一种倾向于做积极结果预期和积极因果归因的认知特性	快乐不在于事情，而在于我们自己——理查德·瓦格纳
主观幸福感	人们关于自己生活的情感性和认知性的评价	幸福并不在于外在的原因，而是以我们对外界原因的态度为转移——列夫·托尔斯泰
韧性（复原与超越）	面对失去、困难或者逆境时的有效应对和适应能力	有了坚定的意志，就等于给双脚添了一对翅膀——乔·贝利

二、心理资本与积极心理品质提升

（一）心理资本的概念和维度

心理资本的概念最早出现在经济学、投资学和社会学等文献中。1997 年，经济学家戈德史密斯（Goldsmith）、维姆（Veum）和达里蒂（Darity）给心理资本下的定义是一些能够影响个体生产率的个性特征。[37]之后，越来越多的心理学家从不同角度来定义心理资本，本书采用路桑斯等人的定义。他们认为，心理资本是个体积极的心理发展状态，这种状态符合积极管理心理学的标准，能够通过有针对性的投入和开发而使个体获得竞争优势。与一般特质不同，心理资本是一种重要的个人积极心理能量，是个体在特定的情境下对待任务、绩效和成功的一种积极状态，对个体的认知过程、工作满意度和绩效均能产生显著的正向影响。心理资本强调个体的积极性和优点，关注的重点是个体的心理状态。另外，心理资本还具有投资和收益特性，可以通过对它的投资和开发来改善绩效，进而提升组织的竞争优势。

根据以上的定义和特点，路桑斯等人在对积极管理心理学研究成果进行归纳总结的基础上，提出心理资本的五个维度，即自我效能感、希望、乐观、主观幸福感和韧性（复原与超越）。[38]

（二）心理资本的测量

目前，国外学者对于心理资本的测量研究较多，但由于对心理资本的内涵和结构的理解不同，测量工具的开发也各有差异。国内对于心理资本的测量研究主要集中在修订国外心理资本量表上，使之向本土化靠拢。如温磊和张玉柱等人（2009）对路桑斯的心理资本问卷（PCQ-24）进行了修订。[39]真正的本土化心理资本问卷的开发很少，目前主要有柯江林和孙健敏等人以组织雇员为测量对象的"本土心理资本量表"[40]，该量表具有良好的信度和效度。总体而言，心理资本作为优势心理能力的核心体，不仅应该加强对其本土化问卷的开发研究，而且要扩展其研究领域，开发出适于不同人群的心理资本量表。

目前，适合心理资本的测量方式主要有以下三种。

（1）自我报告法：主要通过心理资本测量问卷来收集心理资本方面的资料，也可以采用实验法进行数据采集。

（2）观察法或专家评价法：通过第三方获得被评价者个体心理资本方面的资料。

（3）结果变量的测量：通过测量与心理资本相关的结果变量间接了解心理资本的状况。

（三）关键积极心理品质的提升

关键积极心理品质主要包括自我效能感、希望、乐观精神、幸福感、复原力。可以从以下五个方面提升员工的关键积极心理品质。

1. 提升自我效能感

一方面，企业应该提供一切有利于员工工作成功的环境，使员工自我效能感的提升成为可能；另一方面，企业可以通过开展内部培训会等形式请受人尊敬的和有能力的人对员工进行暗示、评价或劝说，鼓励员工探索应对挑战的方式，使每个员工相信只要计划得当、时间安排合理，就一定能够实现目标，从而提高员工的自我效能感和必胜的信心。从员工的角度来讲，员工可以积累成功经验，也可以通过交流的方式分享他人的成功经验，主要是观察或观摩与自己背景和情形相似的人通过持续努力而获得的成功。

2. 树立希望

企业应该建立目标导向的绩效管理。具体的、富有挑战性的、可衡量的组织目标和个人目标有利于员工主动将目标分解为容易管理和实现的阶段目标，而这种目标容易获得阶段性成功，从而有利于培育员工的希望水平。从员工的角度来讲，应该拓展策略性思维，确定实现工作目标的途径，明确在完成目标的过程中可能遇到的困难与障碍，并制订消除障碍的计划。在实施过程中，每个员工都会得到他人关于如何消除障碍或实现目标的建议，所以可以用这些信息来进一步完善其目标计划。通过这种树立希望的练习，员工实现目标的途径能在很大程度上得到扩展，这将有利于削弱障碍对员工心理造成的负面影响，从而保证员工在工作过程中具有明确的目标和较强的意志力。

3. 培养乐观精神

企业应建立一种和谐、宽容的文化与氛围，时刻鼓励员工积极进取、不怕失败；同时，加强对员工的及时激励，让员工感受到自己的努力得到了承认与重视。另外，企业还应注重对员工职业生涯规划的培训，帮助员工更好地规划其职业生涯。从员工的角度来讲，可借鉴研究学者归纳出的三种培养乐观精神的方法：① 宽容过去，即学会重新组织和接受自己过去的失败、错误和挫折；② 欣赏现在，即感激和满足于当前生活中积极的一面；③ 为将来的进步和发展寻找机会，即将未来的不确定性视为发展和取得进步的机会，并以积极、自信和欢迎的态度来应对。

例证 1-4

丰田公司的"内幕"：文武之道，一张一弛[41]

丰田汽车工业公司在短短十几年的时间里，就从一个名不见经传的小企业成长为世界汽车行业的一大霸主。丰田的秘密到底是什么呢？它具有被别人形容为"把干毛巾再拧出一把水来"的企业精神，丰田公司的每位员工都把企业当作自己的家。员工之所以能全身心地投入工作，是因为丰富多彩的公司活动培育出了员工乐观敬业的精神。有人说，"丰田在两年内天天开运动会都不成问题""单是体育设施，就足够召开全国性的运动会"，其规模之大，让人羡慕。丰田公司积极号召职工参加运动部、会（25 个部、8 个同一爱好者会）和文化教育部、会（13 个部、32 个同一爱好者会），除了活跃在日本联赛中的足球部，橄榄球、排球、垒球、游泳、滑雪等部约有 1000 名会员；围棋、日本象棋、纸牌、吹奏乐团、日本式古筝、吟诗和占卜学等文化教育部等约有 1800 名会员。丰田的员工在体育娱乐之中放松了自我，培养了乐观、自信的精神，并在不知不觉中产生了强烈的工作动机，正所谓"文武之道，一张一弛"。

4. 提升幸福感

企业应该做到以人为本，实行情感管理。管理者必须尊重、理解和关心员工，充分信任员工，相信员工有能力、有潜力走向成功，给每一个员工提供发展的机会，充分发挥员工的潜能、发展员工的个性，真正体现员工在工作中的"主人"地位。积极心理学认为，只有当员工得到尊重、理解、关心和信任时，他们才能真正体验到工作的快乐，从而产生幸福感和满足感，最终实现企业的绩效目标。另外，管理者也应对员工日常生活和工作加强关心，加强企业的内部沟通，建立和谐、温暖的工作氛围，满足员工职业归属的需要和自我实现的需要，从而提升员工的主观幸福感。从员工的角度来讲，员工应主动与他人建立和谐的人际关系，加强与他人的沟通，并积极主动地与他人交流自己工作上的问题，逐渐在企业中寻找到归属感和幸福感。

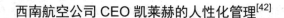

例证 1-5

西南航空公司 CEO 凯莱赫的人性化管理[42]

1973 年，凯莱赫在达拉斯组建了西南航空公司。凯莱赫一直注重对员工进行人性化管理，他认为管理者应对员工抱有积极、热情的态度。公司提出了很多创新方案，使员工与管理者融洽相处。例如，公司总部每周都组织郊外野餐，员工与凯莱赫一起庆祝公司取得的成就，还经常举行聚会，纪念公司历史上的标志性事件、祝贺某员工晋升等。凯莱赫的幽默感也是尽人皆知的，实际上，他认为员工也应该有幽默感。在他的影响下，员工都会在飞行中穿着别出心裁的服装，给乘客讲笑话。对于凯莱赫的这种人性化管理，员工们也给予回报：他们高度热情地工作，参与加班飞行，超时超额地工作，以支持公司实现目标。

5. 增强复原力

企业可以让导师引导员工进行增强复原力的训练。首先，由导师要求员工将可利用的资源尽量完整地列举出来，同时及时补充其没有列出的资源，并要求员工尽可能地利用这些资源。其次，让员工尽可能地预测实现目标的过程中可能会遇到的障碍，并制订规避障碍的计划。最后，让员工对自己在面对逆境时可能产生的想法和情感进行批判性反思，并思考如何基于多种资源和选择，采取最合理的方法来克服困难，最终达到目标。

当然，员工也可以通过"增加资源、规避风险、干预影响过程"的思路来提高自身的复原力。员工一方面要做好资源准备，并预测将会遇到的障碍，做好规避障碍的计划；另一方面要做好思想准备，培养不怕困难的精神，以积极的心态对待工作上的挑战。

 ## 本章小结

> 管理心理学的发展历史共分为三个阶段：以泰勒为代表的经典科学管理理论阶段（1900—1927 年）；以霍桑实验开始的人际关系理论以及后来的 X—Y 理论阶段（1927—1965 年）；以权变态度和方法来看待人及其管理心理与行为的现阶段（1965 年至今）。

> 管理心理学主要研究各种组织中人的心理现象和行为规律，以调动人的积极性、充分发挥人的潜能，从而达到提高生产和工作效率、增加组织功能的目的。

> 管理心理学与组织行为学既有联系，又有区别。

> 管理心理学有助于：（1）强化人性化管理意识，充分调动员工的工作积极性；（2）合理选拔和使用人才，做好职业生涯规划；（3）改善管理沟通，增强团队的凝聚力；（4）提高领导能力和水平；（5）促进组织变革和发展；（6）对积极心理品质和能力的开发及有效管理。

> 管理心理学的一般模型是指个体、群体和组织心理和行为的结果总是通过特定的外部有效性表现出来，从而显示出心理和行为（自变量）与行为有效性（因变量）之间的某种因果关系。

> 管理心理学的研究方法包括实验法、案例分析法、现场研究法和测验法。近年

来，神经科学技术和质的研究方法开始得到应用。

➤ 路桑斯将积极管理心理学定义为：为提高工作绩效，对心智、能力进行测量、开发及有效的管理，并以员工的积极活力为导向的应用学科。

➤ 心理资本是指个体积极的心理发展状态，这种状态符合积极管理心理学的标准，能够通过有针对性的投入和开发而使个体获得竞争优势。

➤ 心理资本的五个维度：自我效能感、希望、乐观、主观幸福感和韧性（复原与超越）。

 思考练习题

 心理测试

中国本土化心理资本问卷

 管理游戏

我的期望

宏伟的蓝图

 案例分析

华为"最差奖大会"

 **参考文献**

[1] 李小勇. 100 个成功的人力资源管理[M]. 北京：机械工业出版社，2004.

[2] TAYLOR F W. Scientific management, comprising shop management: the principles of scientific management[M]. New York: Harper & Row, 1964.

[3] MÜNSTERBERG H. Psychology and industrial efficiency[M]. London: Constable, 1913.

[4] GILBRETH L M. The psychology of management: The function of the mind in determining, teaching, and installing methods of least waste[M]. Easton: Hive Pub. Co, 1980.

[5] SCOTT W D. The psychology of advertising: a simple exposition of the principles of psychology in their relation to successful advertising[M]. Boston: Small, Maynard, 1908.

[6] SCOTT W D. Personnel management: principles, practices, and point of view[M]. 6th ed. New York: McGraw-Hill, 1961.

[7] 朱祖祥. 工业心理学[M]. 杭州：浙江教育出版社，2001.

[8] MAYO E. The human problems of an industrial civilization[M]. New York: Viking Press, 1960.

[9] ROETHLISBERGER F J. Management and morale[M]. Cambridge, Mass.: Harvard University Press, 1941.

[10] ROETHLISBERGER F J, WILLIAM J DICKSON. Management and the worker: an account of a research program conducted by the western electric company[M]. Cambridge, Mass.: Harvard University Press, 1966.

[11] LEAVITT H J. Managerial psychology: an introduction to individuals, pairs, and groups in organizations[M]. Chicago: University of Chicago Press, 1958.

[12] 宋克勤，徐炜. 管理学[M]. 2 版. 北京：首都经济贸易大学出版社，2013：53.

[13] 田永坡. 人力资源服务业四十年：创新与发展[J]. 中国人力资源开发，2019（1）：10.

[14] 李燕萍，陈文. 后疫情时代我国人力资源服务业发展转型：基于疫情防控常态化下人力资源服务政策文本分析[J]. 中国人力资源开发，2020，37（10）：15.

[15] 孙健敏，穆桂斌. 管理心理学[M]. 北京：中国人民大学出版社，2017.

[16] 李永鑫. 中国管理心理学 25 年发展回顾与展望[J]. 华北水利水电学院学报（社科版），2006，22（1）：10-15.

[17] 崔宁宁. 管理心理学在组织管理中的应用[J]. 化工管理，2016（4）：88-89.

[18] Eren E. Organizational behavior and management psychology[J]. Istanbul, Betaşyayınları, Extended, 2001.

[19] 张昱. 论组织行为学与管理心理学的区别和联系[J]. 中南财经大学学报，1994，2：115-122.

[20] 康婧，许恩友，颜悦，等．管理心理学在人力资源管理中的应用[J]．环球市场，2017，000（15）：111．

[21] 朱永新．管理心理学[M]．北京：高等教育出版社，2014．

[22] DIENER E, EMMOS R A, LARSEN R J. The satisfaction with life scale[J]. Journal of personality assessment, 1985, 49(1): 71-75.

[23] 王建新．当代西方心理学研究新进展对我国管理心理学发展的影响[J]．甘肃社会科学，2009（6）：245-248．

[24] 卢谢峰，韩立敏．中介变量、调节变量与协变量：概念、统计检验及其比较[J]．心理科学，2007，30（4）：934-936．

[25] Baron R M, Kenny D A. The Moderator-Mediator variable distinction in social psychological research: conceptual, strategic, and statistical considerations[J]. Journal of personality and social psychology, 1986, 51(6): 1173.

[26] 孟瑶，梁巧转，张晶，等．战略领导力的核心构成对下属工作绩效影响的跨层级研究：积极组织行为学视角[J]．软科学，2014（1）：76-80．

[27] 陆昌勤，方俐洛，凌文辁．组织行为学中自我效能感研究的历史、现状与思考[D]．北京：北京大学，2002．

[28] 温忠麟，侯杰泰，张雷．调节效应与中介效应的比较和应用[J]．心理学报，2005（2）：268-274．

[29] 郭秀艳，杨志良．实验心理学[M]．北京：人民教育出版社，2005．

[30] Kerlinger F N. Foundations of behavioral research[M]. 3rd ed. Fort Worth: Holt, Rinehart and Winston, Inc. 1986.

[31] HACKMAN J R. Doing research that is useful for theory and practice[M]. San Francisco: Tossey-Bass, 1983.

[32] SELIGMAN M E P, CSIKSZENTMIHALYI M. Positive psychology: an introduction[J]. American psychologist, 2000, 55(1): 5-14.

[33] 马甜语．积极心理学：理念、视野及动向[J]．赣南师范学院学报，2006，27（1）：30-34．

[34] 马甜语．积极心理学及其应用的理论研究[D]．长春：吉林大学，2009．

[35] FREDRICK B L. The role of positive emotions in positive psychology: the broaden and build theory of positive emotions[J]. American psychologist, 2001, 56(3): 218-226.

[36] 杰克·韦尔奇．杰克·韦尔奇自传[M]．曹彦博，译．北京：中信出版社，2010．

[37] GOLDSMITH A H, VEUM J R, DARITY W. The impact of psychological and human capital on wages[J]. Economic inquiry, 1997, 35(4): 815-829.

[38] 路桑斯．心理资本[M]．李超平，译．北京：中国轻工业出版社，2008．

[39] 温磊，七十三，张玉柱．心理资本问卷的初步修订[J]．中国临床心理学杂志，2013（2）：672-675．

[40] 柯江林，孙健敏，李永瑞．心理资本：本土量表的开发及中西比较[J]．心理学报，2009，41（9）：875-888．

[41] 代凯军．管理案例博士评点：中外企业管理案例比较分析[M]．北京：中华工商联合出版社，2000．

[42] 王建华．在欢声笑语中赚钱：美国西南航空公司总裁赫布·凯莱赫[J]．思维与智慧，2001（10）：23-25．

第二章
知觉、归因理论与个人决策

 学习目标

➢ 了解知觉、知觉防御和错觉
➢ 掌握常见的人际知觉偏差
➢ 了解归因理论及归因分析
➢ 了解个人决策模型与风格

引例 ....●

人物印象[1]

照片上的这个人（见图2-1）留给你的是什么印象？先自己想一想，然后看看其他人的评价。

一位研究者曾经做过这样一项研究：分别让两组大学生看完这张照片后，用文字写下他们各自的印象。其中一组被试学生的大体描述是自负、凶残、工于心计。从深陷的双眼可以看出其内心充满仇恨，性格冷酷无情，突出的下巴表明了他不达目的的誓不罢休的决心。另一组被试学生的描述是坚毅、智慧、进取、百折不挠，深陷的双眼表明他的思想具有深度，对探索未知世界充满热忱，突出的下巴表明他具有克服困难和无畏向前的决心。

图2-1 人物印象

你一定觉得奇怪，为什么人们针对同一张照片形成的印象竟会有如此大的差异？原来，在试验之前，研究者向第一组被试学生介绍说，这是一个制造了多起恐怖活动的恐怖组织头目；而向第二组被试学生介绍说，这是20世纪一位伟大的心理学家。仅仅因为一句不同的介绍，就导致了人们对同一个人的印象产生如此大的差异！人们在做出判断和个人决策时究竟易受哪些因素的影响？是否存在一些特定的机制和规律？

人的行为的产生有赖于个体对其所在环境的理解和判断，而这种理解和判断是通过知觉作用产生的。人的知觉直接影响人的心理状态和行为。因此，在管理中要研究和预测人的行为，必须了解人的一般知觉过程及其规律，尤其是知觉在社会交往、归因和个人决策中的作用。

第一节 知 觉

知觉（perception）必须建立在感觉的基础之上，但又与感觉不同，它是对事物各种属性的综合反映。

一、知觉的概念和特征

知觉是个体为了对自己所在的环境赋予意义而解释感觉印象的过程。知觉和感觉的区别在于感觉是对于对象个别属性（如颜色、气味、外观等）的反映，而知觉则是对于对象的各种不同属性的总和以及它们之间相互联系的反映。感觉是知觉的基础。知觉具有如下四个基本特征。

（一）整体性

知觉的整体性是指根据知觉对象的特点将其感知为具有一定结构的整体形象。就对象的特点来说，制约知觉整体性的因素有连续、接近、封闭、相似等。

（1）连续性规律：将对象看成是有连续性的事物的倾向，如将图2-2看成是一条连续曲线。

（2）接近性规律：空间上彼此接近的部分易被作为整体来感知，如将图2-3看成是由（a）和（b）两部分组成的。

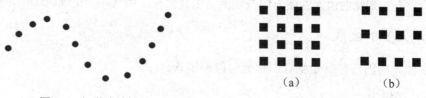

图2-2 知觉连续性　　　　　　　图2-3 知觉接近性

（a）　　　　　（b）

（3）封闭性规律：视野中封闭的曲线容易组成图形，如将图2-4看成是封闭的区域。

（4）相似性规律：视野中相似的部分容易组成图形，如将图2-5中"×"归为一类，将"〇"归为另一类，竖着往下看比横着看觉得舒服一些。

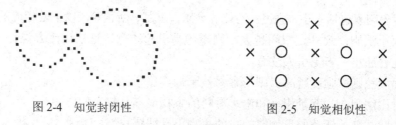

图2-4 知觉封闭性　　　　　　　图2-5 知觉相似性

（二）相对性

知觉的相对性是指根据事物之间的相对关系进行的反映。图形与背景之间的关系就是知觉的相对性的典型表现。如图 2-6 所示，当将白色当图形、黑色当背景时，我们会看到一个花瓶；当将黑色当图形、白色当背景时，则会看到两张侧脸。

图 2-6　图形与背景的关系

（三）理解性

知觉的理解性是指以过去的知识经验为依据，力求对知觉对象做出某种解释，使其具有某种意义。图 2-6 中，大脑或将其解释为黑色背景上的白色花瓶，或将其解释为白色背景上的两个侧面人像。这种理解随时存在，但又不能同时获得。

（四）恒常性

知觉的恒常性是指知觉条件发生变化时，知觉映像仍保持不变，包括知觉对象的亮度、形体、大小、颜色等方面的恒常性。如无论是在强光下还是在阴暗处，我们总是把煤看成黑色，把雪看成白色，实际上，强光下煤的反射光亮远远大于暗光下雪的反射光亮，这就是亮度恒常性。人通过听知觉、味知觉、嗅知觉、触知觉以及经验，保持相对不变的心理倾向。知觉的恒常性使人们在环境发生变化时，仍然能够正确地认识客观世界。

二、影响知觉的因素

影响知觉的因素包括知觉者、知觉对象和情景。

（一）知觉者

知觉者因素包括知觉者的态度、价值观、动机、需要、兴趣、经验、期望、个性特点。知觉结果受知觉者的生理、需要、动机和过去经验的影响。

（二）知觉对象

知觉对象因素包括大小、强度、对比、动感、重复、新颖等。以下是相应的一些规律。

（1）大小法则：尺寸、空间越大，则越容易引起注意、重视。比方说，一个高大醒目的广告比普通小广告更引人注意。

（2）强度法则：强度越高，则越容易被感知。

（3）对比法则：与背景相反和出乎意料的事物最容易被人们感知。

（4）动感法则：活动的事物比静止的事物更易被感知。

（5）重复法则：经常重复出现的事物比只出现一次的事物更容易被感知。

（6）新颖法则：新颖的事物容易被感知。

（三）情景

情景因素包括时间、工作环境和社会环境。人的知觉总离不开一定的情景，也离不开对当时情景的分析。

三、知觉防御和错觉

（一）知觉防御

知觉防御是指为了防止自己受到威胁性刺激或不利于自己的信息的侵扰，人们会自动地抑制自己对它们的知觉和反应的倾向，对其或视而不见或加以歪曲。如果某些刺激给我们造成很大的精神压力，我们就会将它们从大脑中排除出去，或者延迟对它们的识别。有实验表明，人们对"跳舞""儿童""火炉""音乐"等中性词的识别时间比较短，而对"强奸""淫妇"等"猥亵"的词的识别时间比较长[2]。

（二）错觉

错觉是指一种不正确、被歪曲了的知觉。错觉的产生主要受知觉者生理和心理的状况以及知觉对象和背景的特点的影响。知觉者在过度疲劳、饮酒过度、产生幻觉或催眠等状态下容易产生错觉。当知觉对象和背景的特殊性作用于正常人时，正常人因感知能力有限也可能导致错觉的产生。错觉的种类很多，常见的有大小错觉、形状错觉、方向错觉、承重错觉、倾斜错觉、运动错觉、时间错觉等。图 2-7 是一些常见的错觉情形。

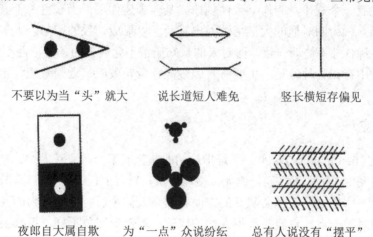

不要以为当"头"就大　　说长道短人难免　　竖长横短存偏见

夜郎自大属自欺　　为"一点"众说纷纭　　总有人说没有"摆平"

图 2-7　常见的错觉

在管理和产品设计中，可以巧妙地利用错觉以达到预期的目的。例如，苹果公司推出的 iPhone 手机通过有意地缩小边缘部件的尺寸来突出屏幕尺寸的大小，这便是采用了通过大小对比有意营造出面积大小的错觉。又如，在水果、糕点柜台上斜置镜子，可以使商品显得丰满；在设计化妆品瓶时，可设计成圆形、扇形、葫芦形、梯形等，尽管瓶内容量相当，消费者却认为有的装得多，有的装得少。再如，在制定商品价格时，对日用品可采用小数定价法，即宁可定价 9.98 元，也不定价 10 元，这样可以让消费者觉得便宜、实惠；为高档商品定价则可采取整数定价法，如定价 5000 元，而不定价 4998.97 元，可使消费者觉得商品高档、贵重。

第二节 人 际 知 觉

人际知觉这一概念是由美国心理学家布鲁纳于 1947 年首次提出的，即认为对人、对群体的知觉不仅取决于被感知的人、群体本身，也取决于感知者的目的、态度、价值观和过去的经验。人际知觉可分为社会知觉和自我知觉。社会知觉是指个体对社会环境中有关个人和团体特性的知觉。自我知觉是指个体通过对自己行为的观察而对自己心理状态的认识。在任何组织和机构中，人际知觉对个体判断和决策都具有至关重要的作用。

例证 2-1

人际敏感性[3]

有时问题很简单，做出错误的判断只是缺乏对他人的敏感。有位工头儿曾抱怨自己手下的行为如何古怪。一次，这位工头儿对他的一个手下说："嘿，小伙子，过去，把它抬起来！"这位雇员竟然恼怒地嚷道："不要叫我'小伙子'，我有名字！"工头儿无法理解，一位年纪轻轻的雇员怎么会对这样一个合理的称呼发火呢？

人际知觉有一个规律，叫作一致性规律。具体表述如下：当获得关于某个人的少量的信息资料后，就力图对他的大量特性做出判断，以形成一致的印象。人们对物的认知允许事物的各种特性不协调一致，而对人的认知通常不允许人的各种特性不协调一致。

社会知觉中存在各种偏见，主要有首因效应、晕轮效应、近因效应、定型效应、投射五种。

一、首因效应

首因效应（first impression effect）是指最初的印象或第一印象对人的认知具有强烈的影响，它一般发生在陌生人之间。例如，招聘面试、新官上任等的第一印象都至关重要。若对个体的第一印象良好，就会从好的方面影响到人们今后对他的行为的看法，即使他后来表现得相对差一点，也容易取得人们的谅解；若第一印象不好，后来要改变就相当费力了。

管理者在看待员工时，要尽量避免受第一印象的影响而产生错误看法。新上任的领导者宜注意给员工留下良好的第一印象，若一开始就留下一个坏印象，以后通过长期交流也许会有所转变，不过仍会造成一些损失，从而影响上下级关系和工作的正常开展。

二、晕轮效应

晕轮效应（halo effect）是指对一个人的某种特性形成好或坏的印象之后，人们倾向于据此推论该个体其他方面的特性，即"抓住一点，不顾其余"，如"一白遮百丑"。

美国心理学家阿希曾做过一个实验：他给被试者一张列有五种品质（聪明、灵巧、勤奋、坚定、热情）的表格，要求被试者想象一个具有这五种品质的人，结果被试者普遍把具有这五种品质的人想象为一个友善的人。然而，他把这张表格中的"热情"换为"冷酷"后，再要求被试者根据这五种品质（聪明、灵巧、勤奋、坚定、冷酷）想象出一个合适的人时，却发现被试者普遍推翻了原来的形象，而产生了一个否定的、完全不同的形象[4]。

表 2-1 列出了根据相片中人的相貌的美丑，人们对他们相应特性的评估，说明了人们受晕轮效应的影响，一般认为"漂亮的就是好的""丑的就是不好的"。

表 2-1　相貌的美丑对认知产生的晕轮效应[5]

特性的评定	刺激人具备的特性		
	相 貌 丑	相 貌 一 般	相 貌 漂 亮
人格的社会合意性	56.31	62.42	65.30
刺激人的婚姻能力	0.37	0.71	1.70
刺激人的职业地位	1.70	2.02	2.25
刺激人做父母的能力	3.91	4.55	3.54
刺激人社会和职业上的幸福	5.28	6.34	6.37
刺激人总的幸福状况	8.83	11.60	11.60
结婚的可能性	1.52	1.82	2.17

注：数值越大，刺激人就越具备表中的特性。

研究发现，漂亮的人不仅仅外表漂亮，还更有钱、更成功，也更容易相处，漂亮的人比那些看上去并不漂亮的人的收入多了12%。研究人员推断，由于美貌更容易帮助人们在同事间建立合作关系，所以漂亮的人赚钱更多，由此可以看出，美貌也是产生晕轮效应的一个重要成因。

三、近因效应

近因效应（recency effect）是指最后给人留下的印象有强烈的影响，它一般产生于熟悉者之间。例如，当发现一个平时表现不错的人犯了某种错误后，人们往往会把问题看得比较严重，甚至夸大错误，并否定他以往的表现。又如，一个平时表现一般的人突然做了一件好事，人们往往会对其刮目相看，并肯定他以往的表现。近因效应掩盖甚至否定对一个人的一贯印象，从而影响对此人的全面认识。

四、定型效应

定型效应（stereotype effect）是指对某个群体形成的一种概括而固定的看法，又称刻板印象。人们头脑里存在的"定型效应"是多种多样的，按年龄、性别、职业、国籍等划分可以形成不同的"定型效应"。例如，按年龄归类，认为年轻人总是举止轻浮、"嘴上没毛，办事不牢"，而老年人则是墨守成规、缺乏进取心；按性别归类，认为男性总是独立性强、果断勇敢、自信和有抱负，而女性则是"头发长，见识短"、依赖性强、起居洁净、讲究容貌、细心、软弱；按国籍归类，认为日本人总是精明、勤奋、进取、狡猾，而美国人则有雄心、天真开朗、不拘小节等。

定型效应有时是人们认识某一交往对象的捷径，不失为人的一种智慧的表现，但也可能使人们看不到人的复杂性，以致对人的行为品质做出错误的评价和判断。

性别角色刻板印象（gender-role stereotype）是指人们对于男人和女人在行为、人格特征等方面的期望、要求和一般看法。在一项调查结果中，所有被试者对男人和女人的正负刻板印象按选出形容词次数的百分比由高到低的前五位排序如表 2-2 所示[6]。

表 2-2　对男人和女人正负刻板印象的前五位人格特征形容词

排序	对男人的刻板印象				对女人的刻板印象			
	重要的人格特征	百分比/%	不应有的人格特征	百分比/%	重要的人格特征	百分比/%	不应有的人格特征	百分比/%
1	有创造力的	78.01	斤斤计较的	18.24	自立的	46.04	见钱眼开的	27.15
2	有幽默感的	61.54	目光短浅的	16.90	善良的	42.71	依赖性强的	20.72
3	自立的	46.39	欺软怕硬的	16.12	贤淑的	36.07	斤斤计较的	18.64
4	乐观的	37.83	优柔寡断的	14.70	温柔的	33.14	自卑的	15.09
5	精干的	31.68	自卑的	14.70	文雅的	32.57	挥霍的	10.72

五、投射

投射（projection）是指由于自己具有某种特性，因而判断他人也一定会有与自己相同的特性。在现实生活中，投射有两种既典型又对立的表现形式：① 有些人总是从好的方面来解释别人的言行及需要，认为世上尽是好人；② 有些人总是从坏的方面来解释别人的言行及需要，认为世上尽是坏人。当一个人知觉他人时，如果受到投射的干扰，其认识、判断和看法往往从"是这样""一定会这样"等心理倾向出发，把他人的特性强行纳入自己既定的框框儿中，按照自己的思维方式加以理解，从而导致主观臆断并陷入偏见的泥潭。

在谈论别人或与自身无关的事情时，人们更乐于说出自己的真实想法，推测别人这样做的原因。其实，通过投射效应，个人很多的真实想法可以表露出来，许多心理测验正是运用了这个原理才设计出来的。

第三节　归 因 理 论

社会知觉和自我知觉都涉及解释行为的原因和意义的问题。自 20 世纪 60 年代以来，许多人致力于探讨行为的因果关系，进行行为原因的归属，即归因理论（Attribution

Theory）的研究。

一、归因的概念

归因就是指人们对别人或自己的行为进行分析，解释和推测其原因或者动机的过程。海德（Fritz Heider）是第一位提出归因理论的学者。他认为归因理论包括三个步骤：① 对行为的知觉；② 对行为意图的判断；③ 对个性的归因。[7]事实上，在现实生活中，人们经常在做各种归因的工作。人们对周围发生的一些事情总要问"为什么会这样"，以探究其原因。例如，总经理在会议上大发雷霆的主要原因是什么？通过推测和查找原因，分析其影响及意义，判断行为的性质，进而预测将来的发展。这种通过对因果关系的认知，解释各种行为和现象，分析人的动机与行为的归因过程，对于认识他人、认识自我、改善管理、教育职工等都具有重要的应用价值。

归因理论所研究的基本问题主要有三个：① 因果关系归属，即对人的心理活动以及行为的原因进行归属；② 社会推论问题，即对行为者的心理特征和个性差异做出推论；③ 未来行为预测，即根据人们过去的行为，预测其在今后有关情境中比较有可能表现出来的行为。

例证 2-2

为什么要存钱[8]

当问到为什么要存钱时，人们的答案各种各样。有的说"为谈恋爱存钱买礼物""为准备结婚存钱""存钱买房买车"，有的说"存钱作为教育经费""把钱存起来以备不时之需""投资"等。

二、归因的类别

行为产生的原因很多，海德把行为产生的原因划分为两大类，即内因和外因。内因又称为个人倾向归因，即归于主观条件，如个体的人格、道德品质、态度、动机、能力、努力程度等；外因又称为情境归因，即归于环境因素，如宏观的大势、社会舆论、奖惩、运气、工作难度等。

例证 2-3

斯奈德的实验[9]

斯奈德邀请一部分被试者参加赛跑，另一部分被试者观看赛跑，赛后请参加赛跑的被试者解释自己成败的原因。结果，胜利者把自己的成功归因于内在因素，如赛跑的技术等，失败者则把自己的失败归因于外部因素，如运气不好等。而观看赛跑的人则认为，胜利者的成功是由于运气等外在因素，失败者则是败于技术差等内在因素。

凯利（H. H. Kelly）发展了海德的理论，把归因的类别分为三种。他认为说明行为的原因可以使用如下三种不同的解释：① 归因于从事该行为的人；② 归因于行为者的对手；③ 归因于行为产生的情境[10]。例如，主管甲批评了下属乙，可以进行三种归因：① 归因于下属乙本人责任心不强、懒惰；② 归因于主管甲平时对人刻薄，爱批评人；③ 归因于情境因素（如任务难度较大），主管甲误解了员工乙。这三种可能性都存在，关键在于如何找出真正的原因。

三、归因的参照点

凯利认为，要找出真正的原因，可使用下面三个方面的信息作为归因的参照点，即一致性、一贯性和特殊性：① 一致性，是指行为者的行为是否与其他人的行为相一致。如果每一位主管都批评下属乙，则主管甲的行为是一致性高的；如果只有主管甲一个人批评了下属乙，则为一致性低。② 一贯性，是指行为者的行为表现是否与平时的行为相一贯。如主管甲总是批评下属乙，则为一贯性高；反之，则为一贯性低。③ 特殊性，是指行为者的行为指向是否具有持续性。如果主管甲每次批评人总是针对下属乙进行，则认为特殊性高；如果主管甲不只批评下属乙一人，也经常批评别的下属，则为特殊性低。如此根据这三个参照标准的不同组合，则可以做出判断，如表 2-3 所示。因为凯利强调了上述三方面信息的重要性，所以他的理论又被称为三度理论。

表 2-3　主管甲批评下属乙的归因

组合情况	提供的信息			归因类别	判断结论
	一致性	一贯性	特殊性		
1	低	高	低	归于行为者本身	主管甲爱批评人
2	高	高	高	归于行为对象	下属乙表现不好
3	低	低	高	归于情境	具体情境使主管甲误解了下属乙

四、对成功与失败的归因

维纳（B. Weiner）等人运用海德的归因理论对成功与失败的归因问题进行了研究。他们认为，成功或失败可以归因于下述四个方面的因素，即努力、能力、任务难度和机遇。这四个因素又可按照三个维度，即内因—外因、稳定—不稳定、可控—不可控进行归类，如表 2-4 所示。[11]

表 2-4　成败归因的三个维度

三个维度	因素归类	
内外因	内因 --------------------------------------- 外因	
	努力、能力	任务难度、机遇
稳定性	稳定 --------------------------------------- 不稳定	
	能力、任务难度	努力、机遇
可控性	可控 --------------------------------------- 不可控	
	努力	任务难度、机遇、能力

对成功与失败的原因做不同的归因判断，可能产生不同的结果和影响。如果把成功

归结为内部因素（努力、能力强），则很有可能使人感到满意和自豪；而把成功归结于外部因素（任务容易、机遇好），则可能使人产生惊奇和感激的心情。如果把失败归结于内因（不够努力、能力不足），则可能使人产生内疚感和无助感；而把失败归结于外因（任务困难、运气不好），则可能使人气愤、产生敌意。如果把成功归结于稳定性因素（任务容易、个人能力强），则可能提高个体今后工作成功的信心；把成功归结于可控性因素（努力），则可能使人更加努力；而把成功归结于不稳定且不可控的因素（运气好），则可能使人产生侥幸心理，对提高积极性没有多大作用。把失败归因于稳定性因素（任务难、能力差），则可能使人降低以后工作的积极性；而把失败归因于不稳定因素（运气不好、不够努力），则可能减少失败给人带来的挫折感，提高其以后工作的积极性。

综上所述，了解人的归因倾向和规律，正确地进行归因，有助于人们对成功的经验和失败的教训进行合理的分析和总结，从而达到增强自信心、激发努力动机、提高工作积极性的目的。

例证 2-4 ■ ■ ■

领导归因模型[12-13]

米切尔等人的领导归因模型（Leadership Attributional Model）指出，领导者对下属行为原因的解释，尤其是对下属工作绩效的归因影响着管理措施的采用。例如，归因时，领导者会先观察下属的绩效，然后试图理解为什么下属的绩效符合、超过或低于期望和要求。由于低绩效是管理控制中比较敏感的问题，领导者会格外认真地进行归因分析。领导者将根据一致性、一贯性和特殊性这三类信息对低绩效进行内因和外因的区分，并根据区分的结果采取相应对策。领导者对下属的绩效进行归因时会经常犯基本归因错误（fundamental attribution error），即个体在对他人的行为进行归因时，倾向于低估外在因素的影响，高估内部因素的影响。

米切尔等人曾经研究了护理主管对护士工作差错的归因过程，指出如果护理主管认为护士的工作差错或事故缘于其缺乏努力与责任感，将会采取斥责和惩罚措施；如果认为差错缘于护士的能力不够，将会对其提供更多的详细指导。相反地，如果认为护士的工作差错是由于外在因素，如工作条件太差、劳动设备陈旧等造成的，将会采取其他的应对措施，如改善工作环境，增添新的工具、设备，改变工作日程等。

第四节 个 人 决 策

在有效地达到组织目标的过程中，决策居于十分重要的地位。西蒙（Herbert Simon）曾指出："管理就是决策。"管理的一个重要职能就是决策。本节主要探讨个人决策的过程模型、影响个人决策的因素以及如何避免个人决策的失误。

一、个人决策概述

（一）个人决策的含义

所谓个人决策，就是指在面临某种问题的情况下，个人为了实现某种目标，在两个以上的备选方案中选择一个方案的分析判断过程。组织中的个体都要做出决策，高层管理者要决定设置什么样的组织目标，提供什么样的产品或服务，如何建构最佳的公司总部，在哪里建一个新厂等；中低层管理者要决定生产日程的安排，新员工的选择，如何合理分配增量的薪水。非管理层的员工所做出的决策同样影响到他们的工作和他们为之工作的组织。近年来，越来越多的组织把与工作相关的决策权授予非管理层的员工，这些权力在过去只有管理者才拥有。因此，个人决策成为组织行为中非常重要的内容。

（二）影响个人决策的因素

影响个人决策的因素比较多，主要有知觉、思维方式、心理素质、气质与性格、情绪与情感、情景以及周边群体（如家庭、朋友、组织）的影响等。

1. 知觉

决策方案的制定、选择及实施过程均会受到决策者知觉过程的影响。首先，是否存在问题和是否有决策的需要是一个知觉问题。例如，一个管理者可能认为他的工厂的年生产能力提高了 8% 是一个严重的问题，需要采取行动解决可能存在的问题；而另一名管理者面对同样的情况，可能觉得很满意。其次，决策者的知觉过程会影响他对信息的获取、解释和评估，因此，不恰当的知觉可能会使决策者错失与问题有关的信息而影响方案的制定。同时，由于对信息的过滤、加工和解释的不同，知觉还会影响决策者对方案的评价与选择。

2. 思维方式

思维贯穿于决策的整个过程，对决策有着最直接的影响，而且决策本身也是一个思维过程。决策思维主要表现为对问题认识的全面性、客观性，对信息掌握和判断的正确性与深刻性以及思维的系统性等，它们都直接关系到决策的正确性。具有全局思维方式的人适合做战略性决策，而具有分析思维方式的人适合做战术性决策；具有发散性思维方式的人适合做非程序性决策，而具有聚合性思维方式的人适合做程序性决策。一般来讲，软件行业有两种基本商业模式——专有软件销售模式和免费软件销售模式，但是美国红帽公司的 CEO 鲍勃·扬采用整合性思维，结合两种商业模式的特点，创造了第三种商业模式——Linux 操作系统，获得了意想不到的效果。[14]

3. 心理素质

在决策时，决策者需要调动心理因素，克服各种心理障碍。此外，决策者还必须具备承担决策风险的心理承受能力。任何决策都在不同程度上带有一定的风险，决策者对待风险的不同态度会影响决策方案的选择。愿意承担风险的决策者，通常会在被迫对环境做出反应之前就采取进攻性行动，并经常会进行新的探索；而不愿意承担风险的决策者，通常只对环境做出被动的反应，按过去的规则策划将来的活动。个人决策者行使决策职能时，经常会受到自身心理条件和其他一些能力条件的影响。所以，个人在学习决策的过程中，尤其要注意提升自身的心理素质。

4. 气质与性格

个人的决策行为往往与其气质和性格相联系。首先，个人的决策行为受气质的影响。胆汁质者做决策时容易冲动、盲目、大胆冒险，过程比较快；抑郁质者的决策过程较慢，他们一般选取风险较小的决策，但一旦做出决策，便很难改变；多血质者做决策时能够吸收多方面意见，使决策比较有效，但容易受他人影响而轻易改变决策。其次，个人的决策行为也会受性格的影响。意志坚强的人能够果断地做出决策，而意志薄弱的人往往优柔寡断，迟迟做不出决定，甚至在目标确定后，还可能轻易地改变。自信心强者容易独立做出决策，而自卑者做决策时容易受他人影响。自尊心强者不轻易改变决策，自尊心弱者容易改变决策。

5. 情绪与情感

决策还会受到决策者情绪和情感的影响。沉稳、愉快的情感会使决策者思维敏捷，抑郁的情绪会降低大脑的兴奋度，而使思维迟钝，阻碍问题的顺利解决，而过度兴奋、情绪高涨也会妨碍合理的分析推理；暴躁的情绪、情感往往会使决策者所做的决策草率而冲动；忧郁苦闷、悲观失望又可能使所做的决策消极怠惰。因此，对于决策者，应努力克服消极的情绪，培养和激发其良好的情绪。

此外，个体的决策还受到群体压力、朋辈压力、家庭压力、组织压力、榜样等他人因素和情景因素的影响。

二、决策过程模型

对于个人决策，主要有纯理性人和有限理性人两种假设。

（一）基本假设 I——纯理性人

自亚里士多德时期开始，哲学家就认为人是理性动物，其行为是由理性驱使的，只有在特殊情况下，如疲劳、醉酒和愤怒时，人们的决策和思维才会是非理性的。该模型认为正常的人具有合理的推理能力，掌握了规范化的理智和决策原则，这些理性的决策原则表现在人们的思想和行动上。传统经济学秉承理性人的学说，承认"经济人"的假设，认为人类为个人利益所驱使，决策者基于所掌握的信息做出全面的权衡，进而做出最优的抉择。

以下为纯理性人的基本假设。

（1）决策者是追求最大限度的组织目标的完美、有理性的人。

（2）决策者拥有做出最好决策所必需的全部正确信息。

（3）决策者只找出那些能写成线性形式的、具有一个或一组目标的问题的最佳值。

（4）所有决策者在做出决策时，能够以相同的态度来运用信息。

在企业中，早期的决策主要凭管理者直觉的常识进行判断。一个理性决策者的决策过程模型如图 2-8 所示：在识别某一问题时，开始寻找信息；这类信息说明了问题的性质，据此提出选择方案；通过对这些选择方案进行认真评价，选出最佳方案贯彻执行；然后对实施过程进行监控、评价、纠偏，以保证决策目标的实现。如果在实施过程中任何一个环节出现困难，就应及时反馈有关信息，必要时需重新开始或再循环。

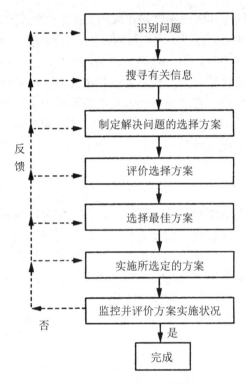

图 2-8　理性决策过程模型

　　然而，认为决策者是纯理性人的假设存在很大的缺陷。纯理性人的原型是经济人，经济人在现实生活中是不存在的。纯理性人的基本假设具有以下明显的局限性：第一，不考虑决策者个人的知觉、个性差别、动机和学习等心理因素对决策的影响；第二，人在客观上存在着有限合理性，以及个人认识和客观条件的限制。

（二）基本假设 II——有限理性人

　　1978 年诺贝尔经济学奖获得者赫伯特·西蒙（Herbert Simon）考虑到人的心理因素在经济行为中的作用，提出"有限理性"理论。他曾指出，经营者表现出有限理性而非纯理性。[15]换句话说，当他们试图理性地行动时，会受到获得信息和加工信息的能力方面的限制。另外，时间限制和政治考虑（如需要取悦于组织中的其他人）也会束缚人按理性行动。

　　心理学家丹尼尔·卡纳曼（Daniel Kahneman）获得了 2002 年诺贝尔经济学奖，他遵循赫伯特·西蒙的有限理性理论和启发式的思想，提出了三种常见的启发式：代表性、可得性以及锚定和调整。[16-18]卡纳曼发现，人类的决策行为常常是非理性和有偏差的，这与传统经济学理论（期望效用理论）的预期不符，而且这种偏差是有规律的，并提出前景理论，以解释人类在不确定条件下的判断和决策行为。卡纳曼获得诺贝尔经济学奖是因为他把心理学的，特别是关于不确定条件下人的判断和决策的研究思想应用到了经济科学中[19]。

1. 不确定性判断：启发式与偏见

遵循西蒙的有限理性学说，卡纳曼指出，人们在不确定性世界中做判断时依赖于有限的启发式。其中有三种最重要的启发式：代表性、可得性以及锚定和调整。

（1）代表性启发式。代表性启发式是指人们倾向于根据样本是否能代表（或类似）总体来判断其出现的概率，对于代表性越高的样本，就判断其出现的概率越高。

（2）可得性启发式。可得性启发式是指人们倾向于根据客体或事件在知觉或记忆中的可得性程度来评估其相对频率，容易知觉到的或容易回想起的客体或事件被判定为更常出现的。

例证　2-5

英文单词中的字母 k[19]

"字母 k 常出现在英文单词的第一个字母位置，还是第三个字母位置？"对于这个问题，绝大多数人认为字母 k 常出现于英文单词的开头儿，但实际上，在英文里，第三个字母是 k 的单词数是以 k 字母开头的单词数的三倍。人们之所以认为字母 k 常出现于英文单词的开头儿，显然是由于人们更容易回忆出以某个特定字母开头的单词，而不容易回忆出有特定的第三个字母的单词。

（3）锚定和调整启发式。锚定和调整启发式是指在判断过程中，人们最初得到的信息会产生"锚定效应"，人们会以最初的信息为参照来调整对事件的估计。

与丹尼尔·卡纳曼同一时期的另一位心理学家斯洛维克·菲纽肯（Slovic P. Finucane）提出了情绪启发式。菲纽肯认为，个体的头脑中有一个情绪库（affect pool），里面存有各种各样的正性或负性的情绪标签，所有进入人们头脑中的表征都会被赋予一个情绪的标签，情绪标签的强度因头脑中的表征的不同而各有不同。在决策过程中，情绪标签可以作为许多重要判断的线索。相比较去权衡每一个选项的正反两面，或者从记忆中提取相关例子的方式，运用一个整体的、更容易获得的情绪标签可能会更容易或更有效率，尤其是当所要做的判断是复杂的，或者是心智资源受到限制时。研究者把大脑的这种走捷径的活动方式称为情感启发式[20]。

许多研究表明，积极情绪和消极情绪所对应的判断方式是不一样的：在积极情绪下，人们采用启发式加工策略；而在消极情绪下，人们则采用精细加工策略。在积极情绪下，个体更依赖于内部思考、偏好、观点，而非外部刺激信息的认知风格。在这种模式下，个体倾向于把外部的信息同化到他们已有的知识之中。施瓦茨（Schwarz）则假设消极情绪是当前环境存在问题的信号，告知个体应该采用精细、系统的加工策略；积极情绪是环境安全与良好的信号，个体可以采用启发式的简单加工策略[21]。

2. 前景理论的主要假设

（1）回避损失。回避损失（loss aversion）是指损失的效用要比等量收益的效用得到更大的权重。

例证 2-6

计划选择[19]

由于受市场变化和金融海啸的威胁，某 CEO 不得不面对一个两难问题。他的财政顾问告诉他得采取行动，否则公司的三个制造厂就会倒闭，6000 名雇员会失业，并提交了两个计划。

计划 A：执行该计划必定可以保存一个工厂，保留 2000 名雇员。

计划 B：执行该计划，有 1/3 的概率可以保留全部三个工厂和 6000 名雇员，但是有 2/3 的概率使全部工厂倒闭以及全部雇员失业。

上述两个计划可以从损失的角度改写为以下形式。

计划 C：执行该计划，必定损失两个工厂，损失 4000 名雇员。

计划 D：执行该计划，则有 2/3 的概率损失全部三个工厂和 6000 名雇员，但是有另外 1/3 的概率没有任何工厂倒闭，也没有任何雇员失业。

从客观的以及传统的期望效用理论的观点来看，这四个计划可以导致相似的结果。

但实验结果表明，在计划 A 和 B 中，大多数人倾向选 A，表现出为获益而回避风险；而对于计划 C 和 D，大多数人倾向选 D，表现出为回避损失而冒风险。可见，从收益和损失两种不同的角度提出问题，可以使人们做出大不相同的选择。人们对损失更关注，以至于宁愿冒险去回避损失。

（2）参照依赖。参照依赖（reference dependence）是指人们对资产的变化比对净资产更敏感，因此人们往往根据参照点来定义价值，而不是根据净资产本身。

（3）捐赠效应。捐赠效应（endowment effect）是指对于获得的自己的财产之外的东西，人们倾向于给予更高的评价。

三、个人决策风格

如前所述，个性心理特征影响个人决策行为。决策体系模型以人们的思维方式和对不明确性的容忍度的不同为假设前提，定义了个人决策的四种风格[22]。

（1）命令型风格。具有命令型风格的决策者思考问题偏于理性，讲求效率和逻辑，通常具有较低的不明确性容忍度。他们多关注短期效果，能够快速、简洁地做出决策。

（2）分析型风格。此类型的决策者以谨慎为特征，比命令型风格的人具有更高的不明确性容忍度，且具有适应特殊情况的能力。

（3）概念型风格。概念型风格的决策者眼界开阔，趋向于广泛考查备选方案。他们通常着眼于长期目标，善于寻求解决问题的创造性方案。

（4）行为型风格。行为型风格的决策者擅长与他人相处，关心下级的工作绩效。他们愿意接受不同建议，以提高决策方案的可接受度。

除了决策风格不同，个人的性别、年龄、道德发展水平等维度均存在差异，这些特质综合构成了衡量个人决策的复合型标准，共同导向决策目标的实现。因此，个人特质的多元化在一定程度上有利于增加组织的创造力和解决方案的多样性，对于做出优良决策具有较大的参考价值。

 本章小结

- 知觉是个体为了对自己所在的环境赋予意义而解释感觉印象的过程，具有整体性、相对性、理解性和恒常性四个基本特征。
- 常见的社会知觉偏见有首因效应、晕轮效应、近因效应、定型效应和投射五种。
- 归因就是指人们对别人或自己的行为进行分析，解释和推测其原因或者动机的过程。
- 行为的原因基本上可划分为两大类，即内因和外因。
- 归因的参照点包括一致性、一贯性和特殊性。
- 影响个人决策的因素比较多，主要有知觉、思维方式、心理素质、气质与性格、情绪与情感以及周边群体（如家庭、朋友、组织）。
- 有限理性个人决策理论中三种常见的启发式是代表性、可得性以及锚定和调整。
- 个人决策风格可划分为命令型风格、分析型风格、概念型风格、行为型风格四种决策风格。

 思考练习题

 **心理测试**

归因方式测验

 **管理游戏**

九点问题

案例分析

你继续投资吗？

参考文献

[1] 魏敏. 管理心理学[M]. 大连：东北财经大学出版社，2011：8-9.

[2] 郑雪. 生态文化与感知觉[J]. 前沿，1995（5）：15-20.

[3] 赵国祥. 管理心理学：理论、实务、案例、实训[M]. 2版. 大连：东北财经大学出版社，2016：46.

[4] ASCH E SOLOMON. Social Psychology[J]. American Journal of Sociology, 1952, 35(6): 101.

[5] DION K B, WALSTER E. What is beautiful is good[J]. Journal of personality and social psychology, 1972, 24(3): 285-290.

[6] 秦启文，余华. 性别角色刻板印象的调查[J]. 心理科学，2001（5）：593-594.

[7] HEIDER F. The psychology of interpersonal relations[M]. New York: John Wiley & Sons, 1958.

[8] 吴宣劭. 懂得存钱[J]. 中国工会财会，2016（10）：53.

[9] 刘玉梅. 管理心理学理论与实践[M]. 上海：复旦大学出版社，2011.

[10] KELLY H H. Attribution theory in social psychology[M]//LEVINE D. Nebraska Symposium on Motivation. Lincoln: University of Nebraska Press, 1967.

[11] WEINER B. Achievement motivation and attribution theory[M]. Morristown, N. J.: General Learning Press, 1967.

[12] MITCHELL T R, GREEN S G, WOOD R E. An attributional model of leadership and the poor performing subordinate: Development and validation[M]//STAW B, CUMMINGS L L. Research in organizational behavior. New York: JAI Press, 1981: 197-234.

[13] MITCHELL T R, WOOD R E. Supervisors' responses to subordinate poor performance:a test of an attributional model[J]. Organizational behavior and human performance, 1980, 25: 123-138.

[14] 李彩凤. 整合性思维：卓越领导者的决策思维方式[J]. 领导科学，2010（6）：25-26.

[15] SIMON A HERBERT. Theories of bounded rationality[J]. Decision & Organization, 1972, 1(1): 161-176.

[16] KAHNEMAN D, TVERSKY A. Subjective probabilities: a judgement of representations[J]. Cognitive psychology, 1972, 3: 430-454.

[17] KAHNEMAN D, TVERSKY A. On the psychology of prediction[J]. Psychological

review, 1973, 80: 237-251.

[18] KAHNEMAN D, TVERSKY A. Prospect theory: an analysis of decision under risk[J]. Econometrica, 1979, 47: 313-327.

[19] 周国梅，荆其诚. 心理学家 Daniel Kahneman 获 2002 年诺贝尔经济学奖[J]. 心理科学进展，2003（1）：1-5.

[20] 李爱梅，高训浦，田婕. 生态理性视角下风险决策的情绪机制研究[J]. 统计与决策，2009（3）：63-65.

[21] 罗宾斯，库尔特. 管理学[M]. 孙健敏，黄卫伟，王凤彬，等译. 北京：中国人民大学出版社，2009.

[22] 卜晓珊. 个体决策简论[J]. 管理观察，2011（15）：1-2.

第三章
个性与心理测验

学习目标

- ➤ 了解个性的概念
- ➤ 掌握四种气质类型及 AB 型性格理论
- ➤ 了解个性与职业匹配的理论
- ➤ 了解常见的心理测验

引例 ....●

顺丰王卫：低调且神秘的快递巨头[1]

他是中国快递行业最有权力的人之一。1993 年，22 岁的王卫在广东顺德建立了顺丰速运。当时，这家公司算上王卫本人也只有 6 个人。2010 年，这家公司的销售额已经达到 120 亿元人民币，拥有 8 万名员工，年平均增长率为 50%，利润率为 30%。27 年前，当王卫背着装满合同、信函、样品和报关资料的包往返于顺德到香港的陆路通道的时候，他肯定想不到，未来顺丰会成为不折不扣的行业冠军。

王卫太神秘了。创业以来，王卫从未接受过任何媒体的采访，而寻找王卫的可不只是媒体，投资银行的经理人也在找他。他们可不只是出于八卦和好奇心，而是明明白白地嗅到了金钱的味道。寻找王卫的 PE 和 VC 越来越多，一位咨询公司的董事长甚至透露说，包括花旗银行在内的很多美国投资商曾经找到他，希望他能够撮合注资顺丰的交易，一旦成交，将付给他 1000 万美元的佣金。

王卫是一线收派员出身，做过"背包客"。不论在公司内部讲话，还是在公开的会议场合，一旦谈到顺丰，王卫总是试图把人们的注意力从他自己身上转移。他曾经不止一次在公司年会上说，顺丰的一线收派员才是"最可爱的人"。在顺丰优选的前总裁刘淼看来，王卫是他见过的最有钱的工作狂，这多半源于王卫在创业初期保留下来的职业习惯。二十多年来，他每天工作 14 个小时再正常不过，还定期到一线收发快递。王卫是那种很有危机感的人，三个月没有创新和改革，就会让他有危机四伏的感觉。大多数跟随王卫的高管都评价王卫是一个很"规矩"的人。在顺丰速运集团的副总裁杨峰看来，王卫是个责任感很强的人："他想做事，他办企业的根本目的不是挣钱。"也因此，王卫多次拒绝了联邦快递、UPS 等海外巨头的收购。

王卫低调、危机感强、责任感强的个性和态度决定了顺丰的快速发展并促使其成为行业巨头。

个性决定行为，组织中的每个人，由于受各种因素的影响，会形成不同的个性倾向和心理特征。了解员工的个性心理特征（包括气质、性格、能力）是安排岗位和工作、说服教育员工和调动员工积极性的基础。迄今为止，一些标准化和本土化的心理测验已用来诊断和测查员工的个性心理特征，心理测验在管理中的应用越来越广泛。

第一节 个 性

个性与我们在日常生活中所谈的性格有所不同，性格只是个性的一个组成部分。个性的心理结构主要由个性倾向性与个性心理特征组成。个性倾向性主要包括需要、动机、兴趣、理想、信念和世界观等，这些都是人进行活动的基本动力。个性心理特征主要包括气质、性格、能力等。本章主要探讨个性心理特征，对个性倾向性将在第四章和第五章加以探讨。

一、个性的概念

个性是指个体的比较稳定的、经常影响个体的行为并使个体和其他个体有所区别的心理特点的总和。影响个性形成的因素主要包括遗传、环境和情景。个性受基因的影响很大，有的人天生开朗，有的人生来忧郁，这些说法具有一定的科学依据。研究表明，类似抑郁等负性情绪的发生具有重要的遗传学基础[2]。此外，脾气好坏在很大程度上也是由遗传基因决定的。表 3-1 列出了一些常见的性格表现与基因之间的关系。

表 3-1 性格与基因关系

性 格 表 现	受基因影响程度/%
外向（急躁、和蔼、喜欢引人注目）	61
保守（尊敬传统和权威、守纪律）	60
忧郁（易忧伤、灰心、感情脆弱、敏感）	55
创新（喜欢在更高的层次思考问题）	65
孤僻（爱独处、总感到被人利用和被生活抛弃）	55
乐观（自信、快乐）	54
谨慎（逃避风险、宁可费事也求平安）	51
好斗（爱实施暴力、爱报复）	48
事业心强	46
条理性强	43
热情好客	33

环境对性格形成的影响很大。例如，饮食对人的性格就有影响，如湖南人好吃辣，湖南妹子又称辣妹子，与海南、广东、福建的女孩相比，她们遇事比较有主见，性格比较刚烈，这就可能跟她们长期吃辣的食物有关[3]。表 3-2 列出了一些食物与性格之间的某种相关性。

表 3-2　食物与性格的某种相关性

喜欢的食物	性 格 特 点
大米	自得其乐，但不太爱帮助别人
面食	能说会道，对事物容易渲染
辣椒	遇事有主见，吃软不吃硬，性格坚强
糖	脾气较暴躁
桃子	与周围的人关系非常协调，是个善于交际的人
草莓	乐观、热情，懂得与人相处，缺点是少些进取心
西瓜	脾气好，善于忍耐，关心、体贴别人，缺点是缺乏自己的原则
酱菜	较稳重，善于埋头苦干，做事有计划
油炸	勇于冒险，有干一番事业的愿望
煮、炖食	性格温和，和谁都谈得来，常富于幻想，但不愿表现自己
烤制品	上进心强，性情急躁、欠温和，爱出主意但缺乏当机立断的气魄
生冷食物	对大自然有浓厚的兴趣，性格坚强、冷酷，有暴力倾向

此外，情景因素对性格表现也有一定的影响。例如，性格内向的人在安全、愉快、轻松、热闹的气氛中有时也会变得开朗、爱笑、外向。

二、个性的理论

个性的理论有两类：一类是个性的类型理论；另一类是个性的特质理论。

（一）个性的类型理论

个性的类型理论即将人的个性加以类型化。四种气质类型以及 AB 型性格就是典型的个性的类型理论，下面对它们分别加以介绍。

1. 四种气质类型

沿用古希腊医生希波克拉底（Hippocrates）的划分方法，可将气质分为多血质、胆汁质、黏液质和抑郁质四种基本类型，具体特点如下。

（1）多血质：感受性低而耐受性较高，不随意的反应性强；具有可塑性和外倾性；情绪兴奋性高，外部表露明显；反应速度快而灵活。

（2）胆汁质：感受性低而耐受性较高，不随意的反应性强，反应的不随意性占优势；外倾性明显；情绪兴奋性高，抑制能力差；反应速度快，但不灵活。

（3）黏液质：感受性低而耐受性高，不随意的反应性和情绪兴奋性均低；内倾性明显，外部表现少；反应速度慢，具有稳定性。

（4）抑郁质：感受性高而耐受性低，不随意的反应性低；严重内倾；情绪兴奋性高而体验深，反应速度慢；具有刻板性，不灵活。

表 3-3 列出了上述四种气质类型的区别。

表 3-3 四种气质与神经类型的行为特点

气质与神经类型	内、外向	情绪稳定性	行 为 特 点
胆汁质（兴奋型）	外向	不稳定	暴躁、好动、攻击、兴奋、善于社交、冲动、乐观、积极
多血质（活泼型）	外向	稳定	有领导能力、无忧无虑、灵活、活泼、逍遥自在、敏感、健谈、开朗、社交型
黏液质（安静型）	内向	稳定	被动、谨慎、有思想、温和、能控制、可信赖、脾气好、安静
抑郁质（抑制型）	内向	不稳定	安静、不善社交、保守、悲观、严肃、刻板、焦虑

日常生活中通常采用性格内向与外向（社交态度）、情绪稳定和不稳定（神经质、情绪状况）两个维度来分辨一个人的气质。四种典型气质类型的人在遇到放在公园凳子上的自己的帽子被他人坐扁的情况时，会出现不同的反应和表现。第一种情形，受损害者大发雷霆，属于外向与不稳定性格，这种人有攻击性，表现出不安和暴躁，属于胆汁质类型；第二种情形，若无其事，属于内向与稳定性格，表现出小心、镇定、有控制力，属于黏液质类型；第三种情形，伤心、沮丧，属于内向与不稳定性格，表现出易怒、严厉、悲观，属于抑郁质类型；第四种情形，一笑置之，属于外向与稳定性格，表现出随便、活泼、健谈，属于多血质类型。

2. A 型性格和 B 型性格

有些人总愿意从事高强度的竞争活动，并长期有时间紧迫感，这些人就拥有 A 型性格（type A personality，见本章心理测试）。A 型性格者总是不断驱动自己要在最短的时间里做最多的事，并对阻碍自己努力的其他人或事进行攻击。在竞争日趋激烈的社会，这种特点被高度推崇，直接影响到个体的物质利益的获得。

A 型性格表现为如下五个方面。

（1）运动、走路和吃饭的节奏很快。

（2）对很多事情的进展速度感到不耐烦。

（3）总是试图同时做两件以上的事情。

（4）无法处理休闲时光。

（5）着迷于数字，他们的成功是以每件事中自己获益多少来衡量的。

例证 3-1

A 型驾驶员的事故倾向性[4]

冲动、好斗、有攻击性的人在驾驶过程中容易被激怒，并采用攻击性方式驾驶。这类驾驶员在行车过程中表现出易急躁、违章、超速和应急能力差等，容易成为交通事故的肇事者。

与 A 型性格相对的是 B 型性格（type B personality），B 型性格的人很少因为要从事不断增多的工作或要无休止地提高工作效率而感到焦虑。B 型性格表现为如下四个方面。

（1）从来不曾有时间紧迫感以及其他类似的不适感。

（2）认为没有必要表现或讨论自己的成就和业绩，除非环境要求如此。

（3）充分享受娱乐和休闲，而不是不惜一切代价表现出自己的最佳水平。

（4）充分放松而不感到内疚。

例证 3-2

皮尔·卡丹的果断性格[5]

服装设计师皮尔·卡丹认为自己个性中的"当机立断，迅速决定"是他取得成功的重要本钱。他说："请不要这样浪费自己的时间。"凡是接触过皮尔·卡丹的人都不难发现，他的工作始终是以快速、便捷的步伐进行，从不吞吞吐吐、优柔寡断，但又绝非草率行事。深思熟虑与当机立断被他运用得那样协调与完美，皮尔·卡丹的性格体现了A、B型性格的完美结合。皮尔·卡丹几乎在所有国家和地区都有分公司，总量超过10 000家，仅巴黎一个城市就有300多家，雇员超过20万人。他拥有6座陈列馆，还拥有一个私人码头。他创造了"皮尔·卡丹帝国"，而他就是这个"帝国"里的君王。

（二）个性的特质理论

个性的特质理论即认为人的行为不受自己的类型制约，而是由个人在一定程度上都具有的种种稳定的特质所决定的。特质是指个人有别于他人的特性，这些特性较为永久一致，这里以卡特尔16种个性特质为例加以说明。

由美国心理学教授卡特尔（Raymond Bernard Cattell）编制的卡特尔16种个性因素问卷（the sixteen personality factor questionnaire，16PF）被认为是最典型的因素分析个性问卷，在临床、工商业、政府部门及教育方面有着广泛的应用，特别是在人才选拔、就业指导及心理咨询方面具有较高的使用价值。

卡特尔16种个性特质包括以下内容：

A．乐群性	B．聪慧性	C．稳定性	E．恃强性
F．兴奋性	G．有恒性	H．敢为性	I．敏感性
L．怀疑性	M．幻想性	N．世故性	O．忧虑性
Q1．实验性	Q2．独立性	Q3．自律性	Q4．紧张性

各项心理特质高、低分者呈现的特征如表3-4所示。

表3-4　卡特尔16种个性特质的特征

心 理 特 质	低分者特征	高分者特征
A．乐群性	缄默、孤独	乐群、外向
B．聪慧性	迟钝、学识浅薄	聪慧、富有才识
C．稳定性	情绪激动	情绪稳定
E．恃强性	谦虚、顺从	好强、固执
F．兴奋性	严肃、审慎	轻松、兴奋
G．有恒性	权宜、敷衍	有恒、负责
H．敢为性	畏缩、退却	冒险、敢为
I．敏感性	理智、着重实际	敏感、感情用事
L．怀疑性	信赖、随和	怀疑、刚愎
M．幻想性	现实、合乎成规	幻想、狂放
N．世故性	坦白、直率、天真	精明能干、世故

续表

心 理 特 质	低分者特征	高分者特征
O. 忧虑性	安详、沉着、有自信心	忧虑、抑郁、烦恼多端
Q1. 实验性	保守、服膺传统	自由、批评激进
Q2. 独立性	依赖、随群附众	自主、果断
Q3. 自律性	矛盾冲突、不明大体	知己知彼、自律严谨
Q4. 紧张性	心平气和	紧张困扰

三、个性与职业匹配的理论

个性与职业匹配问题是早期管理心理学家研究的一个重要课题。20 世纪 60 年代，霍兰德（John L. Holland）提出的个性与职业匹配理论认为，人的人格类型、兴趣与职业密切相关，每个人都有自己独特的能力模式和人格特征，每种人格特征的人都可以找到适合自己的职业[6]。该理论极大地影响了职业指导运动、人才招聘与选拔的实践。自 20 世纪 80 年代以来，研究者们开始由原来的个性与职业匹配问题研究逐步拓展到个性与组织类型、环境匹配问题研究。

工作效率与人的个性特点是密切相关的。研究者在一项针对 800 名男士的追踪研究中发现，其中 160 名成就最大的人与 160 名成就最小的人相比，在智力方面没有什么差距，而他们的个性特点却有很大差异[7]。成就大者有理想、有强烈的进取心，表现出自信、不屈不挠、谨慎、认真的性格特点。美国学者的另一项研究的结论则是，个人的工作效率与其毕业学校的名望并不相关，而他的心理特点（如信念、态度与个性等）对工作效率的作用却重要得多。

正是因为个性在预测工作效率、缺勤、离职等个体和群体行为方面的重要性，有关个体、个性与工作、职业、组织、环境之间的匹配问题和理论研究才得到了管理心理学学者的关注。

（一）气质与职业的匹配

根据各种气质的特点以及职业要求，可以找到气质与职业之间的匹配关系。表 3-5 列出了气质与职业之间的匹配关系。

表 3-5　气质与职业选择

类别	气质			
	多血质	胆汁质	黏液质	抑郁质
气质特点	活泼、好动、敏感	热情、直率、外露、急躁	稳重、自持、内向	安静、情绪不易外露、办事认真
适合的职业	政府及企事业管理者、外事人员、公关人员、驾驶员、医生、律师、运动员、公安、服务员等	导游、推销员、勘探工作者、节目主持人、外事接待人员、演员等	外科医生、法官、财会人员、统计员、播音员等	机要员、秘书、人事、编辑、档案管理员、化验员、保管员等
不适合的职业	单调或过于细致的职业	长期安坐的细致工作	创业或环境不断变化的职业	热闹、繁杂环境下的职业

一项对广东省 80 多家公司的 225 名企业管理者（其中男性 132 人，女性 93 人）的调查问卷结果表明，管理者气质类型主要分布为略偏多血质（占 27.1%）、多血—黏液混合（占 23.1%）、胆汁—多血混合（占 10.2%）、略偏黏液质（占 9.3%），上述这几种气质类型的管理者占了总人数的 69.7%。另外，没有一个典型抑郁质的管理者，男女管理者气质类型分布的总体差异不大。具体结果如表 3-6 所示。[8]

表 3-6　管理者气质类型分布（N=225）

气质类型	总人数	占总数的比例/%	男性	占男性总数的比例/%	女性	占女性总数的比例/%
典型胆汁质	1	0.4	1	0.8	0	0
典型多血质	8	3.7	5	3.8	3	3.2
典型黏液质	3	1.3	2	1.5	1	1.1
典型抑郁质	0	0	0	0	0	0
略偏胆汁质	7	3.1	5	3.8	2	2.1
略偏多血质	61	27.1	39	29.5	22	23.7
略偏黏液质	21	9.3	15	11.4	6	6.5
略偏抑郁质	5	2.2	1	0.8	4	4.3
胆汁—黏液混合	7	3.1	5	3.8	2	2.1
胆汁—多血混合	23	10.2	9	6.8	14	15.1
胆汁—抑郁混合	3	1.3	2	1.5	1	1.1
多血—黏液混合	52	23.1	32	24.2	20	21.5
多血—抑郁混合	5	2.2	4	3.0	1	1.1
黏液—抑郁混合	11	4.9	4	3.0	7	7.5
胆汁—多血—黏液混合	8	3.7	4	3.0	4	4.3
胆汁—多血—抑郁混合	5	2.2	2	1.5	3	3.2
多血—胆汁—黏液—抑郁混合	2	0.9	1	0.8	1	1.1
多血—黏液—抑郁混合	3	1.3	1	0.8	2	2.1
合计	225	100	132	100	93	100

根据表 3-6，可以得出如下三个结论。

（1）典型胆汁质和抑郁质气质类型的人不适宜做管理者，前者表现为鲁莽、易激动、脾气急躁、不能控制自己等，后者表现为沮丧、抑郁、孤僻、行动迟缓等。

（2）典型多血质、黏液质，或多血—黏液混合、胆汁—多血混合气质类型的人比较适合做管理者。这是因为多血质类型者因兴奋占优势，对外反应快，能够控制自己，具有平衡外向性，其机敏而均衡的气质特点有利于生产经营管理。黏液质类型者具有平衡内倾性，这种气质也是管理者所不可缺少的。多血—黏液混合气质类型的管理者兼有多血质和黏液质气质类型的优势，胆汁—多血混合气质类型的管理者有别于胆汁质类型的管理者，前者热情的性格能够得到有效的控制而保持适当的均衡，活跃、务实，这有助于他们成为有效的管理者。

（3）在现实中还存在极少数典型胆汁质和抑郁质类型的管理者，这部分管理者对自己能否胜任目前的管理工作基本上持否定的态度，他们之所以走上管理岗位可能是因为任人唯亲或受资历、机遇等因素的影响。

（二）管理者的性格类型

采用卡特尔16种人格因素量表的研究结果表明，企业中层管理者与一般工人在以下四种特质方面存在显著差异：① 缄默孤独与乐群外向；② 情绪激动与情绪稳定；③ 权宜敷衍与有恒负责；④ 专业而有成就。自律性是选拔管理人员的重要个性特征，而且管理人员的级别越高，其自律性越强。管理人员必须善于控制自己的情绪和行为。[9]

采用卡特尔16种人格因素量表对北京市各类企业中从事组织人事工作、营销管理工作和财务工作的248位人员进行个性测查的结果表明：上述三个职业群体的个性结构有许多共同之处，如都有较高的稳定性、有恒性和自律性，但他们之间的差异也是显而易见的。组织人事管理者和营销管理人员更加外向、开朗，而财会人员则比较内向、严谨，这明显反映了职业特点，即组织人事工作和营销工作更多的是以人为对象，而财会人员每天面对的更多的是数据。另外，测验结果还反映了组织人事管理者讲实际、工作原则性强而不留情面，有保守倾向，营销人员冒险敢为，具有广泛的社会联系，而财会人员则有细心敏感、独立性较强的个性特征。[10]

有关性格和能力与职业的匹配将在第十二章中介绍。

第二节 心 理 测 验

近年来，随着个性特征的信息在员工招聘、选拔、工作绩效预测等方面的广泛应用，管理心理学对于个性模型的研究自20世纪90年代以来再次趋于活跃。国家人力资源和社会保障部有关部门已在公务员考试和企业咨询中采用了心理测验。随着国内心理测验工具的成熟和管理的日益规范，越来越多的企业学会使用心理测验，而且网上测验已经随网络技术和人员招聘中的网上申请的发展而得到快速发展。

一、常用心理测验

常用心理测验包括韦氏智力量表、迈尔斯—布里格斯类型指标测验、"大五"个性因素模型、加州心理测验、投射测验、创造力测验、卡特尔16种人格因素测验、霍兰德职业人格测验、DISC等。

（一）韦氏智力量表

韦氏智力量表（Wechsler Intelligence Scale）由美国心理学家韦克斯勒（David Wechsler）编制，是迄今为止最权威和应用得最广泛的儿童智力量表之一。韦氏成人智力测验（Wechsler Adult Intelligence Scale，WAIS）是韦氏智力量表的一部分。龚耀先于1981年主持修订WAIS（1955年版），为中国修订韦氏成人智力量表（WAIS-RC），分为城市式和农村式（较长时间生活、学习或工作在县属集镇以上的人口，适用城市式；长期生活、学习或工作在农村的人口采用农村式）。

WAIS-RC 包括 11 个分测验，分为言语量表和操作量表两部分：言语部分包括知识、领悟、算术、相似性、数字广度、词汇 6 个分测验；操作部分包括数字符号、图画填充、木块图、图片排列、图形拼凑 5 个分测验。

注意事项包括以下几点。

（1）标准程序施测。一定要按照量表标准程度施测，所有人员一定要阅读手册。

（2）掌握测量技术。主试必须受过训练，掌握本量表测验技术—提问技术、鼓励回答技术、书写回答格式、记分方法、记分标准、原始分换算标准分方法、计算智商方法、测量结果解释。

（3）测验材料齐备。测验材料有组织，使用得心应手。

（4）测验时间要选择恰当。

（5）取得被试合作。主试应努力取得被试合作，尽量使之保持对测验的兴趣。可用"好""这不会花你许多时间的""这里还有另一些不同方式的测试""我想你一定会感兴趣"等鼓励言语，但不能说"对""不错"。

（6）严格控制测量时限。有些项目无时限，但不能任意延长。一般被试可在 10 秒或 15 秒后考虑好并做出回答（有时限的时间反而长）。

（7）按指导语执行。每个测验均有指导语，主试应按原话宣读指导语，不得改变原意。

（8）原话记录分数。主试按被试回答原话记录，并将分数记录在该项目后面。

（二）迈尔斯—布里格斯类型指标测验

MBTI 量表（Myers-Briggs type indicator）是目前世界上应用得最为普遍的个性评价工具，在国外，每年有几百万人接受 MBTI 测验。近些年来，MBTI 专家在原始工具基础上，相继开发出十余个版本的量表，主要经由美国心理类型应用中心、咨询心理学家出版社以及 MBTI 信托机构（trust）三大组织共同合作出版了三阶段评估工具，其理论基础愈趋深厚，评估结果也愈加个性化。也正因如此，该量表越来越广泛地被应用于自我了解和发展、职业发展和指导、组织发展、团队组建、管理和领导培训、人际关系咨询、教育及课程发展等方面。

最初的 MBTI 量表测验是由美国学者伊莎贝尔·迈尔斯（Isabel Myers）与她的母亲凯瑟琳·库克·布里格斯（Katherine Briggs）在荣格分析心理学内外倾向性格和思想基础上发展起来的，即认为人的心理可以通过以下四个双极维度进行描述。

（1）外向型（E）—内向型（I）：表示获得与运用能量的方式。

（2）感知型（S）—直觉型（N）：表示收集与获取信息的方式。

（3）思考型（T）—感觉型（F）：表示做出决策的方式。

（4）判断型（J）—认知型（P）：表示组织生活的方式。

四个维度，两两组合，共有 16 种类型，人的性格靠近哪个维度组合，就意味着其会有哪个方面的偏好[11]。例如，直觉思维型（NT）的人有着天生的好奇心，喜欢梦想，有独创性、创造力和洞察力，有兴趣获得新知识，有较强的分析问题、解决问题的能力。

他们是独立的、理性的、有能力的人。大多数 NT 类型的人喜欢物理、管理、计算机、法律、金融、工程等理论性和技术性强的工作。研究表明，成功企业家的特征之一是具有直觉思维型（NT）的个性。对来自苹果电脑公司、联邦快递公司、本田汽车公司、微软公司和索尼公司等的 13 位企业家（创始人）的调查表明，他们全部为直觉思维型（NT）个性。这一结果十分有趣，因为直觉思维型人仅占总人数的 5%。"外向—直觉—思考—认知"（ENTP）类型和"外向—感知—思考—认知"（ESTP）类型的管理者的工作绩效比较高。

例证 3-3

IBM 公司的说服游戏[12]

IBM 公司曾经要派一批人去印度开展工作，由于对印度缺乏了解和存在文化上的偏见，几乎没有人愿意去。于是，相关部门就对候选人的性格类型进行了针对性研究，对不同类型的候选人制定了不同的说服方案。例如，对于 ENTJ（外向—直觉—思考—判断）的人就用晋升、加薪和新工作富于挑战性来吸引他们；对于 ISFP（内向—感知—感觉—认知）的人就动之以情，晓之以理，向他们表明印度的工作将最大程度地体现出他们的价值，并许诺提供最自由的工作空间让他们充分发挥，同时暗示他们有机会领略印度灿烂的古代文明是一次难得的人生体验。由于充分研究了候选人的性格特质，说服工作进展得非常顺利，人事部门也就出色地完成了这次原本被认为不可能完成的任务。大部分被派往印度的人在到达印度之后，不仅在工作上有很大的进步，而且庆幸地认为前往印度是自己人生中最为成功的决定之一。

（三）"大五"个性因素模型

"大五"个性因素模型（big five factor model）最初由突普斯和克里斯特（Tupes & Christal）提出，该模型认为任何个体都存在五个相对显著、独立而且稳定的个性因素[13]。这五个因素包括精力充沛、情绪稳定、相容协同、责任意识和文化修养。后来的学者们一般将个性的五大因素命名为外向、情绪稳定性、随和、责任心和开明性[14]。

（1）外向。该因素既包括个体爱交际、乐群、武断这一极端到安静、保守、谦恭、退让的另一极端，也包括友善、社会化、支配欲、权力欲、社会能力。

（2）情绪稳定性。该因素既包括个体的坚定、稳健、冷静这一极端到焦虑不安、担心、情绪化的另一极端，也包括神经过敏。

（3）随和。该因素既包括同情、合作、好脾气、热情这一极端到坏脾气、不高兴、不愉快、冷淡的另一极端，也包括信任、攻击性、喜欢、友好、顺从。

（4）责任心。该因素既包括努力工作、勤劳、负责这一极端到任性、不负责和懒惰的另一极端，也包括可信赖、成就欲、自我控制与冲动、野心与慎重、约束和工作。

（5）开明性。该因素的最显著的特征是创造力、想象力、广泛的兴趣和勇敢。

"大五"个性因素如图 3-1 所示。1990 年以来，"大五"个性因素模型在我国也得到了验证，成为得到普遍认可的一种个性结构理论。研究表明，"大五"个性因素与工作绩效有着较为密切的关系。

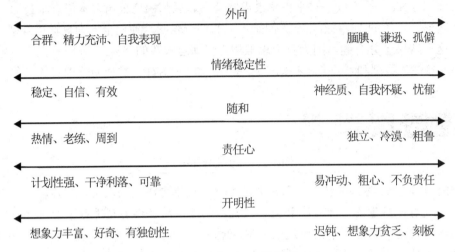

图3-1　"大五"个性因素

（四）加州心理测验

加州心理测验量表（California psychological inventory）由美国加州大学的心理学教授高夫（H. G. Gough）编制，共包括480个是否型的问题，由18个分量表构成[15]。18个分量表按所测查的个性心理特征又可分为四大类：① 考查人际关系适应能力；② 涉及社会化、成熟度、责任心及价值观念的测量；③ 考查成就能力与智能效率；④ 涉及个人的生活态度和倾向。该测验主要考查人与社会相关的各个方面，从人与社会的交往中了解个体的特点。

（五）投射测验

投射测验（projective test）是给被试者呈现一种模棱两可的情景、图片或陈述，要求其尽快做出解释反应，被试者在回答或解释反应的过程中往往会置入自己的思想、态度、愿望、价值观和情感，测试者据此分析了解被试者的个性特征。目前，应用得比较广泛的投射测验有罗夏克墨迹测验和主题统觉测验。下面分别对其加以介绍。

（1）罗夏克墨迹测验（Rorschach inkblot test）。该测验由瑞士精神病学专家罗夏克（Hermann Rorschach）于1921年提出。[16]通过让被试者解释一套用墨迹组成的图形，进而推测被试者的个性特征，如图3-2所示。

（2）主题统觉测验（thematic apperception test）又称TAT测验，是由美国心理学家于1930年提出的个性测量方法。测验时，向被试者呈现一套反映不同情景的图片，要求被试者用五分钟看完一张图片并讲出一个故事或发表自己的意见，测试者运用一定技术分析故事或见解，推测被试者的个性特点，如图3-3所示。[17]

图3-2 罗夏克墨迹测验例图

图3-3 主题统觉测验例图

二、心理测验在管理中的应用

心理测验在管理中的应用主要表现在员工的招聘、人才的培育选拔、心理健康测查以及潜能开发等人力资源管理方面。下面对公务员考试和企业网上申请中的心理测验以及背景调查分别加以介绍。

（一）心理测验在公务员考试中的应用

随着政府职能的转变，心理素质在公务员素质测评体系中的地位日益明显。2020年国家公务员考试公告中明确规定，部分招录机关将对报考者的有关心理素质进行测评，测评结果作为择优确定拟录用人员的重要参考。2023年国考对此则更加细化，除了进行心理测评，心理素质、身心健康状况也成了重点考查的方向。心理测评主要是法院、检察院、公安、司法行政系统人民警察类职位要求，主要考查报考者的人格、职业倾向性、职业能力等要素，也就是考查报考者素质与该岗位是否匹配。考试题目基本上都是选择题，作答形式主要有纸笔测试和网络作答两种。

（二）心理测验在企业网上申请中的应用

随着国内心理测验工具的成熟和管理的日益规范，越来越多的企业开始使用心理测验，而且网上测验已经随着网络技术的发展和线上招聘渠道的兴起得到越来越广泛的应用。目前有许多国内外知名企业（如腾讯、宝洁、联合利华、京东）在应聘人投递简历后，会根据不同的职业选拔需要，要求应聘者进行相应的线上心理测试。心理测试结果将作为企业筛选应聘者的一个重要参考因素。例如，企业利用智力量表测验中的言语测验测量管理、销售人员的言语理解能力和与人沟通的能力；利用人格因素调查问卷，如卡特尔的测试问卷、明尼苏达多项人格问卷（MMPI）、艾森克人格问卷（EPQ）、"大五"人格测验等，测查候选人的人格特质，为其进行职业类型匹配度确认；利用投射测验可以考查出应聘者的工作动机和与工作有关的生活态度。以往，用人单位的网上招聘工作因无法对应聘者进行深入全面的了解而深受诟病；如今，企业使用线上心理测验做辅助，线上招聘的科学性、准确性和公正性都有了一定程度的提升。

（三）背景调查在招聘中的应用

背景调查就是企业人力资源部门通过各种正常的、合法的、合理的方法和渠道，对应聘人员的工作经历、教育背景、品质、兴趣、薪资等情况进行暗中调查，以获得应聘人员背景资料的相关信息，并对获得的信息与应聘人员所提供的简历、面谈介绍以及职位信息进行对比，以此作为企业人力资源管理者进行员工聘用决策的参考依据，为人才决策提供重要的证据材料。[18]

美国企业的主要背景核实方式为推荐信核实和电话核实，也有委托商业调查公司进行调查的。目前，我国的员工背景调查则主要包括身份识别、犯罪记录调查、教育背景调查、工作经历调查、个人资信和资质调查等。

目前由于我国的法律没有明确地对企业背景调查的权利和义务进行界定，应聘人对公司的背景调查结论持不同意见时有可能会诉诸法律。因此，在实际应用中，企业进行背景调查前要获得应聘人的理解、支持和书面知情同意书，要避免涉及个人隐私问题。其次，企业在背景调查过程中要保持严谨和客观的态度，妥善处理背景调查的结果，并且注意完善背景调查的各种制度和流程，保留各种书面资料。

例证 3-4

提供虚假证明人骗取高职位

某候选人在应聘某公司时，向公司表明自己上一份工作的职位是总监，且在工作期间能力突出、表现良好，离职是因个人发展需要。HR觉得候选人的面试表现不错，拟定录用。由于候选人应聘的岗位属于高管级别，在发送正式offer前，根据公司要求需要对候选人进行背景核查。在调查时，HR通过候选人前雇主公司发现，候选人提供的证明人从未在前雇主公司工作任职，并非该公司员工，其真实身份是候选人的朋友。不仅如此，候选人在前雇主公司任职期间，人际关系非常不好，喜欢打压同事，甚至出现过越权行为，给公司造成了一定的经济损失。前雇主公司后续进行业务调整，需要裁员，整个部门只有他被裁掉。候选人其实是为了避免应聘公司知悉自己的真实情况，提供了虚假的证明人，以掩盖自己过往的工作劣迹。

（供稿：广州市八方锦程人力资源有限公司，2020）

三、使用心理测验应注意的问题及对策

为准确地了解个体的个性特点，必须正确地使用心理测验，否则，不仅不能有效地了解个体的个性特点，还可能造成不良的后果。为使心理测验能够最大程度地发挥其功效，使用心理测验时宜注意以下六个问题并且采取相应的对策。

（1）心理测验存在局限性[19]。心理测验是了解个体个性特点的重要手段，是诊断、招聘和选拔、决策的重要工具。但是，心理测验的信度和效度始终存在一些令人不满意的地方，存在不可忽视的局限性，因此，必须科学、严肃、慎重、谦虚地对待心理测验，不能把心理测验当作唯一准确可靠的工具。心理测验可信，但不能全信；心理测验可用，但不能完全依靠它。

（2）个别心理测验不够科学。心理测验有优劣之分。目前，许多报刊为吸引读者登载了不少游戏性心理测验，这些心理测验不够科学，不能拿来使用。我们必须采用按照科学方法编制的、经过标准化程序处理的心理测验。心理测验软件必须通过专家鉴定、科学有效并配有使用手册，方可使用。

此外，我国使用的心理测评方法与测评表大多从国外引进，由于中外文化背景有差异，引进的测试量表需根据我国实际情况加以修改。尽管近年来国内科研单位、高等院校以及从事人才测评的服务机构先后研制出了一批国产品牌的心理测试量表和软件，但还不成熟，基本是在参考国外量表的基础上制作的。目前，我国仅对 MMPI-1、16PF、EPQ 等一些引进的量表进行了严格修订。一些量表直接翻译过来或者草率修订后就拿来使用，以致在国外使用效果很好的心理测验到了我国就出现了使用效果大打折扣的现象。

（3）心理测验专业人士的缺乏。心理测验是一项专业技术性很强的工作，测验人员必须是经过专门的心理测验训练、具备相应资格的人。对于测验的选择、施测、结果解释，只有训练有素的专业工作者才能胜任。国外心理测评的从业人员都要经过专门的培训，而且至少要具备心理学专业本科学历，并取得执业资格方可上岗。而我国目前的心理测试从业人员数量较少，从业人员的素质参差不齐，有很多非测验专业的人士大量使用心理测验，既不考虑自己是否具有相关心理学理论的知识背景，也不考虑心理测验编制的原理、心理测验的优点和缺点、使用心理测验应注意的问题等，这种知其然不知其所以然的情况可能会导致测评结果失真。只有由专业人士施测，才能把误差控制在最小的范围内，才能提高测试结果的可靠性和有效性。

（4）对心理测验结果的解释不当。在解释心理测试结果的过程中，主试有时会忽略实测过程中可能产生的误差，有的人可能还会因主观因素而曲解分数，从而对被试者产生不好的影响。在解释结果时，主试宜十分慎重，避免感情用事、无中生有、无端推测或者曲解分数，更应防止被试者或因分数低而悲观失望，或因分数高而骄傲自满。心理测验的结果是否真实有效受到很多因素的制约，并不是一测就准，往往需要多次反复测量，并采用多种测量方法相结合的形式，才能在一定程度上揭示人的心理特征。总之，对心理测验的结果不能过于依赖，需要慎重解释与使用。

（5）心理测评的意义被过分夸大[20]。不少人过分夸大和迷信心理测评的作用与意义，形成"万能论"和"唯测评论"。一些人认为测评结果可以说明一切问题，有些单位则把测评结果作为用人的完全依据。诚然，心理测评相较于以往的"学历+工作经验"的人才选拔方法更具科学性、准确性和客观性，但也并非十全十美。心理测验通过间接测量和取样的方法推测出人的特质，不可避免地会存在误差。况且，不同的心理测试测评方法所依据的理论基础不尽相同，每个理论都会存在一个"脆弱的前提假设"，这也加大了测试结果的不确定性。因此，在使用心理测试时，我们应当认识到，心理测试同其他任何一种人才测评工具一样，只是决策的辅助性工具，其分析结果不能作为唯一依据来使用。

（6）心理测评出现滥编滥用的现象。目前网络上流行着不少改编的趣味性心理小测试，这些测试虽然满足了普通大众的娱乐性需求，但其编制过程不一定科学且欠缺权威性，并不适合于正规用途。心理测评滥编滥用的现象会影响人们对心理测评的信任，损害现代测评技术的声誉。当前，由于心理测评被更多的人认可，许多单位和个人为了满足实践的需要引进或制作各种各样的测评工具，以致有人将心理测评当作一种时尚，或不问其应用的科学性，或编制量表时缺乏理论依据，程序不够规范，甚至将一些信效度不高的量表引入实践中，导致测评效果不尽人意。权威性心理测评要在大量收集样本的基础上，经过严格的、科学的专门研究和多次试测，才会最终成为一种专门工具，而且只有经过国家认证的专业机构和获得相应资格的专业人员才能做心理测评工作。

 本章小结

➢ 个性是指个体的比较稳定的、经常影响个体的行为并使个体和其他个体有所区别的心理特点的总和。

➢ 个性的理论可分为个性的类型理论和个性的特质理论。

➢ 气质可分为多血质、胆汁质、黏液质和抑郁质四种基本类型。

➢ 个性与职业匹配问题研究逐步扩展到个性与组织类型、环境匹配问题研究。

➢ 心理测验是了解个体个性特点的重要手段，是诊断、招聘和选拔、决策的重要工具。

➢ 心理测验已被应用到公务员考试、企业网上申请中，笔迹分析也被应用到机关企事业单位的招聘等实际领域中。

➢ 心理测验具有一定的局限性，必须正确地使用心理测验。

 思考练习题

 心理测试

你是 A 型人格吗?

"大五"人格问卷

 案例分析

乔布斯——有缺口的完美人生

 讨论题

社交风格分析

 参考文献

[1] 樊力. 顺丰王卫：低调且神秘的快递巨头[N]. 财会信报，2012-04-30.

[2] 刘迪迪，王美萍，陈翩，等. COMT 基因 Val158Met 多态性与抑郁的关系[J]. 心理科学进展，2018，26（8）：1429-1437.

[3] 田海波，唐明德，彭喜春. 饮食习惯与性格相关性研究综述[J]. 按摩与康复医学旬刊，2010，1（5）：31-32.

[4] 张长军，李冲，范茂林. 机动车肇事驾驶员人格特征的对照研究[J]. 中华行为医学与脑科学杂志，2009，18（1）：63-65.

[5] 邱男. 血型特质决定一生[M]. 北京：新世界出版社，2010.

[6] HOLLAND J L.A theory of vocational choice[M]. Journal of counseling psychology, 1959(6), 35-44.

[7] 赵慧军. 不同职业者的个性模式及其测评：个性轮廓匹配法的应用[J]. 中国人力资源开发，1999（5）：32-34.

[8] 陈国海. 企业管理者气质类型分布调查[J]. 中国人力资源开发，2002（10）：61-64.

[9] 翟洪昌，许铎. 管理人员个性的因子分析及其科学评价问题的研究[J]. 心理科学，2000，23（2）：211-213.

[10] 晁连生. 山西省国有大中型企业高中层管理者基本素质分析与对策研究（三）[R]. 太原：山西省科委软科学研究项目组，2002.

[11] MCCRAE R R, COSTA P T. Reinterpreting the Myers-Briggs type indicator from the perspective of the Five-Factor model of personality[J]. Journal of personality, 1989.

[12] 袁希. 从 MBTI 看 IBM 管理实践[J]. IT 时代周刊，2004（14）：77-78.

[13] TUPES E C, CHRISTAL R E. Recurrent personality factors based on trait ratings[R]. Lackland Air Force Base, Texas: Personnel Laboratory, Aeronautical Systems Division, 1961.

[14] 杨波. 大五因素分类的研究现状[J]. 南京师大学报（社会科学版），1998（1）：79-83.

[15] GOUGH H G. CPI, California psychological Inventory [kit][M]. Palo Alto, California: Consulting Psychologists Press, 1987.

[16] RORSCHACH H. Rorschach Test-Psychodiagnostic Plates[M]. Cambridge, MA: Hogrefe Publishing Corp, 1927.

[17] CRAMER P. Storytelling, Narrative, and the Thematic Apperception Test[M]. New York: Guilford Press, 2004.

[18] 杨贵芳. 背景调查在企业招聘中的应用[J]. 现代商业，2011（24）：93.

[19] 田禾，廖倩倩. 人力资源管理中心理测验技术应用的思考[J]. 华中农业大学，2009（3）：45-48.

[20] 魏颖. 简析我国人力资源中的心理测评[J]. 商业文化月刊，2008（12）：35-36.

第四章

价值观与态度

学习目标

- ➤ 了解价值观和态度的概念
- ➤ 掌握常见的态度转变的理论
- ➤ 掌握态度调查的方法
- ➤ 掌握工作满意度的概念和内容
- ➤ 了解提升员工工作满意度的方法
- ➤ 了解组织承诺的概念和作用

引例

中国平安保险集团的价值观[1]

保险金融行业所提供的是无形的服务，其品牌价值更难衡量。中国平安保险集团吸收了中华民族优秀传统文化和西方现代管理思想的精华，形成了自身独具特色的企业文化。公司使命：对客户负责，服务至上，诚信保障；对员工负责，生涯规划，安家乐业；对股东负责，资产增值，稳定回报；对社会负责，回馈社会，建设国家。公司价值观：倡导以价值最大化为导向，以追求卓越为过程，做品德高尚和有价值的人，形成"诚实、信任、进取、成就"的个人价值观和"团结、活力、学习、创新"的团队价值观。企业形象：立志成为中国企业改革的先锋和金融服务业学习的楷模，努力建设成为国际领先的金融保险服务集团和金融业的百年老店。

中国平安保险集团自始至终围绕着自己的品牌形象做文章。公司成立初期，基本上依靠业务员直接在销售终端面向用户推广产品，平安业务员就是企业的品牌和名片，通过与消费者的对话和互动来展示公司的产品和服务内涵。平安业务员以自己的实际行动赢得了客户的信任和喜爱，也为中国平安保险集团创造了良好的品牌形象。

引例中，中国平安保险集团的品牌形象受其价值观的影响。价值观和态度是构成个性倾向性的重要组成部分，对人们的行为具有重要的影响作用，对组织管理具有重要的意义。对企业来说，员工的价值观和态度在很大程度上决定一切。企业宜定期调查并了解员工的价值观和态度（包括工作满意度、组织承诺），以便整合组织价值观和员工价值观，提高员工的工作满意度和组织承诺，进而提高工作绩效。

第一节　价　值　观

个体对客观事物（如工作、金钱、感情）有自己的衡量标准，这些客观事物对个体而言，有轻重主次之分。价值观不是与生俱来的，而是在后天生活、工作的环境中逐步形成的，一旦形成，就具有相对稳定和持久的特点。

一、价值观的含义

价值观（values）代表一系列基本信念和看法：从个体或社会的角度来看，某种具体的行为类型或存在状态比与之相反或不同的行为类型或存在状态更可取。[2]价值观是个体对客观事物的综合态度，能够直接影响个体对事物的看法和行为。价值观如同一个总指挥，支配着个体的需要、动机乃至行为。价值观影响个体的人际关系，影响个体的决策，影响对个体及组织的成功的看法。

二、价值观的类型

价值观按内容、表现形态可分为不同的类别，奥尔波特、罗克奇、霍夫斯泰德等学者对价值观分别进行了分类。

（一）奥尔波特的价值观分类

心理学家奥尔波特将事物的价值分为六种，即经济的价值、理论的价值、审美的价值、社会的价值、政治的价值和宗教的价值。[3]相应地，人们的价值观也可分为六种，如表 4-1 所示。

表 4-1　奥尔波特的六种价值观

类　型	价值观特点
经济型	强调有效和实用
理论型	重视以批判和理性的方法寻求真理
审美型	重视外形与和谐匀称的价值
社会型	强调对人的热爱
政治型	重视拥有权力和影响力
宗教型	关心对宇宙整体的理解和体验的融合

（二）罗克奇价值观调查

罗克奇设计了罗克奇价值观调查问卷，将价值观分为两种类型，每一种类型有 18 项具体内容，如表 4-2 所示。第一种类型称为目的价值观，即一种期望存在的最终目的，它是一个人希望通过一生而实现的目标；第二种称为工具价值观，即偏爱的行为方式或实现目的价值观的手段，主要表现在道德和能力两个方面。[4-5]

表 4-2　罗克奇价值观

目的价值观	工具价值观
舒适的生活（富足的生活）	雄心勃勃（辛勤工作、奋发向上）
振奋的生活（刺激的、积极的生活）	心胸开阔（开放）
成就感（持续地贡献）	能干（有能力、有效率）
和平的世界（没有冲突和战争）	欢乐（轻松愉快）
美丽的世界（艺术与自然的爱）	清洁（卫生、整洁）
平等（兄弟情谊、机会均等）	勇敢（坚持自己的信仰）
家庭安全（照顾自己所爱的人）	宽容（谅解他人）
自由（独立、自主选择）	助人为乐（为他人的福利工作）
幸福（满足）	正直（真挚、诚实）
内在和谐（没有内心冲突）	富于想象（大胆、有创造性）
成熟的爱（性和精神上的亲密）	独立（自力更生、自给自足）
国家的安全（免遭攻击）	智慧（有知识的、善于思考的）
快乐（快乐的、闲暇的生活）	符合逻辑（理性的）
救世（救世的、永恒的生活）	博爱（温情的、温柔的）
自尊（自重）	顺从（有责任感、尊重的）
社会承认（尊重、赞赏）	礼貌（有礼貌的、性情好）
真挚的友谊（亲密关系）	负责（可靠的）
睿智（对生活有成熟的理解）	自我控制（自律的、约束的）

（三）霍夫斯泰德的民族文化价值观维度

荷兰社会学专家吉尔特·霍夫斯泰德（G. H. Hofstede）提出了一种由五种文化维度组成的框架[6]，可以用来比较民族文化的价值观。

（1）权力距离（power distance），指某一社会中地位低的人对于权力在社会或组织中不平等分配的接受程度。不同国家由于对权力的理解不同，在这个维度上存在着很大的差异。欧美人不是很看重权力，他们更注重个人能力，而亚洲人相对比较注重权力的约束力。

（2）不确定性规避（uncertainty avoidance），指一个社会受到不确定的事件和非常规的环境威胁时，是否通过正式的渠道来避免和控制不确定性。回避程度高的文化比较重视权威、地位、资历、年龄等，并试图以提供较大的职业安全，建立更正式的规则，不能容忍偏激观点和行为，相信绝对知识和专家评定等手段来避免这些情景。回避程度低的文化对于反常的行为和意见比较宽容，规章制度少，在哲学、宗教方面容许各种不同的主张同时存在。

（3）个人主义/集体主义（individualism and collectivism），用来衡量某一社会总体是关注个人的利益还是关注集体的利益。个人主义倾向的社会中，人与人之间的关系是松散的，人们倾向于关心自己及小家庭；而具有集体主义倾向的社会则注重族群内关系，关心大家庭，牢固的族群关系可以持续地保护人们，而个人则必须对族群绝对忠诚。

（4）男性化与女性化（masculinity and femininity），主要看某一社会代表男性的品质，如竞争性、独断性更多，还是代表女性的品质，如谦虚、关爱他人更多，以及对男性和女性职能的界定。男性度指数的数值越大，说明该社会的男性化倾向越明显，男性气质越突出；反之，则说明该社会的女性气质突出。

（5）长期取向和短期取向（long-term orientation and short-term orientation），是指某一文化中的成员对延迟其物质、情感、社会需求的满足所能接受的程度。它显示有道德的生活在多大程度上是值得追求的，而不需要任何宗教来证明其合理性。长期取向指数与各国经济增长有着很强的关系。20世纪后期，东亚经济突飞猛进，长期取向是促进其发展的主要原因之一。

三、三种经营管理价值观

经营管理价值观是对经营管理好坏的总的看法和评价。作为企业对某种特定的行为方式所存在的基本信念，企业价值观在整个企业运作中起着至关重要的作用。企业主要有三种经营管理价值观，即最大利润价值观、企业价值最大化价值观和企业价值—社会效益最优价值观。表4-3对上述三种经营管理价值观做了比较。

表4-3　三种经营管理价值观的比较

比　较　方　面	最　大　利　润	企业价值最大化	企业价值—社会效益最优
一般目标	最大利润	令人满意的利润水平加上其他集团的满意	利润只是一般手段，只具有第二位的重要性
指导思想	个人主义、竞争、野心勃勃	混合的，既有个人主义，又有合作	合作
政府的作用	越少越好	虽然不好，但不可避免，有时是必要的	企业的合作者
对职工的看法	只是一种手段，只有经济的需要	既是手段，也是目的	本身就是目的
领导方式	专权方式	开明、专制和民主混合	民主、高度的参与式
股东的作用	头等重要	主要的，但其他集团也要考虑	并不比其他集团更重要

企业经营管理价值观与企业经营行为有着直接关系，决定着企业行为的选择和结果。两名研究者对美国、日本、印度、澳大利亚的两千多名经理的价值观进行评估的结果表明：高盈利者一般都重视生产率、能力、进取心、创造性、竞争和变革等观念；低盈利者则重视服从、安排、信任、遵从、社会福利等观念。

随着企业内外经营环境的变化，企业经营管理价值观也发生了相应的变化。根据罗伯特·海和爱德·格雷的研究，美国企业的经营管理价值观是从20世纪初的追求利润最大化，发展到20世纪30年代的追求满意的利润水平，再发展到70年代兴起的生活质量哲学的。生活质量经营哲学对员工的基本看法是企业员工的利益与企业的利益是一致的。企业的人比金钱和技术更为重要，员工的尊严应受到保护。美国企业的经营价值观经历了由利润最大化，到利润—价值最大化，再到价值最大化的发展过程。

例证 4-1

腾讯的经营管理理念[7]

腾讯公司成立于 1998 年 11 月，是目前中国最大的互联网综合服务提供商之一，也是中国服务用户最多的互联网企业之一。自成立以来，腾讯一切以用户价值为依归，坚持"用户第一"理念，为用户创造价值、维护用户正当利益是经营的第一要务；保持对用户需求的敏感，重视用户的消费体验，服务水平适当超出用户的期望；注重培育用户的满意度和忠诚度，不断提高与用户沟通的服务水平；以用户价值的最大化创造公司价值的最大化。对于企业管理，腾讯以"关心员工成长"为管理理念，致力于为员工提供良好的工作环境和激励机制；完善员工培养体系和职业发展通道，使员工获得与企业同步成长的快乐；充分尊重和信任员工，不断引导和鼓励，帮助其收获成功的喜悦。

第二节 态度及其改变

员工会自觉地在态度之间以及态度与行为之间寻求一致性，这就是态度的一致性规律。如出现失调的情况，员工会采取一定措施和方法使之重新趋于平衡，减少内心冲突。员工态度调查可帮助管理者掌握员工具体的态度，以便预测员工的行为。态度调查结果可能常常在管理者的意料之外。

一、态度的含义

态度是指主体对特定对象做出价值判断后的反应倾向——要么喜欢，要么不喜欢。态度包括认知、情感、行为三种成分。"老板很有魄力，非常随和"是某员工对老板态度的认知成分；"我很钦佩我的老板"是该员工对老板态度的情感成分；"我愿意与我的老板一起讨论事情，有时也开开玩笑"是该员工对老板态度的行为成分。

与工作相联系的态度主要有三种，即工作满意度、工作参与和组织承诺。工作满意度是指个人对自己所从事工作的一般态度。工作参与是指个体在心理上对自己的工作的认同程度，认为自己的绩效水平对自我价值的重要程度。组织承诺是指员工对于特定组织及其目标的认同，并且希望维持组织成员身份的一种状态。

二、态度改变的理论

态度改变的理论主要包括费斯汀格的认知失调理论、海德的认知平衡理论、凯尔曼的态度转变与形成三阶段论、墨菲的沟通改变态度理论、预言实现改变态度理论、社会学习论、勒温的参与改变理论。

（一）费斯汀格的认知失调理论

认知失调理论是社会心理学家费斯汀格（Leon Festinger）提出的。[8]认知失调是指一个人的态度和行为等的认知成分相互矛盾，从一个认知推断出另一个对立的认知时而产生的不舒适感、不愉快的情绪。认知失调理论认为，一般情况下，个体的态度与行为是相协调的，因此不需要改变态度或行为。假如两者出现了不一致，如做了与态度相违背的事，或没做想做的事，这时个体就产生了认知失调。认知失调会产生一种心理紧张，个体会力图解除这种紧张，以重新恢复平衡。费斯汀格将认知元素间的关系划分为三种：① 不相关。此时两种认知元素间没有联系，例如，"我每天早上七点钟吃早饭"与"我对足球不感兴趣"。② 协调。此时两种元素的含义一致，彼此不矛盾，如"我是一个品德高尚的人"与"我做了一件帮助他人的事情"。③ 不协调。此时"如果考虑到两个认知元素单独存在的情况，那么一个认知元素将由其反面而产生出它的正面……假如从 y 产出非 x，那么 x 和 y 就是不协调的"，如"我是一个品德高尚的人"与"我做了一件损人利己的事"，这两者就是不协调的。

费斯汀格认为，不协调在程度上是有区别的。具体地说，它取决于两个方面：① 不协调的程度同某一认知元素对个人生活的重要性成正比，例如，丢掉一元钱与丢掉一份满意的工作造成的不协调程度是不同的。② 不协调的程度取决于一个人所具有的不协调认知的数目与协调认知数目的相对比率，可用公式表示为

$$\text{不协调程度} = \frac{\text{不协调认知项目的数量} \times \text{认知项目的重要性}}{\text{协调认知项目的数量} \times \text{认知项目的重要性}}$$

在解决认知不协调的问题上，费斯汀格提出了三种途径：① 改变行为，使对行为的认知符合态度的认知。② 改变态度，使其符合行为。如认为"自己比别人都聪明"而期末考试时"两门功课不及格"的人，改变对自己原先的评价，认知到自己不过是个中等或者中等偏下的学生，这样认知可达到协调。③ 引进新的认知元素，改变不协调的状况。如个体为了缓解吸烟问题上出现的认知不协调和心理紧张，会寻找有关吸烟不会致癌，反而对身体有些益处的事例知识。例如，某人想得到一等奖金（原来的态度），自己付出了很大的努力（原来的行为），但未能达到目的。在这种情况下，主体可能引进某种新的认知元素，如强调客观条件不佳、工作难度太大、有新的竞争力量等，尽可能地使原来的态度与行为相协调。这样，两个认知元素便协调起来了。

由上可见，费斯汀格的认知不协调理论同海德的认知平衡理论的基本假设是一致的。但是，前者强调了个体通过自我意识调节达到认知平衡，而后者更着重于人际关系对认知平衡的影响。两者各有特点，可以相互补充，都有参考和应用的价值。

例证 4-2

认知协调理论的实验[8]

E.阿伦森和贾德森·米尔斯进行过这样的实验：让女大学生自愿参加一个讨论性心理学团体。让 1/3 的女生经历一个漫长而严格的争取入会的检测选拔程序，另外 1/3 的人经历一个缓和的程序，剩余 1/3 的人则未经任何程序就被允许加入该团体。然后让所有人听同样的"讨论会发言"（一段录音），其结果是：经历严格考验的一组女生认为这一讨论是有价值和有趣的，而另外两组女生则认为该讨论浪费时间、枯燥乏味。这是因为付出努力者在心理上要为自己付出的努力辩解，否则就会产生认知失调。

企业开展提高员工技能和生活素质的讲座和培训时，一般是自愿参加和免费的。在这种前提下，报了名但后来因各种原因未到场的人往往很多，所以一些企业就采用先报名和交押金的做法。如果报了名，员工不来或中途退场，则押金充公，或者捐赠给希望工程，这是管理自愿参加培训的好办法。

（二）海德的认知平衡理论

认知平衡理论是海德（Fritz Heider）提出的。海德认为，我们的认知对象包括世界上各种人、物、事、概念等，这些对象有的互不相关，有的互相联结。海德将构成一体的两个对象的关系称为单元（Unit），将对于每种认知对象的感情和评价（喜恶、赞成、反对）称为情绪。当个体对一个单元内两个对象的看法一致时，其认知体系呈现平衡状态；当对两个对象有相反看法时，就产生不平衡状态。海德强调一个人（P）对某一认知对象（X）的态度，常受他人（O）对该对象态度的影响，即海德十分重视人际关系对态度的影响力。[9]

海德认为，若 P、O、X 三者关系相一致，则 P、O、X 体系呈均衡状态。由此，海德根据 P、O、X 三者的情感关系推导出八种模式，如图 4-1 所示。其中，四种是平衡的，四种是不平衡的。海德认为，人类普遍具有一种平衡、和谐的需要。一旦人们在认识上有了不平衡和不和谐性，就会在心理上产生紧张和焦虑，从而促使他们的认知结构向平衡与和谐的方向转化。

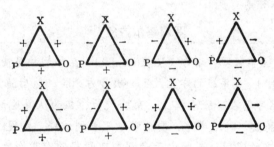

图 4-1　海德认知平衡理论八种模式

由图 4-1 可以看出：处于平衡状态的三角形三边符号相乘必为正，而处于不平衡状态的三角形三边符号相乘必为负。例如，P 为职工，O 为受尊敬的领导，X 为拟开发的新项目。P 主张开发新项目 X，听到 O 赞同，则其认知体系为平衡状态；若听到 O 表示不赞成开发新的项目 X，则其认知体系呈现不均衡状态。解除不均衡状态的方法有以下三种：① 接受领导的劝说，改变态度（如 P—X 关系变为"－"）；② 坚持己见，改变对领导的评价，不再尊敬领导（P—O 关系变为"－"）；③ 认为领导的反对态度只是一种假象，实际上领导还是持赞成态度的（擅自将 O—X 关系变为"＋"）。

认知平衡理论的作用在于使人们以"最小努力原则"来预计不平衡所产生的效应，使个体尽可能少改变情感关系，以恢复平衡结构。

（三）凯尔曼的态度转变与形成三阶段论

心理学家凯尔曼（H. C. Kelman）提出态度的形成过程主要经历了三个阶段：服从、

同化和内化。[10]服从又称为顺从，这是态度转化的第一阶段，即一个人从表面上转变了自己的观点，这是个体遭受外部压力的情况造成的。同化则是一个人自愿地接受他人的观点、信念、态度与行为，使自己的态度与他人的态度相接近。内化是一个人从内心深处相信和接受他人的新观点，而彻底转变自己的态度，这意味着把他人的新观点、新思想纳入自己的价值体系，使之成为自己态度体系中的一个有机组成部分。

（四）墨菲的沟通改变态度理论

沟通改变态度理论起源于心理学家墨菲关于对黑人的态度的研究。他选择了一批白人作为被试者，随机把他们分为两组——实验组和控制组，并用瑟斯顿量表法对他们进行态度测量，证实他们对种族歧视的态度大体相同。随后，让实验组看宣传黑人成功事迹的电影、电视和画报，控制组则不参加这种活动。结果发现，实验组对黑人的态度发生显著的改变，而控制组的态度则没有变化。

（五）预言实现改变态度理论

别人的预见以及由此而采取的对待方式会影响个体的心理。称赞和鼓励会诱发个体上进的动机；经常遭受指责、歧视，会导致个体消极、自暴自弃。用公式表示为

员工的行为= f (管理者的期望×对待方式)

例证 4-3

罗森塔尔效应[11]

1968 年，美国心理学家罗森塔尔（R. Rosenthal）在加利福尼亚的一所小学做了一个著名实验。他先故意对 1～6 年级的学生做了一次智力测验，然后随意从每班抽 3 名学生，共 18 人，将他们的名字写在一张表格上，交给校长，极为认真地说："这 18 名学生经过科学测定，智商很高。"时过半年，罗森塔尔又来到该校，发现这 18 名学生的确表现超常。这就是自我预言的实现。教师由于受到心理学家的有意影响，对那些原本可能智力平平的学生产生了积极良好的期望，而这种良好期望会促使教师对他们做出更积极的教育行为，自然有利于学生的发展，最终结果是心理学家罗森塔尔的预言得以实现。

（六）社会学习论

社会学习论（social learning theory）是由美国心理学家班杜拉等人于 20 世纪 60 年代提出，此后又不断加以发展的学习理论。目前，该理论已受到国际心理学界的重视。

社会学习论首先提出个体行为起源于直接经验学习和间接经验学习。社会学习论把态度看作是在"刺激—反应"模式中，即社会刺激引起反应的作用下习得的，认为其他形式的学习原理也适用于态度的形成和变化，态度就是在刺激的作用下逐渐形成和不断改变的。

1953 年，霍夫兰德、贾尼斯和凯利提出了一个态度的形成与改变的基本模式：态度的主体在有关的某种态度对象的刺激（信息的传播）作用下，是否受此传播信息的影响形成或者改变态度，必须经过注意、了解、接受三个过程，同时强调联想与强化的作用。

班杜拉非常强调替代性强化在态度形成中的作用。个人可以自我强化，模仿性的观察学习也是人们获得态度的途径。模仿是个体对榜样人物的形象示范产生的联想反应。

（七）勒温的参与改变理论

参与改变理论（participant changing theory）是指运用参与手段来改变态度的理论。德国心理学家库尔特·勒温认为，个体态度的改变依赖于其参与群体活动的方式。个体在群体中的活动方式既能决定其态度，也会改变其态度。

勒温在他的群体动力研究中发现：个体在群体活动中可以被分为主动型的人和被动型的人。主动型的人主动参与群体活动，自觉地遵守群体的规范；被动型的人被动参与群体活动，服从权威和已制定的政策，遵守群体的规范等。

例证 4-4

个体参与群体活动对改变态度的影响[12]

第二次世界大战期间，美国由于食品短缺，政府号召家庭主妇用动物的内脏做菜，而当时美国人一般不喜欢以动物的内脏做菜。由此，勒温用不同的活动方式对美国的家庭主妇进行态度改变实验：（1）把被试者分成两组，即控制组和实验组；（2）对控制组采取演讲的方式，亲自讲解猪、牛等动物的内脏的营养价值、烹调方法、口味等，要求大家改变对内脏的态度，把内脏作为日常食品，并且赠送每人一份烹调内脏的食谱；（3）对实验组，要求她们开展讨论，共同议论内脏做菜的营养价值、烹调方法和口味等，并且分析使用内脏做菜可能遇到的困难，如丈夫不喜欢吃的问题、清洁的问题等，最后由营养学家指导每个人亲自实验烹调；（4）结果显示，控制组有3%的人采用内脏做菜，实验组有32%的人采用内脏做菜。

结论：口头说教不一定起作用，最好的方法是做出示范以引起仿效并给予强化。

实验组的被试者是主动型，她们主动参与群体活动，在讨论中自发地提出某些难题，又亲自解决这些难题，因而态度的改变非常明显，速度也比较快。控制组的被试者属于被动型，她们被动参与群体活动，很少把演讲的内容与自己相联系，其态度也就难以改变。基于该实验，勒温提出了他的"参与改变理论"，认为个体态度的改变依赖于其在群体中参与活动的方式。

三、如何转变员工的态度

转变员工态度是指管理人员把员工消极的态度转变成积极的态度，把员工较弱的积极态度转变为较强的积极态度，或者把员工较强的消极态度转变为较弱的消极态度的过程。转变员工的态度是人力资源管理的有效途径，对提高人力资源管理的效率具有重要的意义，同时也有助于企业建立良好的企业文化，建立企业内部和谐的人际关系。为了有效地转变员工的态度，不但需要了解影响员工态度转变的因素，而且要掌握转变员工态度的方法。

（一）影响员工态度转变的因素

为了有效地转变员工的态度，需要了解影响员工态度转变的因素。影响员工态度转变的因素有两种，即外部因素和内部因素。外部因素主要包括人际影响、企业内部的信息沟通、企业文化等因素；内部因素主要包括员工的认知、需要、个性心理特征等因素[13]。

1. 外部因素

外部因素主要包括如下三个方面。

（1）人际影响。著名的苏联心理学家维果茨基认为，人之所以会改变自己，是因为以他人作为参照系来对照自己的行为。员工身边人员的观点、态度等都对其自身态度转变有着重要的影响，如上级领导、同事、下属、客户等。

（2）企业内部的信息沟通。企业内部的信息沟通是影响员工态度转变的一个重要因素。信息沟通包括对每一个员工进行信息传递和对所有员工进行信息传递。企业内部的信息传递方式、选择的传递技术对改变员工态度具有重要的影响。

（3）企业文化的影响。企业文化是指一个企业内形成的独特的文化现象、价值观念等。员工的态度受到企业文化的影响和制约，作为企业的一员，员工必须维护和遵守企业的规章制度、价值观念、道德观念等企业文化。

2. 内部因素

内部因素主要包括如下三个方面。

（1）员工对工作已有的认知态度。员工原先对态度对象的认知越深刻，员工态度的转变就越困难。若员工只有意念而未采取行动，则其态度较容易改变；若既有意念又有行动，态度则较难改变；若不仅有意念而且又做公开表态，其态度会有更大的抗拒性，则特难改变。因此，要针对员工的原有态度强度，采取适当的方法来改变它。

（2）员工的需要。员工的需要能够随着时间的改变而改变，如果当前的态度无法满足员工的需要，他便会转变态度以满足需求。而若转变之后的态度能够满足员工的需求，并能消除由行为的内驱力而引起的紧张状态，员工在情感上就比较容易接受，便形成积极的态度，从而使原有的态度得到转变；反之，员工便会形成消极的态度，不利于原有态度的转变。

（3）员工的个性心理特征。员工的气质和性格对员工态度的转变有着重要的影响。一般认为，气质为胆汁质、多血质的员工的态度转变比较容易，而黏液质、抑郁质的员工的态度转变比较难；性格外向的员工比性格内向的员工的态度转变更容易些。一般情况下，低自尊、低智力、低自信者易被说服，高自尊、高智力者比低自尊者更难被说服。

（二）转变员工态度的方法

员工态度的转变需要一个过程。在管理中，要使员工的态度发生转变，管理者须有耐心，不能有一蹴而就的思想，与员工建立和保持沟通是成功改变员工态度的关键。

此外，管理者还必须注意转变员工态度的方式、方法。这里介绍宣传法、员工参与法、组织规范法。

1. 宣传法

宣传法就是借助一定的手段（如简报、局域网、广播、讲座等）把信息传递给员工，改变他们的原有态度以形成新态度的方法。宣传分为单向宣传和双向宣传。单向宣传是由管理者向员工讲事情有利（或不利）的一面。双向宣传是管理者与员工相互沟通，既讲事情有利的一面，也讲事情不利的一面。双向宣传往往被人看作是更公正、偏见更少的，会减少人们的对抗心理或防御心理，从而更易于说服员工；而单向宣传往往会被看作是有偏见的，所以会增强员工的抵触心理。因此，同时提出正反两种观点，而后强调自己见解的正确性和重要性，则更具有影响力。对于文化程度高者而言，双向宣传有效；对于文化程度低者而言，单向宣传容易改变其态度。另外，当员工与管理层的观点一致或对问题不熟悉时，单向宣传的效果更好；如果员工与管理层的观点不同，对问题又较为熟悉，那么双向宣传要比单向宣传更有效。

在宣传的过程中，既可以借助理性说服，也可以借助感情的唤起来影响员工，做到晓之以理、动之以情。一般地，可以唤起人们感情的宣传能够更好地改变员工的态度。管理者的权力和威望对员工态度的转变有着重要的影响。

宣传过程中常见的心理效应有如下三种。

（1）权威效应。所谓权威效应，是指因宣传者的威望而产生的，使宣传对象无保留地接受宣传信息及观点的影响力与效果。霍夫兰德（C. I. Hovland）曾经以大学生为实验对象，将其分为两组，施以同样的宣传。但对一组大学生说宣传者是一位威望很高、受到人们尊敬的人，而对另一组则说宣传者是一个普通人。实验结果显示，前者有23%的人转变了态度，后者转变态度的人数不足总数的7%，这说明有崇高威望的宣传者发出的信息具有强烈的心理影响力。[14]

（2）名片效应。所谓名片效应，是指宣传者在论述自己的基本观点前，先表明自己在许多问题上与宣传对象有一致的意见，造成其宣传的观点与宣传对象已有的态度相近、有共同之处的印象，从而使宣传对象更容易接受其所宣传的观点。这是因为事先已有共同见解可以减少对立情绪，削弱受宣传者对宣传观点的挑剔态度，便于求同存异。

（3）"自己人"效应。除了宣传者与宣传对象间的观点一致，他们之间的任何相似之处（职业、民族、籍贯、经历、学历、研究领域等）都会增强宣传的效果。因为相似之处会使人产生认同的趋向，把对方看作"自己人"，从而缩短心理距离，这就是"自己人"效应。

2. 员工参与法

员工参与法即员工通过参与活动与他人进行交往，并在交往中得到别人的启发和教育，从而转变自己的态度。因此，管理者宜注意通过使员工参与活动来转变员工的态度。沟通对员工态度转变的影响起着重要的作用。

在现实管理工作中，许多人应用"角色扮演法"，如一些工厂让职工轮流担任质量督导员，或开展"一日厂长"等活动，这对于强化职工的质量意识，引导职工关心企业、积极参与企业的管理活动起到了很好的作用。

3．组织规范法

每个人都处于一定的组织中，组织的准则、价值、规范化的规则都可以有效地影响人的态度。组织规范法就是利用群体规范的强制力、约束力，或者采用一定的行政手段、经济手段和规章制度，迫使员工了解管理者发出的信息，促使其逐步改变态度的一种方法。员工开始可能是在压力强制下被迫地去接受规定，随着时间的推移，员工变得越来越习惯，进而越来越自觉，以至于最后改变原来的态度。

四、员工态度调查

员工态度调查就是管理者为了解员工对与工作有关的变量的态度所做的认真的、有系统的调查。员工态度调查具有如下三种作用：① 测量，即帮助管理者客观、准确地了解员工工作动机和士气以及关于企业发展、工作本身及工作效率等的关键性问题；② 沟通，即员工态度调查是管理者与员工沟通的重要渠道，它为员工提供了沟通个人情感、信仰和观念的机会，使员工可以利用这样的机会建立他们的工作世界，同时也为管理者提供了向员工表达他们对员工的关心的机会；③ 管理过程，即调查结果可以帮助企业发现问题，纠正失误。

经常调查的问题是员工对工作的满意度、工资和福利、主管的工作和对企业整体的态度。态度的测量和调查方法主要有问卷法（量表法）、面谈法、行为观察法。

（一）问卷法（量表法）

量表法通常采用标准的量表进行。员工态度调查以纸笔问卷调查最为普遍，随着互联网技术的发展，网上调查已经流行。

员工态度问卷调查通常有五个阶段。

（1）准备阶段：调查者确定要调查的问题并设计问卷。

（2）问卷填写阶段：调查者发放问卷并回收问卷。

（3）问卷分析阶段：调查者分析数据，得出结论，写出结果报告。

（4）追踪阶段：调查者组织员工分析数据和调查结果并做出相应的改革建议。

（5）庆祝阶段：调查者报告调查工作的情况和根据建议所做的相应改革的结果。

下面介绍两种问卷法，即坐标法和句子完成法。

1．坐标法

坐标法主要用来测量人们对某一问题赞成或反对的程度。程度可以分为三等到十一等（奇数），常用的是五等。

例如，有人提议本厂与××厂联营，你认为如何？

a. 坚决支持　　　　　　b. 支持　　　　　　c. 无所谓

d. 反对　　　　　　e. 坚决反对

把收集的信息进行处理，填入表4-4中。

表 4-4　态度坐标测量处理表

项　　目	有人提议本厂与××厂联营，你认为如何	人　　数	所占比率/%
反应	坚决支持		
	支持		
	无所谓		
	反对		
	坚决反对		
合计			

据此可以立刻看到对这个建议持积极态度的有多少人，持消极态度的有多少人，这对于了解员工的态度并做出正确的决策是十分有意义的。

2. 句子完成法

句子完成法是事先准备好一些与你想了解的内容有关的未完成句子，让员工把句子写完，从中反映出员工对某一事物的态度。

这种方法的主要优点是：员工不易隐瞒自己的真实态度；缺点是：分析起来有一定难度。

下面是一些未完成句子的例子。

（1）工作意味着……

（2）如果工厂倒闭，我……

（3）我一个人工作时……

（4）大家认为我……

（5）我在厂里感到……

（6）领导待我……

（7）我们厂的产品……

（8）我的工作环境……

（9）家庭对我来说……

（10）工厂对我来说……

（二）面谈法

面谈法是了解员工态度的主要方法，采用的方式主要有各种会议、现场谈话、离职面谈。面谈要长期坚持，必要时形成制度，管理者要虚心听取员工的意见和建议，并反映在决策上。企业要客观评价员工的"离职""跳槽"等行为，由此引起对自身不足的警觉，通过恳请批评寻找缺点。

（三）行为观察法

行为观察法是指调查者深入现场观察员工的行为，根据员工的言语、表情及行为表现来推断其对某事物的态度。由于这种方法在使用时不会被员工发现，故可以比较准确地收集资料。

近年来，随着科技的发展，许多企业使用新技术和新方法进行员工问卷调查，表4-5对多种员工态度调查方法做了比较。

表4-5 员工态度调查方法比较

方 法	特 点	优 点	缺 点
小组面谈	员工用自己的话表达感觉，调查者通过提问，了解员工要表达的意思	尤其适用于探测性地了解问题的深度和广度，对问题的感觉及其强度；也用于问卷设计的初稿阶段和为了澄清某些问题而进行的问卷调查结果的追踪	所获信息可能无法准确地反映被调查群的整体态度；如果被调查群差异较大，需要组织数个面谈小组
计算机调查	员工使用计算机或网络回答问题	有趣、高参与率，可查出员工回答的自相矛盾的问题并加以解决	只能调查那些能接触并使用计算机或网络的人
内向电话调查	员工拨通一个 800 号码，由一个问讯者回答电话，提问调查问题，并将数据输入计算机	速度快、准确度高	无法控制员工拨打电话的次数；需要足够的问讯者；数据收集的人力成本高
外向电话调查	问讯者给员工打电话进行调查	高参与率；可以控制被调查者的参与次数；能够测量特殊的员工群体；效率高、准确度高	有些员工不接电话或不能接电话；保密度低；数据收集的人力成本高
观察法	调查者深入现场观察	准确度高	有些态度和行为难以观察；速度慢，数据收集的人力成本高；行为与态度并非一对一关系，有效性比较差

第三节 工作满意度

20世纪30年代，美国学者霍伯克首次提出了工作满意度的概念，他指出工作满意度是员工在生理和心理上对工作本身的一种主观态度，且是一种对工作本身和工作环境的主观情绪反应。自此，工作满意度逐渐在管理学理论研究中获得关注，诸多学者就此开展相关研究。

一、工作满意度的概念与内容

工作满意度是指个人对其所从事工作的一般态度。这种态度影响管理心理与行为，甚至身体健康。塞尔斯（Sales）曾做过一项研究，使员工完成 1 小时的实验工作，发现其血液中胆固醇的含量与其对任务的喜爱程度呈负相关趋势。[15]一些跨国公司在他们的顾客服务研究中，已渐渐从研究外部顾客满意度转向研究内部顾客满意度，即员工的满意度。联邦快递公司认为，"无法想象一个连内部顾客都不满意的企业，能够提供令人满意的服务给顾客",他们发现当其内部顾客满意度达到 85% 时,公司的外部顾客满意度可达到 95%。

人们一般认为,工作满意度实际上是几种相关的态度。所以,当我们说"满意"时,我们必须明确"对什么满意"。有五个方面的内容是工作中最重要的特征,人们会对其有情感上的反应,它们是:

(1)工作本身,是指员工所从事的工作的有趣程度,提供进一步学习的机会和承担更多的责任。

(2)报酬,是指所得到的报酬多少、报酬的公平性和支付报酬的方式。

(3)升职机会,是指升职的现实可能性。

(4)上司,是指上司的技术和管理能力,上司对员工及其利益关心的程度。

(5)同事,是指同事友善、有技术能力和支持合作的程度。

尽管工作的其他方面也很重要,但上述五个方面在评价组织中的工作态度时最为常用。

二、影响工作满意度的因素

影响工作满意度的因素比较多,既包括员工自身的因素,如员工的年龄、性别、受教育年限,也包括工作和环境因素,如组织规模、领导风格和工作的丰富程度。下面分别介绍员工的年龄、职业阶层、受教育年限以及组织规模、领导风格和工作的丰富程度对工作满意度的影响。

(一)年龄

关于年龄对工作满意度的影响,学者们给出了正相关、U 形关系、无显著关系的不同结论,其中支持两者呈 U 形关系的学者较多。初入劳动力市场的年轻人往往拥有较高的工作热情,随着就业时间的增加,职业倦怠感开始出现。而当工作进入较为稳定的状态,理想与实际工作的落差缩小,劳动者对工作的预期更为理性,对待工作的态度更为正面,工作满意度又随年龄增加逐步提高[16]。

(二)性别

在性别对工作满意度的影响方面,尚未形成统一定论。一般认为,女性收入低于从事相同类型工作的男性,女性在就业、晋升等方面的机会比男性少,而且女性在工作中更容易遭遇性骚扰等。但仍然有不少研究发现女性的工作满意度高于男性,这可能因为过去女性在劳动力市场上较低的地位使得她们对工作的期望值较低[16]。

(三)受教育年限

一些调查发现,受教育年限与工作满意度有很大关系,如图 4-2 所示,图中的曲线走向呈 U 字形,从中可以反映出受教育年限和员工工作满意度的关系并不是简单的正比或反比关系,而是呈现出先下降再上升的趋势,即:当受教育年限较低时,员工的工作满意度会相对偏高;相比之下,中等教育年限的群体的工作满意度最低;当受教育年限不断增加后,员工的工作满意度也会大幅度增加。

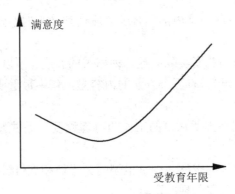

图 4-2　受教育年限与工作满意度的关系

（四）组织规模

组织规模越大，员工满意度越低。组织规模增加后满意度降低的原因是：在规模较大的单位，人员较多，许多活动被"肢解"。由于沟通协调不畅，职工一般很难参与最高决策，人和人之间的人情味也大幅度地减少，解决问题层次太多、太繁杂。

（五）领导风格

领导风格的类型包括变革型、交易型、放任型等。一般来说，变革型的领导能够对员工的工作态度产生积极影响。因为变革型领导能够指明组织的奋斗目标和发展方向，阐明工作的重要之处，能够给下属有效的激励。在这种领导风格下，员工感到自己是被重视的，是组织中真正的一分子，这会大大提高他们的工作积极性和满意度。

（六）工作的丰富程度

工作本身的特性包括工作中需使用的技能或才干的多样程度、工作范围的覆盖程度或复杂程度、工作对他人的生活或工作的实际影响程度、工作允许个人独立及自由发挥的程度、员工能及时明确地获悉自己所从事工作的结果等。如果某项工作具备上述前三点特性，员工会觉得从事这项工作能够成长并实现自我价值；如果在工作中有较大的自由裁量权，员工更愿意发挥主观能动性和创新性；如果企业能及时对员工的工作效果予以反馈，他们就能根据反馈情况及时改进工作[17]。

三、工作满意度的现状

中国改革开放以来，经过四十多年的探索和发展，作为非公有制经济主力军的中小企业获得了长足发展，在稳定就业、促进增收、推动创新和繁荣经济等方面做出了巨大贡献。但在新冠疫情和国际贸易摩擦冲击下，中小企业生存环境急剧恶化，招工用工问题日渐突出，员工稳定性差、流失率高已成为制约中小企业发展的难题之一。一项关于中小企业员工满意度的调查显示，自我实现、物质需求、安全需求、社交需求、尊重需求五个维度中，只要提高其中一个维度的满意度，其他维度的满意度也会相应地得到提高。而当前中小企业在满足员工自我实现、物质需求、安全需求、社交需求等方面的措施还不够完善，因此中小企业应该采取一定措施解决这些问题[18]。

近些年，新职业大量涌现，尤其是在新冠肺炎疫情期间，以网络直播员、在线学习服务师为代表的新职业取得巨大发展，不仅繁荣了相关市场，也丰富了社会大众的生活体验。调查显示，新职业从业者对所从事职业的满意度较高，前景较认可，大部分被调查者没有明显的换工作意愿。落户政策和就业支持政策是影响新职业从业者工作满意度的重要指标。新职业从业者对当地政府在落户政策上的满意度每提升 1 个标准差，其对工作满意的优势比上升 7.1%[19]。

如今，"90 后"成了进入职场的主力军，"90 后"对工作的需求及满意度同样值得关注。一项对"90 后"工作满意度的调查显示，"90 后"员工对所在企业的群体关系氛围较为满意，在人际关系交往方面处理得比较好；而对工作所得到的回报的满意度较低，说明"90 后"员工认为自己在薪酬发展方面达不到理想状态。基于企业持续健康的良性发展，建议企业人力资源管理者从改善工作环境、坚持能岗匹配、完善薪酬体系等方面提高"90 后"员工的工作满意度[20]。

四、员工敬业度调查

敬业度是与工作相联系的一种积极状态——员工愿意为了工作付出积极的努力。员工的工作满意程度与敬业度紧密相连，根据北森人才管理研究院发布的《2019—2020 中国企业敬业度报告》显示，2019—2020 年，中国企业员工敬业度水平为 67.65%，年度增幅 5.19%。在层级的对比分析结果中，中高层管理人员仍处于比较优秀的水平（76.62%），比 2018 年下降 4.1%，一线员工的敬业度为 67.10%，与 2018 年基本持平；从学历角度看，高中及以下学历的员工敬业分数较为突出，达到 71.65%，硕士及以上学历的员工本年度敬业水平明显提升，一改往年敬业度随学历提升而下降的趋势。从年龄角度看，年龄越大，内部表现越为敬业，年轻员工对于企业管理实践的认可度更高，而随着年龄增长，这种认可倾向出现翻转，35 岁骨干员工对于工作挑战性的诉求尤为突出[21]。

五、员工表达不满的方式

员工会通过各种方式来表达他们的不满，可从建设性和积极性两个维度将员工表达不满的方式分为四种，即退出、建议、忠诚、忽略，如图 4-3 所示。

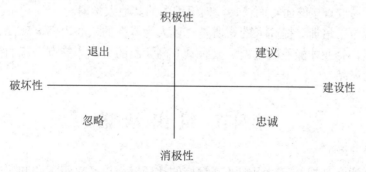

图 4-3　员工表达不满的方式

（1）退出：调动、离职或辞职。调动和离职使组织遭受经济损失，增加人事成本，还会引起各种影响，如造成士气低落，使工作绩效水平下降。

（2）建议：采取积极性和建设性的态度试图改善目前的环境，包括表达不满，提出改善工作的建议，与上级讨论问题和组织某些形式的工会活动。

（3）忠诚：消极但乐观地期待环境的改善。员工面临外部压力时为组织说好话，相信组织和管理层会做出正确的决策和措施，组织环境会逐步改善。

（4）忽略：消极地听任事态发展，结果是问题得不到解决，甚至更坏，包括长期缺勤和迟到，降低努力程度，增加错误率，消极怠工，甚至出现偷盗的行为。缺勤是员工对工作不满意的突出表现。美国每年因为缺勤损失大约 260 亿美元，加拿大因为缺勤而产生的经济损失大约为 60 亿美元。缺勤和工作满意度之间的相关系数一般为 0.3～0.5。在恶劣环境（如暴风雪）下仍坚持出勤的职工的工作满意度很高，相关系数为 0.8～0.9。

六、提高员工工作满意度的方法

所谓员工满意战略，是指以员工满意为核心，最大程度地满足员工的合理需要，激发员工的积极主动性和能动性，提高全员的运作能力，从而推动企业发展的战略。企业的灵魂是员工，员工出色的工作促成企业的良好运作，企业才具有足够的竞争力立足于市场，才能得以长足发展。员工满意战略的实质就是通过企业自身建设满足员工的需要。要满足员工的需要，就必须树立"以人为本"的企业文化价值观。具体要做到以下几个方面。

（1）把员工的需要同企业的目标有机地结合起来，尽量满足员工的需要。

（2）让员工参与企业的决策，使其有主人翁责任感及对企业的归属感，如日本一些公司的决策不是由主管一个人完成的，而是强调集体决策。

（3）鼓励员工提合理化建议，管理人员帮助其实现，以满足员工实现自我成就感。

（4）为员工营造一个良好的工作环境。良好的工作环境分为两个方面：一方面是硬环境，主要是指功能全面、用途专门、安全性好、风格新颖的工作和休息环境；另一方面是软环境，主要是指文化环境、人际环境等。

（5）管理人员实行走动管理（management by walking around，MBWA），经常与职工自由交谈，保持上下级沟通，促进了解，消除误解。所谓走动管理，是指高层管理人员走出办公室，通过直接的面对面谈话，向组织中的其他人学习。

（6）重视员工培训。提高人的素质是"以人为本"的核心内容，现代企业只有不断提高人的素质，企业才能不断发展；只有具有高素质的人，才能有一流的技术、一流的质量和一流的产品。

第四节 组 织 承 诺

组织承诺通常是指员工对组织及其目标的认同感，以及对组织的归属感。组织承诺代表了员工对组织的忠诚度。高组织承诺意味着员工希望保持组织成员的身份；低组织承诺的员工则倾向于与组织隔离。组织必须采取一定的措施提高员工的组织承诺。

一、组织承诺的概念和内容

阿伦（Allen）和梅耶（Meyer）认为，组织承诺（organizational commitment）是个体体现出的一种对组织的感情倾向，以及对离开组织造成损失的认知和对组织应负的道德责任。他们将组织承诺划分为三个维度，即感情承诺（affective commitment）、规范承诺（normative commitment）、继续承诺（continuance commitment）。[22]

（一）感情承诺

感情承诺是指个体对其所在组织的感情依恋、认同和投入度，是指个体对组织的积极情感，包括认同组织的价值和目标、为自己是组织的一员而感到自豪、愿意为组织利益做出牺牲等。个体对组织所表现的忠诚和为组织努力工作，主要是由于其对所在组织有深厚的感情，而非追求物质利益。

（二）规范承诺

规范承诺是指个体基于义务和社会责任而继续留在组织内工作的认知。个体在社会化的过程中，不断地被灌输和强调一种观念或规范，即忠诚于组织是会得到赞赏和鼓励的一种恰当行为，以至于在个体内心产生顺从这种规范的倾向。

（三）继续承诺

继续承诺是指个体对离开组织所导致损失的认知而不得不继续留在该组织内的一种意愿。这种承诺建立在物质利益基础之上，具有浓厚的交易色彩。员工进入一个组织，有着维持生活、提升自我、获取成就等方面的期望和需要，员工通过为组织努力工作，满足这些需要。例如，获得良好的报酬和退休金，掌握专门的技术和技巧，在组织中形成的人际关系和所具有的资历、地位。

近二十年来，出现了一个与组织承诺有关的概念——职业承诺（professional commitment）。职业承诺（又称专业承诺）是指由于个体对特定职业或专业的认同和情感依赖，对职业或专业的投入和对社会规范的内化而导致的不愿变更职业或专业的程度。简单地说，职业承诺是个体对职业的忠诚，组织承诺是个体对组织的忠诚。

凌文辁、张治灿、方俐洛发现，我国员工的组织承诺包括五个维度的内容，形成一个五因素模型，如表 4-6 所示。[23]五因素模型表明，员工之所以会留在组织中，是因为感情承诺、理想承诺、规范承诺、经济承诺和机会承诺五个因素的作用，即因为他们对组织有心理上的依附感、经济上的依赖、期望的满足、其他机会的缺失以及他们觉得应该留在组织中。

表 4-6　我国员工组织承诺的五因素模型

因　素	包　含　内　容	影　响　因　素
感情承诺	➢ 对组织认同，感情深厚 ➢ 愿意为组织的生存与发展做奉献，甚至不计较报酬 ➢ 在任何诱惑下都不会离职跳槽	➢ 对领导的信任度 ➢ 来自组织的生活支持 ➢ 领导的团体维系行为 ➢ 组织的可依赖性

续表

因　　素	包 含 内 容	影 响 因 素
理想承诺	➤ 重视个人的成长，追求理想的实现 ➤ 关注个人的专长在该组织中能否得到发挥 ➤ 组织能否提供各项工作条件和学习提高及晋升机会，以利于实现理想	➤ 员工的社会公平交换水平 ➤ 员工对同事的满意程度 ➤ 员工所处团体的集体工作精神
规范承诺	➤ 对组织的态度和行为表现均以社会规范、职业道德标准为准则 ➤ 对组织有责任感，对工作、对组织尽自己应尽的责任和义务	➤ 对领导的信任度 ➤ 来自组织的工作支持 ➤ 受教育程度 ➤ 职位 ➤ 领导的工作向导行为 ➤ 对工作的满意度
经济承诺	因担心离开组织会蒙受经济损失，所以才留在该组织	➤ 工龄 ➤ 对领导的信任度 ➤ 员工的社会公平交换水平
机会承诺	➤ 留在这个组织的根本原因是找不到其他更满意的组织 ➤ 因自己技术水平低，没有另找工作的机会	➤ 对报酬的满意度 ➤ 来自组织的生活支持 ➤ 组织的可依赖性 ➤ 员工的社会公平交换水平 ➤ 对组织的总体满意度 ➤ 受教育程度 ➤ 年龄 ➤ 改行的可能性

二、影响组织承诺的主要因素

根据组织承诺水平的因素来源，国内外学者将影响组织承诺的主要因素分为三类，即环境因素、组织和工作因素、个体因素。[24]

（一）环境因素

员工及其所在组织所处的环境状况对员工的组织承诺水平存在如下三方面的影响：① 从劳动力市场看，失业率的高低决定了个人就业机会的多少，失业率与员工的组织承诺水平正相关；② 从社会文化角度看，在主张创业、冒险、单干的社会文化中，员工的组织承诺水平较低；③ 从行业性质看，人才竞争激烈的行业中，员工的组织承诺较低，这是因为同行之间的人才争夺使得员工更换工作后的收益提高，推动员工在行业内部流动。

（二）组织和工作因素

1. 组织变革

在组织变革的环境（如公司合并、裁员）中，员工通常会担心自己的发展前途以及是否会被解雇，其组织承诺较低。

2. 组织特性

企业效益和发展前景、薪酬福利、企业领导的能力和素质、组织文化、管理运行机制、组织中的公平性和支持性直接影响到员工的组织承诺。一项关于企业文化对员工组织承诺影响的研究显示，在以员工为导向的组织中，因为组织重视员工的发展，能够为员工的知识共享和知识转移提供信任、尊重和支持性氛围，而且组织中的公平程序和分配原则能够为员工提供安心工作的职业环境，也会正向影响员工的组织承诺[25]。

3. 职业工种

工作相对稳定、没有多大风险、劳动负荷不是很大且有愉快的工作经历，则员工的组织承诺较高；相反，对于工作环境恶劣、风险较大的工作，员工的组织承诺较低。

4. 人际关系

员工长期在所从事单位工作和生活，其身边人员的观点、意见、态度等都对其自身态度转变有着重要的影响，如上级领导、同事、下属、客户等。如果组织中员工之间、员工与上司之间合作得非常愉快、气氛融洽，员工之间的沟通无障碍，则员工的组织承诺较高。

5. 工作投入

工作投入程度高的员工对他们所做的工作有强烈的认同感，并且真的很在意他们所做的工作类型。这是因为，员工一旦在他们所工作的岗位上经历了认真学习、艰难适应的过程，便会对所从事的工作和岗位产生依恋感，这使他们积极主动工作，甚至热爱、迷恋自己的工作，故组织承诺较高。

（三）个体因素

根据影响组织承诺水平的个体特征的来源，个体因素可以分为以下三类。

1. 年龄和工作年限

工作年限越短、年纪越轻，员工的继续承诺越低，而流动率越高。工作年限长的员工，对工作的投入度更大，他们在自己的工作领域已经取得一定地位和成就，对自身工作有较大的满意度，因此组织承诺也就更高。

2. 性别

一项对知识型员工的调查研究显示，女性的职业生涯管理和组织承诺水平比男性低。一方面，这是由于处于26~35岁的女性一般都以家庭为重，从而导致她们忽略职业生涯管理；另一方面，从用人单位的角度来说，男性更容易成为用人单位的培养目标，他们能够获得很多的发展机会，因此男性的组织承诺就更高[26]。

3. 婚姻

研究显示，已婚员工的组织承诺明显高于未婚员工，离职率低于未婚员工。这可能是因为相对未婚员工，已婚员工面临的经济压力更大，同时他们承担的责任也更多，相应地，责任感会更强，因此对企业的组织承诺也会更高[27]。

三、组织承诺的作用

组织承诺对组织的重要性日益显著，在某种意义上，组织成员的组织承诺水平代表了组织的凝聚力和竞争力。其作用主要表现在如下三个方面[28]。

（一）组织承诺对降低员工离职率的作用

研究者们越来越认同用组织承诺描述员工的工作态度，并将其作为联结工作满意度和离职行为的中介变量，组织承诺被认为是离职率的良好预测指标。

要降低员工的离职率，基于组织承诺，至少有如下三种主要措施可以采用：① 加强员工与企业匹配来提高员工的感情承诺水平；② 强化企业薪酬激励来提高员工的继续承诺水平；③ 倡导员工遵守企业职业规范来提高员工的规范承诺水平。

（二）组织承诺对组织公民行为的促进作用

组织公民行为是员工在自己的角色之外对组织额外的贡献，因此，只有具有更高组织承诺（特别是感情承诺）的员工才会有更多的组织公民行为。组织中感情承诺高的员工在心理上会觉得应该完成的任务更多，更容易主动接受指派的工作，而且对他们来说，投入地去完成工作基本上是无须考虑的，如主动帮助新员工和同事，对顾客更加热情负责。

（三）组织承诺对工作绩效的影响

感情承诺对工作绩效表现出显著的影响，但继续承诺和规范承诺对员工的工作绩效并没有影响。

四、增强组织承诺的方法

组织承诺对于企业组织的重要性越来越明显，尤其在当前伴随新技术成长的"80后""90后"群体逐渐成为职场主力军的情况下，更需要企业组织加大对员工组织承诺的关注力度。因此，提高员工的组织承诺就显得尤为重要。

（1）建设员工导向型的企业文化。员工导向的组织文化下，组织关注员工的需求，重视员工关系，为员工创造舒心的工作环境，帮助员工发展。组织应建设员工导向型组织文化，关注员工的发展，增进其对组织的认同，使其对组织产生深厚的感情，愿意为组织的生存和发展做贡献。

（2）做好员工职业生涯管理。接受过高等教育的员工对工作的需求也更高。因此，组织可通过针对员工的职业追求，为其设计职业发展规划，提供职位信息、工作条件以及学习提高的机会，畅通职业晋升渠道等方式，提高员工的组织承诺。

（3）丰富新生代知识型员工的工作内容，改善工作环境。"80后""90后"员工大都不喜欢循规蹈矩的工作，组织可通过工作再设计，使其工作内容更加丰富，增加工作的自主性、挑战性和反馈性，赋予员工更多的控制权、决定权、知情权等。

（4）增强责任感教育。责任感作为一种内驱力，决定着员工的工作投入和绩效产出，最终影响组织的竞争力。组织应通过对员工进行责任感教育，使其感到自己肩上责任的重大，形成正确的职业观念，主动、自觉地在本职岗位上努力工作，全身心投入，爱组织如家，忠诚于组织，从而调动其工作的积极性和主动性[29]。

本章小结

> 价值观代表一系列基本信念和看法：从个体或社会的角度来看，某种具体的行为类型或存在状态比与之相反或不同的行为类型或存在状态更可取。

> 态度是指主体对特定对象做出价值判断后的反应倾向，包括认知、情感、行为三种成分。

> 态度转变的理论主要包括费斯汀格的认知失调理论、海德的认知平衡理论、凯尔曼的态度转变与形成三阶段论、墨菲的沟通改变态度理论、预言实现改变态度理论、社会学习论、勒温的参与改变理论。

> 工作满意度是指个人对其所从事工作的一般态度。这种态度影响管理心理与行为，甚至身体健康。

> 组织承诺是个体体现出的一种对组织的感情倾向，以及对离开组织造成损失的认知和对组织应负的道德责任。组织承诺可划分为三个维度，即感情承诺、规范承诺、继续承诺。

> 组织承诺的作用主要表现在如下三个方面：（1）有利于降低员工离职率；（2）促进组织公民行为；（3）提高工作绩效。

思考练习题

心理测试

个人价值观

案例分析

价值 2 亿美元的工作态度

 **参考文献**

[1] 徐瑛. 最经典的品牌广告故事[M]. 北京：中国财富出版社，2012：300-301.

[2] 袁贵仁. 价值观的理论与实践[M]. 北京：北京师范大学出版社，2013.

[3] ALLPORT G W. Study of values: a scale of measuring the dominant interests in personality[M]. Boston: Houghton Miffin, 1931.

[4] ROKEACH M. The nature of human values[M]. New York: Free Press, 1973.

[5] ROKEACH M. Rokeach value survey[M]. Palo Alto: Consulting Psychologists Press, 1983.

[6] HOFSTEDE G H. Culture's consequences: international differences in work-related values [M]. Beverly Hills, California: Sage Publications, 1980.

[7] 谢地. 中国民营企业品牌建设报告 2014[M]. 北京：中国经济出版社，2015：142.

[8] FESTINGER L. A theory of cognitive dissonance[M]. Evanston, Illinois: Row, Peterson, 1957.

[9] HEIDER F. The psychology of interpersonal relations[M]. New York: Wiley, 1958.

[10] KELMAN H C. Processes of opinion change[J]. Public Opinion Quarterly, 1961(25): 57-78.

[11] 吴东林. 略论罗森塔尔效应的价值及应用[J]. 现代教育科学，2011（12）：7-8.

[12] 廉茵. 管理心理学[M]. 北京：对外经济贸易大学出版社，2007：19.

[13] 葛少虎. 组织管理中转变员工态度的路径研究[J]. 北方经济，2012（22）：95-96.

[14] ROSENBERG M J, HOVLAND C I. Attitude organization and change: an analysis of consistency among attitude components[M]. New Haven: Yale University, 1960.

[15] 斯蒂芬·P. 罗宾斯. 组织行为学[M]. 孙健敏，李原，译. 北京：中国人民大学出版社，2008.

[16] 凌珑. 中国劳动者多维工作满意度研究——基于中国劳动力动态调查数据[J]. 人口与社会，2023，39（01）：99-110.

[17] 魏球，熊懿，张兴贵. 国内外传统服务业员工工作满意度研究述评[J]. 广东财经职业学院学报，2009，8（6）：24-28.

[18] 王家庭，李和煦. 中小企业员工满意度对职业变动倾向的影响研究[J]. 产业创新研究，2019（8）：15-21.

[19] 邓忠奇，程翔，张宇. 中国新职业发展现状及从业者工作满意度研究：基于双维度微观调查数据[J]. 经济学动态. 2021（12）：52-71.

[20] 曾卉，刘洪江. 基于"90 后"员工工作满意度问卷调查的人力资源管理探析[J]. 经营与管理，2019（9）：76-78.

[21]《2019—2020 中国企业敬业度报告》[EB/OL]. [2020-12-01]. http://www.199it.com/archives/1162534.html.

[22] MEYER J P, ALLEN N J A. A three-component conceptualization of organizational commitment[J]. Human resource management review, 1991(1): 61-89.

[23] 凌文辁，张治灿，方俐洛. 中国职工组织承诺研究[J]. 中国社会科学，2001（2）：90-102.

[24] 蓝红星，马玲. 员工组织承诺及其人力资源提升策略探析[J]. 经济研究导刊，2008，28（9）：106-107.

[25] 张玮. 组织文化对员工职业成长与组织承诺的影响研究[D]. 北京：北京交通大学，2016.

[26] 梁青青. 知识型员工绩效影响因素的实证研究：基于职业生涯管理、组织承诺与敬业度的视角[J]. 技术经济与管理研究，2017（5）：65-69.

[27] 谢智红. 民营企业员工组织承诺影响因素及实证[J]. 四川理工学院学报（社会科学版），2009（5）：87-91.

[28] 王颖，张生太. 组织承诺对个体行为、绩效和福利的影响研究[J]. 科研管理，2008，29（2）：142-148.

[29] 王立君，马建军，白晓君，等. 基于组织承诺理论的新生代知识型员工管理策略[J]. 经济师，2019（11）：17-18.

第五章
激励理论及其应用

学习目标

➢ 了解激励的基本概念和重要性
➢ 掌握常见的内容型与过程型激励理论
➢ 了解激励理论的运用方法
➢ 掌握物质激励和精神激励的常见形式和方法

引例 ●

星巴克的"咖啡豆股票"期权计划[1]

星巴克公司的员工不叫员工，而叫"合伙人"，即受雇于星巴克公司的员工有可能成为星巴克的股东。1991年，星巴克开始实施"咖啡豆股票"（Bean Stock）计划。这是面向全体员工的股票期权方案，其思路是：让每个员工都持股，成为公司的"合伙人"，这样就把所有员工与公司的总体业绩联系起来。要获得股票派发的资格，一个"合伙人"在财政年度内必须至少工作500个小时，平均为每周20小时，并且在下一个股票派发期仍为公司雇用。第一次股票赠予是在1991年10月1日，大约有一半的员工至少参与了其中的一项计划。员工按年薪的一定比率获得期权，通常这一比率是10%，但由于公司盈利能力的增强，所以实际比率一直高于10%。每个"合伙人"都可以获得相当于其基本年收入12%的股票期权，如果局面利好，比率则为14%。星巴克公司的股票期权待权期为5年，任何"合伙人"在工作90天以后都可按照股票购买计划购买股票，"合伙人"购买股票时可以通过薪水折扣获得15%的优惠，只要股票上涨，股票期权就会越来越值钱。主管及以上职位的人员不参加"咖啡豆股票"期权计划，但可以参加专门针对"关键员工"的股票期权计划。

通过这种多层次的股票期权计划，星巴克为每个员工提供成为公司"合伙人"的机会，这是面对全体员工的福利，上到总经理，下到基层员工，哪怕是兼职员工，也同样可以持股，并拥有成为公司"合伙人"的权利。这既是对员工基础薪酬的有益补充，是对长期为公司服务并做出相应成绩的员工的奖励，又巧妙地将员工的利益和企业的利益结合在了一起。

引例说明了星巴克股票期权计划对提高员工的生产积极性的重要性，即激励作用。所谓激励，就是激发员工的工作动机，调动其工作积极性，以促使他们有效地完成组织目标和任务。激励理论可分为内容型激励理论和过程型激励理论。内容型激励理论探讨什么需要能够调动人的积极性；过程型激励理论探讨在满足员工需要过程中应当怎样引导，使其发挥最大效用。从 20 世纪 60 年代至今，激励问题一直是管理心理学研究的热点。

第一节　内容型激励理论

内容型激励理论基本上是围绕如何满足员工的需要，进而调动其工作积极性开展研究的，也称为需要理论，这方面比较成熟的理论主要有马斯洛的需要层次论、赫兹伯格的双因素论和麦克利兰的成就需要理论。

一、马斯洛的需要层次论

需要层次理论由马斯洛在其《人类激励理论》一书中提出，书中将人类的需要按照从低到高的层次分为五种，分别是生理需要、安全需要、归属需要、尊重需要和自我实现需要。

（一）生理需要

生理需要是人类维护自身生存的最基本要求，即原始需求，包括食物、水、住房、睡眠、走动、性生活等。

（二）安全需要

安全需要是人类要求保障自身安全，摆脱失业、财产损失、身体受伤、疫情传播等威胁的需要。

（三）归属需要

归属需要是指人们所拥有的进行社会交往和归属某种群体的需要，如情感（友情、亲情、爱情）需要、人际交往需要、归属感等。当生理和安全需要得到相对满足后，这类需要就突显出来了。

（四）尊重需要

尊重需要包括自尊和受人尊重两个方面。自尊意味着个体在现实环境中希望自己有实力、有成就、能胜任和有信心，以及"要求独立和自由"；受人尊重是指个体"要求有名誉或威望"，获得别人对自己的尊重、赏识、关心、重视或高度评价。

（五）自我实现需要

自我实现需要是指促使个人的潜能得以发挥，希望自己越来越接近所期望成为的人物，完成与自己能力相称的一切事情。

马斯洛认为，上述五种需要基本上反映了在不同文化环境中人类共同的特点：人类的基本需要是由低级到高级、以不同层次形式出现的，当某一层次的需要得到相对满足时，其激发动机的作用随之减弱或消失。人们已被满足的需要不会再起到大的激励作用，组织应善于发现每个员工的优势需要，并随员工的需要结构的变化来采取相应的管理措施。

随着时代的发展，世界范围内企业员工的需要层次普遍提高。戴维斯（K. Davis）根据马斯洛的需要层次论对美国工人优先需要变化的估计如表 5-1 所示。

表 5-1　对美国工人优先需要变化的估计

年　份	需　要　种　类				
	生理需要/%	安全需要/%	社会需要/%	尊重需要/%	自我实现需要/%
1935	35	45	10	7	3
1995	5	15	24	30	26

近年来，随着我国经济的快速发展，我国职工正在由生存型需要向享受及发展型需要转化，与老一代员工（20 世纪 80 年代和 90 年代进入劳动力市场）相比，新一代员工（2000 年以后进入劳动力市场）更强调成长、享受和发展的需要以及自我价值的实现。和"60 后"和"70 后"员工相比，"80 后"员工从小处在相对优越的成长环境中，普遍接受过九年义务教育甚至高等教育，且受信息多元化因素的影响，其人生观、价值观、事业观也呈现出多元化的特征，他们对于工作本身的价值和意义具有较高的期望和追求，内心深处有着强烈的参与管理的愿望，希望自己能充分发挥所学的知识，以体现自我价值。[2]

二、赫兹伯格的双因素论

"激励因素—保健因素"（motivation-hygiene factors）理论，即双因素理论，是赫兹伯格（Frederick Herzberg）和他的助手们在匹兹堡心理研究中心得出的工作成果。20 世纪50 年代后期，他们访谈了该地区 9 个企业的两百多名工程师和会计师，采用"关键事件法"，要求被访者回答两个问题：① 你什么时候对工作感到特别满意？② 你什么时候对工作感到特别不满意？

赫兹伯格在《工作激励》一书中提出了"双因素理论"的基本观点，把能促使人们产生工作满意感的一类因素称为激励因素，把另一类促使人们产生不满意感的因素称为保健因素。[6]激励因素是指与工作内容紧密相关的因素，这类因素的改善会使人们产生工作满意感，缺乏则使员工产生"没有满意"的感觉。保健因素是指与工作环境相关的因素，这类因素的满足会使员工感到满意，如得不到改善，则会引起员工对工作的不满。激励因素与保健因素的具体区别如表 5-2 所示。

表 5-2　激励因素与保健因素的比较

项　目	激　励　因　素	保　健　因　素
起源	人类形成的趋向	动物生存的趋向
特征	性质上属于心理方面的 长期满足 满足或没有满足 重视目标	性质上属于生理方面的 短暂满足 不满足或没有不满足 重视任务

续表

项　　目	激 励 因 素	保 健 因 素
满足和不满足的源泉	工作性质（对个人来说主要是内部的） 工作本身 工作标准	工作条件（对个人来说主要是外部的） 工作环境 非个人标准
显示出来的需要	成就 成长 责任 赏识	物质 社交 身份地位 方向、安全 经济
具体内容	工作上的成就感 工作中得到认可和赞赏 工作本身的挑战意义和兴趣 工作职务上的责任感 工作的发展前途 个人成长、晋升的机会	公司（企业）的政策和行政管理 技术监督系统 与高级主管之间的人事关系 与同级之间的人事关系 与卜级之间的人事关系 工作环境或条件 薪酬 个人的生活 职务、地位 工作的安全感

　　双因素激励理论实际上说明了对员工的激励可分为内在激励和外在激励。内在激励是从工作本身得到的某种满足，如对工作的爱好、兴趣、责任感、成就感。这种满足能够促使员工努力工作，积极进取。外在激励是指外部的奖酬或在工作以外获得的间接满足，如劳动保险、工资等。这种满足具有一定的局限性，它只能产生少量的激励作用。这是因为，除了物质需要，人还有精神需要，而外在激励或保健因素难以满足人的精神需要。管理者若想持久而高效地激励员工，就必须注重工作本身对员工的激励作用。

　　科学管理的原则是提倡劳动分工，这种分工以系统的工作分析为基础，具有高度的控制性。它促进了专业化：你不会，我会；你不能，我能。但是，厌烦和工作的重复会使员工产生对工作的不满意感。为使员工满意，双因素理论提倡工作扩大化和工作丰富化，这对企业管理实践影响深远。所谓工作扩大化，是指向员工提供更多的同样的工作。工作丰富化是指通过"垂直"的工作扩展，使员工控制更大范围的工作，意味着员工具有更多的技能、更大的自主性和更重要的意义。有时要做到工作丰富化，工人需要掌握更多的技能，企业就必须给员工提供足够的培训。此外，很多企业实行工作轮换制。所谓工作轮换制，主要是指员工在一定时间内轮换一项新工作，以使其不会对工作产生厌倦感。通过工作扩大化、工作丰富化和工作轮换制的实行，员工的缺勤、早退及辞职现象可大为减少。

例证　5-1

YG公司工作丰富化实践[4]

　　YG公司是山东一家专业生产建材钢化玻璃的微型企业。该公司订单很多，但也像广大小微企业一样，存在生产工人短缺的问题。公司常年招工，却难以招来和留住新员工；

员工士气低落，怠工和流失现象频发，生产任务因此不能如期完成。

为此，该公司首先分析出问题产生的主要原因，即福利待遇满意度较低、作息制度满意度较低、员工和谐度较低和员工缺乏组织参与感。

为了解决上述问题，该公司根据赫兹伯格的行为科学理论，运用工作丰富化方法，以降低企业员工不满足感和提升其满足感为目标，采取以下措施。

（1）结合各工作岗位，重新设计薪酬方案。

（2）对各部门人员进行重组。

（3）打包拨付薪酬给各班组，由班组员工自行协商分配。

（4）实行弹性作息制度。

以上措施执行了几个月后，员工收入大幅提高，不满足感骤减；员工参与度提高，归属感增强；员工情绪稳定，人才得以留住；公司生产效率显著提高，劳资间实现双赢。

三、麦克利兰的成就需要理论

麦克利兰（David McClelland）于1961年将人的高级需要分为权力需要（need power，n-power）、归属需要（need affiliation，n-aff）和成就需要（need achievement，n-ach），并以成就需要为主导。[5]以下为这三种需要的具体内容。

（一）权力需要

权力需要是影响和控制他人的欲望。具有较高权力需要的人对影响和控制别人表现出很大的兴趣，这种人总是追求领导者的地位。组织中管理者的权力可分为两种：① 个人权力：追求个人权力的人表现出来的特征是围绕个人需要行使权力，在工作中需要及时的反馈和倾向于亲自操作；② 职位权力：职位权力要求管理者与组织共同发展，自觉地接受约束，从体验行使权力的过程中得到一种满足。

（二）归属需要

归属需要是指建立友好和亲密的人际关系的欲望。具有高归属需要的人努力寻求友爱，喜欢合作性的而非竞争性的环境，渴望有高度相互理解的关系。高归属需要者具有如下七个特征：① 喜欢被夸奖；② 需要得到上级和下级两方面的肯定；③ 对他人非常敏感；④ 对可能的拒绝产生焦虑；⑤ 努力维护关系；⑥ 以牺牲工作为代价；⑦ 控制成员，而非提拔和促进他们的发展。波雅伊斯（Boyatzis）将归属需要进一步划分为两种形式：一是归属信念，即强调密切关系，由此产生安全感；二是归属兴趣，即对别人的感觉产生兴趣，但不以完成工作为代价。由此他得出结论：归属信念较强的人不适合做管理工作。[6]

（三）成就需要

成就需要是追求卓越以实现目标的内驱力。具有高成就需要的人，对工作的成功有强烈的要求，他们乐于接受挑战性工作，善于表现自己。这种人喜欢长时间的工作，即使失败也不过分沮丧。具有高成就需要的人通常具有下列四个特点：① 事业心强，比较实际，敢冒一定程度的风险；② 有较高的实际工作绩效，要求及时得到工作的信息反馈；③ 一旦选定目标，就会全力以赴地投入工作，直至成功地完成任务；④ 把个人成就看得比金钱更重要，从成就中得到的鼓励超过物质鼓励的作用，把报酬看作是对成就的一种肯定。

研究表明，成功的领导者具有较高的权力需要以及较低的归属需要，他们属于人际影响能力强，而不是支配能力强的人。一般认为，地位高的领导对下级具有支配性，但麦克利兰的研究证明，事实并非如此。他分析了领导者的讲话录音，如丘吉尔和肯尼迪对学生的讲话。他发现，这些人并不是去支配他人，而是在提高他们的听众对权力的感受，让听众也感到自己很有权力。在一家大规模的美国公司里，研究者在对一些人进行持续 8～16 年的追踪研究后发现，具有上述领导激励模式的管理者比其他管理者晋升的速度更快。[7]

四、如何运用内容型激励理论

前面已经介绍过需要层次论、双因素论和成就需要理论等内容型激励理论，在实际管理工作中应该如何应用这些理论，而不至于成为书呆子或者陷入理想主义的泥潭？

恰当地应用内容型激励理论至少包括如下四个步骤。

第一步，了解和调查员工的需要。途径包括平时的观察、谈话、座谈会、建议、问卷调查、培训、教练等。员工的需要是多方面的，要尽可能地做到比较全面、客观、深入地了解，必要时可以列出员工的主要需要清单。

第二步，分类整理员工的需要。员工的需要也许很多，但经过分析后可以对其进行归类：可以根据实际将需要分为普遍需要和个别需要，合理需要和不合理需要，能够被满足的需要、暂时不能够被满足的需要以及不能够被满足的需要；或以内容型激励理论对需要进行分类，如马斯洛的五种需要等级。

第三步，对员工进行解释和说服教育。特别是当员工提出不合理需要、暂时不能够被满足的需要以及不能够被满足的需要时，必须结合企业实际和条件对员工进行必要的解释、引导和说服教育，讲明需要为什么不合理，需要为什么暂时无法被满足，为什么要延迟对需要的满足以及有些需要永远不可能被满足。

第四步，逐步满足员工的合理、可满足的需要。对合理、可满足的需要也要分类排序，分清轻重缓急，特别是对普遍需要、广大员工普遍关心的需要，可结合企业实际条件逐步予以满足。

例证 5-2

海尔的激励措施[8]

在海尔的企业内部，激励手段分为正激励（奖）和负激励（罚）两种。正激励是对员工符合组织目标期望的行为进行奖励，使这种积极向上的行为更多地出现，即更好地调动员工的积极性。例如，海尔用工人的名字来命名其所改革的创新工具，这一措施大大地激发了普通员工在本岗位创新的激情。负激励就是对员工违背组织目标期望的行为进行惩罚，以使这种负面行为不再出现。处罚使人产生内疚感，使人头脑清醒，认识到自己的错误或不足，从而修正自己的行为，使错误的行为朝正确的方向转移。海尔每个月都对干部进行考评，考评档次分为表扬与批评。表扬得 1 分，批评减 1 分，年底二者相抵，达到-3 分的就要被淘汰。同时，通过制定制度让干部在多个岗位轮换任职，以全面增长其才能，并根据轮岗表现决定是否升迁。

第二节　过程型激励理论

过程型激励理论着重对行为目标的选择（即动机的形成过程）进行研究，主要包括弗鲁姆的期望理论与心理契约、亚当斯的公平理论、洛克的目标设置理论、波特和劳勒的激励过程模型。强化理论属于调整型激励理论，着重对达到激励的目的（即调整和转化人的行为）进行研究，因此也放在本节加以讨论。

一、期望理论与心理契约

（一）期望理论

期望理论（expectancy theory）由弗鲁姆（Victor H. Vroom）提出。该理论认为，个体努力的程度取决于个体行为可能带来的工作绩效的期望程度以及因绩效而获得组织的奖赏对个体的吸引力。

在任何组织中，员工都会注意如下三个问题。

（1）如果我努力的话，我能不能达到组织要求的工作绩效水平？

（2）如果我尽力达到了这一绩效水平，组织会给我什么样的报酬或奖赏？

（3）我对这种报酬或奖赏有何感想？这是不是我所迫切希望得到的？

员工所关心的上述三个问题对应如下三种关系。

（1）努力—绩效的关系：个体认为通过一定努力会带来一定绩效的可能性，包括两个方面，即通过一定努力会带来的实际绩效的可能性以及绩效评估客观测量实际绩效的程度。

（2）绩效—奖励的关系：个体相信一定的绩效会带来组织给予自己报酬或奖励的程度。组织奖励包括加薪、晋升职务、带薪休假、免费旅游等。

（3）奖励—个体目标的关系：组织奖励满足个体目标或需要的程度以及组织奖励的意义被个体所理解的程度。

要运用好期望理论，就要好好研究上述三种关系。在运用该理论对员工进行激励时，管理者需要做好如下五项工作。

（1）发现员工重视的报酬或奖励是什么。

（2）根据组织目标，明确期望出现的员工行为（如让员工明白阿谀奉承是不受欢迎的，埋头苦干是会得到肯定的）。

（3）确保绩效目标可以达到，否则员工可能不愿意付出努力，这也要求管理者要为下属创造支持的环境；确保期望的绩效与报酬之间的联系是直接的、清晰的和明确的。

如果员工重视内在的奖励,比如有趣的工作,那么管理者要能够集中力量重新设计工作而不是提高报酬。

(4)确保对员工没有冲突的期望(如要求员工做出色的营销员的期望与要求员工做有效的管理者的期望之间可能存在冲突)。

(5)确保奖励或报酬的差距或变化幅度是巨大的。小的奖励只会产生少量的努力和因此而增加的少量绩效,大的奖励会产生较大的努力和因此而增加的大量绩效。这种报酬变化幅度与原有报酬的基数有关。另外,要确保奖励制度公平地对待每一个员工。

在运用该理论对员工进行激励时,组织需要做好如下六项工作。

(1)设置合理的、有一定难度且被员工认同的目标。

(2)设计有效的、公正的绩效评估系统,确保绩效评定结果与实际绩效之间的关系是一致的。

(3)设计薪酬支付制度以奖励期望的绩效,并确保绩效与奖励之间的关系是明确的。

(4)设计任务和工作,以便员工通过工作满足自己的需要。

(5)将组织个性化,以反映不同个体的不同需要。这不仅包括工作本身,还包括员工获得的利益,还要制定可供员工自我选择利益的制度,如弹性奖励制度、弹性福利制度。其前提是建立一个内容和方式多样化的奖励体系。

(6)形成组织与员工之间的心理契约,建立员工对组织奖赏的正确预期,榜样、及时的口头承诺和兑现奖励的作用是显而易见的。

(二)心理契约

1. 心理契约的概念

心理契约(psychological contract)的概念是在 20 世纪 60 年代被正式提出的,而有关心理契约问题的研究是在 20 世纪 80 年代中期以后才蓬勃兴起的。最早使用"心理契约"这一术语的是阿吉里斯(Argyris)。他在 1960 年所著的《理解组织行为》一书中用了"心理工作契约"一词来刻画工人与工长之间的一种关系状况。1962 年,莱文森(Levinson)等人注意到"心理契约"这一概念,明确地把它界定为一种"没有成文的契约"。1965 年,雪恩(Schein)也注意到了"心理契约"概念,并把它看作个体与组织之间每时每刻都存在的一组没有成文的期望。科特(Kotter)认为,心理契约是个人与组织之间的一份内隐的协议,内容包括一方给另一方付出什么同时又得到什么。

罗梭(Rousseau,1989)认为,心理契约是员工个人以雇佣关系为背景,以许诺、信任和知觉为基础而形成的关于个人与组织双方各种相互责任的信念,因此是一种单方契约。赫里奥特(Herriot)和彭伯顿(Pemberton)不同意罗梭的单方契约的观点,认为心理契约是定位在个人和组织两个方面的双方契约,是组织和个人在雇佣关系中彼此为对方提供的各种相互责任的知觉。这种知觉或来自对正式契约的感知,或隐蔽于各种期望之中。[9]

综上所述,心理契约是员工与组织双方在相互关系中对己方要为对方担负什么责任义务,同时对方要为己方担负什么责任义务的主观约定,是雇佣双方或劳资双方关于双边关系中相互责任义务的主观信念。[10]

2. 心理契约的内容和类型

（1）心理契约的内容。心理契约主要是指员工的责任和组织责任。赫里奥特和曼宁（Manning）等人的研究结果发现，心理契约中的组织责任有：① 培训；② 公正；③ 关怀；④ 协商；⑤ 信任；⑥ 友善；⑦ 理解；⑧ 安全；⑨ 有恒一致；⑩ 薪资；⑪ 福利；⑫ 工作稳定。而员工责任有：① 守时；② 务业；③ 诚实；④ 忠诚；⑤ 爱护资产；⑥ 体现组织形象；⑦ 互助。[9]

（2）心理契约的类型。罗梭提出心理契约的两维结构：交易契约（transactional contract）和关系契约（relational contract）。交易契约是指雇员以加班、职责外工作为代价来换取组织提供的高额报酬、绩效奖励、培训和职业发展，是以经济交换为基础的契约关系；关系契约是指雇员以长期工作、忠诚和愿意接受内部工作调整为代价来换取组织提供的长期工作保障，是以社会情感交换为基础的契约关系。[11]

3. 心理契约的作用

心理契约在组织中的作用主要体现在如下三个方面。

（1）有助于调动员工的工作积极性，提高员工的工作满意度。员工的工作积极性和工作满意度在很大程度上取决于组织与员工之间心理契约的实现程度。员工会从企业管理者的行为中感受是否得到了自己期望的，从而决定是否值得全力以赴或者适当付出努力。

（2）有助于提高雇佣双方的安全感和信任感，降低员工离职率。正式协议或者劳动合同是现实中员工与企业关系的直接规定和约束，但是它不可能涉及雇佣双方关系的方方面面，而心理契约存在于雇佣双方的心中，可以填补正式协议或劳动合同留下的空白，减少双方的不确定感。在我国文化中，人们普遍认为关系比书面契约更重要，心理契约的有效履行可以提高雇佣双方的安全感和信任感，进而降低员工的离职率。

（3）有助于员工和组织规范各自的行为。从契约的效力上看，心理契约不像劳动合同、正式协议那样，一经制定就受到法律强制力的约束和控制，它是由契约双方自我约束、自我控制的。心理契约作为一个主观行为准则，对组织和员工的行为进行约束和调节。员工以组织对自己所负的责任为尺度来衡量和控制自己对待组织的行为，以此作为调节自己对组织行动的砝码。同样地，心理契约也可以使组织不断地审视自己对员工所承担的责任和义务以及组织满足员工需要的程度，从而更好地提高组织对员工的吸引力。

4. 心理契约管理

心理契约管理可从如下三个方面进行[12]。

（1）招聘过程中传递真实有效的信息。招聘过程中传递真实有效的信息是建立心理契约的基础。一些企业在招聘时为了吸引到更多的人才，往往会夸大薪酬福利、职业培训与发展机会，应聘者怀着美好的愿望与组织达成了心理契约，当他们真的进入企业工作后，却发现实际情况与面试官的陈述和允诺不相符合，由此感到心理契约被破坏，从而对组织产生怀疑，甚至选择离开。因此，企业在招聘过程中应向应聘者真实地介绍现有组织，包括优缺点。同时，在面试和雇佣的过程中，员工和组织间应当摒弃口头的心理契约，以免员工产生不切实际的期望。

（2）通过不断沟通将心理契约明晰化。新员工工作一段时间后，会对自己与组织间的心理契约进行一个新的认识和评估。面对这样一种适应过程和心理契约变化，企业应有所准备。新员工入职之后，管理者应提供日常工作之外的交流的机会，如部门员工的工作交流，或者是组织一次讲座，也可以是小规模外出参观等，让新老员工有私下交流的机会。通过这种沟通，新员工可以逐步明晰某些心理契约的内容。

（3）在心理契约受到破坏时合理解释原因。员工觉察到心理契约的变化、破坏或违背，并不一定就会在情绪和行为方面发生变化，其中起关键作用的是员工对心理契约变化、破坏或违背所做出的解释。影响员工解释过程的因素主要有两个：① 员工对心理契约的变化、破坏或违背的归因；② 在这样一个心理契约的变化过程中，员工所感受的公平性。对于事件的归因是影响心理契约破坏后员工行为和情绪的一个重要因素。如果员工归因于企业故意违背契约，那么其随之而产生的反应就会是负面的，员工会对企业管理者的所作所为进行谴责，并降低自己的工作表现甚至离职。而如果归因于双方理解上的不一致，这种反应就会好得多。因此，在管理实践中，因客观原因导致员工心理契约被破坏的情况不可避免，此时如果管理者漠然处之，员工就会将心理契约的违背归因于企业未能实现当初的承诺；如果企业管理者关心员工，情况则会相反。

二、公平理论

（一）亚当斯的分配公平理论

公平理论（equity theory）是由美国学者亚当斯（J. Stacy Adams）根据公平概念与认知失调理论提出的一种激励理论。该理论认为，由对自己报酬的知觉和比较所引起的认知失调会导致当事人的心理失衡。为减轻或消除这种心理紧张，当事人会采取某种行动，以恢复心理平衡。如果对报酬感到公平，当事人就会获得满足感，从而激励当事人的行为。[13]

员工的投入包括教育、技能、工作经验、努力程度和花费的时间；报酬包括薪酬、福利、成就感、认同感、工作的挑战性、工作体验、职业前程等外在和内在的报偿。当事人用来比较的对象主要有自己和他人两种。当事人将自己目前的报酬/投入与自己过去的报酬/投入相比较，称为自我比较，包括将自己目前的报酬/投入与过去在其他组织工作时的报酬/投入相比较，以及将自己目前的报酬/投入与过去在相同组织内不同职务工作时的报酬/投入相比较。当事人将自己目前的报酬/投入与他人（包括组织内或组织外的其他人）的报酬/投入相比较，称为社会比较。公平理论认为，人与人之间存在社会比较，且有就近比较的倾向。

通过自我比较或社会比较，会出现两种结果，即要么公平，要么不公平。不公平包括"吃亏"和"占便宜"两种情况。人们在感到不公平时，可能会对如下六种行为加以选择并付诸行动。

（1）改变自己的投入（如不再那么努力）。

（2）改变自己的产出（如实行计件工资制企业的员工通过增加产量、降低质量来增加自己的工资）。

（3）改变自我认知（如夸大自己的贡献）。

（4）改变对他人的看法。

（5）选择另一个不同的比较对象。

（6）抱怨、情绪崩溃甚至离职。

如何在企业薪酬管理中运用公平理论？下面是十二点相关的建议。

（1）建立按劳分配的报酬体系。

（2）确保薪酬政策的内部一致性。

（3）做到男女同工同酬，这也是薪酬政策内部一致性的表现。

（4）保持本组织薪酬水平与其他组织薪酬水平相比较时的竞争力。

（5）保证员工的薪酬逐年得到增长，特别是扣除物价指数增长之外还略有增长。经济萧条时，如需削减薪酬，一定要做好充分的论证和其他准备工作。

（6）在坚持公平原则的基础上，要坚持效率优先的原则。具体体现在分配上，主要以绩效为基础。

（7）考虑合理的薪酬结构。

（8）增加其他形式（金钱之外）的报酬（如温暖、尊重、互助、信任、团结、认可的人际环境）。

（9）保证报酬的分配过程公平、公正。如规章制度制定过程中讨论、统计工作量和绩效考核的公开、透明。

（10）妥善运用发放薪酬的保密制度。

（11）依法治企，奖惩明确，不可因领导个人好恶随意变更管理规章制度。

（12）相应的机构或人员应及时对员工的不满给予关注和受理，并加以必要的疏导。

（二）程序公平

公平除了考虑分配公平，也应考虑程序公平（procedural justice），这一概念由西波特和沃尔克提出。程序公平更强调分配资源时使用的程序、过程的公正性。西波特和沃尔克发现，当人们得到了不理想的结果时，如果认为过程是公正的，也会接受这个结果，这种现象被称为"公平过程效应"或"发言权效应"。个体在过程上的不公平知觉，则会导致个体对过程的怨言，久而久之就会出现个体不再关心过程甚至玩世不恭的现象。

对于任何组织而言，制定分配程序时应注重吸收员工的参与。如奖励和惩罚标准的制定应征求员工的意见，使员工知道奖励和惩罚的标准和原因，这有利于政策的落实，以达到激励效果。组织制定报酬、晋升和绩效评估等政策时应充分了解员工的意见，并建立正式的申诉渠道。

此外，比斯和莫克还提出了互动公平（interactional justice）概念。互动公平有两种：① 人际公平；② 信息公平，主要指是否给当事人传达了应有的信息。

三、目标设置理论

洛克（Edwin A. Locke）于1967年提出目标设置理论。[14]该理论认为，设置达到目标是一种强有力的激励，是完成工作的最直接的动机，也是提高激励水平的重要过程。外来的刺激，如奖励、工作反馈、监督的压力等，都是通过目标来影响动机的。目标导致努力，努力创造工作绩效，绩效增强自尊心和责任心，从而产生更高的目标。另一管理学家休斯（C. L. Hughes）也认为成长、成就和责任感都要通过目标的达成而满足个人的需要。因此，重视目标和争取完成目标是激发动机的重要过程。

洛克等从实验中还发现，从激励的效果来看，有目标比没有目标好，具体的目标比空泛的、号召性的目标好，既能被执行者接受而又有适当难度的目标比唾手可得的目标好。遇到难度很高、很复杂的目标，可以把它划分为若干阶段性目标，通常称为"小步子"。通过逐一完成"小步子"，最后达到总目标，这是完成艰巨目标的有效方法。

四、波特和劳勒的激励过程模型

波特和劳勒综合了以往的一些激励理论，提出了"激励过程模型"。[15]该模型是一种比较全面而又充分的理论。图 5-1 就是波特和劳勒的激励过程模型。

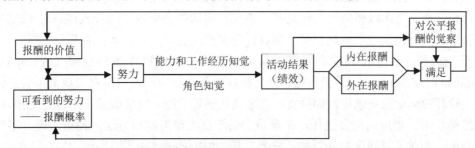

图 5-1　波特和劳勒的激励过程模型

从图 5-1 可以看出，直接决定员工"努力"的因素是员工所得报酬的价值和通过努力工作能获得相当报酬的概率，这两个方面实际上就是报酬的适宜性和公平性。报酬的适宜性反映了报酬对员工需要的针对性。对员工来讲，报酬的针对性越高，其价值就越大，反之就越小。报酬的公平性则反映了企业的报酬是否按劳分配。实行按劳分配，多劳者多得，员工可看到的努力——报酬概率就大，反之则小。

波特和劳勒将报酬分为外在报酬和内在报酬两种。外在报酬包括福利、晋升、授衔、表扬、嘉奖、认可等，内在报酬包括学习新知识和新技能、责任感、光荣感、胜任感、成就感等。员工的满足不仅在于获得外部报酬，也在于获得内部报酬，有时内部报酬比外部报酬更重要。

例证 5-3

银行扫雪[16]

2012 年 12 月的某一天，邮储银行某县支行王行长一早醒来，发现地上积雪有一尺多厚。考虑到大雪会造成道路不畅，可能影响正常工作的开展，王行长顾不上吃早饭，匆匆赶往单位。

当他到单位大院门口时，发现门口和营业室外临街的积雪已经被清扫完了。他进到大院，发现积雪清扫工作将近结束，一些职工在做收尾工作。

王行长很感动，当即加入清扫的队伍，并对周主任说："由于雪大路滑、交通拥堵，今天迟到的人员不进行登记。根据考勤机数据，今天未迟到、8 点 30 分前准时上班的人员，每人奖励50元。"王行长的话引来了职工们的热烈掌声。

9点30分，周主任拿着未迟到人员名单向王行长汇报。王行长指示周主任将名单公示，让大家都看一看。

几天以后，又下了一场大雪，这一次王行长收到了令人惊喜的考勤记录，竟然没有一个人迟到。事情远远没有结束，在接下来的首季业务大会战中，该支行的业绩一直很好，并提前10天完成了计划目标。王行长总觉得，首季业务大会战能完成得这么好，跟首季的激励政策固然相关，但跟那一次扫雪也紧密关联。

五、强化理论

强化理论（reinforcement theory）主要是利用正性或负性的强化来激励员工或创造激励的环境。个人之所以要努力工作是基于桑代克所谓的效果率（law of effect），即某项特定刺激引发的行为反应若得到奖赏，则该行为再出现的可能性较大；而若没有得到奖赏，甚至受到惩罚，则该行为重复出现的可能性极小，也叫操作条件反应（principles of operational conditioning）。[17]行为修正就是将操作条件反应原理应用在管理员工的工作行为上。管理者可运用正强化，如赞赏、奖金或认同等手段，以增强员工对良好工作方法、习惯等的学习；也可运用负强化，革除员工的不良工作习惯和方法，使员工避开不当的行为结果。卡兹丁对强化和惩罚做了分类，具体内容如表5-3所示。[18]

表5-3　强化的类型

管 理 行 为	事　物	
	好　的	不　好　的
给予	正强化	惩罚
去掉	消退	负强化

日本一家公司对员工强化激励方法与效果曾做过分析（见表5-4），从中可以看出，对员工的表扬奖励，采取公开方式的效果较好，变好的要占87%，变差的只占1%；对员工的指责批评，采取个别方式的效果较好，变好的占66%，变差的只占11%；采取公开的方式体罚员工的效果明显不好。在提倡人性化管理的今天，企业宜逐步改变过去动辄惩罚、少奖励的做法，而代之以多奖励、适当惩罚的做法。[19]

表5-4　员工强化激励方法及其效果分析

激 励 方 法	效果（行动变化的比重/%）		
	变　好	没　有　变	变　差
公开表扬	87	12	1
个别指责	66	23	11
公开指责	35	27	38
个别体罚	28	28	44
公开体罚	12	23	65

另外，强化必须要及时。研究表明，及时强化的有效度为80%，滞后激励的有效度为20%。管理者必须充分注意激励的时效性，选择在员工激励需求边际效用最大时，及

时满足并强化之，这样会达到事半功倍的效果。[20]

第三节　激励理论的应用

激励既要重视物质激励，又要重视精神激励；既要考虑激励对象的多样化，又要考虑激励方法的多样化。调查显示，美国与日本中小企业的平均寿命分别是 8.2 年、12.5 年；而我国民营企业平均寿命仅 3.7 年，中小企业平均寿命只有 2.5 年。因此，有人形容我国企业具有"流星效应"。造成这种现象的一个重要原因是企业特别是国有企业的激励制度尚不完善。年薪制、员工持股计划、股票期权制和积分制管理被认为是能够对员工起到重要激励作用的重要手段，本节将对其做一些简单介绍和讨论。

一、激励的多样化

（一）激励对象的覆盖面广

激励并非对少数人的激励。传统的激励方法多为奖励极少数有突出贡献者，旨在树立"典型""楷模"。然而，这种激励手段并不是最理想的，因为长期采用此法就会使大多数员工失去受奖励的机会，甚至觉得奖励是极少数人的事情而漠不关心。同时，长期以极少数人为对象的奖励还可能使员工产生逆反心理，可能使"典型""楷模"在企业内部遭到孤立、嘲讽，甚至打击。因此，激励方法应充分考虑激励范围。在奖项设置上，应多设集体奖，少设个人奖；多设单项奖，少设综合奖。在奖金数额上，可考虑多设小奖，少设甚至不设大奖，要特别注意对每一个员工的微小进步都给予及时的肯定和强化，从而形成一个从小到大、多层次、多种类的激励体系。

激励宜考虑不同类型员工的需要。例如，在我国知识型员工主要激励因素调查中，位于前五位的分别是：工作报酬与奖励、个人的成长与发展、有挑战性的工作、公司的前途以及有保障和稳定的工作。[21]

此外，激励宜考虑每个员工各自不同的需要。在企业中，有的员工想成为技术专家，有的想到本公司的其他部门工作，有的想发展与现有工作岗位相关的技能，有的被提升到管理岗位而他本人并不想做一个管理人员，还有人认为他们的满足感主要来自群体的合作精神。可见，员工的需要呈现多样化状态。激励要从员工的个性心理特征出发，通过研究个体心理的不同需要，做到对症下药，因人而异。

（二）激励方法的多样化

物质激励是指通过物质刺激的手段，鼓励职工工作的积极性。其主要表现形式有：正激励，如发放工资、奖金、福利等；负激励，如罚款等。

物质需要是人类的第一需要，是人们从事一切社会活动的基本动因。但在实践中，不少单位在使用物质激励的过程中，虽耗费不少，但预期的目的并未达到，职工的积极性依然不高，反倒贻误了组织发展的契机。

1. 运用工作激励

尽量把职工放在其所适合的位置上，并在可能的条件下轮换一下工作以增加职工的新鲜感，从而赋予工作更大的挑战性，培养职工对工作的热情和积极性。

2. 运用参与激励

通过参与，形成职工对企业的归属感、认同感，可以进一步满足员工的自尊和自我实现的需要。企业职工参与企业决策和企业管理的渠道有许多，其中，职工通过"职代会"中的代表参与企业重大决策的模式较为普遍，但目前"职代会"流于形式的情况依然存在，有待进一步完善和健全。

3. 运用荣誉激励

荣誉激励是对物质激励的重要补充，它具有物质激励所达不到的功效，将二者结合使用，效果最佳。现在，荣誉激励的方式在企业中采用得比较普遍，这是一种比较有效的方法，正是有效地利用了员工的荣誉需求，才取得了良好的激励效果。

4. 运用升迁激励

升迁激励的本质是通过自我价值的实现来激发人的能动性。每个人都有自己的价值观，有的人立志成为一名企业家，有的人则以钻研技术为人生的最大乐趣。因此，企业的升迁激励要因人而异，让有管理才能的人走行政职务升迁之路，让有技术特长的人走技术职务升迁之路，二者要有相同的待遇。特别是要鼓励技术人员从事自己喜欢的职业，充分发挥自己的专长，术业有专攻，要鼓励他们走专业化发展的道路。

5. 运用情感激励

在人本管理时代，企业与个人的关系由"契约型"向"盟约型"转变，企业与个人形成了利益共同体。一个成功的企业在营造和谐的氛围、培养团队的合作精神、增强企业的凝聚力和情感激励方面一定有其独到之处，如松下公司采用终身雇佣制，林肯公司只减薪、不解雇的做法，这大大提高了员工对企业的信任度，激发了员工为企业奉献的热情。[22]

例证 5-4

腾讯的 54 张福利扑克牌[23]

每一位入职腾讯的新员工都能领到一副"福利扑克牌"，共 54 张牌，每一张代表一种福利，王牌就是传说中的"10亿安居计划"。此外，还有家属开放日、30 天全薪病假、15 天半薪事假、中医问诊、各种保险、腾讯圣诞晚会、各种节日礼包、各种协会……涵盖了员工工作和生活的各个层面，这些项目在腾讯内部专门的福利网站上被归类为三大块：财富、健康、生活，分别由不同的小组负责。腾讯让我们看到，福利体系除了庞大、昂贵，还要有开放的产品心态和用心的用户体验。腾讯大福利团队把每一种福利都当作产品来做，体现出用心，而不是简单地用"薪"。如果只把福利当成面子工程，作为不得不开销的预算，那么很难真正激励到员工，让福利变为生产力。关爱，才是企业给员工最好的福利。

（三）激励的跨文化适用性

随着全球经济的发展和我国"一带一路"倡议的推进，为了提高企业的效率，中国企业开始重视构建职工激励机制。跨国企业至少存在着两种不同的文化，它们会导致公司的营销理念、经营理念、经营方式等产生不同，而由文化差异所产生的文化之间的矛盾也会对公司的生产和业务活动产生不确定影响。[24]麦克法林和斯威尼认为，每种激励理论都有自身的跨文化适用性[25]。

1. 马斯洛需要层次论的跨文化适用性

在高度工业化的发达国家中，员工有着追求更高需要的动机（如自我实现需要），而在工业较不发达的国家和地区，员工对低层次的需要（如生存和安全需要）的追求则表现得更为明显。例如，对于某些中国员工来说，具有合作精神的同事及其他社会需要排在自我实现这一需要之上。在强调个人主义的社会环境（如美国）中，其员工比强调集体主义社会环境（如日本）中的员工更热衷于追逐个人成就。

2. 赫兹伯格双因素理论的跨文化适用性

与法国经理相比，英国经理对责任感及自主权比较感兴趣；而与英国人比起来，法国人则更重视保障、额外福利及良好的工作环境。一般来说，这意味着工作丰富化在英国更加容易实现。事实上，当雇员更重视个人主义、风险的承担（低不确定性规避）及绩效（男性主义）时，赫兹伯格的激励方式可以被视为增强个人成就的一种方法。

3. 公平理论的跨文化适用性

不同的社会和民族文化对公平的界定、理解和评价方式存在很大的差别，而且往往通过其他文化难以理解的方式进行。无论如何，管理者都很有必要参照公平理论给出的一些重要的原则和启示来进行管理。例如，重视个人主义的文化倾向于支持公平的概念。在这种文化背景下，个人投入非常重要，产出的高低主要取决于付出的多少。而在集体主义的文化背景下，报酬可能被平均分配给每个员工，而不论其绩效的多少，以此来保持组织的和谐与凝聚力。

4. 强化理论的跨文化适用性

管理者应该知道员工重视什么，这样才能有效地使用正强化，但这种方法并不像看起来那样简单。例如，南非的公司如果能够努力帮助消除因为种族隔离而造成的社会不公平，那么黑人员工将会备受激励。这种工作及生活之间的联系反映了非洲的文化价值，即强调社会和家庭的重要性。

5. 期望理论的跨文化适用性

期望理论与大家已经很熟悉的美国文化相当吻合。它强调个人主义及男性主义导向的文化，因为个人主义及男性主义更重视任务而不是人际关系。期望理论还认为，个体员工通过努力可以在很大程度上控制自己的生活。

二、年薪制

年薪制是以年度为单位，依据企业的生产经营规模和经营业绩，确定并支付经营者年薪的分配方式。为探索和建立有效的激励与制约机制，使经营管理者获得与其责任和贡献相符的报酬，逐步实现企业经营管理者及其收入市场化，企业才制定了这种依据自身规模和经营业绩，以年度为单位支付经营管理者收入的分配制度。经营管理者年薪由基本年薪和风险年薪两部分组成。

年薪制改革的初衷是把经营者的利益与其经营业绩挂钩，提高经营者的积极性，保证国有资产的保值和增值。经营者利益和员工利益适当分离，使经营者与员工之间相互制衡，有利于建立企业内部自我约束机制。经营者年薪收入公开化、规范化有利于减少经营者过高的在职消费，控制国有企业资产流失。但年薪制改革在推行过程中遇到了一些问题需要解决。如经营者的任用未形成竞争机制，经营者仍由上级主管部门任命，并非通过竞争上岗，因而经营者只对上级负责而不对企业负责的状况很难改变；企业经营指标难以严格考核成为令政府头疼的问题，这也给年薪制的有效实施设置了障碍。问题虽多，但有关年薪制的理论探讨和试点工作仍令人满意。2004年1月1日，国务院国有资产监督管理委员会（简称国资委）正式出台《中央企业负责人经营业绩考核暂行办法》（2009年12月28日修订，2010年1月1日施行），将其作为国有企业改革进程中的一个重要成果，年薪制终于成为一项薪酬制度。2019年3月7日，国资委发布了新版《中央企业负责人经营业绩考核办法》，该办法于2019年4月1日施行，与旧版考核办法不同的是，新的考核办法中增加了对网络安全事件的考核要求。

目前，社会各界对年薪制褒贬不一，年薪制在我国的实施过程中，还存在许多问题有待解决。如年薪制的实施对象问题、年薪的确定主体问题、年薪水平的确定依据问题、行业间的苦乐不均问题、经营者业绩的考核标准问题、经营者职业消费的"隐性收入"的问题等。针对这些问题，国有企业经营者可以通过以下方法改进和完善年薪制实施方案：第一，合理划定经营者年薪制的实施对象及标准；第二，建立完善的公司治理结构，发挥董事会在年薪制实施中的作用；第三，确定合理的年薪水平，强化经营业绩对年薪的决定作用；第四，探索按行业实施年薪制；第五，建立科学、合理的经营者业绩考核评价指标体系；第六，建立完善企业经营者业绩的监督考核及管理制度；第七，对年薪制进行长期化设计、改造，以加强年薪报酬方式的长期激励作用；第八，加强对经营者在职消费的管理和监督，将隐性收入显性化；第九，加强经营者年薪制的综合配套改革。

三、员工持股计划

西方国家实行的员工持股制度是在重振本国经济、改善劳资对立关系的大背景下提出并被逐渐广泛实施的，并且获得了成功。1952年，美国辉瑞公司为了避税，第一个推出面向所有雇员的员工持股计划。近年来，员工持股计划风行美国，数以千计的公司、上千万的职工加入了这一计划。

近二十多年来，许多美国企业推行员工持股计划，具体做法主要有两种：一种方式是由公司提出一部分股份或拿出资金，提交给职工信托基金会，该基金会购买本公司的股票，然后根据职工工资水平分配这些股票，这种分配相当于公司给职工劳动股的投资凭证，职工以自己的劳动获得这种投资凭证，并根据这种凭证获取公司利润；另一种方式是由公司担保从银行借款购买本公司股票以分到个人名下，这两种方式都不需要员工个人掏腰包。员工持股计划的具体作用表现在以下四个方面。

（一）有利于实现低成本激励

持股计划实施后，职工的收入不再是传统的工资加奖金，而是工资加股权收入，这就将公司对职工的激励由间接方式的奖金变成了直接方式的股权收入。如果公司经营状况好转，职工工资虽然不变，但是股利增加可以使其收入增加，而且业绩的改善可使公司股票价格上涨，从而使职工受益，股票价格的变动往往比业绩和股利的改变大，而且比间接激励方式的奖金高。同时，运用员工持股计划没有增加公司的支出，就可以使职工更具有工作积极性，从而实现了低成本激励。

（二）有利于降低管理费用，减少管理环节

由于实施员工持股计划后，职工的收入与公司经营业绩更紧密地联系起来了，他们将更加自觉地工作，使一些管理部门的作用逐渐减小，以致有些部门失去了存在的意义而可以被撤销，所以实施员工持股计划有利于精简机构，减少管理的中间环节，从而降低管理费用，提高经营业绩。

（三）促使职工参加公司日常管理，监督经理人员经营业绩

由于实施员工持股计划后，公司经营状况与职工收入更加紧密相关，职工不仅将更加积极地参加公司的日常管理，为公司发展出谋划策，而且可以监督企业的经营效率。由于他们对公司情况更加熟悉，这种监督的力度与效率都比外部监督者更高，从而有利于管理绩效的提高，可使企业经营效率得到改善。

（四）提高职工的工作效率、创新精神，避免短期行为

与传统激励方法相比，实施员工持股计划可以使广大员工更富有创新精神，工作更有效率，能够有效克服其短期行为。因为职工的工作效率提高和创新行为如果产生效益，将使其股价提高得更快，令其自身获益更多；同时，损害企业长远利益而提高短期利益的行为对持有股权的职工来说也是不经济的。

例证 5-5

华为的员工持股激励模式：力出一孔，利出一孔[26]

在日趋激烈的市场竞争环境中，为了在员工流动性大的情形下吸纳人才，华为等企业采取将股票以及期权发放给公司核心员工的做法。华为公司在 1990 年开始施行内部股权计划，这项持股计划实施以后，员工个人能力和前途与公司的长期发展密切地联系在一起，促进了共同奋斗，有利于实施员工和公司的共享机制。受外部环境的变化和企业自身发展状况的影响，华为公司员工持股激励形式和内容有相应的改变，持股员工的数量逐年增加，员工持股规模不断扩大。

另外，华为公司实施员工持股计划的基本原则是保障最具责任心和最有才干的人不

断拥有大份额股权，进入中坚管理层。通过浮动的股权分配原则，员工对公司的实际贡献大小决定了员工能够持有的股权份额的多少。

总之，华为公司的员工持股计划在真正意义上使员工拥有管理企业的权利。企业盈利时可以分配剩余收益，企业的产品开发、市场运作、经营决策都是员工在共同意愿下决定的，有效地避免了"一权独大"的局面，众多持股股东可以与经营管理层平等地协商意见。

虽然员工持股计划可以解决普通员工激励问题与对经营人员的监督问题，但还不能有效解决对经营者的更高的激励问题，以及对吸引高级人才的监督问题，要有效解决这些问题，还有赖于实施股票期权计划。

四、股票期权制

（一）美国企业股票期权制

1. 股票期权的类型

股票期权通常包括两种类型：① 法定型期权（qualified stock option，QSO），或称激励型期权（incentive stock option，ISO）。这种期权在符合美国国内税收法典的限制性条件下，个人收益中部分可作为资本利得纳税，同时可以从公司所得税税基中扣除。② 非法定期权（non-qualified stock option，NQSO）。这种期权不受美国税收法典的约束，公司可以自行规定方案；个人收益作为普通收入缴纳个人所得税，并且不可以从公司所得税税基中扣除。

2. 股票期权的受益人

从一般意义上来讲，股票期权的受益人范围主要包括公司的经理阶层，即公司的高级管理人员，而独立董事和持有10%以上表决权资本的经营者不参加。最近几年，员工股票期权（employee stock option，ESO）的受益人范围呈扩大趋势。目前，美国通用电气公司约有 27 000 名雇员持有认股权，接近其雇员总数的三分之一。1997 年，英特尔公司将其 ESO 的授予范围扩大到公司在全球范围内的所有雇员。

3. 股票来源和授予时机

实现 ESO 所需的股票主要有三个来源：① 由公司发行新股供期权执行人按预先约定的价格认购；② 公司通过留存股票账户从市场上回购；③ 库存股票。

4. 期权费、行权价与授予数量

一般来说，ESO 是无偿授予的。为了在激励的基础上对公司经理人员或雇员增加约束力，有的公司要求经理人员或雇员在取得 ESO 时支付一定的期权费。ESO 执行价格（行权价）的确定是期权方案设计最为关键的一环。一般来说，行权价包括折价、平价和溢价三种类型。在实践中，ESO 执行价格以后两种方式居多。ESO 的授予数量反映了期权激励的强度。在通常情况下，ESO 的授予数量没有下限，但有些公司规定有上限，如美国雅虎公司就规定：每人每财政年度获赠的 ESO 不得超过 150 万股。

5. 股票期权的执行期限

对于法定期权来说，ESO 的有效期一般为 10 年。持有 10% 以上表决权资本经股东大会批准参加计划的，有效期为 5 年；持有者自愿离职、丧失行为能力、死亡或公司并购、公司控制权变化等条件下，ESO 可能改变条件；退休时，所有 ESO 的授予时间表和有效期限不变，但如果 3 个月内没有执行可行权 ESO，法定期权则转为非法定期权，不再享受税收优惠。非法定 ESO 没有有效期的限制，由公司自行决定（一般为 5~20 年）。

6. 股票期权的执行

股票期权通常有三种执行方法：现金行权、无现金行权和无现金行权并出售。现金行权是指股票行权的受益人（即行权人）以现金向公司指定的证券商支付行权费用以及相应的税金和费用，由证券商以执行价格为受益人购买公司股票。无现金行权是指受益人不必以现金支付行权费用，转而由证券商以出售部分股票获得的收益来支付行权费用。在这种情况下，受益人在委托证券商时需要对委托指令进行选择。无现金行权并出售指行权人自己决定对部分或全部可行权 ESO 行权并立刻出售，以获取行权价与市场价的差价。

7. 股票期权的日常管理

股票期权通常由公司的薪酬委员会负责决策、管理、解释、修改和终止等。薪酬委员会直接归董事会领导，独立行使职能，不受企业经营者的影响，某些特殊事项需经股东大会批准，而股票期权的执行由公司委托证券商进行交易和结算。

（二）我国企业经营管理者股票期权制

2018 年，证监会修改《上市公司股权激励管理办法》，9 月正式实施。2019 年 10 月，国资委发布《关于进一步做好中央企业控股上市公司股权激励工作有关事项的通知》，督促相关企业按照通知执行。股权激励制度在我国逐渐健全和完善。

股票期权（stock option）又称为"经营者期权"或"认股期权"，指的是企业所有者授予激励对象在未来一定时限内，以预先确定的价格和行权条件购买该公司一定数量股份的权利。其在很大程度上解决了企业经营者激励约束的相容问题，这种独特的制度安排把经营者的未来报酬与公司的长期业绩和市场价值联系起来，从而实现经营者报酬和股东利益的趋同效应。其激励的作用具体有以下四个方面：激励与约束并重；有效地防范经营者的短期行为；增强企业的凝聚力，留住人才；有利于解决国有企业体制方面存在的固有矛盾。

例证 5-6

华为的股权激励方案[27-28]

华为从 1990 年开始实行员工持股计划，迄今为止，已实施了实股配股、虚拟股配股、饱和股配股、时间单位计划（Time Unit Plan）等股权激励计划。

2001 年以前，华为实行实股配股计划，极大地激发了员工工作的积极性。由于实股存在一些弊端，2001 年以后，华为实行虚拟持股。由于股票增值收益与公司的经营状况息息相关，员工会更加尽职地监督企业的经营状况，降低企业经营风险。

2008 年，华为实施"饱和股配股"方案，顺利度过金融危机。具体做法是：以员工的级别和对其工作的考核为依据，核定员工当年虚拟股配股数量，再根据员工级别分配股份数。

2012 年年初的银行个人创业扶助贷款被叫停后，华为的虚拟受限股制度失去了其实际意义，很多员工决定将手中的股票套现。华为为解决员工购股资金压力，于 2013 年实施了名为"时间单位计划"的员工持股计划，这使新员工不再有以现金购买股票的压力，使新老员工都关心增值收益，从而使其为公司做出更大贡献。

2021 年华为发布公告显示，华为员工持股分红每股约 1.58 元，持股员工平均分红约 46.7 万元/人；2021 年度华为销售收入为 6368 亿元人民币，同比下降 28.6%；但公司净利润依然保持增长，期内净利润为人民币 1137 亿元，同比增长 75.9%。华为员工的分红收益和升值收益非常可观，持股数较多的员工不仅会考虑分红收益，也会考虑增值收益，这样他们就会更多地注重公司的长期发展，努力地为公司做出更多的贡献。

五、积分制管理

"积分制"在人们的日常生活中是熟悉的事物，如很多商家为了促销而推行"会员积分制"，高校图书馆里有"阅读积分制"，一些特大城市对外来务工经商人员落户实行"流动人口积分制管理"等，还有不少地方政府在推行网格化管理中，制定了用上报治安隐患等事件获得相应的积分，积分累积到一定程度即可获得奖励的措施。

企业管理中的积分制应用是湖北省荆门市群艺数码广告传媒有限公司董事长李荣先生于 2003 年独创的一种全新的管理方法，它的核心内容是对人的能力和综合表现用奖分和扣分进行量化考核并用软件记录和永久性使用，目的在于全方位调动人的积极主动性[29]。实行积分制管理需要为员工建立积分的使用平台以及设立相关的积分兑换制度。

积分制管理具有不需要修改现有规章制度、管理流程及公司现有的工作习惯，不受体制和行业的限制，从国有企业机关单位到民营企业都可以有针对性地推行使用等特点。积分制激励在企业管理中具有以下优点[30]：相对人性化，更有利于增强制度的执行力；可以满足员工体现自我价值的需求；在一定程度上解决了分配不合理的问题，更有利于留住人才。有的学者则提炼出更多积分激励的优点[31]：积分不与金钱直接挂钩，巧妙地转移了员工注意力；有利于组织分权；解决组织公平问题，提升组织公平感；可以为管理者和员工提供及时的反馈信息；"参与式"管理模式有利于激发员工的组织公民行为；兼顾长期和短期的激励作用；有效解决员工"优胜劣汰"的问题；有利于企业中的组织目标和个人目标协调统一。

积分制管理制度的落实可以参考以下步骤。

（1）确定负责相关事情的专门人员。

（2）确定执行积分奖扣的管理团队。

（3）制定公司积分制管理的奖扣标准，包括启动期的一次性积分标准、每月固定积分标准及 A（与工资挂钩）、B（与福利挂钩）分的奖扣标准。

（4）制定管理人员的奖扣分权限，主要是指上限。

（5）制定公司奖扣标准与管理人员奖扣权限的运用原则。

（6）制定管理人员的奖扣分任务。

（7）制定积分奖励方案。

（8）制定积分制管理操作流程，如图 5-2 所示。

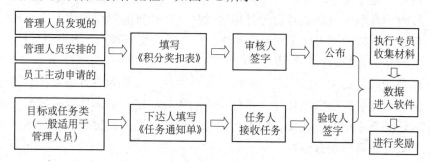

图 5-2　积分制管理操作流程

六、构建有效的激励系统

前面介绍了许多激励的方式方法和例子，但是它们比较零散，并不构成一个激励系统。为使激励多样化，企业必须构建符合自身特点和历史文化的、行之有效的激励系统。那么企业究竟该如何构建自己的激励系统呢？基准学习（benchmarking）是一种很好的方法。基准学习是指企业识别、理解其他公司和企业在激励方面的一些优良实践经验，并为己所用，以提高激励的有效性，包括如下六个步骤。

第一步，列举企业现有的各种激励方法。

第二步，对这些激励方法的有效性进行评估，如进行成本效益分析。

第三步，根据评估结果将这些激励方法分为三类：可继续使用、须修订后继续使用、须停止使用。

第四步，对须修订后继续使用的激励方法进行讨论和修订，并重新公布使用。

第五步，从企业内部或者外部了解和学习一些先进的激励方法和手段，对其进行讨论和评估，筛选出可以借鉴的激励方法。

第六步，新的激励方法试行一段时间后须对其进行评估，重复前面的步骤。

 本章相关视频资料

激励理论

激励理论（课件）

本章小结

➤ 激励就是激发员工的工作动机，调动其工作积极性，以促使他们有效地完成组织目标和任务。

➤ 内容型激励理论基本上是围绕如何满足员工的需要进而调动其工作积极性开展研究，也称需要理论，主要有需要层次论、双因素论和成就需要理论。

➤ 过程型激励理论着重对行为目标的选择（即动机的形成过程）进行研究，主要包括弗鲁姆的期望理论与心理契约、亚当斯的公平理论、洛克的目标设置理论、波特和劳勒的激励过程模型。

➤ 心理契约是员工与组织双方在相互关系中对己方要为对方担负什么责任义务，同时对方要为己方担负什么责任义务的主观约定，是雇佣双方或劳资双方关于双边关系中相互责任义务的主观信念。通过恰当的心理契约管理达到组织与员工双赢的目标很有必要。

➤ 激励既要重视物质激励，又要重视精神激励；既要考虑激励对象的多样化，又要考虑激励方法的多样化，还要考虑到对不同文化要采用不同的激励方法。

➤ 企业常用的薪酬激励方法有年薪制、员工持股计划、股票期权制和积分制管理等。

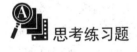

需要调查问卷

"糖豆"

生死时速

 案例分析

丰田集团的薪酬管理制度

 讨论题

如何调动课堂教学中师生的积极性

 参考文献

[1] 邹新华. 价值营销[M]. 北京：企业管理出版社，2018：181-182.

[2] 潘新新. 80 后员工的特性及其多元化激励措施[J]. 商场现代化，2008（13）：245-246.

[3] HERZBERG F, MAUSNER B, SNYDERMAN B B. The motivation to work[M]. New York: Wiley, 1959.

[4] 刘金城. YG 公司工作丰富化实践[J]. 经营管理者，2013.

[5] MCCLELLAND D C, ATKINSON J W, LOWELL E L. The achievement motive[M]. New York: Irvington, 1953.

[6] BOYATZIS R E. Affiliation motivation[M]// MCCLELLAND D C, STEELE R S, et al. Human Motivation: A Book of Readings. Morristown, N. J. : General Learning Press, 1973.

[7] 程正方. 管理心理学[M]. 北京：开明出版社，2012：95-96.

[8] 刘洪儒. 海尔集团的激励机制与企业文化：访海尔集团总裁张瑞敏（之三）[J]. 中外管理，1999（2）：9-10.

[9] HERRIOT P, PEMBERTON C. New deals: the revolution in managerial careers[M]. Chichester: John Wiley & Sons, 1995.

[10] 陈加洲. 员工心理契约的作用模式与管理对策[M]. 北京：人民出版社，2007.

[11] ROUSSEAU D M. New hire perceptions of their own and their employer's

obligations: A study of psychological contracts[J]. Journal of organizational behavior, 1990 (11): 389-400.

[12] 金利娟. 企业组织行为与员工心理契约管理[J]. 当代经济，2005（4）：60-61.

[13] ADAMS J. Toward an understanding of inequity[J]. Journal of abnormal social psychology, 1965, 67(5): 422-436.

[14] LOCKE E A, LATHAM G P. A theory of goal setting & task performance[M]. Englewood Cliffs, N. J. : Prentice Hall, 1990.

[15] PORTER L W, BIGLEY G, STEERS R M. Motivation and work behavior[M]. 7th ed. New York: McGraw-Hill/Irwin, 2002.

[16] 袁苏芳. 巧用正激励 激发大能量：一个真实案例引发的思考[J]. 经营管理者，2013（21）：66.

[17] THORNDIKE E L. Animal intelligence: experimental studies[M]. New York: Macmillan, 1911.

[18] KAZDIN A E. Behavior modification in applied settings[M]. 5th ed. Pacific Grove, C. A. : Brooks/Cole, 1994.

[19] 陈松. 日本一家公司对职工强化激励方式与效果的调查表[J]. 领导科学，1988（10）：21.

[20] 荆建林. 企业管理中的激励艺术[J]. 中外企业文化，1996（7）：25-26.

[21] 张望军，彭剑锋. 中国企业知识型员工激励机制实证分析[J]. 科研管理，2001（11）：90-96.

[22] 邬艳霞. 人力资源管理中情感激励在高校管理中的应用[J]. 人力资源管理，2014（2）：69-70.

[23] 钟宇航，陈振烨. 揭秘不为人知的腾讯福利[J]. 经理人，2013（2）：36-39.

[24] 盖润洁，康玲. 基于 Hofstede 文化理论的跨文化企业文化激励机制研究[J]. 经济研究导刊，2018（29）：6-8.

[25] 迪恩·B. 麦克法林，保罗·D. 斯威尼. 国际管理（精要版）[M]. 黄磊，译. 北京：中国市场出版社，2014.

[26] 李丽珂，孙韦辰，唐兰. 员工持股激励模式演化研究[J]. 市场研究，2015（9）：28-30.

[27] 黄旭. 员工持股激励计划方案应用实践研究：来自华为的案例分析[J]. 国际商务财会，2017（3）：25-30.

[28] 华为投资控股有限公司 2021 年年度报告[EB/OL]. http://huawei.com/cn/annual-report/2021.

[29] 李荣，张广科. 积分制管理概论[M]. 北京：清华大学出版社，2017.

[30] 王勇. 积分制管理体系：激发建企职工"心"动力[J]. 建筑，2017（1）：39-41.

[31] 秦尊文，徐志宽，彭雪莲. 一种新的绩效管理模式：对企业积分制管理的研究与思考[J]. 湖北社会科学，2017（2）：70-76.

第六章
群体心理与行为

学习目标

- ➢ 了解群体和团队的概念和类型
- ➢ 掌握群体发展的五个阶段
- ➢ 了解群体动力的概念
- ➢ 掌握团队建设的理论和方法

引例 ●

怀特经典性饭店研究[1]

威廉姆·怀特（W. F. Whyte）在他经典性的饭店研究中，表明了地位的重要性。他认为，在一个群体中，如果行为是由地位高的人向地位低的人发起的，那么他们在一起能够合作得比较愉快；如果某种行为是由地位低的人最先发起，在正式和非正式地位系统之间就会引起冲突。他引用的一个例子是：以前，顾客的菜单由饭店侍者直接递交给结账人员，这意味着，地位低的侍者在交往中占主动地位。后来，饭店在菜单上装上了铝线，这样，菜单就可以挂起来，用钩子钩，结账人员觉得必要时，才用钩子把菜单钩过来，这样结账人员就居于主动地位了。

怀特还注意到，在厨房里，那些把菜单交给厨师，然后把做好的菜端出去的服务人员是一个低技能的角色，在相互作用过程中却处于主动地位。无论服务人员是明确还是不明确地催促厨师"加快速度"，他们之间都会产生冲突。但是，怀特发现，有一个交菜单的人与厨师几乎没有发生过冲突，因为他先把菜单交给厨师，然后告诉厨师，菜做好后就叫他去端菜，这样厨师就处于主动地位。怀特还提出了一些建议，告诉饭店管理人员进行哪些方面的改变会使工作程序与人们的实际地位等级更相符合，而且会极大地改善员工之间的关系和工作效率。

可见，在群体里，群体成员的地位和权力可能会因他们的互动方式不同而发生变化。

怀特的经典性饭店研究表明，一个组织内群体成员之间的互动方式会影响成员的地位和权力，进而会对员工关系和工作效率产生影响。可见，非正式群体对组织的影响是非常巨大的。群体、团队与单独的个体有很大的不同，具有自身形成和发展的规律。

第一节　群体的基本概念

群体是针对个体而言的，它由无数或有数的个体组成，可分为正式群体和非正式群体。过去的组织比较重视正式群体的作用，但自霍桑实验揭示了非正式群体的存在之后，组织越来越重视发挥和引导非正式群体的作用，以达到组织目标。

一、群体及其类型

（一）群体的含义

群体是具有相同利益或情感的两个或两个以上的人以某种方式结合在一起的集合体。雪恩（E. H. Schein）认为，群体是由相互交往和认知并体会到他们具有某些共同特征的许多人员所组成的。[2]由此可见，构成群体的两个要素是：① 成员关系必须具备相互依赖性；② 成员具有共同的意识、信仰、价值观和各种规范，用以控制相互的行为。其中，"群体意识"是群体存在的关键因素。所谓群体意识，就是群体成员作为该群体的一个成员对这个群体的认识，也是群体成员在群体活动中形成的共同意识。

（二）正式群体与非正式群体

按程序正式与否，群体可划分为正式群体与非正式群体。

正式群体是由组织精心设计与规划，有自己明确的目的和规章制度，成员的地位和角色、权利和义务都很清楚并有稳定、正式的结构的群体。在社会组织中，除了正式群体，还存在着大量的非正式群体。

非正式群体是以观点、兴趣、爱好相似为基础，以彼此的感情为纽带自然形成的、没有固定组织形式的群体。自从霍桑实验发现非正式群体的存在及其对工作绩效的重要影响后，非正式群体便成为管理心理学研究的一个重要内容。

1. 非正式群体的特征

非正式群体具有如下四个特征。

（1）自发性。非正式群体是自发形成的。员工到非正式群体去寻找归属、认同、理解并表现、完善自己，自发组成不同类型的非正式群体。

（2）成员的交叉性。有许多员工的爱好、兴趣比较广泛，体验感受比较丰富，因此他们可能同时参加多个非正式群体，从而使非正式群体成员具有交叉性。

（3）有自然形成的核心人物。非正式群体和正式群体一样有核心人物，但前者的核心人物不是由上级正式任命或员工选举产生的，而是在长期的工作、学习、生活和娱乐中自然形成的，他们大都善于协调成员间的关系，有较强的组织管理能力和影响力。

（4）排他性和不稳定性。非正式群体内部成员之间交往较多、关系亲密、互相帮助，但对本群体以外的人员则比较淡漠、疏远，甚至排斥，具有明显的排他性。同时，非正式群体又有相对不稳定性，当群体成员的看法、意见发生矛盾和分歧时，一旦调解无效，就会导致群体的分化、瓦解，以至于重新组合，产生新的非正式群体。

表 6-1 对正式群体与非正式群体的特征做了比较。

表 6-1 正式群体与非正式群体的区别

类　　型	组 成 因 素	特　　征
正式群体	遵照正式程序而组成	结构单一
		具有一定结构形式
	以正式结构为本，而产生心理认同	领导者常具有主管身份
		主要目标为达成工作任务
非正式群体	由人员自然交往而形成	结构具有重叠性
		不具有一定的结构形式
	由心灵组合为本，而产生无形结构	领导者不一定为主管
		主要目标为满足成员需求

2. 非正式群体的类型

按形成的原因划分，非正式群体可分为六类，如表 6-2 所示。

表 6-2 非正式群体的类型

类　　型	特　　征
亲缘型	以亲属关系建立起来的群体
时空型	以时间和空间的接近而自然形成的群体（如同省、同地区、同学历等）或工作中经常接触的人（如校友群体、同乡群体）
情感型	以相互了解、相互信任、有共同语言为基础而建立起来的群体
爱好型	以各种个性心理特征和兴趣爱好相近为基础而建立起来的群体（如足球爱好者群体）
信仰型	有共同的宗教信仰或为实现某种抱负为基础而建立起来的群体
利益型	由于某种利益或观点上的一致而形成的群体，如汽车共乘群体（如有车的某个同事驾车接送其他几个同事一起上下班，其他同事一起分摊交通费用）

3. 非正式群体的作用

非正式群体既有积极的作用，要加以利用，又有消极的作用，要加以防范和遏止。

非正式群体的积极作用主要表现在如下四个方面。

（1）弥补正式群体的不足，满足员工的需要。非正式群体的成员都是自愿参加的，原因在于这类群体可以给他们带来某些需要的满足，如自我表现、归属、安全、爱与被爱等方面需要的满足，这对稳定职工的工作情绪和提高工作效率有着非常重要的作用。

（2）融洽员工的感情。非正式群体成员相互交往，加深了解，彼此间的关系更加和谐与融洽，从而产生加强合作的意愿。如果职工把这种协作关系和合作精神带到正式组织中，将有利于促进组织活动协调进行，增强组织的凝聚力。

（3）激励和培训员工。非正式群体的群体观念很强，对于工作有困难者和技术不熟练者，非正式群体中的伙伴往往会自觉给予指导和帮助，同伴们的善意帮助和激励可以促进落后者提高工作技能，这在一定程度上帮助组织起到了激励和培训的作用。

（4）保障员工的权益。近年来我国经济的快速发展和疫情防控带来了大量过去没有的、复杂的劳资关系和劳资纠纷。非正式群体往往能够以职工利益代表者的身份出现，维护劳动者的合法权利，在一定程度上弥补在社会经济快速发展过程中出现的某些失衡和不足。

非正式群体的消极作用主要有如下三个方面。

（1）干扰组织目标的实现。当非正式群体的目标与企业目标相冲突时，非正式群体可能对组织的工作产生极为不利的影响，阻碍管理者的努力，减弱成员的创造性和积极性，降低工作效率，使成员不自觉地抵制企业的管理政策和目标。

（2）削弱管理者的权力。管理者可能既要维护组织规章制度，又要维护自己所属非正式群体的利益，这种两难境地在无形中削弱了他们的权力。此外，非正式群体容易传播小道消息和流言蜚语，削弱企业中正式组织的管理能力。

（3）控制和束缚员工的发展和上进。非正式群体具有很大的约束力，它要求成员在思想和行动上都要一致，否则精神上就要被孤立甚至被惩罚。消极型非正式群体不在少数，多年来屡禁不绝的"麻将风"就是企业中消极型非正式群体活动的一种表现形式。

自社会主义市场经济体制建立以来，我国社团组织得到突飞猛进的发展，经历了从无到有、从少到多、从小到大的过程，对我国经济社会发展起到了一定促进作用。现阶段推进我国治理体系和治理能力现代化，创新社会治理需要更好发挥社团组织的作用。2021年12月，民政部印发《全国性社会组织评估管理规定》，在遵循《社会组织评估管理办法》基本原则和要求的基础上，对全国性社会组织评估工作的管理体制、评估对象和内容、评估工作程序、评估专家管理、监督管理等作了明确规定[3]。至此，社团组织已迈向新的发展阶段。

4. 非正式群体的管理

要做好非正式群体的管理工作，发挥非正式群体的积极作用，抑制非正式群体的消极作用，主要有以下五条途径。

（1）重视非正式群体中核心人物的作用。任何非正式群体都存在着一个或若干个"重要"人物，或者说他们因在某一方面特别出众而为成员们所拥戴。这样的人具有一种特殊的影响力，容易使其他人接受他们、服从他们[4]。如果能够得到这类人的协助，该组织的工作就能较为顺利地开展起来，取得良好的效果。

（2）管理者自觉增强与非正式群体的联系。管理者宜深入员工中去，了解他们的思想、工作和生活情况；摸清本企业中非正式群体的数量及各非正式群体的规模、形成原因、维系的基础、成员构成、情感倾向；了解各非正式群体领导的个性、能力、态度，做到心中有数；与非正式群体领导积极沟通，必要时理解、参与和支持非正式群体的有益活动。

（3）运用舆论导向引导。要运用舆论导向引导，首先可以运用企业的舆论工具、媒体、事件等，对非正式组织群体成员的共同意见进行有计划、有目的地引导，循序渐进地使非正式组织成员的意见与企业组织目标相一致；其次，为与非正式组织群体成员意见的沟通提供机会，如举行各种舞会、电影招待会、联欢会、恳谈会、旅游、聚餐等，在潜移默化中逐渐使其接近或接受企业的观点。利用舆论导向的媒介活动还有很多，如举办各种专栏、有奖征文活动，开展合理化建议征集活动，举办体育比赛等。

（4）区别对待不同类型的非正式群体。按对企业的态度和作用的差别，可将所有非正式群体分为四种不同类型：积极型、中性型、消极型和破坏型。坚持"鼓励积极型、转化中性型、限制消极型、瓦解破坏型"的总管理原则，对不同类型的非正式群体采取不同的态度和对策。

（5）有计划地进行教育，促使消极因素转化为积极因素。非正式群体中的情感具有两极性，在一定条件下可以相互转化。如对破坏性的非正式群体可采用分化、改造、治理、取缔等措施，通过向健康方向培养他们的业余爱好，使他们融入正式群体[5]。

二、群体发展的五阶段模型

群体要经历不同的发展阶段。领导者宜了解群体的需要，并及时采取有助于群体走向成熟、实现高绩效的行动。群体的发展一般要经历五个阶段：形成阶段、震荡阶段、规范化阶段、执行任务阶段、结束阶段。

（1）形成阶段。其特点是群体的目的、结构、领导都不确定，群体成员各自摸索群体可以接受的行为规范。他们需要被告知该做什么，这种互动是很表面的，而且集中于正式的领导人。当群体成员开始把自己看作是群体的一员时，这个阶段就结束了。

（2）震荡阶段。这是群体内部冲突阶段。群体成员接受了群体的存在，但对群体施加给他们的约束仍然予以抵制，而且，对于谁可以控制这个群体还存在争议。群体成员表现出关怀与挫折感，自由地交换看法和意见。这时群体开始学习如何处理分歧，以便顺利地完成工作任务。如果无法成功地度过这一阶段，群体就会分崩离析，而且缺乏创意。这个阶段结束时，群体的领导层次就相对明确了。

（3）规范化阶段。在这个阶段中，群体内部成员之间开始形成亲密的关系，群体表现出一定的凝聚力。成员接受了群体，并且发展出解决冲突、制定决策及完成任务的常规。在这一开放与信任的阶段，成员喜欢开会，并且自由地交换信息，但也有可能出现使群体停滞于集体想法的风险。这时成员会产生强烈的群体身份感和友谊关系，当群体结构稳定下来，群体对什么是正确的成员行为达成共识时，这个阶段就结束了。

（4）执行任务阶段。在这个阶段中，群体结构已经开始充分地发挥作用，并已被群体成员完全接受。群体成员的注意力已经从试图相互认识和理解转移到完成手头的任务。群体已有了结构、目的、角色，并且已经为完成任务做好了准备。成员自动自发，在解决问题与制定决策时注重结果。随着群体完成重要的阶段性任务，该群体也逐渐获得组织中其他部门和群体的认同。

（5）结束阶段。对于长期性工作群体而言，执行任务阶段是最后一个发展阶段，而对暂时性的委员会、团队、任务小组等工作群体而言，它们要完成的任务是有限的，因此，还有一个结束阶段。在结束阶段中，群体开始准备解散，高绩效不再是压倒一切的首要任务，注意力放到了群体的收尾工作上。在这个阶段，群体成员的反应差异很大，有的很乐观，沉浸于群体的成就中；有的则很悲观，为在共同的工作群体中建立起的友谊关系不能再像以前那样继续下去而惋惜。

三、群体行为

有别于个体行为，群体行为有着自身鲜明的特征，这主要表现在从众、顺从、暗示、模仿与感染等典型的群体行为上。

（一）从众行为

个体受群体压力的影响，在知觉、判断、信仰和行为上表现出来的与群体大多数成员相一致的现象，称为从众行为。如要好的女员工可能拥有同一发型，要好的男同事可能拥有同一品牌的球鞋。

产生从众行为的心理因素有很多，主要有如下七个方面。

（1）对群体的信任度。个体对群体越信任，越觉得群体是一个可靠的信息来源，就会越遵从群体的意见。

（2）对偏离的恐惧。在所有群体中几乎都有强大的压力要求成员保持一致性，不从众的人就会有相当大的危险性，会受到惩罚。个体害怕自己若与群体意见不一致，群体会讨厌、虐待或驱逐自己，他要群体喜欢、接受、优待他，就会选择遵从。

（3）群体的规模。遵从性的强度随保持一致性的人数规模的扩大而增长，因为根据他人意见的诚实和可信度，多个人比一个人更值得信赖，不相信一个群体比不相信一个人更困难。

（4）群体的专长。对于个人来说，其所在的群体越有专长，其对群体就越信任，也就越会把群体的意见当作有价值的信息，从而越易遵从。

（5）个体的自信心。个人越缺乏自信心，其遵从他人判断的可能性就越大，如一个视力较好的人在视觉辨别方面要比近视眼的人有信心，不易遵从他人。问题难度也会影响自信心，问题越困难，个人的自信心就会越弱，对群体遵从的可能性就越大。

（6）责任感。责任感会降低遵从性，一个人如果对某个问题产生了责任感，他就更不愿意屈服于群体的压力，遵从性也随之减弱。

（7）性别差异。性别差异导致对问题的从众行为不同。在女性项目（如家务、服装等）中男性遵从较多，在男性项目（如政治活动、体育运动等）中女性遵从较多，而在其他的中性项目里，两性的遵从量几乎相等。

例证 6-1

阿希实验[6]

美国心理学家阿希（S. Asch）设计了一个典型的实验，证明个体在群体压力之下会产生顺从行为。实验把7~9人编成一组，让他们坐在教室里看两张卡片，如图6-1所示，之后让大家比较卡片（b）上的哪条线段与卡片（a）上的线段长短相等。在正常情况下，被试者都能判断出 $x=b$，错误的概率小于1%。但阿希对实验预先做了布置，在9个人的实验组中让8个人都故意做出一致的错误判断，如 $x=c$，第9个人并不知道事先有了布置。实验中，阿希故意让第9个人最后做判断。统计分析表明，所有实验组中的第9个人中有37%放弃了自己的正确判断而遵从群体的错误判断。

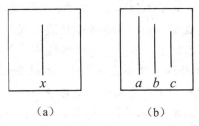

（a） （b）

图 6-1 阿希实验的卡片

（二）顺从行为

顺从又称依从，是个体为了符合群体或他人的期望和赞许而表现出的符合外部要求的行为。顺从行为与从众行为十分相似，即两者都是由于外在的群体压力而产生的，但是它们也有区别，区别就在于行为者的内心是否出于自愿。在群体压力的作用下，放弃自己原先的想法去附和大家的意见，这是从众；而在群体压力的作用下，依然保留自己的看法，但是为了符合群体的期望而改变了自己的行为，这是顺从。例如，个体看到很多同事工作很努力并因此获得很好的回报，觉着他们这样做很值得，自己也努力工作，这是从众；个体平时疏懒，并不想努力工作，可同事们都认为他干得不错，他为了获得别人的称赞就经常努力工作，这就是顺从。可见，顺从行为与从众行为相比是非内在的，是外在的。这是因为虽然个体的外部行为发生了改变，可其内心的态度和看法并没有改变。

顺从行为产生的原因主要有以下三个。

（1）为了获得别人的赞许。个体总是希望自己能够被别人肯定和接受，若站在群体的对立面，便难免会遭到嘲讽、排挤甚至驱逐。只有满足群体的期望，逐渐被群体同化，个体才能得到群体的认同。

（2）为了实现群体的目标。群体目标的实现有赖于群体成员的齐心协力，如果群体成员的意见不统一，行动也必将受到影响，很难实现群体目标。当自己意见与群体意见相左时，个体发扬谦让的风格，选择与群体统一的行为会更有助于群体目标的实现。

（3）为了保持原有的良好人际关系。由于日后还要进行长时间的人际往来，人们往往不愿意破坏原有的人际关系，想避免使他人感到难堪，或者希望维护原有的人际关系，即便有不同的想法，也尽量表现出符合他人期望的行为。

权力服从是顺从的一种典型表现形式。权力是在个人或集团的双方或多方之间发生利益冲突或价值冲突的形势下为某方拥有的强制性执行手段。权力服从是在权力影响下发生的一种特殊依从。权力服从可在具备两种条件时确保发生：一是掌权者可以实施制裁或进行制裁威胁；二是掌权者拥有合法性符号（即一种被团体内成员接受的制度规范）。

例证 6-2

《华为基本法》让管理者树立权威[7]

1995年前后，华为老板任正非遇到一件令其头疼的事情：公司已经发展到千人规模，工资单上的很多人他都不认识，该怎么给他们确定工资？

工资制度设计本身并不困难，难的是如何确定每一个人的工资等级。首先，评价和考核的标准应该是某人是否达到了工作要求。其次，由于员工之间的高度分工和专业化，一个组织一定要告诉自己的成员，如何才能齐心协力。因此，必须明确组织想达到什么样的目标。在请来的专家的建议下，华为开始酝酿起草《华为基本法》。

《华为基本法》确定了华为的管理合法性基础，也就是说，让管理者在行使管理权力时令大家心悦诚服。管理背后一定要有权威，就像市场法则背后存在看不见的手，但在知识劳动存在的时代，这种权威被消解了。创业者的个性权威在一次创业时是有效的，因为他的个人品行、成就以及由此产生的威望能够用一种支配他人和影响他人的力量平衡各方面的关系。有个性权威的清楚分配，不需要考评制度。但企业从一次创业向二次创业转变的过程中，必须把老板的个性权威转化为制度的理性权威。

要使华为在高度专业化分工的基础上变成一个整体，一定要有制度。从"基本法"开始，华为弄清楚了要成为一个什么样的企业，何以成为这样的企业。将这些准则用系统化和文本方式表达出来的过程，也是帮助华为老板以合乎逻辑的方式把自己的思想梳理出来的过程。接下来，最重要的是，从华为老板开始，不违反制度。如果老板能够坚持几年、十几年，制度的理性权威就能建立起来。

（三）暗示、模仿和感染

1. 暗示

暗示是指在无对抗条件下，人们对某种信息迅速、无批判地加以接受，并依此而做出行为反应的过程，它具有如下两个特点：① 暗示是一种刺激，那些能够引起被暗示者反应的刺激才是暗示，不能引起被暗示者反应的刺激便不能被称为暗示。如果人们经过路边的广告牌时熟视无睹，那么广告就没有产生暗示作用。可如果被暗示者不自觉地接受了广告的建议，特别注意或者购买了它所宣传的产品，广告就很好地起到了暗示作用。② 暗示不是说服，无须讲道理，它是一种直接或间接的提示。暗示主要有直接暗示和间接暗示两种。直接暗示是由暗示者把某一事物的意义直接提供给被暗示者，如管理层想推行一种新的企业制度就大力宣传此种制度的优越性；间接暗示是暗示者以其他事物或行为为中介对被暗示者进行暗示，被暗示者并未意识到自己的观念是由暗示形成的，所以间接暗示一般不会使被暗示者产生抗拒心理或逆反心理。

权威与群体是影响被暗示者心理的两个重要因素，它们也是直接或间接地影响人们的心理健康的重要因素。对于同一种情境，权威与群体都具有显著的暗示作用，而且权威的暗示作用比群体的暗示作用更大。

2. 模仿

模仿是有意无意地对某种刺激做出类似反应的行为方式，如模仿他人的行为举止、思维方式、态度等。模仿分为自发模仿和自觉模仿两种类型。自发模仿就是无意识地模仿他人，自觉模仿则是有意识地模仿他人。模仿对象具有一种榜样的作用。管理者可充分利用影视作品、小说和实际生活中的典型人物，把他们树立为榜样，对员工进行教育，使其模仿先进行为，不模仿落后行为。

3．感染

感染是通过某种方式引起他人相同的情绪和行动，或者说是个体对某种心理状态无意识地、不自主地屈服。感染实质上是情绪的传递交流，相似性是其基本条件。

感染通常可分为三种类型：① 个体间的感染，即发生在两个人之间或能够直接接触的小群体成员之间的感染。② 间接感染，如企业简报。③ 大型开放人群中的感染。这种感染常在运动会会场和集会游行中见到，以及在庆功会、节日气氛中出现。其显著特点是"循环反应"，一个人的情绪会引起他人相对应的情绪的发生，而他人的情绪又反过来加剧了此人原有的情绪，反复振荡，激起强烈的情绪爆发。

感染在社会互动中起着很大的作用。首先，感染可以改变人的情绪。例如，面对危险，与勇敢者为伍，人们会凭空生出许多勇气和力量。其次，感染可以使人自然地生发出与环境一致的情绪，采取与环境一致的反应。如受喜庆氛围的感染，人们会暂时忘掉心中的烦恼，而悲伤的环境则难免让人心生伤悲。最后，感染可以整合一群人，使他们成为一个临时群体，获得紧急规范，采取一致的行动。

例证 6-3

海底捞的"微笑链"[8]

海底捞成立于1994年，是一家以经营川味火锅为主的公司。去过海底捞的人会发现：第一，顾客非常多，排队现象常见；第二，服务好；第三，服务员总是面带微笑。海底捞利用情绪感染做到了让员工"认同公司、快乐工作、微笑服务"。经理对领班微笑，领班对员工微笑，员工对顾客微笑，最后顾客对海底捞微笑，这个"微笑链"使海底捞笑傲于竞争激烈的餐饮行业。

海底捞"微笑链"的情绪感染是从提高员工的幸福感开始的。由于餐饮行业的服务人员大部分来自农村，他们进城工作是为了解决生存问题并努力给家庭带来生活上的改善。海底捞把员工当成自己的家人对待，同样地，员工也把公司当成了自己的家。此外，公司给员工确立了严格的晋升通道，每个人都必须从基层做起，靠能力提升，公平竞争。此外，公司给予员工充分的信任，只要顾客有任何的不满意，要求退钱，员工可以不经请示直接予以免单。员工在这里不是一个旁观者，而是公司发展的重要组成力量。员工感受到了工作的意义和快乐，把幸福感传递给了顾客，顾客又传递给了公司。

第二节 群 体 动 力

"群体动力"这一概念最早由德国心理学家勒温（Kurt Lewin，1890—1947）提出[9]，群体动力的公式为

$$B=f(P, E)$$

式中：B 是指个人行为；P 是指个人，包括人的遗传素质、情绪、能力、人格等内在因素；E 是指现实的社会环境，包括人际影响、群体中的社会心理气氛、群体压力、领导

作风等。

　　群体动力是指左右和影响群体发展演变的主要力量，内容主要包括群体规范、群体压力、群体凝聚力和群体士气等。群体动力有如图6-2所示的放任、强扭和引导三种模式。在这三种模式中，人们一般认为图6-2（a）和图6-2（b）分别所示的放任和强扭模式是不可取的，图6-2（c）所示的引导模式则是较为可取的。

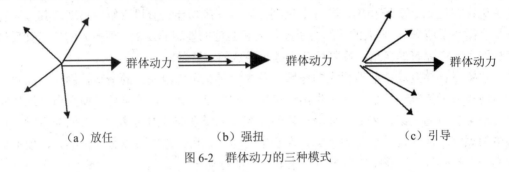

| (a) 放任　　　　　　　(b) 强扭　　　　　　　(c) 引导

图6-2　群体动力的三种模式

一、群体规范

（一）群体规范的概念

　　群体规范是指群体对其成员适当行为的共同期望或标准，这些标准为群体中的所有成员所公认，而且是每个成员必须遵守的。群体规范有的是正式规定的，如法律、法规、规章制度等，但大部分是在群体中自发形成的，如文化、风俗、时尚、舆论等，它们能够潜移默化地影响个人的行为及人格的发展。

　　群体规范的形成受从众、顺从等心理因素的影响，群体成员彼此通过暗示、模仿、感染等的相互作用，会发生一种彼此接近、趋同的类化过程，正是在此基础上形成了群体规范。

例证　6-4

群体规范的形成[10]

　　美国心理学家谢里夫（Muzafer Sherif，1906—1988）利用心理学中典型的视错觉实验说明了群体规范的形成过程。让被试者坐在暗室里，其面前的一段距离内有一个光点，光点出现几分钟后熄灭，让被试者判断光点移动了多远。每个人都会觉得光点在移动，实际上，光点并没有动。这样的实验进行几次后，每个被试者都建立了个人的反应模式。有的人觉得光点向右上方移动，有的人觉得光点向左下方移动等。随后，让这些被试者一起在暗室内看出现的光点，大家可以互相讨论。实验反复进行一段时间之后，大家对光点移动方向的判断逐渐趋于一致，即群体的规范代替了个人的反应模式，这种规范的形成显然是受了模仿、暗示等心理机制的影响。

　　实验继续进行后出现了一个有趣的现象。当把这些被试者重新分开令他们单独做判断后，他们并没有恢复自己原先建立的个人反应模式或形成新的反应模式，而是仍然都保持群体形成的规范。这表明群体的规范会形成一种无形的压力，约束着人们的行为，这种约束甚至并没有被人们意识到。

（二）群体规范的作用

形成后的群体规范对群体的作用是非常广泛的，具体表现在如下四个方面。

（1）维系群体的作用。群体是以整体性的形式存在着的，而整体性就体现在群体成员的行为、感情和认知的一致性上。群体规范是这种一致性的标准，它统一着群体成员的意见和看法，调节着他们的行为。要维护群体的整体性，使其存在下去，必须要有一定的准则来约束其成员。

（2）认知的标准化作用。这是指群体规范统一意见和看法的功能。日常生活中，每个人的看法都是不同的，可当他们结合成为群体时，群体规范就会像一把尺子，约束着每个成员，使他们的认识和评价有统一的标准，从而形成共同的看法和意见。

（3）行为的矫正作用。这是指群体规范为成员划定了活动的范围，规定了日常的行为方式，也就是告诉人们应该做什么，不应该做什么，怎样去做。

（4）惰性作用。这是群体规范消极的一面。规范作为一种多数人的意见，要求成员行为趋于中等水平，既不能太先进，也不能落后，由此便限制了人们的积极性和创造性。在这种限制下，一些创造性行为会被看成是越轨的、不符合群体要求的行为，这就极容易使人们习惯在规定的范围内思考和活动，影响人们积极性和创造性的发挥。

现阶段，我国群体规范存在过渡性、不稳定性的特点，主要表现在各群体的新规范因素逐步增多，但还未及完善与充分发挥功能，同时旧的群体规范因素还继续存在并起作用，但已逐步丧失对群体成员的约束力。因此，要善于引导和调控群体规范，促使新的、积极的、健康的群体规范逐渐成为各社会群体成员所共同接受的规范。

二、群体压力

（一）群体压力的概念

由群体规范的作用可以看出，每个群体都对其成员有一定的约束力量。也就是说，群体都要求其成员共同遵守一定的行为准则。而对于群体行为准则的共同遵守，往往也是群体内大多数成员的意向或愿望。有经验的管理者知道，当 90% 的人已经说出"是"之后，让其他的人说"不"绝非一件容易做到的事。群体大多数成员的意见会产生一种无形的力量，它使群体内每一个成员不自觉地保持着与大多数人的一致性，这个力量就是群体压力。

群体压力与权威命令不同，它既不是自上而下明文规定的，也不是强制个体改变自己的行为，而是通过多数人的意见形成压力去影响个人的行为。群体压力尽管不具有强制的性质，它对个体来说却是一种难以违抗的力量。这种群体压力变得非常大的时候，甚至会迫使其成员违背自己的想法而产生完全相反的行为。因为当一个人的意见与群体内大多数人的意见和行为不一致时，这个人就会感到紧张，这种紧张来自对偏离群体的恐惧。如果一个人不愿意处于孤立的境地，他就会在群体压力面前顺应大多数人的意见。

（二）群体压力的作用

群体规范对其成员的影响，其实就是通过群体规范所形成的群体压力来实现的。群体压力致使群体成员采取共同的行动，这种一致性的做法至少体现了以下两个方面的意义。

（1）群体一致的行为有助于组织目标的达成和群体的存在与发展。成员间没有分歧意见，可促使相互之间的交互作用更为顺利，彼此间更能够相互理解、努力协作，从而保证群体活动的良好秩序和工作效率。倘若群体内部意见不一，便无法得出结论、达成一致协议，到时一哄而散，不利于维护群体的存在与发展。

（2）群体一致的行为可以增加个人的安全感。个人安全感是通过验证自身对情境的判断正确无误来获得的。可是，许多时候并没有可供核对的事实来验证，个体通常只能参照别人的意见和行为来判断自己的意见和行为是否正确。而且，大多数人只有在属于某个团体，有明确的地位与安全感的情况下，才能自由地表现自己的个性。

对于管理者而言，要充分利用群体压力对个体所产生的影响，致力于发展群体的亲善性。当群体采取某种特定的行动时，个别成员就会因受到群体压力而努力满足群体的需要。这样，便可去除不一致的声音，贯彻决策，达成群体目标。

例证 6-5

农场游戏中群体压力下的"优势反应强化"心理[11]

农场游戏是以农场为背景的社交网络游戏。该游戏趣味性地模拟了作物的成长过程，玩家不仅可以感受农耕的休闲乐趣，品味"偷菜"带来的心理刺激，同时通过虚拟财富和等级的增长获得一种替代性的自我满足。2008 年，该游戏在人人网、QQ 空间等社交网站中出现后，掀起了一股"全民种菜"的浪潮。

农场游戏用户体现出"优势反应强化"效应。根据美国学者扎荣克（R. B. Zajonc）的优势反应强化理论，如果一个人从事的活动是相当熟练的，或者是简单的机械性动作，则他人在场会使之动机增强，活动表现更加突出；反之，他人在场则会产生干扰作用。农场游戏中，群体成员主要通过金钱、等级排名体现自己在这一群体中的地位。即使他人不直接在场，这种等级排序也会构成一定的群体压力，激发用户追求虚拟成就的游戏热情。农场游戏的这种"虚拟"他人在场情境使得农场游戏用户普遍出现"优势反应强化"的特征。群体内部各成员间的竞争越激烈，游戏热情越高，这种特征就越明显。

三、群体凝聚力

（一）群体凝聚力的概念

群体凝聚力是指使群体成员保持在群体内的合力，它是群体对成员的吸引力，是一种使其成员对某些人比对另一些人感到更亲近的情感，可以被认为是群体的确定性特征。群体凝聚力既包括群体对其成员的吸引力，又包括成员对群体的向心力，同时还包括成员与成员之间的相互好感。群体成员间的相互吸引力越强，群体成员对其群体就越忠诚，坚守群体规范的可能性就越大，相应地，成员们为群体目标做出的努力会更大，个体目标与群体目标更易趋于一致,群体凝聚力自然就越大。

心理学家多伊奇(Deutsch)曾提出一个计算群体凝聚力的公式

$$群体凝聚力 = \frac{成员之间相互选择的数目}{群体中可能相互选择的总数目}$$

(二)群体凝聚力与生产效率的关系

群体凝聚力的高低影响了群体成员的士气、满意度和群体的一致性,因此会对生产效率产生重要影响。但必须指出,凝聚力的高低并不是影响生产效率的唯一条件,在实际生产中,两者的关系极为复杂。群体凝聚力与生产效率的关系既取决于管理者的诱导方向,又取决于群体的态度及其与组织目标的一致性程度。从群体的态度与组织目标的一致性程度而言,群体凝聚力与生产效率的关系存在着四种不同的情况,如图6-3所示。

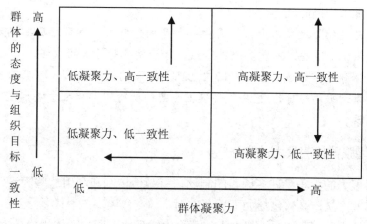

图 6-3 群体凝聚力与生产效率的关系

(1)低凝聚力、低一致性,即群体的态度与组织目标不一致,同时群体的凝聚力也低,凝聚力与生产效率没有什么关系。

(2)低凝聚力、高一致性,即群体的态度支持组织目标,此时就算是凝聚力很低,生产效率依然能够提高。

(3)高凝聚力、低一致性,即群体的态度不支持组织目标,生产效率的高低与凝聚力成反比,凝聚力越高,生产效率越低。

(4)高凝聚力、高一致性,即群体的态度与组织目标保持高度一致性,生产效率与凝聚力成正比,凝聚力越高,生产效率越高。

可见,一个高凝聚力的群体,个体服从群体的倾向较强,内部成员较遵循群体的规范和标准,群体行为总是表现出高度的一致性。在这样的群体内,管理者如果善于因势利导,将组织目标与群体目标很好地结合,让成员能够看到或感到自己努力的结果可以给个人及群体带来的利益,则群体倾向于努力工作,生产效率就能大大提高,反之,则凝聚力与生产效率成反比,此时凝聚力越强,越易滋生群体的本位主义和小团体思想,会限制生产,导致生产效率的降低。因此,处理好这其中关系的最好办法,便是使成员看到个人利益、群体利益与企业利益之间存在一致性。

例证 6-6

阿里巴巴的人才培养[12]

新员工进入阿里巴巴后，都会经历三个时期的培训。首先是入职后的 27 天专职培训，培训内容包括文化制度、产品知识、技能心态。上岗后新员工接受 3～6 月的融入项目培训，一年之后、三年之后和五年之后分别有不一样的培训内容。阿里巴巴认为，很多新员工其实是放错了位置的明星，因此阿里巴巴的人才培养，最重要的一环便是轮岗。

阿里巴巴鼓励员工轮岗，一位员工的能力并不是一位主管说了算，而是多位主管共同评价的结果，这就让员工得到相对公平的评价。每年阿里巴巴都会有 20%的人被评为优秀员工，优秀员工和普通员工的收入有较大差距，这激励着 60%的员工向前冲，不给不求上进的员工偷懒的机会。

在阿里巴巴的管理文化中，很重要一条是相信员工，公司对员工迟到不敏感，对加班的员工提供免费晚餐，不需要上级审核，背后就是对员工的信任。

据全年脉脉发布的数据显示：阿里巴巴员工平均司龄最长，阿里巴巴的平均司龄为 2.47 年，腾讯的平均司龄为 2.28 年，阿里巴巴的低离职率和人才培养过程中打造的凝聚力有很大关系。

（三）增强群体凝聚力的方法

群体凝聚力的大小受许多因素的制约，有效地控制和利用这些因素，就是增强群体凝聚力的有效方法，具体包括如下五个方面。

（1）群体规模。群体规模的大小与凝聚力成反比，即：群体规模越大，凝聚力越小；群体规模越小，凝聚力越大。因为群体人数多，成员相互接触的机会就少，产生意见分歧的概率就很大，凝聚力自然降低。但如果群体规模太小，又会影响任务的完成。所以，要在保证群体的工作机能的同时，增强群体的凝聚力，群体规模以七人左右为佳。

（2）群体内部的一致性。这就是指群体成员的共同性和相似性，主要指成员间要有共同的利益和目标。在承包的企业群体内部，成员间的一致性较之于未承包的群体要高，而且彼此间利害关系更为明显，因此凝聚力也更高。

（3）外部压力。外部压力会使群体间成员更加紧密地黏附在一起以抵抗外来的威胁，从而增加群体成员相互合作的需要。在企业活动中，可以引进竞争机制，让竞争对手给群体制造外部压力，使群体内部成员更加团结，提高凝聚力。

（4）群体的领导方式。相比于专制、放任型领导方式，民主型领导方式能够使成员更友爱，思想更活跃，情感更积极，群体凝聚力更强。

（5）群体内部的奖励。在那些人们期望彼此喜欢或为了较高的报酬而工作的条件下，他们相互间的影响更大，把个人和群体相结合的奖励方式会有利于增强群体的凝聚力。

除此以外，促进信息的沟通、提高群体的地位、努力达到目标等，也都能够增强群体的凝聚力。

四、群体士气

（一）群体士气的概念

士气原指军队作战时的集体精神，现在也应用于企业中，表示群体的工作精神或服务精神。心理学家史密斯把士气定义为对某一群体或组织感到满足，乐意成为此群体的一员，并协助达成群体的目标的态度。所以，士气不仅表示个人需要的满足状态，还包含了确认这种满足的获得来自群体，因而愿意为实现群体目标而努力的含义。

克瑞奇等人认为，一个士气高涨的群体具有如下七个特征[13]。

（1）群体的团结不是源于外部的压力，而是来自内部的凝聚力。

（2）群体成员没有分裂为互相敌对的小群体的倾向。

（3）群体本身具有适应外部变化及处理内部冲突的能力。

（4）群体成员之间具有强烈的认同感与归属感。

（5）群体内的每个成员都明确地掌握了群体目标。

（6）群体成员对群体的目标及领导者持肯定和积极的态度。

（7）群体成员承认群体的存在价值，并具有维护此群体继续存在的意向。

（二）士气与生产效率的关系

企业一般都期望群体不仅要有高昂的士气，而且要保持较高的工作效率或生产效率，但事实上这种情况很难达到。因为高士气只是提高生产效率的必要条件，而非充分条件。要提高生产效率，还需要具备其他许多条件，如机械设备、原材料的供给等物质条件以及员工素质、工作能力等人力条件。

管理心理学研究已表明，用动作分析、时间分析等科学方法指导作业程序，并以严格控制的方式管理职工是在强调工作的物理条件而忽视职工的心理需要，可能会出现低士气、高效率的情况。不过这种高效率状况不会维持太久，因为无视职工的心理需要势必会引起职工的反感，最终仍将导致劳动生产率的降低。

如果只顾及职工的心理需要，却忽略其与组织目标的关联，则易产生高士气、低生产效率的状态。此时，由于高士气群体抵触组织的生产目标，生产将受到限制。

倘若想达到高士气、高生产效率的理想状态，就必须使职工的需要与组织目标趋于一致，让高士气群体赞同和接受组织的生产目标。这就需要由得力的管理者来做好正式组织与非正式组织之间的利益协调工作。由此可见，高昂的士气虽不能保证群体的高生产效率，却是提高生产效率的必要条件。

（三）影响士气的因素

群体士气主要受到以下七个方面因素的影响。

（1）对群体目标的赞同。士气是群体中成员的群体意识，代表一种个人成败与群体成就相关的心理。它只有在个人赞同群体的目标，即个人目标与群体目标相协调一致时，才能够产生。

（2）合理的薪金制度。合理的薪金制度可以提高群体的士气。金钱虽不是人们追求的终极目的，但它可以满足人们在生理、安全等方面的许多需要，在某种程度上还代表了个人自身的价值，以及在群体中的成就与贡献。因此，只有公平合理的薪酬制度才能够提高群体成员的士气，否则，只能引起人们的不满而降低士气。

（3）对工作的满足感。一份工作如果恰好与个人的兴趣、能力相符，那么，这份工作就会给个人带来满足感，在满足感的驱使下，个人就会竭尽全力施展其才华与抱负，士气也会因此提高。

（4）群体成员间的和谐。群体成员关系和睦，少有冲突、争斗，凝聚力强，那么，这个群体的士气必然较高。

（5）优秀的管理者。群体领导者的管理作风影响着群体的士气。领导者作风民主，乐于倾听和接受不同的意见，通情达理，善于体谅职工的辛劳，积极为职工争取利益，则必然会赢得群体成员的认同，从而使群体士气高涨。

（6）通畅的信息沟通渠道。领导者与下属、下属与领导者以及群体成员之间，如果沟通受阻，抑或只是单向沟通，会使人心生不满或产生抗拒心理，而导致士气低落。因此，管理者一定要注意保持信息渠道的畅通，且保证沟通是双向的，比如多让成员参与决策和群体讨论，改善上下级之间的沟通。

（7）良好的身心工作环境。健康的身心条件能够使人精神振奋、工作愉悦；不良的工作环境则容易让人产生疲劳感，甚至引起慢性疾病而减缓工作效率。因此，一方面，管理者要注意创造良好的工作物理环境，使照明、通风、温度、湿度、休息等都处于较佳条件；另一方面，要致力于建立良好的工作心理环境，使人们减少焦虑与不安的情绪，在友爱、自尊与自信的关系中工作，从而保持高昂的士气。

第三节　团队建设

群体内个体完成的任务有时相互独立，有时相互依赖。当任务的依赖性很强时，群体内各成员必须相互配合、理解、支持和帮助，以默契的方式完成共同的任务和目标。一支好的团队更有助于完成这种相互依赖的任务和目标，由此团队建设也成为当今管理界谈论较多的热门话题。

一、团队的含义

一个团队中的成员具有互补性的技能，团队拥有一个共同的目标、一系列绩效目标，以及使成员共同负责的方法。团队的显著特点是相互依赖性。团队是更高层次的群体，通过其成员的共同努力产生积极的协同作用，可以使团队的绩效水平远远高于个体成员绩效的综合。团队不同于群体，两者之间既有联系又有区别。表 6-3 明确展示了工作群体与工作团队的区别。

表 6-3　工作群体与工作团队的区别

项　　目	工 作 群 体	工 作 团 队
领导	强烈地、清楚地被关注的领导	分享领导角色
目标和任务	相互独立、分散	相互依赖、具有连带责任

续表

项　　目	工 作 群 体	工 作 团 队
协同配合	中性（有时消极）	积极
责任	个人的责任	个人的或共同的责任
技能	随机的或不同的	相互补充的

在组织中，根据团队存在的目的，可将团队分为多种类型，最常见的有问题解决型团队、自我管理型团队和多功能型团队，而随着信息技术的发展及组织的扁平化，虚拟团队正在日益增多。西方管理学学者苏安（Suan）和黛安娜（Diane）也总结了四种团队类型[13]：工作团队、并行型团队、项目团队和管理团队。

（一）问题解决型团队

问题解决型团队一般由来自一个部门的 5～12 个员工组成，其成员每周用几个小时的时间来讨论如何提高产品质量、生产效率和改善工作环境。在这种团队里，员工就如何改进工作程序和工作方法交换看法或提供意见，但几乎没有权力根据这些建议单方面采取行动。应用较广的一种问题解决型团队是质量圈。这种团队由职责范围部分重叠的员工及主管人员组成，他们定期相聚讨论当前所面临的质量问题，调查问题的原因，提出解决问题的建议，并采取有效的行动。

（二）自我管理型团队

自我管理型团队是为了弥补问题解决型团队的某些不足而出现的。这种团队一般由10～15 人组成，他们承担着以前自己的上司所承担的一些责任。自我管理型团队的职责范围包括控制工作节奏、决定工作任务的分配、安排工间休息等。完全的自我管理型团队可以挑选自己的成员，并让成员相互之间进行绩效评估，这样主管人员的重要性就会大大下降。尽管很多组织已经成功地运用了自我管理型团队，但对自我管理型团队效果的总体研究表明，实行这种团队形式并不一定能为所有组织带来积极的效果。例如，在这种团队中，员工的满意度较高，但员工的缺勤率和流动率也较高。

（三）多功能型团队

多功能型团队是为了完成一项共同的任务，而由来自同一等级、不同工作领域的员工组成的团队。这种团队兴盛于 20 世纪 80 年代末，当时所有主要的汽车制造公司都采用了多功能型团队来协调完成复杂的项目。因此，多功能型团队是一种有效的工作方式，能使组织内不同领域的员工交换信息，激发出新的观点，解决面临的问题，协调复杂的项目。

（四）虚拟团队

虚拟团队（virtual team）是指跨越空间、时间和组织界限，成员间主要通过电子技术进行沟通的跨功能团队。随着互联网的日益普及，以信息、创意和智慧为代表的网络经济使虚拟团队成了组织发展的新趋势和管理层关注的焦点。技术的发展以及以知识为基础的工作使虚拟团队变得可行，而全球化以及知识共享和团队工作的成效使其变得更为必要。有效的虚拟团队要创造性地综合使用 E-mail、电视会议、公司内部网以及其他传统的电子沟通手段以满足其需要。

例证 6-7

中信银行"集结号"虚拟团队[14]

由于人力管理方面出现人力配置和生产不均衡等紧急矛盾，中信银行大胆创新，从具有不同业务的部门抽调人员组成虚拟团队——"集结号"。这个团队每个成员均掌握多种科技技能，平时以预备役的形式存在，工作高峰则进行业务支援任务，任务完成后成员又回到各自部门。"集结号"虚拟团队的创建消除了生产不均衡现象，有效利用并合理分配了企业内部资源，为中信银行信用卡中心开拓了一种全新的团队思路和管理模式。

（五）工作团队

工作团队（work team）以完成产品和服务为目的，由较稳定的成员组成长期的组织单元，内部成员通常全职并经过挑选。工作团队一般由上级领导，不过近年来也出现了一些更受欢迎的形式，例如，自我管理团队、自主或者半自主团队、自我指导团队或授权型团队。该团队的特征是长期、成员稳定，如生产服务型团队。

（六）并行型团队

并行型团队（parallel team）从不同部门和岗位抽调工作人员完成正常组织之外的任务，这种团队与正常的组织结构并存。并行型团队的目的是解决问题，或促成有针对性的提高活动，例如，质量提高团队、员工参与团队等均属于并行型团队。该团队的特征是由跨部门人员组成非正式组织单元。

（七）项目团队

项目团队（project team）由从需要具体技术的不同部门选取的员工组成，如新产品发展团队，其成员可能来自营销、工程和制造部门，当任务完成后，团队成员又返回各自的岗位。项目团队的任务一般是非重复性的，并且需要大量知识、判断和专业技术的应用。该团队具有时间界限，往往制造"一次性产品"，例如，公司的某个新产品，或者一个新的信息系统等。

（八）管理团队

管理团队（management team）的成员一般包括各个部门的管理者，例如，负责研发或者营销的副总经理。管理团队对所属的子部门在各自权限之内进行协调并进行指导，同时在关键的商业流程中对相互依赖的各部门进行整合。管理团队一般对包括各个部门的总体绩效负责，其权威来自成员的行政等级差别。高层的管理团队一般考虑公司的整体战略发展和绩效，管理团队可以运用整体的智慧帮助公司赢得竞争优势。

二、有效团队的特征

一个有效的团队由一群相互独立却拥有共同目标的人员组成，同时成员也认同共同努力是达成目标的最佳方式。有效的团队也会带来愉快的经验，使成员期盼团队开会时间的到来，同时感受到进步与成就。有效的团队具有以下四个方面的特征。[20]

（1）明确、共同的愿景。每个成员都清楚且接受团队共同的愿景和目标，并且坚信这一目标具有重大的意义。他们清楚开会的流程、任务的分派，还有工作的进度，同时知道如何集中精力完成目前的任务。

（2）高效的沟通方式、良好的合作氛围。有效团队的成员可以运用幽默感创造轻松的气氛，自由表达自己的意见，同时具有良好的倾听能力，他们善于利用解决问题的技术来化解冲突，凝聚组织向心力。他们喜欢共同工作，开会前后常聚在一起谈些非工作性话题，主动地帮助别人。

（3）高效的领导。优秀的团队领袖往往要以身作则，同时充当教练员和协调员的角色，既要能对团队提供指导和支持，鼓舞团队成员的自信心，帮助他们更充分地认识自己的潜力，又要能为团队指明方向。

（4）高素质的员工。有效的团队工作需要各成员间的互相配合，因此成员的知识、技能和业务水平都必须达到团队的要求。高素质的员工还要具有快速学习的能力，从而能够不断提高自身素质以适应企业发展的需要。

一般地，有效团队的成员可分为四种不同的角色类型，每一种都有助于团队的成功。这四种类型的角色分别为贡献者、合作者、沟通者和挑战者。贡献者属于任务导向的人，他们视团队为一个由各种专家组成的团队，每一位成员都各有所长，他们不但尽量提供别人可利用的信息，也常常帮助其他团队训练成员。合作者认为对团队目标的承认是很重要的，因此必须确保团队的目标明确，他们愿意广泛地参与，而且任劳任怨，乐于与其他成员分享荣誉。沟通者属于注重程序导向的人，他们对于团队如何完成任务、达成目标最有兴趣，善于督促沉默的成员多发表意见，同时要求健谈者多倾听。挑战者特别关心团队的方向与成败，他们往往会不停地质疑团队的目标、作业方式，甚至工作伦理。

三、团队建设的理论

团队建设的理论主要有人性假设、人格理论、贝尔宾团队角色理论和实践活动理论。

（一）人性假设与团队建设

团队建设应该建立在对人性的深刻认识之上。[16]下面讨论 X、Y 理论与团队建设。

1. X 理论与团队建设

麦格雷戈总结提出的 X 理论的主要观点为：① 多数人十分懒惰，缺乏雄心壮志，不愿担当责任，总想逃避工作，甘心受人支配；② 多数人的个人目标与组织目标是相互矛盾的，从本质上讲，如果放任自流，则个人都不愿为组织整体做出贡献，必须用强制、惩罚的方式才能迫使他们为集体奋斗；③ 多数人只限于为满足基本需要而工作的层次，经济激励是调整他们的行为的最有力动因。

对于培养团队精神和建设团队而言，X 理论的人性假设具有重要指导意义：① 由于人的本性是追逐自身利益最大化，个人目标与集体目标又经常相互矛盾，个人不愿为集体承担责任和努力工作，因此，团队精神与团队行为就不是人性的自然结果，所以培养团队精神绝不能放任自流，而是要事在人为。② 必须根据人的本性来培养团队精神。由于人的本性是趋利避害，因此以赏罚为手段，采用功利主义的方法可以培养出团队精神和团队行为。③ 经济诱因是人们行动的最有力动因，因而赏罚措施要充分运用经济因素。

2. Y 理论与团队建设

Y 理论的主要观点可概括为：① 人有生理、安全、社交、尊重、自我实现等多层次的需要，人们工作的最终目的是达到自我实现。② 一般人都是勤奋的，能够自我激励与自我控制，外部的控制与惩罚不是实现组织集体目标的有效方法。③ 个人的自我实现与组织目标的实现并不冲突，而是一致的，追求自我实现的人往往把达到组织目标作为自己的追求，他们会主动承担组织的职责，为组织目标的实现而积极、主动地做出贡献并充分发挥自己的想象力和创造力。

根据 Y 理论的人性假设，可以采用引导的方法来培养团队精神和团队行为。随着世界越来越社会化，团队协作在工作中越来越重要，人们也越来越追求社交、尊重、自我实现等更高层次的需要。团队精神不仅对组织的成败越发重要，而且其产生过程更加自然。因此，在培养团队精神时，组织只需消除不利于团队行为产生的外部因素，设置良好的外部环境，引导、诱发、强化团队精神，充分开发人类的社会本性和巨大的潜能。其具体方法包括尊重员工、目标管理、自我控制、参与管理、团队决策、集体行动等。这类方法具有明显的理想主义色彩。

（二）人格理论与团队建设

人格理论的主要观点包括：① 在团队成员的招聘、培养和使用方面要考虑成员的个体差异。② 具有不同人格的团队成员形成互补，有助于提高团队工作的效能。③ 团队成员因个体差异而互相影响和互相制约。目前，已有一些人格测量工具（如 MBTI、九型人格工具、"大五"人格）可以帮助团队成员认识自己和同事的人格特点。

正是因为在任何一个团队中，成员间的行为都是互相影响、互相制约、互相补充和互相适应的，所以，每一个团队首先都必须有一个合理的成员结构。一个具有合理结构的团队，不仅能够使每个团队成员尽其所能，做好各自的工作，而且能够通过有效的结构组合，发挥出新的巨大的团队和集体力量。团队成员的合理结构主要包括性别结构、年龄结构、知识结构、经验结构、智能结构、素质结构以及专业结构等。因此，团队成员的结构是一个多维的、动态的综合体。其次，每个团队成员都要认识自己的长处和短处，扬长避短，调适自己的性格和行为，以适应团队建设和发展的需要。最后，每个团队成员还要了解同事的个性，与他们密切配合，互相补充和制约，和谐相处。

例证 6-8

九型人格——团队建设的工具[17]

香港文化科技有限公司从 2002 年开始，在公司老板罗先生的带动下，先后资助或者半资助员工参加了在美国和我国香港地区举办的由外部导师主持的九型人格培训，在企业内部则以人力资源部经理为讲师开展九型人格培训，员工自愿报名参加。迄今为止，公司员工，特别是管理层，已有半数以上接受了九型人格的培训，包括老板罗先生在内的几位高层领导以及人力资源部门人员都较好地掌握了这个工具，并将其运用到公司人才招聘、团队建设、岗位安排、人际沟通、员工生活品质管理等多个方面。几年来，公司将九型人格工具应用于人力资源管理，特别是团队建设中的做法已经取得了初步的成效，并逐渐成为公司文化的一个重要组成部分。

（三）贝尔宾团队角色理论

梅雷迪斯·贝尔宾（R. M. Belbin）博士在 *Management Teams: Why They Succeed or Fail* 一书中详细地阐述了其研究的过程及团队角色理论。[18]他将团队中的角色分为协调者、推进者、完善者、实干者、监督者、创新者、信息者和凝聚者八种，并根据研究确定了影响团队成功的六个主要关键因素：① 有一个负责人；② 有一个强有力的创新者；③ 心智要有较好的分布；④ 个性的分布应当能够覆盖较多的团队角色；⑤ 团队中成员的个性特征与他们的责任之间要有较好的匹配；⑥ 对团队角色不均衡问题的识别以及调整团队的能力。

在工作中，员工首先表现出来的是工作角色，即根据岗位所要求的经验和知识要求工作一段时间后，员工才会了解团队角色的重要性。因为人不仅是"经济人"，同时也是"社会人"，所以贝尔宾从人的性格入手，在卡特尔 16PF 人格问卷和工作观察者评价问卷的基础上明确了各种角色的性格和功能，并且按照角色的功能将团队角色分为领导（协调者和推进者）、谈判代表（信息者和凝聚者）、智者（创新者和监督者）和经理/员工（完善者和实干者），以下为各角色的主要性格特征描述。

1. 领导

（1）协调者。他们总是相信自己的团队成员，毫无嫉妒和猜疑地接受他人的意见，总能在面对争论时保持镇定。他们同样也是实用主义者，具有自我约束能力，天生具有激励他人的能力和向外辐射影响力的外向型性格，但是他们不是单纯的外向，因为他们有一定的独立性倾向并在社会关系中保持一定的距离。他们还具有很强的容忍度，总是聆听他人的意见以及强有力地拒绝采纳他人的意见。协调者不需要很高的智商，过高的智商会降低他们在团队中的影响力。因此，协调者具有外向型、稳重以及保持独立性的个性特征。

（2）推进者。推进者好交际，在他人面前不羞怯、不怯懦，勇于表达自己的思想和观点，但容易忧虑、猜疑和受挫。他们是机会主义者，具有强于其他方面的特征，如尽责、实际、情绪化，这些都表明他们对失望和焦虑有过度的反应。在团队中，尤其是在协调者领导的团队中，他们通常是平衡力量的破坏者。因此，推进者表现出外向但容易焦虑的特点。

2. 谈判代表

（1）信息者。他们可以毫无约束地去利用他人来寻找自己需要的信息或者其他资源，通过有技巧的交流来实现创造性结果。他们四处走动，时刻注视新事物或者新情况的产生与发展，不断地同各类人群接触，让人们感觉他们在不断深入地思考着产生的问题。你会发现他们很少待在自己的座位上，如果在的话，一定是在打电话。因此，信息者是外向、稳定的，总是对周围的事物或新鲜事物充满好奇心的个体。

（2）凝聚者。凝聚者具有很强的社交能力，善于聆听他人的声音，能够妥善地与不善于表达的人打交道，同时通过设置高于个人兴趣的群体目标来对团队精神产生有利的影响。他们性格外向但控制欲低，表现出令人信任、敏感的个性，对他人，尤其对人与人之间的沟通和互动，有强烈的兴趣。因此，他们外向柔和的性格是其与他人沟通、获取信任的有力武器。

3. 智者

（1）创新者。创新者是团队解决问题方法的主要提出者，他们所提出的这些方法是其在角落安静独处时想出来的，具有原创性。他们的智商很高，在批判性思维测试中往往得分很高。因此，创新者通常表现出内敛、不善于与人打交道的个性。

（2）监督者。监督者同创新者一样，在批判性思维测试中取得很高的分数，也有较强的辩论能力。因此，其稳固的判断力不会受到富有情绪化的个性的影响，表现出公正的态度。在测试中，监督者表现出认真、谨慎的特征且对热情具有一定的免疫力。他们做决策很慢，因为需要花时间去不断地深入思考问题。他们的才能体现为在综合考虑各种因素的情况下，能够快速、敏捷地做出判断。他们从不犯错，但是缺乏主张、创新或想象力，表现出很低的成功倾向。同时，在与外界相处时，他们会表现出刻板的一面，令人厌烦，有时对他人过于苛求。总之，监督者态度严谨、认真负责，具有敏锐的判断力。

4. 经理/员工

（1）完善者。从事情的开始到完成，以及在完成的过程中，他们注重各种事情的要求，以求"完美"。他们热衷于不断推进工作，有很强的自我控制和约束力。他们表现出的性格特征为内向多于外向，像是在寻找压力和吸收压力。他们倾向于持续地努力、生存，保持连贯，对取得重大的成功很少有兴趣。因此，完善者通常表现出焦虑、内向的性格特征，具有强烈的责任感。

（2）实干者。他们是团队活动实施过程中的组织者和实施者，为公司工作胜于为自己的兴趣工作，乐于采取熟练和实用的方式。他们的个性及态度主要体现为控制和适用能力，其天资或天赋似乎成为次要的。通过自我约束，他们总是在考虑了做事情的方法后，才考虑自己的想法。他们拥有的所有才能几乎都归结为组织和实干能力。因此，实干者具有稳定和负责的精神。

贝尔宾认为，正是由于各团队角色在性格和功能上的互补，团队才能不断地取得成功。他不仅识别出团队的八种角色以及他们的特征和团队功能，还根据研究中获得的数据编制了 BTRSPI 问卷（the Belbin's team-role self-perception inventory），由于其使用起来比较便捷，并且能够快速地帮助人们识别自己在团队中的角色，故令团队角色理论得到了广泛的使用。贝尔宾团队角色测试见本章心理测试。

（四）实践活动理论

实践活动理论的主要观点是：只有在真实或者模拟的团队任务情景中，团队成员合作、共同完成任务的同时，加深对自己和其他成员的认识，增加对其他成员的信任和支持，才能逐步形成默契、和谐、高效的团队。管理者在运用该理论指导团队建设时，宜注意设计的团队任务要难度适中、通过努力可以达到；创设安全、相互尊重的团队环境；重视体验和分享，交流心得；重视成果分享和庆祝。近年来，流行的户外拓展训练被认为是其中一种典型方法。

四、团队建设的策略

成功团队的管理者能够融合各种风格的长处，并利用不同的风格建立有效的团队，其策略主要有如下七种[19]。

（1）认识成员。在团队活动开始之前，管理者非正式地与每位成员见面，交换彼此的背景及对团队的感受，并且了解成员的动机是否有助于团队目标的完成。

（2）确定团队的目标。管理者说明对团队的期望，并且检查时间表、预算和各种限制，让每一位成员参与预先设定议程的讨论，以明确了解团队的任务与目标。每个人都应该清楚团队对自己的期望。

（3）建立标准和计划。鼓励团队建立共同工作的标准，如所有会议必须全员参加、重视承诺、允许不一致的意见、保守机密等；制订发展目标与行动计划，包括任务与完成期限等。

（4）强调参与。让每一位成员参与团队的工作，并且使每一个人派到任务；对于重要的决策，应设法达成共识；鼓励提出问题，意见不一致是很自然的事，领导人宜表现出鼓励对现状的质疑、接受不同意见的态度。

（5）维持均衡。有效团队管理者要能够在不同风格的成员间进行良好的均衡。均衡并不代表对所有风格一律平均利用，而是指在必要时适当引用每一种风格。

（6）分享荣誉。每个成员的贡献的多寡与团队的成就如何都由领导人决定，而且领导人要负责将喜悦与外界分享，特别是高层主管与公司内部负责通信的编辑。

（7）评估团队的有效程度。领导人宜负责推行至少每年一次的自我评估，内容包括团队的实力、进展情形，任务的时效性、有效性，对工作品质的满足程度，以及必要的改变等。

 本章相关视频资料

群体心理与行为   *群体心理与行为（课件）*

本章小结

- 群体是具有相同利益或情感的两个或两个以上的人以某种方式结合在一起的集合体。
- 群体的发展一般要经历五个阶段，即形成阶段、震荡阶段、规范化阶段、执行任务阶段、结束阶段。
- 群体动力是指左右和影响群体发展演变的主要力量，内容主要包括群体规范、群体压力、群体凝聚力和群体士气等。
- 群体凝聚力与生产效率的关系既取决于管理者的诱导方向，又取决于群体的态度及其与组织目标的一致性程度。
- 团队建设的理论主要有人性假设、人格理论、贝尔宾团队角色理论和实践活动理论。
- 有效的团队具有以下四个方面的特征：明确、共同的愿景；高效的沟通方式、良好的合作氛围；高效的领导；高素质的员工。
- 团队建设的策略有七种：认识成员；确定团队的目标；建立标准和计划；强调参与；维持均衡；分享荣誉；评估团队的有效程度。

贝尔宾团队角色问卷调查表

解"手链"

团队展示

 案例分析

华为的团队建设

 参考文献

[1] WHYTE W F. Human relations in the restaurant industry[M]. New York: McGraw-Hill Book Company, 1948.

[2] SCHEIN E H. Organizational psychology[M]. Englewood Cliffs, N. J. : Prentice-Hall Inc., 1980.

[3] 中国社会工作教育协会. 政策解读 | 关于《全国性社会组织评估管理规定》的解读[EB/OL]. http://caswe.pku.edu.cn/info/1036/1531.htm，2022-8-16.

[4] 马风霞. 浅议非正式群体的思想政治工作[J]. 社科纵横，2008（7）：40-41.

[5] 邢培玲. 做好非正式群体职工思想政治工作[J]. 思想政治工作研究，2011（10）：42.

[6] 边玉芳. 人为什么"随大流"？——谢里夫和阿希的从众实验[J]. 中小学心理健康教育，2014（20）：30-31.

[7] 包政. 解读《华为基本法》：让管理者树立权威[J]. 创业家，2013（7）：84-88.

[8] 齐爽. "捞"出的幸福：海底捞的企业管理之道[J]. 现代企业文化（上旬），2014（9）：32-33.

[9] LEWIN K. Resolving social conflicts: selected papers on group dynamics[M]. New York: Harper, 1948.

[10] SHERIF M. The psychology of social norms[M]. New York: Harper & Row Publishers, 1966.

[11] 徐琼. 群体压力下的"优势反应强化"心理分析：农场游戏盛衰探析[J]. 求索，2010（8）：220-221.

[12] 梁巧转. 集团公司管控体系理论设计与实务[M]. 长春：吉林大学出版社，2020：270-273.

[13] 吴韵仪. 逆境中激励士气的 10 种方法[J]. 人才资源开发，2005（1）：80-81.

[14] 陈春知. 跨组织虚拟团队实例[J]. 企业管理，2003（1）：40.

[15] 林雪，万红丽. 构建企业有效团队的探讨[J]. 现代企业文化，2016（24）：181-182.

[16] 贾砚林，颜寒松，等. 团队精神[M]. 上海：上海财经大学出版社，1999.

[17] 陈国海. 九型人格工具在企业人力资源管理中的使用效果评估[J]. 江西理工大学学报，2007，28（5）：20-23.

[18] BELBIN R M.Team roles at work [M]. San Diego, California: Pfeiffer&Co., 1994.

[19] 朱华桂. 组织管理中的团队战略[J]. 社会科学家，2003（2）：46-49.

第七章
管理沟通

🖊 **学习目标**

➤ 了解沟通的概念和重要性
➤ 了解沟通的渠道和类型
➤ 掌握群体决策的概念和方法
➤ 掌握改善管理沟通的有效工具

引例 ●

麦当劳的"走动式"管理[1]

美国麦当劳快餐店创始人雷·克罗克是美国最有影响力的企业家之一,他不喜欢整天坐在办公室里,而是把大部分时间都用在"走动式"管理上,即到公司各部门走走、看看、听听、问问。公司曾有一段时间面临严重亏损的危机,克罗克发现其中一个重要原因是公司各职能部门的经理官僚主义突出,习惯靠在舒适的椅背上指手画脚,把许多宝贵的时间耗费在了抽烟和闲聊上。于是,克罗克想出一个"奇招",要求将所有经理的椅子靠背都锯掉,经理们只得照办。开始很多人骂克罗克是个疯子,不久大家悟出了他的一番"苦心",纷纷走出办公室,开展"走动式"管理,及时了解情况,现场解决问题,终于使公司转亏为盈,有力地促进了公司的生存和发展。

由麦当劳的"走动式"管理可见,沟通在任何组织中都起着重要的作用。管理者宜善于运用非正式沟通以弥补正式沟通的不足。随着现代科技和互联网技术的发展,电子沟通扮演着日益重要的角色。劳动力的多元化以及企业的跨国经营使得跨文化沟通问题屡见不鲜。群体决策并不一定比个人决策优越,应注意克服小团体思维的弊端。组织内人际冲突在所难免,有时并不一定是坏事。组织可通过建立有效的沟通制度、沟通管理和冲突管理培训以及其他工具来改善管理沟通。

第一节　组织沟通原理

沟通主要是信息交换的过程，对组织的发展具有重要的作用。沟通具有多种渠道和类型，除了传统的沟通类型，电子沟通是一种应用范围越来越广泛的沟通手段。

一、沟通与组织

（一）组织中沟通的概念

沟通（communication）是信息源通过某种管道把信息（观点、情感、技能等）传送到目的地的过程。申农（C. E. Shannon）和韦弗（W. Weaver）提出了信息沟通模型，如图 7-1 所示。[2]

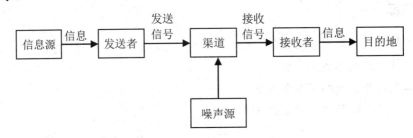

图 7-1　申农和韦弗的信息沟通模型

沟通是信息在发送者和接收者之间进行交换的过程。信息沟通就是指人们通过信息交换，从而达到相互了解、相互认知、相互影响的过程。理解是对信息沟通成功与否的检验。如果信息为人理解，沟通就是成功的；反之，信息不能为人理解，沟通就是失败的。沟通具有以下六个层面的意义：① 个人内部沟通，指自我对话、自己与自己交流的过程；② 人际沟通，指发生在两个人或数个人之间的信息传递与相互理解的过程；③ 群体沟通，指群体成员之间的意义分享和目标整合过程；④ 公共沟通，指利用个人公共关系权力说服影响公众的过程；⑤ 大众沟通，指利用大众媒体影响公众的过程；⑥ 跨文化沟通，指具有不同文化背景的成员之间进行信息传递和意义分享的过程。前五种沟通以个人为本位，而第六种沟通，即跨文化沟通则以文化为本位，包括国际沟通，国际沟通以国家为本位。本章主要讨论群体沟通和跨文化沟通。群体沟通主要是指人群意见或信息的交流，是人与人之间交流思想、观点、态度或交换情报信息的过程。从管理心理学的角度讲，沟通所涉及的主要是人与人、人与群体、人与组织的意见交流问题，一般不包括组织外的信息沟通。

（二）沟通在组织中的作用

组织内的沟通除了具有信息传递的作用，还具有下述五种功能：① 沟通能够准确传递各项决策与计划，并使管理者全面把握人员的情况，提高管理的效能；② 良好沟通可以体现并实现组织成员对管理工作的充分参与，发挥激励员工的作用；③ 沟通可以缓解组织内任何变革的阻力，有利于组织发展；④ 沟通有助于创建组织内良好的人际关系，增加员工的满意度，具有心理保健作用；⑤ 有效沟通能满足员工的归属需要，并及时提供有利于员工身心发展的信息。

（三）沟通的渠道和类型

1. 正式沟通与非正式沟通

按沟通方式的组织化程度，沟通可分为正式沟通和非正式沟通。

（1）正式沟通。正式沟通是指通过组织明文规定的渠道进行的与工作相关的信息传递和交流，它与组织的结构息息相关。如组织中上级的命令、指示逐级向下传达，下级的情况逐级向上报告，以及组织内部规定的会议、汇报、请示、报告制度等。

按照信息的流向，正式沟通可分为上行沟通、下行沟通和平行沟通三种形式。

上行沟通是指在组织中信息从较低的层次流向较高的层次的一种沟通，主要由下属依照规定向上级提出正式书面或口头报告。上行沟通有助于管理者了解下属的需要，获取关于自己下达的指示或命令是否正确以及是否得到如实贯彻的反馈信息。

下行沟通是指在组织中信息从较高的层次流向较低层次的一种沟通。下行沟通是传统组织中最主要的沟通流向。通常以命令、指示方式传达上级组织或其上司所决定的政策、计划、规划之类的信息，如命令链、海报和布告栏、公司简讯/报纸、信件和工资袋中的附件、员工手册、年终报告表、广播系统等。

平行沟通是指在组织中同一层次不同部门之间的沟通。

此外，还有在不同层次不同部门之间流动的信息沟通，被称为斜向沟通，如备忘录、传真、会议等。

正式沟通的优点是效果较好，比较严肃，有较强的约束力，易于保密，可以使信息沟通保持权威性，重要和权威的信息都应当采用这种沟通方式。其缺点是由于依靠组织系统层层传递，因而速度较慢，比较刻板，不够灵活。因此，为顺利进行工作，组织必须要依赖非正式沟通以补充正式沟通的不足。企业中的许多沟通属于混合式沟通，如员工会议、换班前的总结、电子信件、微信群公告、绩效评估等。

（2）非正式沟通。非正式沟通是在正式沟通渠道之外的信息交流和传递，它以社会关系为基础，是与组织内部明确的规章制度无关的沟通方式。它不受组织的监督，自由选择沟通渠道，如朋友聚会、团体成员私下交换看法、传播谣言和小道消息等。

非正式沟通的优点是沟通方便、内容广泛、方式灵活、速度快，而且由于职工在这种沟通中比较容易表露思想、情绪和动机，因而能够提供一些正式沟通中难以获得的信息。其重要作用表现在如下五个方面：① 可以满足职工在情感方面的需要；② 可以弥补正式沟通的不足，组织中的管理者为了某些特殊的目的，往往不便于通过正式渠道传播信息，此时非正式渠道便可发挥其作用；③ 可以了解职工真正的心理倾向与需要，通过正式的渠道沟通，员工心存戒备，不便于透露真实的想法，而通过非正式渠道，便可以在很大程度上克服这个问题；④ 可以减轻管理者的沟通压力；⑤ 可以防止管理者滥用正式通道，有效防止正式沟通中的信息"过滤"现象。

例证 7-1

韦尔奇的非正式沟通[3]

通用电气公司前总裁韦尔奇最成功的地方，是他在公司建立了非正式沟通的企业文化。韦尔奇通过传真向上至高级经理、下至钟点工人的员工发出他那独具个人魅力的"手谕"——手写便条。两天后，原件就会寄到他们手中。在这些便条上，他有时说些鼓励和鞭策的话，有时则要求员工做一些事情。

有一个基层的经理人曾经因为不愿让女儿换学校而拒绝韦尔奇对其调职和升职，韦尔奇知道后便写了一张便条给他："比尔，你有很多原因被我看中，其中一点就是你与众不同。你今天的决定更证明了这点……祝你合家安康，并能继续保持生涯规划的优先次序。"设想当比尔收到公司大老板的亲笔信时，会有什么感想？韦尔奇对员工的关怀已使他们从主管和下属的关系升华为朋友的关系，这种非正式的沟通实在是最好的沟通方式。

非正式沟通的缺点主要有信息欠缺真实性和可靠性，有时甚至歪曲事实，出现以讹传讹的现象，由此可能产生小集体、小圈子，影响组织的凝聚力和人心稳定。非正式沟通往往起源于人类爱好闲聊的特性，闲聊时的信息被称为传闻或小道消息（并非谣言）。小道消息具有如下四个特点：① 不一定都是不确切的消息；② 传递的速度非常快，同时也容易消散；③ 很难追查到信息的来源；④ 具有新闻性和现实性。当组织的正式沟通渠道出现某种阻碍时，传闻或小道消息就可能盛行。有时，传闻或小道消息对组织的危害性是显而易见的，管理者必须及时察觉并给予澄清，特别是要发挥正式沟通的作用。

2. 语言沟通与非语言沟通

按沟通所借用的媒介的不同，沟通可划分为语言沟通与非语言沟通。

（1）语言沟通。使用正式语言符号进行的沟通称为语言沟通。语言沟通又分为口头语言沟通与书面语言沟通。口头语言沟通在组织内有面对面的访谈、各种会议、教育培训中的授课、演讲、电话联系等；对外则有街头宣传、推销访问、口头调查、与其他组织间的洽谈等。口头沟通的优点是具有亲切感，比较生动，可以用表情、语调等非语言沟通增强沟通的效果，可以马上获得对方的反应，具有双向沟通的好处，比较灵活，可随机应变。其缺点是如果传达者的口头沟通能力差，则无法使接收者了解真意。如接收者不专心或不注意，则口头信息转瞬即逝，无法再分辨，不利于记忆和保存。

书面沟通在组织内有文件、布告、通知、备忘录、公报、壁板、刊物、职工手册、建议书和调查问卷等；对外则有市场调查问卷、广告、职工招聘信息、发布新闻等。书面沟通的信息具有权威性、正确性，不容易在传达过程中被歪曲，可以永久保留，接收者可以按照自己的速度详细阅读了解。其缺点是反馈速度较慢，甚至无反馈，接收者对信息的接收意愿不够主动。

在语言沟通的过程中，要特别注意语言的得体性、激励性和幽默风趣。表 7-1 列举了如何变消极语言为积极语言的例子。

表 7-1 变消极语言为积极语言

编 号	消 极 语 言	积 极 语 言
1	我们这次的任务失败了	我们这次差一点就完成了任务
2	别忘了在下班前把货送到	请在下班前把货送到
3	我希望您对此满意并继续订货	您的满意是我们的服务宗旨
4	这次的报告写得好多了	这次的报告写得更好了
5	我们不允许刚刚参加工作就上班迟到	对刚刚参加工作的人,保证按时上班很重要
6	免费早餐仅限于 20 元以内,超出部分请自付	你可以免费享用 20 元以内的早餐
7	外派工作本身就是不确定的,困难比较多	外派工作非常有利于你的职业生涯,但也的确需要克服一些意想不到的困难

（2）非语言沟通。借助非正式语言符号进行的沟通称为非语言沟通,包括身体语言沟通（如身体姿势、衣着打扮）、副语言沟通（如声调、哭笑、重音）和物体的操纵三个方面。语言学家艾伯特·梅瑞宾（A. Mehrabian）对语言沟通和非语言沟通在沟通中的使用比率进行了研究,总结出如下公式[4]

信息的传递 100%=7%语言+38%语音+55%态势

由此可见,非语言沟通在信息传递中的作用非同一般。图 7-2 显示的是四种典型姿态,它们传出的信息强而有力。其中,A 可表示"漠不关心""无可奈何""疑惑"等态度,感到"莫名其妙";B 可暗示出一种"自满"的心态,同时也可表示"厌烦"和"气愤",或用来表示一种漫不经心的态度;C 是一种常见的女性姿态,显示出"害羞""忸怩""谦恭""悲哀"的心态;D 可理解为"冷淡""犹豫""怀疑"等态度。

图 7-2 四种典型姿态

 例证 7-2

沃尔玛的"八颗牙"[5]

价格与服务是沃尔玛赢得竞争的两个轮子。一名沃尔玛的员工表示,他们有一个微笑培训,必须露出 8 颗牙齿才算合格。把嘴张到露出 8 颗牙齿的程度,一个人的微笑才能表现得最完美。每一个售货员的微笑都是那样亲切自然,选择去沃尔玛店购物的顾客都可以享受作为一个消费者的内心满足。

人际距离和空间是非语言沟通的重要表现之一。美国心理学家爱德华·霍尔（E. T. Hall）提出四种人际距离带[6]：① 亲密带（0～0.5 米）,如亲子行为、恋人、角斗、护理、抚慰、保镖等。② 个人距离带（0.5～1.25 米）,其中 0.5～0.8 米是亲密朋友交往的距离带,0.8～1.25 米是普通朋友交往的距离带。③ 社会带（1.25～3.5 米）,如未曾相识或一般相识，公事公办、应酬或初步了解的人之间的距离。④ 公共带（3.5～7.5 米），如庆典、演讲时的主持者与听众、交警与行人之间的距离。

3. 单向沟通和双向沟通

按沟通的方向不同，沟通可分为单向沟通和双向沟通。

（1）单向沟通。单向沟通是指在信息沟通时，一方只发送信息，另一方只接收信息，接收信息者不再向发送者反馈信息，如做报告、演讲、下达指标等。

（2）双向沟通。双向沟通是指在信息沟通时，发送信息者不仅要发出信息，还要听取信息接收者对信息的反馈，发送与反馈可进行多次，直到双方有了共同的理解为止，如交谈、协商、谈判等。

单向沟通和双向沟通有各自的优缺点：① 单向沟通的速度比双向沟通快；② 双向沟通比单向沟通更准确；③ 双向沟通中，接收信息的人对自己的判断比较有信心，知道自己对在哪里、错在哪里；④ 双向沟通中，传达信息的人感到心理压力较大，因为随时会受到信息接收者的批评或挑剔；⑤ 双向沟通容易受到干扰，并缺乏条理性。

二、电子沟通

以由计算机技术与电子通信技术组合而产生的信息交流技术为基础的沟通称为电子沟通（又称 E-沟通）。E-沟通的技术工具包括图文传真机、便携式移动电话、语音信箱及各类计算机和手掌型个人通信装置（如 PDA），而国际互联网则是这些技术中最为关键和发挥最大作用的新技术。互联网提供了丰富多彩的信息服务手段：E-mail、微信、互动媒体平台、客户端软件（App）、文件传输 FTP、新闻论坛（USERET）、电子公告（BBS）、电子会议以及万维网等。

与传统的沟通模式相比，E-沟通具有下述六个特点。[7]

第一，从表现方式上看，电子沟通主要采用视频会议、电子报纸、互联网及组织内部网等进行沟通，使组织内的电子化书面沟通形式多于口头沟通形式。全面引进信息技术后，通过以显示器代替备忘录，通过电子邮件、BBS 等来下达公告、通知等，企业可能实现无纸化办公。

第二，从信息传递速度上看，电子沟通加强了企业即时输出信息和即时回收信息的能力，实现了书面信息以与面对面或电话式的口头信息一样的快捷速度传递。同时，电子沟通的即时反馈功能弥补了传统书面沟通反馈的局限。

第三，从沟通的范围看，电子沟通实现了远距离、跨地域的即时沟通，方便了跨国公司、集团公司的沟通运作，并大大降低了成本。例如，可以使一家总部位于某中心城市的零售商随时监控其全国各地连锁店的销售情况。

第四，从沟通的网络来看，电子沟通使员工在组织内可以跨越纵向层级工作，从而实现了在组织内全通道开放式的沟通网络，模糊了组织内的地位等级界限，使中层管理人员的地位受到挑战。

第五，从沟通造成的影响看，电子沟通使员工可以在家里或其他地方工作，并使员工方便地与其他组织的员工交流。因此，电子沟通的引进同时也改变了员工的工作形式以及组织的结构，出现了 SOHO 一族和各类虚拟企业，使企业形式及工作形式更为灵活。

第六，从企业的传统口头沟通来看，由网络技术和视频技术结合出现的视频会议将代替传统的会议，从而使随时随地进行跨地域空间的"口头"沟通成为可能。组织内网络化形成的网上信息交流将减少面对面口头沟通的次数，这一方面便于沟通，另一方面则使口头沟通的情感交流和亲切感降低。

三、跨文化沟通

经济全球化是当今世界的发展趋势，全球文化必然会受到其影响。"全球资本主义既促进文化同质性，又促进文化异质性，而且既受到文化同质性制约，又受到文化异质性制约。"这是美国著名社会学家罗兰·罗伯森对经济全球化影响全球文化态势的宏观描述。随着我国加入世界贸易组织（WTO）和经济的发展，企业内的跨文化沟通日益增多。跨文化沟通是指跨文化组织中拥有不同文化背景的人们之间的信息、知识和情感的互相传递、交流和理解的过程。

不同的国家有不同的民俗习惯，不同的文化背景的人有不同的想法，与他人沟通时既要多注意地域文化的不同，也要多注意国家、民族习惯的不同。管理者要养成一个习惯，即遇到不同民族和国家的人，要研究一下他们的文化特色是什么，这样可以使自己不犯忌讳，如此，与他们处理事情时就会非常愉快，比较容易达到自己的目标。[8]

不同文化之间的差异是中外合资、外资、跨国公司沟通中面临的最明显的障碍，通过制定拟派海外管理人员的选拔标准、跨文化培训政策和海外管理人员本土化策略等可促进跨文化沟通。

（一）拟派海外管理人员的选拔标准

海外管理人员一般必须具备以下五个条件：① 国际知识。海外经理人选必须拥有基本的国际知识，不仅要对国际政治和世界经济有所研究，还应对外国文化、历史、生活习惯具有相当程度的了解。② 语言能力。海外管理人员应当精通当地语言。③ 身体素质。对拟派人员要进行严格的身体检查。④ 良好的修养与广博的见识。海外经理不但被视为当地企业的代表者，通常还被认为是母公司的代表者，因此他们必须具备良好的修养和广博的见识。⑤ 适应性。海外人员必须早日习惯并适应当地的生活、社会及工作环境，才有可能从事正常的商业活动。

（二）跨文化培训

跨文化培训有利于改善个体与当地员工之间的关系，使人们能够经受住文化休克带来的冲击，迅速地适应新文化，并提高工作绩效[9]。跨文化培训的方式十分广泛，可以通过文献资料，即仅仅通过书面材料说明该国的社会和政治历史、地理环境、经济发展和文化习惯等情况，帮助人们认识一种新文化；也可以是集中的人际体验训练，即个体通过角色扮演练习、模拟社会情境以及类似的体验来"感受"新文化的差异。

（三）海外管理人员本土化策略

目前，跨国公司经营活动和行为发展的一个世界性趋势是雇用当地人员来管理设在该地的子公司。这种做法有许多明显的优点：它可以在很大程度上消除语言障碍，企业没有必要对雇员进行昂贵的语言培训，还能解决他们在文化和社会适应方面的问题。这种策略可以使一家外国企业有效地利用当地较低工资的优势，以有限的代价来吸引高质量的人才。总公司往往缺乏能胜任海外子公司管理者职位的人选，而本地雇员往往能比移居国外的职员工作得更出色，更能与当地人员建立稳定友好的和谐关系，所以越来越多的跨国公司将会采取海外管理人员本土化策略。

例证 7-3

吉利公司的跨文化管理[10]

2010 年，吉利控股集团有限公司完成了对沃尔沃汽车公司及相关资产的收购。吉利意识到文化融合可能给并购带来风险，因此，倡导建立全球性的企业文化，以便包容不同的理念。为了促进双方的有效沟通，吉利的董事长李书福创新设立了一个全新的职位——"企业联络官"，选取富有亲和力且具备丰富工作经验的人员担任，这个职务没有多大的权限，也并不属于企业的管理人员，设立它的主要目的是传播吉利的基因，其主要职责就是沟通。通过企业联络官策划活动、组织调研，吉利的理念与被并购企业的需求会进行充分的交流。通过这样的方式，吉利有效化解了并购带来的文化冲突。

第二节　群体决策

近几十年来，群体决策（group decision）一直是国内外许多学者研究的重要课题。通常情况下，群体决策比个体决策更具有创造性，并且能够得到更好的贯彻。在当前社会活动日益频繁和复杂的条件下，决策活动越来越群体化，以往那种主要靠个人拍板决策的方式将逐渐被群体决策所代替。

一、群体决策的含义

（一）群体决策的概念

群体决策是由群体中多数人共同进行决策，它一般由群体中的个人先提出方案，而后从若干方案中进行优选。参与群体决策的成员一般包括组织的领导者、有关专家和职工代表。

不同国家习惯于不同的决策模式，如美国很少谈群体决策，而重视个人决策；日本是比较喜欢采用群体决策的国家；中国则介于前两者之间。产生这种现象的原因在于每个国家的文化传统不同。表 7-2 对中、日、美三国传统文化特点做了比较。

表7-2　中、日、美三国传统文化特点的比较

比 较 对 象		中　　国	日　本	美　国
个体特征	处世哲学	中庸之道	团体精神	自我精神
	行为表现	含蓄、谦虚	含蓄	言行一致
	求稳心理	强	中	弱
决策思维	指导思想	系统与综合		分析
	推理模式	原则演绎		归纳
组织观念	人际交往	以和为贵，注重情面与关系	以和为贵	我行我素
	权威崇拜	强	中	淡薄
	集体主义	强	强	弱

（二）群体决策的优缺点

近年来，西方管理心理学研究特别强调职工参与式的群体决策，认为这种方式可以增强下属的义务感和责任感，从而提高下属的工作积极性。我国企业实行的是职工代表大会制，通过这种组织形式让职工参与企业重大问题的决策，这就给人造成一种直观的印象，似乎群体决策一定比个人决策好。因此，有必要正确认识群体决策的优缺点。

群体决策通常会对决策产生一些有利的影响，主要表现在以下四个方面：① 集体审议和判断可产生数量较多的方案，有可能使方案的正确程度和满意度提高。集体讨论可相互启发和综合各成员的各种不同的专门知识和经验，能从多方面对各种方案进行完备、细致的分析，提高决策质量。② 有利于组织内的信息交流和共享，协调各种职能，增强各部门的合作。③ 群体成员如果由各个不同利益集团或群体的成员组成，则可激发其参与和实施决策的积极性，还可协调各方的意见和分歧。④ 决策群体使权力有所分散，从而可消除或削弱独裁现象，使决策更加民主化，充分反映受该决策影响的所有人员的愿望和要求。

群体决策也会对决策带来一些不利的影响，主要有如下四个方面：① 耗时费钱。进行问题的讨论并为了取得大体一致的意见，常常需要召开多次会议，各成员均需发表自己的看法和意见等，耗时较多，可能带来决策的延误。参加会议的成员的时间费用也是很高的，而且开会可能影响他们处理其他事务。② 在最小共同基础上的妥协导致决策的折中。由于各成员可能代表不同利益集团，决策过程中常常出现一些分歧，为了寻求一致，常采取折中的方式，全体或多数成员都同意的观点往往是在最小共同点上的一致。这样的决策的质量不会很好，有时甚至劣于所讨论的所有方案。③ 权力和责任的分离。采用群体决策实际上是把权力在整个群体中分散了。由于最后的决策可能是大家相互妥协的结果，只反映了各成员的部分意见，且没有任何成员对决策负完全责任，由此可能导致群体决策较个人决策具有更大的冒险性。④ 少数人的专制。群体要谋求完全一致或接近完全一致的决策，因此，少数成员的特殊的身份、地位、个性、能力等特点会对群体决策产生不良影响，其权威、霸道、强硬、软硬兼施的态度和做法会使群体决策变成了个人决策，影响大多数人接受其意见或形成一种妥协的意见，从而影响决策的质量。

与个人决策相比较，群体决策具有自身的特点。表7-3 对个人决策与群体决策各自的

特点做了比较。

表 7-3　个人决策与群体决策的比较

比较对象	个人决策	群体决策
速度	快	慢
正确性	一般	较好
创造性	较大，适用于工作结构不明确、需要创新的工作	较小，适用于任务结构明确、有固定执行程序的工作
风险性	视个人气质、经历而异	若群体成员特别是领导富于冒险性，则更趋于冒险性质；若群体成员特别是领导比较保守，则更趋于保守

二、群体决策法

群体决策的主要方法有会议讨论决策法、列名群体决策法、头脑风暴法、私人董事会。

（一）会议讨论决策法

在会议讨论决策法中，群体领导人先对问题进行陈述；然后，各成员对问题进行全面讨论或相互启发，以便产生新的思想，集中意见；最后通常就如何解决问题进行表决，按大多数人的表决意见做决策。

该方法为面对面的会议，群体比较倾向于努力保持社会和感情上的关系。某些成员喜欢在某些阶段控制讨论的过程，对群体行为的影响较大。

（二）列名群体决策法

列名群体决策法（nominal group technique）是通过有组织的面对面的会议，按一定的程序集结成员的意见，以做出群体判断的方法。

列名群体决策法有如下六个步骤：① 每个成员在安静的环境下写出自己的意见；② 组织者不分先后地听取并记录这些意见；③ 集体逐条讨论这些意见；④ 对归纳意见所形成的条目的重要性做初步投票；⑤ 讨论初步投票；⑥ 最终投票。

该方法在社会关系和完成任务的态度之间给予均衡考虑，意见的相对数量较多。其特点是高度的任务中心性，成员可平等参与，独立思考并发表意见，允许存在意见不一致，对于对立意见和问题的处理以做决策的方式解决。列名群体决策法适用于各成员较容易被召集在一起和解决问题需要即时资料的情况，成员一般为 5～9 人。

（三）头脑风暴法

头脑风暴法（brainstorming）也叫畅谈会议法，即邀请一定数量的专家开会，进行积极的创造性的思维活动。要求参加者对一定范围的问题敞开思想、畅所欲言。主持人要保持清醒的头脑，发言要有启发性。目前，头脑风暴法已充分借助计算机和互联网技术，形成电子头脑风暴法（electronic brainstorming），该方法比传统的头脑风暴法更有助于思想的产生和节约时间。

使用头脑风暴法组织专家会议时，宜遵守如下八条原则：① 围绕所讨论的问题，提出具体的要求，严格规定所使用的术语，严格限制会议范围，保证专家把注意力集中在主要问题上；② 参加会议的人都不能对别人的意见提出怀疑和批评，更不能反驳别人的意见，不论某一设想是否适当或可行，都不得做结论；③ 鼓励与会者对已提出的设想进行改进或综合、补充和发展；④ 支持和鼓励与会者解除思想顾虑，创造自由气氛，激发参加者的积极性，让他们独立思考、开拓思路；⑤ 鼓励与会者修改自己的意见；⑥ 发言要求精练，不需详细论述，不得拉长时间，不得重复别人的意见，要保持富有成效的气氛；⑦ 即席发言，不允许与会者宣读事先准备好的建议；⑧ 建议或意见越多越好，不怕矛盾。

（四）私人董事会

私人董事会也叫总裁私享会，是邀请少数没有竞争关系、利害冲突的企业总裁结合成小组，核心在于汇集跨行业的企业家群体智慧，解决企业经营管理中的比较复杂而又现实的难题。

私人董事会有如下七个流程：① 提案与表决。每个会员提交一个"议案"，由会员表决，投票选出讨论的话题。② 阐述。由提出问题的会员作为"问题所有者"，以规定的标准句式阐述自己面对的具体问题。③ 提问。由其他成员向"问题所有者"提问，帮助其明确真正的问题。在这个阶段，会员只能提问，"问题所有者"也只能就问题做出回答，不得任意发挥。④ 澄清。经过上一轮的问答之后，"问题所有者"重新修正自己面临的问题，这个时候，问题往往比以前更加清晰、聚焦。⑤ 分享和建议。由其他会员向"问题所有者"提出具体可操作的建议，最好是曾经亲历的经验和心得。通过会员的现身说法，给"问题所有者"提供一些切实可行的建议，帮助他们开拓思路，寻找到新的解决方案。⑥ 总结。由"问题所有者"对当天的讨论总结陈词，并给出改进问题的步骤和时间表，最后表达自己当天最大的收获是什么，以及未来还有哪些可以改进的地方。⑦ 反馈。下一次私人董事会时，"问题所有者"会向小组会员汇报其在过去一段时间的实施进展，并征求下一步的建议。

私人董事会一般由咨询管理机构发起，由资深教练负责运营。其特点在于私密性高，只有少数非竞争性行业的企业家参加，且运作保密性强。

三、群体决策的改善

改善群体决策的主要目的在于提高群体决策的效率、决策质量和认可水平。

（一）决策效率

决策效率低通常表现在如下两个方面。

第一，信息交流的非通畅性。在整个决策群体中，信息交流的通畅性是决策效率的重要保证。然而，在我国的决策群体中，信息沟通是一种自上而下单向传递的链式结构，除了非正式沟通，几乎没有什么信息反馈渠道，这样在客观上造成了处于低层次的决策参与者获取充足信息的困难性。同时，由于他们知道自己在决策制定中的作用很小，也就没有主观上去积极关心与努力的能动性。这种信息不对等和缺少反馈的情况延缓了决策的制定和执行时间。

第二，决策的"难产现象"。在决策任务比较复杂、决策者处在大体相同的地位时，大家很难在目标选定、后果预测、方案评价以及方案选择上达成一致的看法，并且彼此都不能将对方说服。虽然群体可以反复去"议"，但由于缺乏分析和归纳的习惯，彼此之间仍然就事论事地围绕问题本身争论不休，因此出现"议而不决""议而难决"的现象。

1974年，康明格（L. L. Cumminge）、赫伯（G. P. Huber）和奥朗得（E. Arend）对等距离的座位排列方式和其中一个座位与其他座位距离不等的排列形式做了比较研究。实验结果表明，凡是等距排列座位、不突出组长的群体做出的决策的质量都较高，做出决议的时间也较短（较快）且易达成一致意见，如表7-4所示。

表7-4　不同规模群体座位的排列

座位排列	群体人数		
	三人组	四人组	五人组
突出组长	A ● B　C ●　●	A ● B　C　D ●　●　●	A ● B　　E ●　　● ●　● C　D
不突出组长	A ● B　　C ●　　●	A　C ●　● B　　D ●　　●	A ● B●　　●E ●　　● C　D

（二）决策质量

决策质量是指决策本身是否有科学依据、是否符合科学的程序、与客观实际差距的大小等方面的情况。中国人的情感决策倾向会影响到决策的质量。对人的假设分为理性和情感两种对立的模式。理性决策模型认为，一个群体无论何时面对决策问题，他们总是以效用作为评判和优选所有备选方案的准则；而情感决策模型认为，群体成员在进行决策活动时都是受其情感支配的，许多情感都是无意识的反应。中国人的群体决策行为更多地倾向于情感决策模型。面对一项决策，中国人首先考虑的是自己采取了某项行动后，别人（如上司、关系网中的其他人）会有什么反应，这种做法极大地限制了决策的科学性和创新性。

此外，由于受中国传统思维中"重先知、轻分析"的影响，人们总是希望从阅历、经验中对未来的问题做出解答，而不愿进行更深入的分析。同时，"唯上"的心理使得领导者个人的经验显得具有决定性的作用。由此导致人们总是以过去的经验指导未来的行动，难免出现失误。在现实中，许多决策分析人员和研究者所做的预分析或可行性研究往往流于形式。究其原因，一方面是由于这些分析本身的不完备性，另一方面则是由于决策者主观上的经验主义导向，这些分析只不过是其整个决策过程的点缀而已。

可见，要提高群体决策的质量，需要从如下三个方面改进决策工作。

（1）重视可行性分析。可行性分析是研究人们在追求某种目标的过程中所出现的各种变化因素，并从这一角度出发，应用现代科学方法进行分析研究，寻求达到目标的各种可行方案，从而为决策论证提供基础条件。群体决策时，要求先对问题进行可行性研究和分析，并以此为根据展开讨论和决策。

（2）消除个人的控制支配。在群体决策时，由于作为群体领导者的个体在组织中具有显赫的地位或者个人特殊身份，他有意无意地会对决策进行控制支配。在讨论问题时，其他成员会按照他的意见、观点去发表看法，进行议论，而把自己的真实意图掩盖起来，"话到舌尖留半句"，见机行事，从而妨碍对问题的分析和讨论，影响群体决策的正确性和科学性。

（3）克服小团体思维。小团体思维（group think）是指高凝聚力的决策群体为了保持一致性，不惜代价地压制不同意见，或者避免考虑和评估其他可供选择的方案。凝聚力可以增进群体的绩效，满足成员的归属感、安全感，也可以使群体成员之间存在较好的协作关系。但是当群体凝聚力很强时，群体压力也大，从众倾向也更明显。有时，这会使群体成员有对一致性的强烈要求，而对准确性、正确性考虑较少。在决策过程中，这种倾向可以表现为由于片面地过分追求一致而忽视决策质量。

为避免小团体思维，群体决策时宜注意以下五点：① 不要迫使群体采纳自己喜爱的方案，应真诚地经常使群体成员成为一个个评论者，欢迎别人坦率地提出不同的看法，要支持和保护持异议者表达自己的见解；② 将问题交付群体进行决策讨论时，不要在开始时就表示自己的倾向性意见；③ 除了需要保守秘密的问题，宜广泛征求多方的意见，也可邀请组外专家参加讨论；④ 可以有意识地指定一位成员专门在群体快要统一意见、即将决策时提出相反的意见，即可以让群体事先推定一个人担任"唱反调"的角色，这个角色可以轮流担任；⑤ 学习辩证法，在任何情况下都应注意从两个方面来观察问题，正反命题相互作用，就会产生第三种意见。

例证 7-4

群体决策的第二次机会[11]

为了防止小团体思维，建议在对一个重大的关键问题进行决策、讨论快要达成统一意见时，不要匆忙做出决议，而要创造一个让大家再一次深思熟虑的"第二次机会"。曾担任通用汽车公司董事长、总裁的斯隆就善于采用这种方法。他常在快要做出决议时提出："等一等，我们今天暂时休会，请大家回去再考虑一下，想想有没有不赞成的意见，对这件事我们在明天的会议上再做决定。"这样可以使群体成员在较为轻松的气氛中进一步考虑不同的意见，以使做出的决议更趋完善。斯隆还有不过早地参加由他担任主席的会议的习惯，总是直到会议发展到问题可达成结论时，他才出场。他希望由于他不在场，可以促进成员没有顾虑地讨论。

（三）决策的认可水平

认可水平是指决策能否被下级理解、接受、容纳和执行，它涉及下级的需要、态度、价值观念、兴趣等因素。事实上，任何决策都必须考虑两方面的问题：一是决策的科学性；二是决策能否被群体成员接受和承诺。有些决策对质量要求较高，而对认可水平要求不太严格；有些决策对认可水平要求高，而对决策质量要求不太严格；有些决策则对决策质量和认可水平都有较高的要求。因此，必须针对不同情况，采用不同的决策方法，才能提高决策的有效性。

管理心理学家把决策的有效性、决策质量和决策的认可水平的关系用下述公式表示

$$ED = Q \times A$$

其中：ED 代表决策的有效性；Q 代表决策质量；A 代表决策的认可水平。

美国管理心理学家迈尔设计的决策"四分图"，进一步描述了 ED、Q、A 三者的关系，如图 7-3 所示。

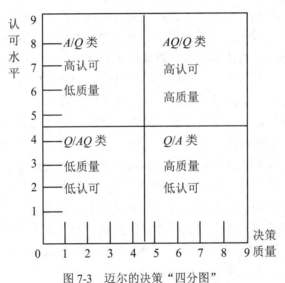

图 7-3　迈尔的决策"四分图"

A/Q、Q/A、Q/AQ、AQ/Q 各代表四种典型的决策问题。针对这四种决策问题，需要采用不同的决策方法，才能兼顾决策质量和认可水平这两个方面，提高决策的有效性。

第一类，A/Q 类。这类决策是与下级的个人利益密切相关，但对组织的利益无重大影响的决策。如某单位在厂区新建了一批宿舍，拟租给部分干部使用，以方便干部上下班。但由于房少人多，不能满足全部干部的要求，这就需要对哪些人先搬进新居以及每月租金等问题进行决策。这类问题对认可水平要求高，而对决策质量要求不高。因此，最好用下级民主讨论、协商解决的办法，提高下级的认可水平。

第二类，Q/A 类。这类问题与组织利益关系密切，而与下级的利益无直接联系。如企业对投产新产品、进行基本建设、进行技术改造等问题决策，决策质量的高低对企业的损益、未来的发展有重大影响，但与职工生活、工作的直接关系较少，职工对这类问题的兴趣不大。因此，这类问题对决策质量要求高，而对认可水平要求较低，主要应由领导者和有关专家进行决策，以确保决策的质量。

第三类，Q/AQ 类。这类问题与下级利益和组织利益的关系都不大，因此对决策质量

和下级认可水平的要求都不高。如工会组织部分职工到风景区旅游，需要就人选问题做决策。如果弄得过于严肃反而会把问题复杂化，所以，既不用领导者决策，也不用下级民主协商、讨论，最好是用抽签的办法决定谁去。

第四类，AQ/Q 类。这类问题既与组织利益密切相关，又与下级的利益密切相关，因此它具有高质量、高认可水平的性质。如工厂对每月的生产定额、奖励制度、人员调整等问题进行决策，这既关系到工厂的发展，又关系到职工的切身利益。对这类问题做决策，一般可采用两种方法：一是先由领导或专家进行决策，以保证决策质量；然后把决策的意义对下级进行宣传，提高下级的认可水平。二是实行参与决策，即由领导者或专家组织下级进行民主讨论，让下级积极发表意见和提出建议，然后由领导者参考有关资料、信息，并考虑下级的意见和建议，最后做出决定。这样，既可保证决策质量，又能提高下级认可水平。

第三节　改善管理沟通

日常生活和工作中存在很多沟通问题，如管理沟通、客户沟通问题，甚至会因存在沟通障碍以致出现人际冲突和纠纷。因此，必须克服沟通障碍，调解人际冲突和纠纷，改善管理沟通。

一、沟通问题

许多组织内部存在的主要问题是"沟通"。人们从事的职业各不相同，但有一点是共同的，即都需要进行人际沟通。时至今日，我们比以往更迫切地需要与他人打交道，需要更多地与他人沟通，但这并不意味着我们都善于沟通。管理的成功在很大程度上就是沟通、沟通、再沟通，不断地沟通。

一项名为"创新型企业：跨国企业如何释放创造潜力"的研究发现，受访者在与国内同事沟通时的信心水平为 96%，但与其他国家的同事沟通时的信心水平降到了72%。由于员工在与其他国家、部门和层级的同事沟通时缺乏信心和技巧，跨国公司可能无法从推动创新的投资中受益。

另外，在 350 名受访者中，有 81%都认为提高员工的跨国沟通技能会提高公司的创新能力，而近 30%参与调查的公司承认在沟通技能方面的投入不足，甚至没有这方面的投入。研究还发现，尽管 CEO 们经常采用想法共享流程（95%），但在公司高管层之外，它的使用频率要低很多，经理层为 78%，部门主管层为 77%。因此，正式流程很可能无法让每个人都参与创新。

总而言之，不管是在工作中还是在娱乐中，沟通都是我们开展活动的必要手段，是社会交际的基本技能，更是企业管理的有效方法。在现今激烈的市场竞争下，管理者如果能够重视人际沟通和有效地利用人际沟通，建设企业人际沟通的文化，将会更好地促进企业和谐、增加企业的竞争实力。

二、人际冲突

（一）人际冲突的含义

人际冲突是指被人们感知到的一种价值观或目标上的矛盾状态并伴有敌意，阻碍对手取得成功的行为以及情绪上的敌意。

冲突对任何组织而言都是不可避免的。人们对冲突是好是坏的认识经历了一个发展过程。传统观点认为，所有的冲突都是不良的、有害的、消极的，是应该避免的，它常常作为"争吵""暴乱""破坏""非理性"的同义词。

人际关系观点认为，对于所有团体和组织来说，冲突都是伴随组织产生而自然发生的现象。由于冲突无法避免，人际关系学派建议接纳冲突，使它的存在合理化，并认为冲突不可能被彻底消除，有时它还会对团体的工作绩效有益。

相互作用观点不仅接受而且鼓励冲突的存在。它认为，融洽、和平、安宁、合作的组织容易对变革的需要表现出静止、冷漠和迟钝。因此，该理论认为，管理者应当维持一种最低水平的冲突，这能够使团体保持旺盛的生命力，使成员善于自我批评和不断创新。

近年来，人们越来越清楚地认识到冲突是不可避免的，而且冲突并不一定都是消极的。冲突应当分为两类，即破坏性冲突和建设性冲突。凡利于达成组织目标的冲突就是建设性冲突，只有那些对达成组织目标起阻碍作用的冲突才是破坏性冲突。因此，不能一概地反对或避免冲突，重要的是要设法控制和驾驭冲突，使其有利于组织目标的达成。表7-5对建设性冲突和破坏性冲突做了比较。研究表明，任何组织都要有适量的冲突。冲突过多，要设法降低；冲突过少，要设法加强。

表7-5 两种不同性质的冲突

建设性冲突	破坏性冲突
双方对实现共同目标的关心	不愿意听取对方的观点或意见
乐于了解对方的观点或意见	双方由意见或观点的争论转变为人身攻击
大家以争论问题为中心	双方对赢得观点的胜利最为关心
双方交换情况日益增加	互相交换情况日益减少，以致完全停止

（二）人际冲突产生的原因

人际冲突涉及人的问题，其引发因素众多，大体总结为如下三个方面。[12]

（1）沟通方面。语义理解困难、相互误解、相互之间少有沟通或沟通过于频繁以及在沟通渠道中的噪声等都可能引起人际冲突。

（2）组织方面。组织变动、组织规模过大、组织中责权不清、组织中领导的风格不具有亲和力、奖酬体系不合理、分配给成员的任务与能力不符等均可能导致人际冲突。

（3）个人方面。由于多方面的原因，每个人的价值观、世界观不同，因此导致人们对相同问题的看法各异。而且许多人在人际交往时容易只站在自己的立场上，希望别人能够理解自己，却忽略了别人内心的想法，经常觉得自己才是正确的，别人应该听自己的，或者爱用自己的标准去要求别人。每个人的内在素质与处事风格不同，在工作过程中，难免会产生一些摩擦。

以上引发人际冲突的三个方面中最重要的是沟通方面，其他两个方面也源于人与人、人与组织、组织与组织之间的交流沟通的不足。沟通所导致的人际冲突主要源于沟通障碍的存在。

随着经济全球化和文化多元化的发展，全球不同文化间的交流日趋频繁，在此过程中，难免会出现不和谐甚至冲突。来自不同文化背景的人们，如果解决冲突的方式不同，就可能加剧对彼此的敌意和误解，甚至会导致冲突升级。

（三）冲突管理策略

社会心理学家曾用一维空间——从竞争到合作来表述人们的冲突行为，认为有的人倾向合作，有的人倾向竞争，有的人则介于两者中间。近年来，许多研究证明，这种看法不能全面地反映人们的冲突行为，因此有人提出了两维空间模式，如图 7-4 所示。图中横坐标表示"合作"（即指满足他人的利益）的程度，纵坐标表示"武断"（指满足自己的利益）的程度。[13]在这个两维模式里，有五种处理冲突的策略，即强制、回避、妥协、克制和解决问题。

图 7-4　冲突处理的两维模式

（1）强制：不合作，而且高度武断。也就是说，为了自己的利益，牺牲他人的利益。

（2）回避：合作与武断都很低，对自己和他人的利益都缺乏兴趣。

（3）妥协：两个维度都取中间程度，寻找一种权宜的可被接受的解决方法。

（4）克制：合作精神很高而武断程度很低，牺牲自己的利益去满足他人的利益。

（5）解决问题：对于自己和他人的利益都给予高度的关注。

托马斯认为，解决冲突必须注意人与人之间的沟通技巧，并适当地确定解决问题的次序，以此来协调"武断"和"合作"，求得建设性的解决冲突的方式。[14]冲突双方为了争取一个目标，其中一种结果是一方胜利，另一方失败。还有一种处理结果是，双方都有所失或者都没有满足原来想达到的要求，处理这种冲突的出发点是：大家都吃一点儿亏总比一方什么也没有得到要好，采取的策略往往是回避或者折中。这与一胜一负的办法相比，风险较小，花费也较少。而管理心理学家布莱克（R. R. Blake）和莫顿（J. S. Mouton）则提出了第三种处理冲突的方式。[15]这是一种双赢的方法，可使双方都感到自己是胜利者。这种方法要经过精心安排，促使双方协作，共同解决问题，任何一方都不要试图征服另一方。它要求双方直接地、坦率地交换意见，自我克制，相互尊重和信任，消除敌意和猜疑，最后找到双方都满意的解决方案，使双方都有一种"获胜"的感觉。

伯克（R. J. Burke）就上述各种冲突处理方法的有效程度进行调查研究后发现：使用"解决问题"策略，能够有效地处理冲突；使用"强制"策略，效果很不好；使用"回避和克制"策略的情形一般很少，即使使用，效果也不好；采用"妥协"策略，效果好的占11.3%，效果不好的占5.7%。表7-6列出了上述五种处理冲突的策略的有效性。[16]

表7-6　五种处理冲突的策略的有效性

策　　略	有效果/%	没有效果/%
回避	0.0	9.4
克制	0.0	1.9
妥协	11.3	5.7
强制	24.5	79.2
解决问题	58.5	0.0
其他（包括还未解决、无法讲明如何解决的问题）	5.7	3.8

此外，沟通专家总结出了以下十种处理人际冲突的策略，在具体实践中可按冲突的性质和原因的不同而加以选择。

（1）顺其自然法，即避免面对不同的意见，或是延续调整的时间，拖延面临的对抗。

（2）息事宁人法，即强调想法共同之处，而忽略不同的部分。

（3）强势支配法，即运用权势强迫别人听从命令，很直接地控制或者拒绝。

（4）订立规则法，即以客观、相对公平的规则作为处理分歧意见的基础。

（5）和平共存法，即在彼此协议下，维持各存己见的状态，保留不同的意见。

（6）讨价还价法，即以协商、交易的方式消除彼此的冲突。

（7）弃子投降法，即放弃自己的想法，完全以对方的意见为意见。

（8）全力支持法，即在可容忍和允许的范围内，给予对方最大的支持，给予对方下放权力。

（9）携手合作法，即将大家的意见整合在一起，一起工作去获得一个双赢局面。

（10）重组群体法，即将该群体解散，重新组织。

三、有效沟通和改善沟通

组织有效沟通和改善沟通的策略和工具主要包括如下四个方面：① 保证正式沟通渠道通畅；② 学会积极倾听；③ PAC 分析；④ 周哈利窗口分析。

（一）保证正式沟通渠道通畅

首先，组织必须建立发布指示、例会、个别交谈、建议、员工态度调查、申诉等制度，以保证正式沟通渠道通畅。组织必须审核以下四个主要的信息沟通网：① 在政策、规程、规定、上下级关系等方面与管理或工作任务有关的网络；② 与解决问题、召开会议和提出改革建议等方面有关的创新网络；③ 凡与表扬、奖励、晋升以及其他企业目标和个人目标联系起来的各种与工作有关的笼络人才的网络；④ 与公司的出版物、布告栏以及小道消息等有关的信息构成的网络。

其次，组织要想提高沟通的效率，还必须根据组织特点和具体的环境条件，利用一些可以改进组织沟通的技术。一般来说，有以下三种。

1. 建议和咨询制度

通过征求非管理雇员对改进工作的意见来加强上行沟通，以体现一种鼓励提出有益意见并防止意见通过指挥链条被过滤掉的正式意图。实行建议制度能够使组织在以下四个方面有所提高：① 促进工作环境、技术、方法的改善，提高工作效率；② 增进员工工作兴趣，加强团体意识和合作精神；③ 帮助员工发泄怨恨、愤懑的情绪，使心情趋于平和；④ 通过建议制度发掘员工才能。

与建议制度有关的是咨询制度，它提供了一种答复雇员提出的有关组织问题的正式手段。当问题和答复范围广泛时，这种制度可促进双方有效沟通。许多组织在其雇员读物中设有问题和答复专栏，内容范围包括从津贴到公司股票等各种问题。

2. 对主管进行人际沟通训练

适当的人际沟通训练能够改进主管的沟通技能。在如何处理棘手的问题方面，信心十足的主管能够更好地掌握社会情感和任务要求之间的平衡。人际沟通训练特别注重下行沟通，这是因为一个人的态度和情感的流露会提高接收者的交互作用。因此，能够有效地进行下行沟通的上级反过来也能够上行沟通。

例证　7-5

联想的隔级面谈制度[17]

联想集团从 2003 年起在全公司范围内实施了"隔级面谈"制度，就是要求所有管理者至少"向下看两级"，使自己对团队的了解深度和广度进一步扩大，同时也为员工提供一个越级反映问题的合理渠道。隔级面谈的形式强调"单独"和轻松，每次面谈都是一对一的，而且地点不选在办公室，以便营造一个非正式的、轻松的环境，使沟通双方能够更加自如地交流。联想的隔级面谈已经形成了一个完整的制度，并且纳入了考核体系。

3. 雇员调查和调查反馈

运用调查表对现有雇员的态度和意见进行调查是一种有用的上行沟通手段。因为调查通常以匿名回答的调查表进行，雇员们可以自由表达自己的真实观点。一次有效的雇员调查应包含雇员确实关心的问题和有益于实际目的的信息。调查专家必须以一种易于被管理部门理解的方式对结果进行概括总结。

定期开展这类调查特别有用，经理们能够察觉到雇员在情感方面值得注意的变化。例如，对工资满意程度的急剧下降可能是劳工纠纷的先兆和需要修改补偿合同的信号。当来自管理部门的答复和任何变革计划的调查结果反馈到雇员时，雇员就会意识到，他们的议论和看法已被管理部门听到并加以考虑，这将加强下行沟通，提高沟通的效率。

此外，组织要鼓励以下行为：① 采用个人接触，如进行个别谈话、饮食招待、家庭访问或友谊集会等。② 促进意见交流，如举行周会及月会，报告工作状况及问题、解决方法；举行主管会议，交换意见与情报资料；出版刊物及公报，对组织事务做有计划的报道；对新任职员做职前教育，并介绍其与大家认识；实施政务公开，如人事、财务、意见及其他事项等；迅速澄清谣言，但不重复散布；减少公文流程；给予员工公开发表意见的充分机会与权利。③ 鼓励团体活动，如举办工作座谈会，组织员工俱乐部，成立参考图书馆，举办展览会，举办参观、郊游或团体旅行，发起聚餐及茶会，设置娱乐节目，举办各项体育活动和消遣活动等。

例证 7-6

盖洛普 Q12 员工满意度调查[18]

盖洛普通过对 12 个不同行业、24 家公司的 2500 多个经营部门中的 105 000 名员工进行数据收集与分析后发现，有 12 个关键问题最能反映员工的去留、公司利润、效率和顾客满意度这四个事关企业长远发展的硬指标。这 12 个关键问题就是著名的"盖洛普Q12"。

以下为具体问题。

1. 我知道公司对我的工作要求吗？
2. 我有做好我的工作所需要的材料和设备吗？
3. 在工作中，我每天都有机会做我最擅长做的事吗？
4. 在过去的七天里，我因工作出色而受到表扬吗？
5. 我觉得我的主管或同事关心我的个人情况吗？
6. 工作单位中有人鼓励我的发展吗？
7. 在工作中，我觉得我的意见受到重视吗？
8. 公司的使命目标使我觉得我的工作重要吗？
9. 我的同事们致力于高质量的工作吗？
10. 我在工作单位有一个最要好的朋友吗？
11. 在过去的六个月内，工作单位有人和我谈及我的进步吗？
12. 过去一年里，我在工作中有机会学习和成长吗？

从上面的问题可以看出，这套著名的问卷既涉及员工的学习成长、职场交友、事业感与成就感，又涉及企业的人力资源配置、绩效管理与公司文化。通过对其所反映出的问题进行有针对性的改进，可从员工个人与组织整体两个方面综合提高企业的管理水平。

（二）学会积极倾听

倾听与交谈同样重要。据国外的调查，许多管理人员在一天中有 40%的时间是用于倾听的。实践表明，倾听能力是可以通过训练提高的。然而，倾听并不只是听到别人传递过来的声音，它包括积极感知传递者的信号，精确地评估它们，并恰当地做出反应。只有当信息传送者所打算传出的信息被倾听者收到并且理解时，倾听才是有效的。图 7-5列出了积极倾听策略的基本要素，即感知、评估和反应。

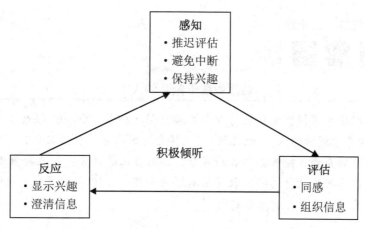

图 7-5　积极倾听策略的基本要素

1.　感知

感知是指从传送者处接收信号并保持注意的过程。这些信号包括词语、语音、语速、声调、非言语线索等。通过推迟评估、避免中断以及保持兴趣，积极倾听者可改善感知：① 推迟评估。许多倾听者因受第一印象的影响，会很快地从说话者信息中的某种观点出发，先入为主，结果未能接收到重要的信息。积极倾听者应该抱着一种开明的心态，不要急于做出评估，要让说话者把话说完。② 避免中断。中断说话者的陈述会带来两种负面的影响：一方面，这样做中断了说话者的思想，因而倾听者无法接收到完整的信息；另一方面，中断会让人猜测说话人将要讲什么，因而过早地中断会导致对说话者思想的评估不准确。③ 保持兴趣。相反地，用一种积极的看法，即认为谈话总会有某些有价值的东西，来对待谈话，我们就能随时保持兴趣。

2.　评估

评估是指理解信息的含义，评价信息，并保持对信息的记忆。为改善谈话中的评估，积极倾听者必须对说话者表示同感，并对接收到的信息进行组织：① 同感。同感就是说要设身处地站在他人的角度来试图理解他人言语以及非言语的意思。积极倾听者必须对说话者的情感、思想和处境表示理解和敏感。② 组织信息。倾听者处理信息的速度比说话者的讲话速度要快近三倍。一般地，倾听者处理信息的速度是每分钟 450 个词，而说话的平均速度是每分钟 150 个词。因此，前者很容易分心。积极倾听者要善于利用空余时间组织信息，对它们加以归纳总结。当对方说完之后，试着总结一下对方的讲话就是一个很好的做法。

3.　反应

反应是指倾听者用一些话语、动作等鼓励和支持谈话继续下去。反应是对说话者的反馈，能够鼓励和引导说话者的谈话，显示兴趣和澄清信息有助于倾听者做到这一点。眼神接触以及在谈话过程中以"噢，真的！""我明白了"等言语反馈都能够显示倾听者的兴趣。澄清信息是指积极倾听者在谈话过程中以"因此你说的是不是……"来重新解释说话者的意思，并征求说话者的答复，这样做既能显示倾听者的谈话兴趣，又能帮助其判断自己的理解是否正确。

例证 7-7

<h3 style="text-align:center">我愿做善于倾听的人[19]</h3>

当记者对摩根大通银行全球贸易业务主管丹尼·柯毅（Daniel Cotti）进行专访时，他说："我愿做善于倾听的人。"他还说："选择合适的人才，努力工作，倾听，倾听，再倾听！倾听客户的声音，倾听竞争者的声音，倾听员工的声音！据此做出正确的决策。"善于倾听的丹尼率领他的贸易团队取得了不错的开局，2010年，摩根大通银行被《贸易福费廷》评选为"全球最佳贸易银行"。

（三）PAC 分析

1. 相互作用分析（即 PAC 分析）的概念

相互作用分析是伯恩（Eric Berne）在他的《大众的游戏》一书中提出的一种提高人际交往能力和促进信息沟通的方法。[20]相互作用分析的理论基础是心理学上的"自我状态"，即认为每个人在心理性格上有三种自我状态：父母自我状态、成人自我状态和儿童自我状态，分别用 P、A、C 表示。这三种状态是一个人在其成长过程中逐步形成而成为心理结构的组成部分。当两个人交往对话时，实际上就有六种状态进行相互作用。

上述三种自我状态可以分别用简单的形容词来描述：父母自我状态是"权威的""教诲的"；儿童自我状态是"情感的""感觉的"；成人自我状态是"理智的""逻辑的"。根据相互作用分析理论，"父母自我状态"和"儿童自我状态"对客观世界的感受和反应往往并不一贯，而"成人自我状态"的思考与反应则具有统一性和一贯性，因此理想的互相作用是"成人刺激"和"成人反应"。上述三种心理状态汇合为人的性格，而且蕴藏在人的潜意识之中，在一定条件下会不自觉地表现出来。在每一个人身上，三种心理状态的比重并不相同。表 7-7 列举了 PAC 结构的管理人员的行为特征。

表 7-7　PAC 结构的管理人员的行为特征

PAC	行　为　特　征
高低高	喜怒无常，难以共事，个人支配欲强，有决断力，喜欢被人称赞、捧场和照顾
高低低	墨守成规，按规矩办事，家长作风，养成下属的依赖性，是早期工业革命时代的经理人物，现在已不合潮流
低低高	有稚气，对人有吸引力，喜欢寻求友谊，用幼稚的幻想进行决策，讨人喜欢，但不是称职的经理
低高低	客观，重视现实，工作刻板，待人比较冷漠，难以共处，只谈公事、不谈私事，别人不愿与他谈心
高高低	容易把"父母"的心理状态过渡到"成人"状态，若经过一定的学习和经验积累，可成为成功的组织家
低高高	最理想的管理人员，"成人"和"儿童"的良好性格结合在一起，对人对事都能做好

2. 相互作用的类型

相互作用分析原理可用来研究信息沟通行为，这是因为通常人们进行信息沟通时往往处在某一种自我状态，而且常常可以由某一种自我状态转变为另一种自我状态。作为组织管理人员，必须了解下属在沟通中处于何种自我状态，以便做出适当的反应和引导。从相互作用分析的角度出发，信息沟通可以有如下两种主要形式。

（1）平行沟通。平行沟通是一种在符合正常人际关系的自然状态下的反应，也是被人所预期的反应。这时，相互作用是"平行"的，即当甲处于某种自我状态与乙交流时，乙以甲所期望的相应的状态予以反应。

（2）交叉沟通。在某一交流中，如果得到的不是适当的反应或预期的反应，就可能成为交叉沟通。这时，相互作用是交叉的，这种情况与平行沟通正好相反。

理解了相互作用分析的原理，人们就能在交往中有意识地觉察自己和对方所处的自我状态，做出适当的反应，避免发生交叉沟通，使信息沟通渠道能够畅通无阻。相互作用分析的一个重要原则是尽量以成人的自我状态控制自己，并以成人的语调和姿态来对待别人，同时也要鼓励和引导对方进入成人的自我状态。例如，当对方是 P—C 状态时，若能用 A—A 状态对待，往往可以将对方引导到 A—A 状态，从而转入平行沟通。

例证 7-8

相互作用分析的教育[21]

美国一家航空公司用影片作为教材，进行相互作用分析的教育。其内容是：航空公司一位女售票员在售票，有几位顾客在窗口排队。她在接待两位男顾客，为他们安排旅行日程计划。后面一位女顾客等得不耐烦了，就开口训斥这位女售票员："你是在售票还是在谈情说爱？"这位女售票员的反应不是反唇相讥，而是将局面扭转到"成人—成人"的自我状态。她说："非常抱歉，让你久等了，很对不起，你需要什么？如果你有急事，请和他换一下，我先给你办。"这样一说，女顾客平心静气地回到了自己的位置上，说："没问题，你抓紧给他办吧。"事情就顺利过去了。看完这段影片，让受训者联系相互作用分析的原理，讨论分析这位女售票员为什么能顺利地处理这一场口角，从而收到了教育效果。

（四）周哈利窗口分析

周哈利（Johari）认为，按自我、他人对自己的信息的了解程度，沟通可分为四个窗口[22-23]，即公众我、隐私我、背脊我、潜在我，如图 7-6 所示。

图 7-6 中左上单元称为"公众我"，是我知人亦知的情况，如果沟通这部分信息，在双方之间不会存在障碍。左下单元为"背脊我"，是己不知而人知，如上级对自己的看法。这时如果对方不给信息，自己就无法理解对方的行为、决定及潜能。右上单元为"隐私我"，是己知而人不知，如不愿他人了解自己的隐私，这实际上是给自己戴上了假面具的沟通方式，虽然对自己有保护作用，但影响了正常的交流。右下单元为"潜在我"，是己不知人亦不知，一般情况下，这样的沟通将无法进行。

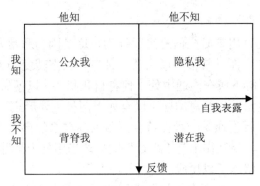

图 7-6 周哈利窗口

想提高沟通的有效性，就要从两方面进行工作：一方面是增加自我表露的程度，这可以使隐区转为明区，这种方法要求人诚实，并与对方分享信息；另一方面是提高反馈程度，这可以使盲区转化为明区。

1. 自我表露

自我表露是人们向他人讲述和分享关于自己的任何信息。人们通过自己所说的话和在别人面前展示自己的方式，时常会无意识地表露自己的很多信息。通常向他人表达自己的这种能力是个体成长和发展的基础。无自我表露的个体会压抑自己的真实情感，因为表露会对自己产生一种威胁。相反地，完全自我表露的个体，即向遇到的任何人大量表露自我的人，实际上不能与他人沟通，因为他们太专注于自己。在上级和下属之间、团队成员和顾客之间，合适的自我表露能促进对话，分享与工作相关的问题。

一个人在组织中的层次常会使自我表露复杂化。个体会抑制自己对那些拥有较高正式权力的人进行自我表露，因为他们拥有奖励或惩罚的权力。即使一个下属愿意并能够在工作中以合适的形式进行自我表露，认为上级值得信任，即上级不会用表露出来的信息惩罚、胁迫、嘲笑他，也会影响其自我表露的形式和程度。

2. 反馈

反馈是指人们与别人分享自己关于他人的看法、想法和感受。当人们对他人的观点或建议做出反应时，反馈包括个体的感受或抽象的想法。反馈的情感感受根据个体关注的方面的不同而变化。当你想要取得沟通成果时，反馈应该是支持性或修正性的。因此，建设性的不同反馈是促进沟通的一个重要手段。

3. 理想的管理者

霍尔（J. Hall）认为，要想提高沟通的有效性，可从两个方面着手：第一，增加自我表露的程度，使隐私我转向为公众我；第二，提高反馈程度，使背脊我转化为公众我。依据这两种改进方法是否被管理者使用和怎样使用，我们分析出四种类型的管理者，即 A 型（自我表露少，反馈也少）、B 型（自我表露少，但反馈多）、C 型（自我表露多，但反馈少）、D 型（自我表露多，反馈也多）。结果表明，比较理想的管理者和领导者是 D 型。

管理者一旦了解了自身在沟通中的问题之后，便需要采取有效的对策加以克服。比方说，对大权独揽者，对策是逼迫自己少动手，锻炼下属，帮助员工掌握正确方法，授之以渔。对推诿责任者，对策是牢记勇于出头负责是保住职位的最好办法，是取得信任和尊敬的机会。对经常抱怨下属者，对策是遇事先问问自己："我听取下级的建议了吗？我了解全面情况吗？我事先提出防范措施了吗？"养成先责己、后责人的习惯。对高高在上者，对策是多到第一线，多与基层接触，倾听下属的心声。

 本章小结

> 沟通是信息源通过某种管道把信息（观点、情感、技能等）传送到目的地的过程。

> 按沟通方式的组织化程度，沟通可分为正式沟通和非正式沟通；按沟通所借用的媒介的不同，沟通可分为语言沟通与非语言沟通；按沟通的方向不同，沟通可分为单向沟通和双向沟通；按信息的流向，正式沟通可分为上行沟通、下行沟通和平行沟通三种形式。

> 群体决策是由群体中多数人共同进行决策，它一般由群体中的个人先提出方案，而后从若干方案中进行优选。群体决策的主要方法包括会议讨论决策法、列名群体决策法、头脑风暴法、私人董事会。

> 组织有效沟通和改善沟通的策略和工具主要包括如下四个方面：① 保证正式沟通渠道畅通；② 学会积极倾听；③ PAC 分析；④ 周哈利窗口分析。

思考练习题

心理测试

倾听商数测验

管理游戏

阅读能力测试

归队

 案例分析

"5—15 报告" 法

 参考文献

[1] 曹正进. 组织行为学[M]. 北京：经济管理出版社，2007.

[2] SHANNON C E, WEAVER W. The mathematical theory of communication[M]. Urbana, Chicago, London: The University of Illinois Press, 1949.

[3] 张望. 韦尔奇的"奇异"管理[J]. 财会月报，2000：2.

[4] MEHRABIAN A. Communication without words[J]. Psychology today, 1968(1): 52-55.

[5] 陈颐. 一美元与八颗牙[J]. 思维与智慧，2012（24）：43.

[6] HALL E T. The hidden dimension: man's use of space in public and private[M]. Garden City, N.Y.: Bodley Head, 1966.

[7] 陈丽君，胡超丰. 信息技术下组织内部人际沟通与管理效能[J]. 技术经济与管理研究，2001（2）：64-65.

[8] 杜慕群. 管理沟通[M]. 北京：清华大学出版社，2009.

[9] 杨斌. 跨文化经营的挑战[J]. 北京工商大学学报，2002（2）：56-58.

[10] 韩平. 组织行为学[M]. 西安：西安交通大学出版社，2015：353-354.

[11] 伍云. 简议几个心理因素对决策的负效应及对策[J]. 桂海论丛，1998（4）：73-76.

[12] 彭增安. 跨文化冲突的成因及处理方式研究[J]. 河南师范大学学报，2010（1）：262-263.

[13] 蒋爱先，陈靖莲. 人力资源开发与管理[M]. 大连：大连理工大学出版社，2009.

[14] THOMAS K W. Thomas-kilmann conflict mod[J]. TKI profile and interpretive report, 2008(1): 1-11.

[15] BLAKE R R, MOUTON J S. The managerial grid[M]. USA: Gulf Publishing, 1964.

[16] BURKE R J. Methods of resolving interpersonal conflict[J]. Personnel administration, 1969, 32(4): 48-55.

[17] 刘兴阳. 聆听智慧：世界名企人力资源管理三人评[M]. 北京：中国人民大学出

版社，2006.

[18] 周施恩.世界顶级公司人力资源管理实操详解[M].北京：中国纺织出版社，2010.

[19] 韩英彤."我愿做善于倾听的人"：专访摩根大通银行全球贸易业务主管丹尼·柯毅（Daniel Cotti）[J].中国外汇，2011（10）：38-41.

[20] BERNE E. Games people play: the psychology of human relationships[M]. New York: Ballantine Books, 1964.

[21] 赵国祥.管理心理学[M].北京：高等教育出版社，1995.

[22] LUFT J, INGHAM H. The Johari Window: A graphic model for interpersonal relations[R]. University California Western Training Lab, 1955.

[23] LUFT J. The Johari Window[J]. Human relations training news, 1961, 5(1): 6-7.

第八章
权力与政治

学习目标

- ➤ 了解权力的基本概念
- ➤ 掌握权力的基本类型
- ➤ 了解政治行为的概念
- ➤ 掌握权术和联盟的方法
- ➤ 掌握防范性骚扰的方法

引例

国美控制权之争[1]

2010年，国美电器创始人兼大股东黄光裕和董事局主席陈晓的控制权之争甚嚣尘上，引起了广泛关注。2008年11月，黄光裕以操纵股价罪被调查，随后，陈晓接替黄光裕出任国美电器董事局主席，为国美控制权之争埋下伏笔。为应对债务危机，陈晓主导了美国贝恩资本进入国美，接受了贝恩的苛刻条款，黄光裕在狱中对此投出反对票，否决贝恩资本的三名代表进入董事局，陈晓却率董事会推翻股东大会结果，重新委任贝恩资本的三名董事加入国美电器董事局。至此，陈晓完全控制董事局，黄、陈二人的矛盾也公开并激化。

2010年8月4日，黄光裕发表公开函，要求召开股东大会，罢免陈晓等公司执行董事职位；次日，国美董事局在香港起诉黄光裕，并要求索赔。在媒体推动下，国美的控制权之争迅速上升为全民关注的社会热点。黄陈战略分歧、贝恩债转股、董事局的股份增发权、大股东为防止股权稀释而增持……国美之争，可谓一波三折、跌宕起伏。同年9月28日，国美股东大会表决，黄光裕的提案除取消董事局增发授权获得支持外，罢免陈晓职务等四项提案均被否决。但是，由于国美商标和三百多家未上市门店由黄光裕持有，国美的未来仍然扑朔迷离。12月17日举行的国美特别股东大会通过了委任两名由国美控股股东 Shinning Crown Holdings Inc.提名的董事和增加许可的董事最高人数（从11人增加至 13 人）的决议案，任命邹晓春为执行董事、黄燕虹为非执行董事。至此，黄光裕终于在董事会内拥有了自己信任的两名代表。

2011 年 3 月 9 日，在国美董事局主席位上打拼了三年多的陈晓黯然离开了国美总部所在地——北京鹏润大厦，黄氏家族相中的代理人邹晓春和黄氏家族代言人黄燕虹如愿进驻国美董事会。持续了七个月之久、轰轰烈烈的"国美内战"——"黄陈之争"，终于以陈晓的出走画上了句号。

由国美控制权之争的引例可见，权力和政治行为存在于任何组织中。组织中的权力主要有五大类：法定权、强制权、奖赏权、专家权和参照权。企业员工必须善于运用权力，通过适当的政治手段来达到组织和个人的目标。

第一节　权　　力

很长时间以来，谈起权力，我们会将它与政府、政治、政客，甚至一些权术和阴谋联系在一起，很少会认为它和企业组织之间有着密切的关联。但组织内利益的分配是由组织权力群体控制的。组织的正式权力等同于法理权力，产生于组织的劳动分工，其生产性功能是整合组织、协调内外关系，并决定与此密切相关的利益分配。近三十年来，越来越多的学者认识到组织中的权力在组织运作、组织目标的实现以及提高组织绩效方面起着重要的作用。

一、权力的概念

（一）权力的定义

在组织中，权力是指个人或群体（A）影响或控制其他个人或群体（B）行为的能力，不管 B 是否愿意合作，都会依照 A 所希望的去做。例如，如果工人的受雇佣与否、工资水平高低等方面受到厂长的控制，那么即使工人不愿意调换工作岗位，也要服从厂长所做出的职位调换的安排。

从另一个方面来说，权力并不是绝对的，而是动态的，它会随着个人和环境的改变而改变。例如，某些权力是赋予某个职位或职务的，一旦个人不再拥有这个职务，他也就失去了与之相伴的权力。部门主管能够控制和影响自己的下属，但是对于其他部门的职员可能只产生间接的影响，甚至没有影响。

（二）权力、职权与威信

权力可以分为强制性权力和非强制性权力。强制性权力是随着领导所担任的职务而来的，即职权，具有法定性和强制性。这种权力的实施主要由个人在组织中的地位所决定。非强制性权力也叫自然性权力，也就是人们所说的"威信"，主要靠领导者的主观努力取得，如领导者具有良好的素质，使人产生信赖感，从而使下属心悦诚服地接受其领导，实现真正意义上的领导。

1. 权力和职权

职权是一种法定权，是组织正式授予管理者并受法律保护的权力，与职务相联系。职权是管理者实施领导行为的基本条件，没有这种权力，管理者也难以有效地影响下属，实施真正的领导。

个人的职权大小取决于他的职务职能范围和他在组织中所处的纵向职位层次。在组织中所处的层次越高，这个人的职权也就越大，权力则是同时由他的纵向职位和他与组织权力核心或中心的距离所决定的。一个人距离权力核心越近，他对决策的影响就越大。

这种由职权产生的权力都不是领导者的现实行为造成的，而是外界赋予的，它对下级的影响带有强制性和不可抗拒性。正因为职权是通过组织正式的渠道发挥作用的，这种权力来自领导者的职务或者职位，所以，一个人只要拥有一定职位，那么权力也就随之而来，当领导者失去其管理职位时，这种权力也就大大削弱甚至消失了。

2. 威信

威信是指由管理者的品德、知识、才能、感情等个人因素所产生的影响力。这种影响力与特定的个人相联系，是靠领导者自身的威信和以身作则的行为来影响他人的，与其在组织中的职位没有必然的联系，所以威信又称为非权力性影响力。

一般而言，威信的内容包括两个方面，即专长和品质。专长方面的威信是指由于领导者具有各种专门的知识和特殊的技能或学识渊博而获得同事及下属的尊重和佩服，从而在各项工作中显示出在其专长方面一言九鼎的影响力。专长方面的威信通常影响面比较狭窄，被单一地限定在专长内。品质方面的威信是指由于领导者优良的领导作风、思想水平、品德修养，而在组织成员中树立的德高望重的影响力。由于来源于威信的权力建立在下属对于领导者认同的基础上，它通常与具有非凡魅力的领导者相联系。领导者威信的高低受其个人的品德、知识、才能和感情等多方面因素的影响。

要实现有效的领导，领导者就应拥有一定的权威，即权力加上威信。权力是强加的，必须服从；威信是使人自愿服从和接受的影响力。职位带来的权力只是为领导者提供实现有效领导的可能性和必要的客观条件，要将可能性转化为现实性，还需要依靠与领导者个人因素紧密相关的影响力，即威信，这样才能实现领导者对被领导者的影响。

二、权力的来源和类型

被誉为"现代管理理论之父"的马克斯·韦伯根据合法权力的主要来源将其分为三种主要类型：① 传统型权威，它是由习俗和已接受的行为所授予的，即所谓的"君权神授"；② 魅力型权威，是指由领袖人物所具有的与其追随者建立特殊关系的能力而产生的权力，一定程度上来自精英人士的个人魅力，即"振臂一挥，八方响应"的力量；③ 法理型权威，即以合法性原则建立起来的理性权威，选举或任命的领导者以及一个正式组织的领导者都拥有这种类型的权力。

约翰·弗伦奇（John French）和柏崔姆·瑞文（Bertram Raven）则将组织中的权力基础划分为五大类：法定权、强制权、奖赏权、专家权和参照权[2]，如表8-1所示。

表 8-1 权力基础的测定

一个人具备一种还是多种权力基础？对下列问题的确定性反应可以回答这个问题	
考虑到他（她）的职位和你的工作职责，这个人有权力期望你服从法规的要求	法定权
这个人可以为难他人，但你总想避免惹他（她）生气	强制权
这个人能够给他人以特殊的利益或奖赏，你知道和他（她）关系密切是大有好处的	奖赏权
这个人的知识和经验赢得了你的尊重，在一些事情上你会服从于他（她）的判断	专家权
你喜欢这个人，并乐于为他（她）做事	参照权

（一）法定权

在正式的群体与组织中，通过组织职位所拥有的法定权力即为法定性权力。领导者以其法定权领导组织或影响他人，使组织成员工作，以完成组织目标。这种类型的权力也称为"制度型的权力"，因为它来源于管理人员在组织机构中的职位结构，是最普遍的权力来源。仅有合法性还不足以使指令得以执行，职位权威的另一个重要的构成要素就是拥有惩罚和奖励的手段，也就是说，法定权包含奖赏权和强制权在内，但是，法定权的涵盖面比强制权和奖赏权更为宽泛。比方说，它还包括组织成员对通过组织职位所拥有的法定权的接受和认可。

（二）强制权

强制权主要是指通过使用或威胁使用惩罚手段来影响他人的能力，它建立在畏惧的基础之上。这种权力取决于权力主体拥有使权力客体的身心受到伤害的能力。例如，肉体伤害、精神打击、基本需要的控制和剥夺等。例如，当领导者不满意下属的工作成果时，对下属进行责骂、批评、扣奖金等形式的惩罚，就是强制权的运用。组织会有各种惩罚方式，如谴责、降级、调职或解雇。无论施予何种惩罚，强制权的使用都会使人受到伤害，产生敌意、愤恨甚至报复，破坏信任和人际关系。

（三）奖赏权

与强制权相对的是奖赏权，即通过使用奖赏的能力来影响他人。当你拥有别人所期望得到的东西时，你就拥有了权力。在组织中，当领导者拥有足以控制他人的具有价值的事物（如薪资、晋升、福利、名望或地位、休假、培训等）时，领导者就拥有了奖赏权。通常，奖赏权能够提升下属的满足感及降低下属的抗拒。当然，奖赏权不仅仅局限于物质的范围，如认可、友好、激励、赞扬等也是奖赏，而这些并不仅仅只有领导者才能够给予，组织中任何一个人都可以。

（四）专家权

专家权来源于专门知识、专业技术和特殊技能的影响力。当某人拥有专门的知识或技能，足以处理某些事件而使他人信服时，此人就具有专家权。专业知识和技能是权力的主要来源之一，特别是在技术导向的社会中。通常，越专精化或技术取向越强的工作就越需要具有专家权的成员。

例证 8-1

比尔·盖茨独具特征的领导艺术[3]

要重视技术，公司就必须要有一个最高的技术决策者。比尔·盖茨作为微软的首席架构师，他的工作是制定公司的长期技术路线图，并确认公司每一个行政部门的科研计划是互补而不是重叠的。因此，他要求公司的每一个产品和技术部门都向他做技术汇报，这些汇报大多是"头脑风暴"式的讨论。做这样的汇报，除了可以得到比尔·盖茨的回馈，每一个项目团队还可以在准备过程中受益匪浅。因为项目团队为了准备回答比尔·盖茨可能问到的各种问题，必须在报告前彻底调研市场、技术、竞争对手等信息，也因此避免了闭门造车的风险。

（五）参照权

参照权的基础是对拥有理想素质和人格、特殊背景和阅历、良好感情关系的人的认同。参照权基本上是通过认同而来的，如果你认同、欣赏某人到了想效仿他的态度与行为的程度，此人对你就有了参照权。参照权通常是与那些具有令人羡慕的个性、魅力或良好声望的个人联系在一起的。它一般包括以下三种类型：① 个人魅力权，它是建立在对个人素质的认同及其人格的赞赏的基础之上的；② 背景权，它是指那些由于具有辉煌的经历或特殊的人际关系背景、血缘关系背景而获得的权力；③ 感情权，它是指一个人由于和被影响者感情融洽而获得的一种影响力。参照权通常涉及信任、相似性、接受性、情感、追随者的意愿及情绪上的投入。参照权有时也显现在模仿上。这些都是如电影明星、运动健将或其他名人常常会出现在影响购买行为的广告中的原因。

从管理心理学的角度对上述五种权力类型进行比较，结果如表 8-2 所示。

表 8-2 权力类型比较

权力类型	权力来源	权力过程	下属和领导者关系模式	要求的条件	领导者行为特征	优点	缺点
法定权	法定的	内在化和外在化的统一（认同和服从的统一）	领导者与下属的一致性	领导者与下属拥有相似的价值观	做出决策，下属自愿服从	具有较为明确、和谐的领导关系，行动比较迅速	领导者难以引起变革
强制权	下属的恐惧（手段—结果控制）	服从	下属被动执行，渴望获得一种安全而已	领导者必须对下属进行监督和控制	对下属采取威胁和命令的方式	迅速有效	成本较高
奖赏权	下属的期望（手段—结果控制）	服从	下属想从领导者那里获取某种反应，即渴望得到奖励	领导者必须对下属进行监督和控制	给与不给出于自愿，以求服从	迅速有效	成本较高
专家权	信任	内在化认同	一致性关系	领导者与下属拥有相似的价值观	下属自愿执行	有效、可信	不能绝对保证效果的充分性

续表

权力类型	权力来源	权力过程	下属和领导者关系模式	要求的条件	领导者行为特征	优点	缺点
参照权	个人魅力权	吸引力	辨认	渴望与领导者建立关系	领导者必须在下属面前具有显著的优越地位	下属自愿执行	成本较小，具有内在鼓舞力	因缺乏有形的奖励，会侵犯领导者的权威
	背景权	相关性（社会关系）	辨认	渴望与领导者建立关系	领导者必须在下属面前具有显著的优越地位	下属自愿执行	安全系数较高	权威基础过于单一
	感情权	相关性（社会关系）	辨认	渴望与领导者建立关系	领导者必须在下属面前具有显著的优越地位	下属自愿执行	成本较小	不能绝对保证效果的充分性

(注：表格中"参照权"为权力类型，其余列依次为权力来源、权力过程、下属和领导者关系模式、要求的条件、领导者行为特征、优点、缺点)

三、依赖——权力的关键

（一）依赖性的基本假设

权力关系产生于相互依赖，也就是说，权力最重要之处在于它的依赖性。B 越依赖 A，则 A 对 B 的控制力就越大，也就是说 A 对 B 的影响力越大。如果你拥有别人所需要的资源，且你是唯一的控制者，那么不对称的依赖格局就产生了，你就拥有了控制他人的权力。这种依赖关系基于个体感知到自己有多少其他的选择机会，以及对于受控于别人的选择机会的重视程度。假如 B 对 A 没有依赖关系，或 B 有自己另外的意愿，B 就可以不受 A 的控制或影响，而自由选择或决定自己的行为。对资源的不同控制形式导致因渴望获得资源而形成的依赖，不平衡的依赖和摆脱依赖的有限可能性则导致权力和服从的产生。

依赖性与个体及其掌握的可替代性资源（即摆脱依赖的可能性）成反比。在组织中，如果下属认为上司控制着自己渴望得到的晋升机会、培训机会、加薪、发展前途等资源，那么该上司对下属所具有的权力就比较大。如果下属更注重于自己的选择，开发自己的技巧和设法保持自己在多个组织机构中受欢迎的程度，那么上级对他所具有的权力就会大幅度减少。

（二）影响依赖性的因素

依赖是如何产生的？当你控制的资源重要、稀少且不可替代时，别人对你的依赖就产生了，而资源的重要性、稀少性和不可替代性三者共同决定了权力与依赖关系的性质和强度。

1. 重要性

要想创造依赖性，必须使人们感觉你所控制的事物或资源是相当重要的。在组织中，那些能够消除或避免组织不确定性发生的个人或群体会被认为是控制了重要的资源的，从而增加了组织对他们的依赖性，提高其权力。例如，在一个高技术导向的公司，工程师们是最有权威的群体，因为他们能够使公司的产品在质量和技术上保持优势，降低不确定性。重要性依情境的不同而有所变化，不同的组织，情况不一样，即使是同一组织，在不同的情况下，重要性也会发生变化。例如，工会在工人罢工时肯定比平时拥有更大的权力。

2. 稀少性

人们常说"物以稀为贵"，说的就是稀少性的道理。例如，在工厂里，有的老工人级别较低却拥有几十年的丰富经验，在某些方面，特别是在关键性的技术方面，别人要依赖于他们，因此，他们比别人更有权力。在这个例子里，资源的稀少性就体现在几十年丰富的经验上。

3. 不可替代性

一种资源越是没有替代品，那么实现了对它的控制的人或部门获得的权力就越大。假如企业中某一部门的功能可以由其他部门、个人或者企业外部某些机构来承包或者完成，其可替代程度越高，那么，该部门潜在的权力就越小。

总之，在组织中，某个部门越能够解决重要问题，而且它所具有的专业知识和技能越独特且不可替代，组织内其他部门对它的依赖程度就越高，拥有该知识和技能的个人或部门就会获得越大的权力，对组织决策也会具有越大的影响力。

第二节　政治——组织中的权力运用

政治就是权力的运用。员工要想在组织中获得快速提升和发展，必须掌握一定的政治行为和方法。

一、政治行为

（一）政治行为的定义

组织中的政治行为（political behavior）是指超出个人正式角色的工作要求，运用权力去影响组织决策，影响或试图影响组织内部的利益分配的行为，这些行为有时候是为自我利益服务和未经组织批准的[4]。它包括各种政治行为，如：揭发、散布谣言；向新闻媒体泄露组织机密；为了一己私利与组织中的其他成员交易好处；游说他人，以使其支持或反对某人或某项决策等。政治行为可以分为正当的政治行为和不正当的政治行为。组织中每天都会发生一些正当的政治行为，如上司抱怨、形成联盟、借口等。不正当的政治行为是指那些极端且违反游戏规则的行为，从事这些行为的人通常会"不择手段"，如说谎、欺诈、陷害别人、谋杀等。

（二）政治行为的现实

组织中的政治行为是不可避免的。这是因为组织是一个政治体系，组织成员对于选择和行动的意见不一致会很自然地随时发生。一个有效的组织管理者应该明白并接受组织的政治本质，通过运用政治的观点来评价组织中的各种政治行为，预测组织中其他成员的活动，努力消除或降低这些活动给组织造成的消极影响，并运用这些手段和信息为自己或部门带来好处。

政治行为可能会导致积极和消极的结果产生，即它可能产生满意或者不满意的决定，而要避免不正当的政治行为则需要付出某些实际的代价。

一项对 30 个组织中的 90 位经理的研究表明，这些经理都能证实政治行为的有益作用和有害影响。有益的作用包括事业的发展、获得嘉奖和个人寻求其合法利益的地位，以及任务的完成和组织目标的实现，促进合理竞争和竞赛、组织创新和变革，这是组织中正常的政治过程的结果。有害的影响包括政治活动中的"失意者"降级和丢掉工作，资源的错误使用，以及无效率的组织文化的产生[5]。从组织中政治行为影响组织发展的运作过程来看，政治行为的负面功能体现为组织中的个人或团体为了掌握决策制定的主导权和争取到更多的资源，必然会采取许多具有攻击性的权力手段，进而引发组织内部的冲突，其结果轻则排挤掉其他个人或团体原先应享有的资源，重则影响到组织的协调运作并损害组织整体的利益。

例证 8-2

以退为进的"垂帘听政"[6]

一家家电企业的前任总经理重出江湖，罢免了他亲自任命的总经理，同时废止了后者上任之后的"新政"。半年前，这位老总对外宣布退到二线做董事长，不再干涉企业的具体经营问题，而今他的复出无疑证明了半年前的所谓功成名就只是"垂帘听政"而已。

这家企业是这位老总用了 20 年时间将其从一个街道小厂发展起来的，他的个人风格给这家企业打上了深深的烙印。而被"废掉"的接班人有着自己的思路和考虑，他酝酿将公司总部迁往上海，因为企业在获得新观念、新思想方面始终要比地处沿海城市的竞争对手慢上半拍，他希望总部搬迁后能够为公司带来新鲜的血液。但在前任老总的眼中，接班人的做法过于激进，总部搬迁涉及与当地政府甚至省政府的关系，怎能轻举妄动？

让这位老江湖更上心的其实还有更重要的问题：引进战略投资者，改变国有股一股独大的局面，同时实现管理层持股，这无疑是更深层次上的机制调整和利益重组。因此，他采用了以退为进的办法：自己先后退半步，待局面发生变化时再变被动为主动，重新得到政府的信任并再度控制公司，从而完成这个更有挑战性的游戏。

（三）引发政治行为的因素

组织中政治行为发生的原因往往可以从组织情况和员工个体特征两个主要角度来进行考查。组织情况包括组织环境、组织文化、组织结构、政治管理等方面，而个体特征往往和个体差异、权力需求、控制地位、冒险倾向等因素相联系。

1. 组织因素

当决策制定和执行过程具有高度的不确定性和复杂性，而个人和群体之间为争夺稀缺资源展开的竞争又十分激烈时，经理和雇员采取政治行为的可能性较高。反之，在比较稳定且不太复杂的环境里，决策过程很透明，竞争行为很少，这时极端的政治行为就不太可能会发生了，如图8-1所示。

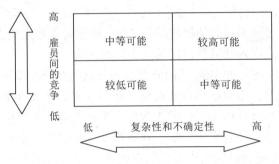

图8-1　组织中发生政治行为的可能性

罗宾斯认为，影响组织内部政治行为活跃程度的因素主要有以下八个[4]。

（1）组织信任度低。组织中政治行为发生的频率和组织信任度成反比。组织信任度越低，政治行为就越容易发生，非法的政治行为相应越多；而高信任度可以抑制政治行为，特别是非法的政治行为。

（2）角色模糊。如果组织对员工行为范围、职权缺乏明确界定，那么，员工的政治行为的范围和功能几乎也不会受到什么限制。因为政治行为是指那些正式角色要求范围之外的行为，角色越模糊，越容易使人卷入政治行为而不易被察觉。

（3）不明确的绩效评估系统。组织在绩效评估中所用的主观标准越多，衡量的结果越单一，或者绩效评估的间隔或周期拖得越长，则员工在不被注意的情况下进行政治活动的可能性越大。

（4）非得即失的零和（输或赢）报酬分配体系。非得即失的零和报酬分配方式是把报酬总额看成固定的数额，任何个人或群体的所得必须以另外一个人或群体的所失为代价，即我得你必失。这就使得人们总是力图使自己显得劳苦功高而贬低他人的作用，容易产生政治行为。

（5）民主化决策。民主化决策可以降低组织的专制程度。管理者为了谋取权力往往绞尽脑汁，付出了高昂代价，必然不愿意与他人分享权力，实现民主化决策，这样就导致领导者有可能把团队、讨论大会和小组会议作为他们施展手腕、玩弄权术的竞技场。

（6）以高压手段追求高绩效。员工感到干好工作的压力越大，他们越有可能卷入政治行为。如果一个人觉得他一生的事业或终生的幸福都取决于他下个季度的销售额或产量报告，那么他就会想尽一切办法来确保结果对他有利。

（7）高层管理者的自利行为。如果上层管理者热衷于政治行为，并获得成功和一定回报，组织中就会形成接受和支持政治行为的氛围。在这种情况下，员工也许就会被诱导去从事政治行为，以获得某些好处。

（8）合作组织的政治文化。组织的政治文化不同，政治活动也会不同。当两个政治环境很差的企业一起合作时，参与合作项目的人员会更容易滋生政治行为。同时，当两个员工内部政治行为都较少的公司合作时，即使参与合作项目的人员之间存在一些政治纠缠，也不会导致合作项目业绩下降。

ERP 的多重目的[6]

当 ERP 触及不同的利益集团并被不同的利益团体所利用时，引进 ERP 就演化成一场公司政治运动。

某大公司高层希望通过实施 ERP 将公司的管理水平提升到一个高透明度的、可考量的层次，改变目前企业运作中人为造成的各种不可控因素，而一个拥有 ERP 系统的中国公司在海外投资者眼中也将是一个很好的卖点。这是 ERP 对公司的战略性意义，而现实层面的问题是借 ERP 彻底改变原来公司的管理体系，降低过高的管理成本。这家公司通过设在全国的 20 多个分公司来管理各级经销商，管理费用非常高，加上各分公司在执业时会更多地考虑自身的利益，往往造成管理失控。鉴于 ERP 系统一旦开始运作，总公司对分公司的管理控制能力将会有很大的提高，不少分公司负责人对此持抵触态度。

抵触情绪最强烈的是营业额最高的广州分公司。这时，该分公司一位副总私下向公司总裁请缨，希望协助公司完成 ERP 实施工作，并且保证业务不会受到大的损失，ERP 逐渐上升为路线斗争。很快地，广州分公司的老总被明升暗降，只得另谋高就。在顺利完成 ERP 在广州分公司的实施工作后，原分公司副总被任命为总公司副总裁。公司 ERP 工作在很大程度上依靠各地分公司中这样一批人的出现，他们在这场运动中升职加薪，而原来权力反对公司此项决定的那些人则黯然离去。

2. 个体因素

不同的人从事政治行为的概率也不尽相同，某些人很可能比其他人会更多地从事政治行为。就性格特征而言，有高度自我监督能力、内控型性格及高度权力需求的人，比较可能从事政治行为。此外，个人在组织中所做的投资、感知到出路的多寡，以及对政治行为是否成功的预期等因素，都会影响其采取不正当政治行为的意愿。

黑尔里格尔（Hellriegel）和斯洛克姆（Slocum）等人在著作中讨论了以下四种与政治行为有关的个性品质。

（1）对权力的需求。这是一种要影响和领导其他人，以及要控制当前环境的动机或基本愿望。对权力具有高度需求的人很可能会在组织中从事政治活动。对权力的需求有两种不同的体现形式：个人权力和制度权力。强调个人权力的领导者要求下属对自己忠诚，而不是对组织忠诚，一旦这种类型的领导离开，工作班子可能会崩溃；强调制度权力的领导者会使其下属产生对组织的理解和忠诚，创造一种有效工作的良好风气和文化。与男性领导者相比，女性领导者在制度权力方面具有更大的需求，而在个人权力方面则需求较小。

（2）为达到目的而不择手段的倾向。意大利著名政治思想家尼科罗·马基雅弗里（Niccolo Machiavelli）的主要理论就阐述了"政治无道德"的政治权术思想。人们把那些为达到自己的目的，缺乏对常规道德的关心，而不惜在人际关系中使用欺诈和机会主义手段审视和摆布别人的人称为"马基雅弗里主义者"，也就是为达到目的而不择手段者。曾有研究表明，在组织中，马基雅弗里主义与政治行为高度相关，它是组织中具有政治行为的良好预报器。

（3）控制点。根据控制点可将人们分为内控型和外控型两类。内控型的人认为，事情的结果基本上都由他们自己的行为决定，他们往往乐于假定自己的努力会成功。而外控型的人认为，事情的结果基本上并非由他们的行为决定，而是由外部的其他因素（如环境）决定的。因此，内控型的人对于从事政治活动的偏好比外控型的人更为强烈，更可能试图去影响其他人。

（4）冒险倾向。从事政治活动往往要冒风险，它可能会带来与最初目的相反的结果。因此，避免冒险倾向的风险回避者比具有明显冒险倾向的风险爱好者更不愿意从事政治行为。

二、权术和联盟

（一）权术：权力的战术

在政治上，权术是为了达到夺取并巩固政权，或获取并巩固权位（君位、官位）等政治功利目的而采取的具有隐晦、秘密特点的谋略和手段。在组织中，权术是指员工如何将权力基础转换为具体的行动，也可称为权力的战术。

权力拥有者在试图行使权力，或对别人的行为施加影响时，几乎都会采取标准化的方式。有研究者调查了一百多位经理人，询问其如何影响老板、同事或下属，结果发现主要有以下七种权术或影响策略。

1. 合理化

使用事实和数据来证明自己的想法合乎逻辑、合情合理，是理性的意见。

2. 表示友好

在提出要求之前，先称赞、奉承、讨好对方，表示亲善，并显露出谦卑的一面，以获得认可。

3. 借助联盟

获得组织中其他人的支持和帮助，以满足自身要求。

4. 协商谈判

通过讨价还价使双方的利益取得一致。

5. 强制独断

采取直接而强硬的方式，例如，强调规章、命令，要求他人服从，重复提醒对方、命令他人做自己所要求的事等。

6. 借助高层权威

获取上司或者组织高层人员的支持，强化要求，以利于达到要求和目标。

7. 运用组织规范的约束力

运用组织的奖惩规定或绩效评估等形式来迫使对方就范，例如，不准或不答应加薪，威胁给予不佳的绩效评估，或暂停升迁的机会等。

在这些权术策略中，面对不同的情境和影响对象，不同权术策略所使用的频率也不一样。表8-3就是当管理者面对上级和下属时，从最常用的权术策略到最少用的权术策略的排列。

表8-3 按使用频率高低排列的权术

使 用 频 率	当领导者欲影响上级时	当领导者欲影响下属时
最常用	合理化	合理化
	借助联盟	强制独断
	表示友好	表示友好
	协商谈判	借助联盟
	强制独断	协商谈判
最少用	借助高层权威	借助高层权威
		运用组织规范的约束力

权术的运用与下述四个情境变量有关：① 领导者的相对权力；② 领导者欲影响的目标；③ 领导者预期对方会顺从的意愿；④ 组织文化。那些权力较大、处于支配地位的领导者相较于权力较小的领导者会更多地使用权术，而后者会更频繁地使用强制独断的权术。如果领导者预期对方有较大可能顺从的话，则会降低使用权术的概率。如果组织中形成了接受和支持运用权术的氛围，领导者使用权术的行为就很容易发生。

例证 8-4

微软（中国）巧送月饼[7]

中秋节送月饼曾是有些企业的一项"福利"，然而月饼送出去以后，员工大多会抱怨不断，微软（中国）也不例外。后来，唐骏在送月饼前，先从市场上购买了一些普通的散装月饼，将其带回公司，在和五星级酒店里的月饼比较后，发现二者相差并不是很大。于是，唐骏就买了一批普通的散装月饼，换成微软的包装盒，然后为全公司写了一封公开信，内容大概是说今年的月饼可以由员工自己订购份数，由公司出面寄给其家人或朋友，并会在月饼盒内附信一封，上面写道："微软是全球最优秀的公司之一，微软（中国）是大中华地区最优秀的一个团队，而您的×××是微软（中国）大中华地区最优秀的员工之一。"全公司的员工争着订购这批月饼，公司采取这样一个举措不仅解决了送月饼难的问题，更起到了令员工以公司为荣的效果。

（二）如何获取权力

获取权力是通向领导者之路。西方学者杜布林提出获取权力的策略与途径可以归纳为如下九种。[8]

（1）同有权势的人建立联盟。假如你想要更多的权力，就要发展权力接触，努力成为拥有权力的人物的朋友。

（2）笼络或消灭。为达目的不择手段，或者笼络并赢得周围的人，或是使他们在你前进的道路上让路（如离职、降职、明升暗降或者使其失去原有的权力）。

（3）离间分裂。建立联盟是取得权力的一种途径，那么破坏别人的联盟就是另一种选择。因此，可以在上司和他最亲密的圈子之间制造矛盾，进而取而代之。

（4）控制重要信息，操纵经过整理分类的消息。通过控制对重要信息的取得，你可以使想从你手里获取信息的人寸步难行，也可以使那些得到信息的人欠你的人情。

（5）尽早表现你自己。及早干好一项工作，使有权势的人对你有良好的第一印象。

例证 8-5

成功者的模式[9]

安泰人寿总裁潘乐昌先生在初入行时便为自己制定了一个成功的模式与策略："凡是交到我手上的工作，我都把它当作是自己的事业，拼命秀给大家看。因为有'我的参与'和'我的努力'，这份工作一定做得比别人好！"就是因为这样简单的一句话，在短短三年内，他的职位连跳三级，一路高升，打破了公司过去的传统。因为他表现"突出"，很快就赢得了总部的赏识，并且在业界打响了名声。当时，友邦集团在马来西亚除了经营一家分公司，还与当地人合资经营了另一家寿险公司。这家公司规模很小，只有100多名业务员，成立了十多年，一直在亏损。于是，公司派潘乐昌过去帮忙，先是让他担任副总一职，不到一年，总经理生病住院，改由他独挑大梁。

（6）累积和利用"施恩图报"。为别人做好事，但要确保他们明白有朝一日要回报这一恩情。

（7）循序渐进。缓慢地、从容地前进，即循序渐进而不是用激进的手段赢得人们的信任，以避免撞翻船。先做出微小的变化，当有了立足点之后，再争取更大的变化。

（8）事情在变好之前必须先变坏。这意味着利用坏消息去引起人们的注意并取得合作机会去实施你的策略。

（9）谨慎纳谏。征求下级的建议固然很重要，但要非常小心，以免使你对他们产生依赖感或变得脆弱易击。

上述的观点具有很强的功利性，其目的就是直接获得权力，并没有将如何获得职位权力和个人权力有效地区分开来。刘建军对这两个方面进行了归纳和总结，得出下述结论。[10]

1. 获得职位权力的策略与途径

（1）通过完成关键工作而获取职位权力。

（2）通过正常的晋升而获取职位权力。

（3）在克服危机中获取职位权力。

（4）通过上级领导者的赏识和信任而获取职位权力。

2. 获取个人权力的策略与途径

（1）通过人格感染力而获取个人权力。

（2）通过自身专长的提高而获取个人权力。

（3）通过感情和利益的投放而获取个人权力。

（4）通过特殊关系而获取个人权力。

（三）联盟：取得和增加权力的重要战术

对于那些没有权力又想要追求权力的人，他们首先会试图增加个人的权力。当一个人无法取得权力时，他就会采取联盟的方式，通过"人多"达到"势众"。联盟是通过积极地追寻某单一目标而结成的非正式团体，它是取得和增加权力的重要战术。例如，下属可以想办法同其他具有类似的或互补的依赖关系的人结合起来，并努力改变长期以来处于劣势的依赖与服从倾向，谋求更好的待遇和福利。例如，近年来，白领员工和专业技术人员在仅靠个人力量难以达到提高报酬和完善工作保障的目的后，都纷纷转向了工会组织。

在什么样的组织中容易产生联盟呢？首先，组织中的联盟为了能够施加权力以达成自己的目标，就要寻求组织中广泛的民意支持，这就意味着要扩大联盟范围，尽可能多地把有兴趣的人囊括进来，尽量扩充规模。在那些注重合作、承诺以及参与决策权的组织中，联盟的扩展比较容易建立共识；若处于专制和等级森严的组织中，扩大联盟的规模就很难做到。

其次，联盟与组织内的依赖性程度有关。如果组织中的工作任务繁重且资源之间相互依赖，那么联盟就比较容易形成。相反地，如果组织中资源充足，且各部门可以自我控制，那么由于部门之间的相互依赖性较弱，组织中联盟的数量就较少。

最后，联盟的形成也会受员工所从事的实际工作的影响。群体任务的常规性越强，联盟的可能性就越大。这是因为工作的常规性越强，员工之间的替换性就越强，导致他们之间的依赖性就越强。为了降低这种依赖性，他们就会求助于联盟，这也是工会对低技能和非专业技术人员的吸引力远远大于对高技能和专业技术人员的吸引力的主要原因。

第三节 性 骚 扰

近年来，职场性骚扰事件频繁进入公众视野，引发社会广泛关注，我国立法也予以积极回应。《中华人民共和国民法典》（以下简称《民法典》）第 1010 条以法律形式确立了用人单位应履行预防、制止性骚扰的义务。新修订实施的《中华人民共和国妇女权益保障法》中，更是进一步细化了企业在预防和制止对女职工的性骚扰中需采取的措施，并确立了相应罚则。

一、性骚扰：工作场所的不平等权力

（一）性骚扰的定义

自从国人关注性骚扰这一问题开始，性骚扰概念的界定一直是个难题，其原因主要在于性骚扰概念本身是个舶来品，对其的界定与国家和地区的文化、生活方式、固有制度紧密相联。

2021 年 1 月 1 日，我国开始施行《民法典》，该法对"性骚扰"进行了明确的规定。《民法典》第 1010 条规定："违背他人意愿，以言语、文字、图像、肢体行为等方式对他人实施性骚扰的，受害人有权依法请求行为人承担民事责任。机关、企业学校等单位应当采取合理的预防、受理投诉、调查处置等措施，防止和制止利用职权、从属关系等实施性骚扰。"香港的《性别歧视条例》也对性骚扰做了相应的界定：一方向另一方做出不受欢迎的、与性有关的冒犯行为，包括不情愿的身体接触、性贿赂、提出与性相关的行为给予某种利益的条件。此外，还包括不涉及身体接触的言语、图文展示、眼神及姿势等，如查问别人的性生活、做出猥亵姿势等。在我国香港，某些情节严重的性骚扰行为，如淫亵电话、猥亵露体、性侵犯等，可能涉及刑事犯罪。

美国相关法律确定的性骚扰是工作场所的性骚扰。联邦法院在判例中确定了性骚扰的两种类型：交换利益性骚扰和敌意工作环境性骚扰。由于美国各州均有立法权，所以在联邦政府的法律规定和联邦法院创制的判例之外，各州也有规制性骚扰的法律规范。在美国各州，对于性骚扰并无统一而确定的概念，只有一个基本界定：性骚扰主要是指发生在工作场所或者教育场所、大众住所、租屋、专业服务等场所的，基于性别歧视的、不受欢迎的主动的在性方面占便宜，要求性方面的好处及其他有关性方面的言语或肢体行为[11]。

1991 年，欧盟委员会在要求其成员国提高对性骚扰危害性认识的文件中指出，"性骚扰是一种不被接受的、损害人们尊严的行为""在工作场所中，无论是来自上司或同事的如下与性有关的言行，均将被视为性骚扰：① 它被另一方视为过度的、不受欢迎的和令人生厌的；② 它被或明或暗地当作一种前提或条件，用以对另一方在业务培训、受雇、续聘、提升、工资及其他与职业有关的方面产生影响；③ 这种言行制造了一种威胁、敌意和不友善的工作环境。"尽管欧盟其后分别在 2002、2004、2006 年就性骚扰的界定问题在平等待遇指示中进行修正，但人格尊严的基础地位并未改变[12]。

（二）权力与性骚扰

在工作场所中，无论性骚扰来自上级、同事还是下级，权力的概念都是理解性骚扰的核心。而且，当双方存在很大的权力差异时，更有可能会发生性骚扰[13]。上司和员工的两极关系可以最好地表明不平等的权力关系。职业女性发现，由于性别的差异，男性往往占据了更优越的位置，权力的不平等使她们常常不得不"出卖人格"以向权力换取所需的资源，如果她们对这种行为模式提出抗议或控告，就会给自己带来很多麻烦，会被冠以"行为不端"的罪名而很快成为男性滥用权力的牺牲品。由于权力的不平等，许多被骚扰的人只能忍气吞声。

虽然我们用权力这个概念来分析、理解工作场所的不平等权力的表现形式——性骚扰，但它不仅仅是个人利用权力控制或威胁他人的问题，性骚扰这种行为是违法的，施行者将受到法律的制裁。为了有效防止性骚扰的发生，2019 年的《民法典人格权编草案》条款规定：违背他人意愿，以言语、行为等方式对他人实施性骚扰的，受害人有权依法请求行为人承担民事责任。

当然，随着人们对性骚扰现象的深入探讨，性骚扰并不仅限于男性对女性的骚扰、上司对下属的骚扰，也包括女性对男性的骚扰。

二、防止性骚扰

在工作和生活的很多领域中存在着性骚扰，应从组织管理和个人应对两个方面对其进行预防和控制。

（一）组织管理

从组织角度而言，应以制度的形式保护处于弱势的一方的人身权利，建立一套针对性骚扰的专门而有效的预防和惩戒措施，其中应包括如下两个方面：① 把对性骚扰的定义、具体且可操作的反性骚扰的制度和惩戒措施书面化，并将书面资料发送给所有职工，使其研读熟知；② 制定完备的监督制度，具有独立的监督系统和申诉机制。大型企业更应构建职场反性骚扰合规体系，特别是互联网巨头们，如 Google、Facebook、Apple、Microsoft 等公司公开了反性骚扰政策，国内阿里巴巴及 vivo 等公司也将成立反性骚扰工作组。

另外，企业组织应对员工进行针对性骚扰的培训工作。中国远洋集团在 2013 年左右就已经注意到企业防治职场性骚扰的重要性[14]。作为早期具有代表性的国有资本之一，中远集团有着自己的防治体系。集团各关联公司通过风险评估，识别性骚扰多发场所、具体情况，分析得出结论后将防治职责落实到包括工会、女工委员会、人力资源部、综合治理办公室和党工部门等部门：① 集团工会和总公司签署《中远集团女职工权益保护专项集体合同》，将性骚扰防治作为约定义务，以此保障女职工权益；② 集团结合中国特色，将性骚扰防治作为党风建设和干部考核的重要指标；③ 集团建立多渠道反馈投诉机制，如骚扰行为来自上级，受害职工可以绕开主管部门，投诉至信访部门、人力资源部、工会，或社会综合管理（内保）部门。

美国一些州法则较为超前，强制要求雇主在特定时间内完成特定时长的预防职场性骚扰培训。例如，根据加州最新法案（Senate Bill No. 778），雇佣 5 名及以上员工的雇主应当向非管理人员提供时长 1 小时的性骚扰及性侵防治培训，向管理人员提供时长 2 小时的培训，周期为两年一次，首次培训应在 2021 年 1 月 1 日前完成。

我国香港平等机会委员会则呼吁香港女性大胆举报性骚扰个案。该委员会在其宣传资料中指导市民，尤其是女性市民，一旦遇上性骚扰就应该这样做：① 表明态度，制止骚扰者的骚扰，并马上举报；② 记录每次被骚扰的时间、地点和情节，或告诉自己信任的人，免得对簿公堂时拿不出证据；③ 寻找一个支持者或辅导员，因为他/她能够给予情绪上的支持及提供机构中正式投诉程序的资料；④ 向平等机会委员会投诉；⑤ 法律诉讼。

除了以上对性骚扰的应对方式，香港平等机会委员会还对性骚扰的预防方式做了一些提示。它在"消除雇佣范畴中的性骚扰"指引中列出了防范性骚扰的良方，如引导市民清楚认识宣传"反性骚扰"的作用，提醒女性员工应观察工作场所的情况，及早察觉性骚扰征兆，公司或工厂也应常常提醒员工提高自我保护意识；当接到性骚扰投诉事件时，上层机构要做到客观聆听，并保护当事人的隐私，除了向投诉者提供正式的投诉渠道，还应协助当事人向平等机会委员会求助，以求获得专业指引。这些都可以说是从组织管理上对性骚扰的防范和应对，给予了职工最大范围内的保护。

（二）个人应对

预防与应对职场性骚扰除了从公司组织角度进行，个人也有一些可为的地方。职场上的性骚扰发生的形式主要有以下三种：① 在公共场合用开玩笑的方式进行语言或动作的猥亵；② 偷偷赠送与性有关的礼物或展示色情刊物；③ 利益诱惑或以降职、开除等手段来威胁。针对这三种骚扰方式，个人可考虑如下三种应对方式。

（1）在工作中要爱惜名誉，保持尊严，举止端庄，衣着打扮得体，避免穿着看起来比较暴露、性感的服装；避免和有性骚扰倾向的异性单独在一起，如果对方以工作为理由要求单独在一起，也应尽量选择较为公开的场所、在工作时间内进行，对于工作时间和场所之外的要求可以婉言拒绝，不给性骚扰者可乘之机。在与异性相处时，应举止端庄，勿随意开玩笑以及说暧昧的话语，以免让异性以为是某种暗示而自食其果。

（2）当发现有人对自己进行性骚扰时，要态度鲜明地向对方表明立场，如果对方不停止骚扰，可向有关部门寻求法律的保护。被对方性骚扰时，自己的态度很关键，这决定着骚扰是否会继续进行。一般而言，对于语言上的暗示，应婉转相告，表示自己不喜欢这样的玩笑，请以后最好不要开；对于动作上的小摸小捏，应严厉制止；对于电话或者短信骚扰，可以告诉对方，如果再不停止，将使用电话录音或者将短信转发给对方的爱人或者向上级部门申诉；如果性骚扰者是自己的上级，掌控着自己在工作岗位的去留、升迁的权力，既要明确表明自己的立场，又要让对方不至于太尴尬，但前提是敢于拒绝和反抗，如果因此丢掉工作，那就向法院起诉。

（3）对性骚扰要有正确的认识，改变社会上认为女性应该对性骚扰的发生承担责任的观念，减少应对性骚扰的社会压力。性骚扰难以取证，从历年性骚扰的官司来看，女性胜诉的情况屈指可数，这给女性在应对性骚扰方面增加了社会压力。不过随着社会的日渐发展，人们的法制观念逐步深化，加之法制建设的加快，无论是职场中的女性还是男性，都会受到越来越多的法律保护，逐渐远离职场中的这些无形的伤害。

 本章小结

> 在组织中，权力是指个人或群体（A）影响或控制其他个人或群体（B）行为的能力。

> 权力基础可划分为五大类：法定权、强制权、奖赏权、专家权和参照权。

> 组织中的政治行为是指那些不是由组织正式角色所要求的，但又影响或试图影响组织中利害分配的活动。

> 七种权术策略：合理化、表示友好、借助联盟、协商谈判、强制独断、借助高层权威、运用组织规范的约束力。

> 随着人权意识的发展和对平等机会的关注，有关性骚扰的问题渐渐浮出水面并得到社会关注，如何界定和防范性骚扰已成为组织权力与政治的重要课题。

思考练习题

管理游戏

公司小品

案例分析

控制权争取与企业业绩

参考文献

[1] 吴思嫣，严军生. 国美控制权之争的管理启示[J]. 现代管理科学，2011（1）：39-40.

[2] FRENCH J R P, RAVEN R B JR, CARTWRIGHT D. Studies in social power[M]. Oxford, England: University Michigan University Press, 1959.

[3] 李开复. 微软的成功之道[J]. 企业文化，2009（2）：79.

[4] 斯蒂芬·P. 罗宾斯. 组织行为学[M]. 孙健敏，等，译. 北京：中国人民大学出版社，2018.

[5] 任迎伟. 西方组织政治行为理论研究评介[J]. 西南民族大学学报（人文社科版），2005（1）：366-369.

[6] 贺志刚. 公司政治典型情境[J]. IT 经理世界，2002，10（20）：60-65.

[7] 张永生. 唐骏凭什么成功[M]. 北京：五洲传播出版社，2009.

[8] 杜布林. 领导力：第 7 版[M]. 冯云霞，范锐，译. 北京：中国人民大学出版社，2017.

[9] 乔尹. 职场达人志[M]. 北京：中国发展出版社，2009.

[10] 刘建军. 领导学原理：科学与艺术[M]. 3 版. 上海：复旦大学出版社，2013.

[11] 靳文静. 性骚扰法律概念的比较探析[J]. 比较法研究，2008（01）：135-141.

[12] 骆东平，谭彬．欧盟式性骚扰概念界定的深层分析[J]．山西师大学报（社会科学报），2012，39（01）：53-56．

[13] 钟曼丽．从权力的角度来解读工作场所中的性骚扰[J]．辽宁行政学院学报，2012（2）：157-162．

[14] 中远集团防治性骚扰的实践[EB/OL]．（2013-07-09）．中国妇女报新闻．http://www.jcrb.com/xztpd/2013zt/201307/xingsaorao/aaa/201307/t20130716_1158458.html．

第九章
领导理论

学习目标

- ➤ 了解领导的基本概念
- ➤ 掌握领导的六种权力基础
- ➤ 了解领导特质理论
- ➤ 掌握领导行为理论
- ➤ 掌握领导权变理论
- ➤ 了解领导理论的新进展

引例

马云的领导风格[1]

马云，1964年10月出生于杭州，是阿里巴巴集团主席和首席执行官、主要创始人。

1999年年初，马云在杭州创业，开发阿里巴巴网站；2003年，个人电子商务网站淘宝成立；2004年，在线支付系统支付宝发布；2005年，阿里巴巴集团与雅虎美国建立战略合作伙伴关系，并执掌雅虎中国。从50万元创业资金、18个人的创业团队起家，马云带领阿里巴巴用10年时间成长为全球最成功的电子商务集群，使电子商务从一个概念变成一种领导潮流的商业形态。随着阿里巴巴的发展，马云正在成为有影响力的新一代中国企业家。

马云是一位非常强调团队精神的企业领导，他非常欣赏唐僧的"西游团队"。马云说，唐僧之所以成功，凭的就是有使命感，他代表着整个团队的价值观和发展方向。唐僧的思维其实很简单，就是取经，这是任何东西都改变不了的。也正因为如此，有唐僧在，这个团队就不会散，就有主心骨，就能一直朝着取经的方向前进。

阿里巴巴的凝聚力在于马云的个人魅力和他所提倡的使命感。阿里巴巴能像磁石一样吸引大批人才加盟，除了其本身的吸引力，马云的"治心术"也是一个重要因素，有媒体称其为"精神控制法"。

阿里巴巴收购雅虎中国是一场对马云领导才能的巨大考验。当时，雅虎中国的员工对马云抱有一定的敌对态度。然而，马云却通过一次盛大的"回归"仪式，用行动化解了这些员工心中的敌对情绪，让这些员工从心理上接受他。同时，他不断加强企业文化融合，加强文化治心，最终让员工认同这次并购。

在马云的领导艺术中，他信奉的管理理念是"得人心者得天下""治人先治心"。他坚持用文化统一人心，他认为在中国企业里，如果没有共同的目标、共同的使命感、共同的价值观是不行的，只有大家目标统一，力量才会朝一个地方使。

马云是一个有远见且重视与员工关系的领导者，他通过个人魅力和企业文化来实现对下属的领导，以此获得员工的认同，动员大家朝向统一的目标努力。那么什么是领导？领导是指领导者对下属施加影响以完成他们的目标和任务的过程，它与管理具有一定的区别。领导理论的发展经历了特质理论、行为理论和权变理论三个阶段。领导有效性受制于某些因素（如心态、道德、信任、情景），因此，针对这些因素对领导者进行相应的知识、心态和行为培训也就变成了可能。

第一节　领导与领导者的影响力

要成为一个卓越的领导者，我们首先要理解什么是领导，并且知道如何区分"领导"和"管理"这两个不同的概念。领导和管理是组织中两种不同的职能，管理的功能是维持秩序，而领导的功能是推动变革。对于领导者而言，规范和程序性的思维方式无法带领员工实现组织的变革与创新，仅仅依靠职位权力也难以激发员工的主动性，非职位性的影响力（如领导者的个人魅力等）对于发挥领导者的影响力具有重要意义。

一、领导的概念

孔茨认为，领导是领导者促使其下属充满信心、满怀热情地完成任务的艺术[2]。领导包括如下四个方面的内容：① 领导是领导者对下属施加影响的过程；② 领导作为一种组织行为，指向组织目标和任务；③ 领导作为组织导向行为，具备引导组织发展方向的作用，其中包括制定目标、制定规范和用人；④ 领导是领导者对下属进行激励和鼓舞的一种行为。

二、领导与管理的区别

日常生活中，人们容易将领导与管理混淆。近年来，学术界出现了将领导与管理作为独立体系加以研究的学术倾向，一般认为，领导的功能是推进变革，而管理的功能是维持秩序。但对现代组织来说，管理与领导都是不可或缺的，需要两者的有效合作。领导与管理的具体区别如表9-1所示。

表9-1 领导与管理的区别

类 型	产生方式	所处理的问题	主 要 行 为	影响下属的方式	思 维 特 点	目 标
领导	正式任命，或从群众中自发产生	变化、变革问题	开发愿景、说服、激励和鼓舞、制定目标和规范、用人	正式权威或非正式权威	直觉、移情、冒险、独处、创造	变革、建构结构、程序或目标，制定战略
管理	正式任命	复杂、日常问题	计划、监督、员工雇佣、评价、物资分配、制度实施	正式权威	理性、规范、合作、安全、程序	稳定组织秩序，维持组织高效运转

例证 9-1

他适不适合做领导[3]

一天，某民营医药公司的老总前来找笔者，咨询有关公司管理和用人的问题。他谈到，当他的公司面临重大危机，资金周转不灵，急需资金帮助公司渡过难关时，一位员工挺身而出，拿出百余万元垫进来，帮助公司渡过了难关。老总很感激他，将他提拔为副总，主管营销和后勤，并分给他5%的股份。副总性格稍内向，办事认真、古板，让他负责装修，与预算相比，还为公司节省了两万余元；让他主管后勤，每个月两部车的开销也能节省八百多元。他做事很仔细，连汽车维修是在哪个汽修厂，他有时都打电话去核实。但是，他最近炒掉几个员工，使老总感到很不安，因为这些员工在老总看来都很不错。其他员工对副总也颇有微词，不少员工向老总反映副总很小气，连一百多元的应酬费有时都不给签单报销。如果还是让副总主管的话，有些优秀的员工就打算离职。副总主管营销一年多，业绩起色不大。为鼓励士气，老总给了副总3000元，让他分发给下属，但他始终都没有分发下去。老总于是开始考虑，副总到底适不适合待在目前的职位上。最后，为稳定员工，老总只好自己又接管了营销。

从性格上分析，副总可能是略偏抑郁质的人，比较不适合做领导，但做一个管理者还是可以的。管理者是按章办事，如果公司制定了规范，让副总按规范签字管理，他是可以胜任的。但这个公司处于创业期，很多事情要领导说了算，无章可循，如果硬逼着一个管理者做一个领导者的工作，被提拔的管理者本人吃力不讨好、感到困惑不说，其领导工作的成效也会大打折扣。

三、领导者的影响力

领导者是指实施领导行为的人。领导者的影响力即领导者影响下属接受目标或命令，自愿服从或强制服从的力量，可以分为职位性影响力（即与领导者的正式职位所赋予的权力相联系）和非职位性影响力（即与个人的品德、才智、经验、领导能力和过去的业绩相联系）。

约翰·弗伦奇（John French）和柏崔姆·瑞文（Bertram Raven）将影响力分为五种——法定权、强制权、奖赏权、专家权和参照权，俞克（Yukl）和法尔比（Fall be）在此基础上增加了信息权[4]。表9-2列出了这六种影响力的内容和影响方式。

表 9-2　六种影响力的内容和影响方式

六种影响力	含　义	影响力类型	内容和影响方式
法定权	领导掌握支配下属的职位和责任的权力，期望下属服从法规的要求	职位性影响力	任命、罢免等权力，具有明确的垂直隶属关系
强制权	领导随时可以为难下属，下属避免惹他生气	职位性影响力	对不服从要求或命令的人进行惩罚，使之惧怕，如批评、训斥、降薪、降级、解雇，是一种负性强化的方式
奖赏权	领导能给下属以特殊的利益或奖赏，下属知道与他关系密切有好处	职位性影响力	给合理的期望者分配有价值的资源，如鼓励、表扬、发奖金、晋级，是一种正性强化的方式
专家权	领导的知识和经验使下属尊重他，服从他的判断	非职位性影响力	专业知识在决策、运营等方面的影响，影响方向可能是平行或自下而上的
参照权	下属喜欢、拥戴领导，并乐意为他做事	非职位性影响力	人格魅力和社交技能使人欣赏、喜欢、服从，示范和模仿是影响的主要方式
信息权	领导掌握和控制对下属而言非常有价值的信息，下属依赖领导的信息分享而行事	职位性影响力	以是否分享信息作为奖惩的手段，领导掌握分享信息的主动权

第二节　领导特质理论

特质是相对稳定和连贯的个体特征综合体，包括人格、动机、能力、价值观、职业兴趣等[5]。从古希腊亚里士多德开始，领导特质理论（Trait Theories of Leadership）经历了由传统的领导特质理论向现代的领导特质理论的转变。传统的领导特质理论认为，领导者的素质是与生俱来的，不具备天生领导素质的人不能当领导。这个观点直到 20 世纪 70 年代才逐步为现代的领导特质理论所取代。人们认识到领导者的大多数素质是在实践中培养而成的，因此，现代的领导特质理论家们根据现代企业的要求，提出了领导者素质的标准，并开发了相应的专门训练方法，以培养相关素质。迄今为止，领导者素质研究仍具有现实意义。人与工作、组织、环境相匹配理论的有效性支持了这一观点。

一、西方领导特质理论的研究

早期的领导特质理论研究成功的领导者与他们所具备的特质之间的关系。斯多基尔（R. M. Stogdill）对有关领导者素质的研究做了综述[6]。他将领导素质分为如下六大类：① 身体特征，如体格强壮、精力充沛、充满活力、仪表出众、打扮整洁等；② 社会背景，包括接受过高等教育和享有良好的社会地位等；③ 智慧和才能，如过人的智慧、专业知识和技能等；④ 性格，如自信、支配、进取、独立、自控、创造等；⑤ 工作特点，如渴望获得成就、责任感强、有事业心和以工作为荣等；⑥ 社会技能（如善于交际等）、有行政能力和能够与人合作等。

在排除了身体特质与成功的领导的关系之后，领导特质理论家们认为某种心理或情感方面的特质与领导存在某种关系。文献中常提及的特质包括智力、远见、坚毅、灵活、想象力强、道德高尚、敢于冒险、风度好、精力充沛、知识渊博。

例证 9-2

韦尔奇的领导艺术[7]

在通用电气公司，从秘书到司机、工人，每个人都管韦尔奇叫杰克，人们时常看到他急匆匆地穿过走廊，从底层货架上拿起他要买的东西。韦尔奇重视"底线"和结果是出了名的。当年，他新官上任三把火，公开宣称凡是不能在市场维持前两名的实业，都会面临被卖或被裁撤的命运。裁起员工来，韦尔奇绝不心软。很多通用的员工抱怨韦尔奇要求得太严。无论在生产上打破过多少次纪录，韦尔奇总嫌不够。员工就像挤干了汁的柠檬一样，被韦尔奇榨干了。

很多年前，有一位通用的中层主管第一次在韦尔奇面前主持简报，由于太紧张，两腿发起抖来。这位经理也坦白地告诉韦尔奇："我太太跟我说，如果这次简报砸了锅，我就不要回去了。"在回程的飞机上，韦尔奇叫人送了一瓶最高级的香槟和一束红玫瑰给这位经理的太太。韦尔奇用便条写道："你先生的简报非常成功，我们非常抱歉，害得他在最近一个星期忙得一塌糊涂。"任何一个好的领导人都应该懂得用"棒子和胡萝卜"去获得一个好的结果。在这方面，韦尔奇是高手。

在他人眼中，韦尔奇是一个既令人敬畏又从无废话的领导。无论是给雇员、经理、总裁，还是给董事会的董事的信函，韦尔奇从不用套话。对于韦尔奇手下二十多名直接负责人来说，每一次加薪或减薪、每一份奖金、每一次优先认股权的授予，总要伴随着一次关于期望和表现的坦诚交谈。高级副总裁盖利说："韦尔奇总能刚柔并济、恩威并施，当他交给你奖金或优先认股权时，同时也会让你知道他在来年想要的东西。"

二、我国领导特质理论的研究

我国古代对国家栋梁之材的选贤标准体现在像唐太宗所主张的"德行学识"并重和荀子所提倡的"全、尽、粹"上。根据荀子的思想，"全"是指人的知识、才智和品质要完全、全面；"尽"是指人的知识、才智和品质要得到彻底、极度的发展；"粹"是指人的知识、才智和品质纯而不杂、精而不乱[8]。

从20世纪90年代开始，我国学者对我国领导人才的特质进行了概括和实证研究，采用了卡特尔16PF、CPI、大五人格、EPQ、MBTI等个性测量工具或者自编的个性测量工具。林琼和方俐洛（2002）通过调查发现，我国领导人才的特质包括如下四个维度：① 目标有效性；② 才能多面性；③ 个人品德；④ 人际能力[9]。赵国祥通过调查发现，我国政府党政机关处级领导的个性特质由责任心、情绪稳定性、社交性、自律性、决断性、创新性六个因素组成[10]。对我国大型企业的领导者与非领导者群体的调查表明，领导力作为一种稳定的特质，具有很高的综合性，主要包括开创性（包含决断性、风险承受、开放性、支配性和自信）、适应性（包含稳定性、压力忍受和内控）、自律性（包含持续性、责任心和自控）[11]。文晓立指出，领导特质理论目前正处于研究的第三次高峰，有关领导特质的研究越来越多，分类也越来越细致[12]。王本梅认为，后天环境、教育、社会关系等方面都在影响着领导特质的形成。有效的领导与七项特质相关，即内在驱动力、领导愿望、诚实与正直、自信、智慧、工作相关知识和外向性[13]。

例证 9-3

王石的军人特质[14]

万科集团总经理王石于 1968 年参军，1973 年从部队转业。1993 年，万科做出放弃多元化的决定，现已成为真正意义上的单一业务的房地产集团，并且只专注于开发居民住宅地产，完成了集团战略专业化的调整。而万科之所以能够成功，离不开王石自身军人特质的影响。首先是坚强的毅力。王石在面对万科转型的重重困难时并没有放弃，而是顶住各方面的压力，始终将成为房地产行业的领跑者作为万科的目标，使万科成功地完成了从多元化到专业化的转型。其次是谋略思维。27 年前，王石放弃其他盈利行业，实行专业发展房地产行业的战略，这使许多人难以理解。王石分析中国市场经济，认为房地产行业必将成为中国经济发展的主要支柱之一，企业必须集中优势资源，在行业中形成竞争优势，才能在市场中立足。事实证明，王石当时的选择是正确的。最后是团队意识。万科的成功是一个团队的成功。王石将专业化、有激情、有创造力作为万科创立和发展的一个重要使命。每年春节假期结束前两天，二级公司老总和总部高层管理人员会聚集到一起，就公司的发展战略和管理客体进行探讨和研究。万科始终相信，只有团队才能创造万科的成功。

三、领导的道德

近年来，领导的道德问题越来越受到研究者的关注。其原因主要有三个：① 某些领导的道德问题（如性丑闻、贪污受贿、滥用权力）引起了公众的广泛关注，也引发了研究者的兴趣。② 领导的道德缺陷影响了其领导的有效性，道德甚至决定领导力。在组织过程内的领导有效性研究方面，领导的伦理或者道德的重要性越来越受到重视。成熟的管理者认为，领导的伦理行为是管理成功的主要原因。培恩（L. Paine）通过对企业组织的调查发现，最受员工尊敬的领导素质是诚实[15]。③ 人性化的关怀日益得到重视，被领导者的权益和生活质量受到前所未有的关注。

领导有效性应当强调手段和目的的统一，但在实践中，这种统一性经常被打破。通用电气公司的前总裁杰克·韦尔奇被认为是富有成效的领导者，他为股东们带来了很好的回报，但每年的《财富》杂志都将他列为最令人憎恨的 CEO 之一。通过高强度工作的公司文化，比尔·盖茨成功地领导微软成为一家主导软件行业的公司，但微软文化要求员工长时间工作，这让那些想平衡工作和个人生活的人感到无法忍受。

自古以来，中国人就很重视领导者的道德问题，特别强调领导者应"德才兼备"。普通百姓对那些刚正不阿、大公无私、秉公办事的清官倍加称赞，而对欺压百姓的贪官污吏则讽刺鞭挞、深恶痛绝，这种观念至今仍深深地影响着现代人的思想。若一个领导者的道德修养很差，即使他很有才能，也很难得到人们的好感和支持。我国现行的领导干部的选拔和考核都非常强调道德标准。如何考查一个人的道德以及了解其道德发展变化的规律，如何按照"德才兼备"的原则选拔领导，以及如何依法领导、对领导加强监督是我国领导科学在新时期的重要研究课题。

四、信任是有效领导的基石

决定企业能否可持续发展的关键因素是企业能否建立一支高效敬业、团结合作的员工队伍，以及企业在人力资源方面是否具有竞争优势。而诚信领导则是影响企业人才竞争力，进而决定企业可持续发展的基石。

所谓诚信领导，就是领导者在领导过程中能够表现出诚实守信、言行一致、表里如一、诚恳负责的品质或行为，从而有利于团体实现组织目标。诚信领导的核心是通过领导者展现出的诚信品质或行为，影响下属的认知、态度及行为，进而有利于在组织中建立坦诚、互信、和谐的关系，提高组织成员对组织的认同感及归属感，激发员工的积极性和创造力，为组织打造一支富有竞争力的人才队伍创造条件。

诚信领导实际上包含了两个彼此相关的过程：一是领导者展现出诚信的品质或行为；二是下属表现出诚信的品质或行为。前者是因，后者是果，从企业推行诚信领导的过程来看，前者更为重要，也更为关键。因此，组织能否成功实施诚信领导，主要取决于领导者能否展现诚信的品质或行为[16]。

信任被认为是有效领导的基石，《高效工作的七种习惯》的作者可威（S. R. Covey）认为，信任就如向"情感银行"投资[17]。更有学者认为，信任是企业竞争优势的一部分。信任如此重要，那么领导应当如何建立下属对自己的信任呢？表 9-3 的第二列列出了 12 条建议，第三列列出了相应的破坏信任的 12 种做法。

表9-3　建立信任与破坏信任的做法

序　　号	建立信任的做法	破坏信任的做法
1	及时传递信息	控制或隐瞒信息
2	致力于建立建设性关系	远离价值和原则，关注容易产生问题的细节
3	不要隐藏计划	隐藏真实目标和意图
4	尊重并认可他人对关系的贡献	把交往关系看作是输或赢的关系
5	不要刻意隐藏自己的弱点	刻意隐藏自己的短处
6	明确对下属的要求和期望	不与下属分享自己的要求和期望
7	关系比牵扯到的个人更重要	我的就是我的，你的则可商量
8	要有长远的目光	把交往看作是交易
9	创造协同	强调劳动分工和过失
10	更好地理解自己和他人	孤立自我，通过他人工作
11	认识到关系的任何方面并非都是成功的	让人知道你有其他选择或潜在的伙伴
12	将问题看作是机遇	不惜代价地保护自我

例证 9-4

曹德旺：失信的报应[18]

福耀公司的一位副董事长黄照满，是做塑料的高分子专家。他曾在董事会上提出福耀跟他个人合资搞高分子项目，他占股 49%，福耀占股 51%。有一次他带着科纳到福州，希望与福耀高分子公司签订设备采购合同。黄照满说，科纳这次给福耀的设备价格很便宜，他们只要了 350 万美元，如果单独买的话要六七千万美元。然而，在他们来之前，曹德旺就收到美国科纳的传真，设备的报价就是 315 万美元。黄照满用持有的福耀股份担保不需要签技术合同，他负完全责任。半年后，设备不见踪影，黄照满声称科纳破产了，他们是骗子。在三方会面后，科纳说，事实上报价是 315 万美元，黄照满谈价到 300 万美元，却骗福耀是 350 万美元。曹德旺说："科纳先生，我先前就收到您 315 万美元的报价传真，给 350 万美元是我们董事会做的决定。我们多出的几十万美元，是给黄博士做公关用的。所以账从他这儿走，这是我们自己内部的事。你以这个为理由不把货交给我，是你们美国人不地道，你必须履行交货的职责！"事情总算圆满解决。而曹德旺与黄照满之间的事决定私了处理，曹德旺说："你把福耀持有的高分子公司 51% 的股份买回去，高分子公司就是你黄照满个人的，你爱怎么玩都是你个人的事。你的人格不配与福耀合资。"后来，黄照满用设备作抵押，在某银行贷了两千多万元后，便突然消失了。

五、谦逊是有效领导的润滑剂

组织所面临的任务涉及不断涌现的新技术、多种不同团队之间的合作，以及来自不同国家和职能部门之间的合作。在未来的环境中，任务更加复杂，仅靠一个人积累足够的知识解决所有问题几乎不可能，相互依赖和不断变化成为一种常态，而谦逊将成为面对这种复杂性的一种关键生存技能。

谦逊领导力是一种更具个人化、合作性的领导模式，能够改变组织内部关系，以及组织与客户之间关系的领导力。雪恩（一译"沙因"）（Edgar H. Schein）对"领导力"的界定是：想要成就某种新的、更好的事情的意愿和让他人一起来实现这个意愿的行动。"新"和"更好"表明领导力通常指向某项可以改进的任务。"好的或高效的领导者"也即新兴领导者，通常是指某个在构思以新的和更好的方式做某件事的人。雪恩认为，我们的关注点不应放在该新兴领导者的个人或理想品质上，而应放在他与潜在追随者的关系上（见图 9-1）。雪恩把领导者和追随者的关系划分为四个"关系层级"[19]。

-1 级：完全没有人情味的支配与强迫。

1 级：交易型角色和基于规则的管理、服务以及各种形式的帮助关系。

2 级：个人化、合作性、信任的关系，就像朋友和高效团队中的同事关系。

3 级：情感亲密的、相互承诺的关系。

-1 级的主导和强制在今天的民主社会已经不被接受。1 级交易型关系是围绕角色期待以及适合这些角色的行为规则建立的，基于个人竞争、英雄式的自我决断的价值观，在很多机构和组织中仍然占主导地位。2 级关系指我们与朋友和合作性的工作团队成员之间有个人层面的了解。双方可以把对方当作一个整体去看待，而不是角色。他们可以看到"彼此"。3 级关系则更亲密，可以和对方分享更私密的感受。

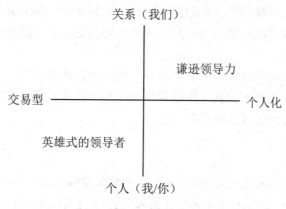

图 9-1　领导者和追随者的关系

对于有些工作，只需要 1 级交易型关系就够了，但是这些关系在开放度和信任度上存在局限性，而将管理文化从 1 级关系向 2 级关系转变，则是谦逊领导力的核心任务。

第三节　领导行为理论

领导行为理论在于了解有效领导者的行为是否具有独特之处。领导行为理论的提出为领导者培训提供了广阔的天地，通过对具体行为的培训，可获得大量的有效领导者。

一、俄亥俄州立大学的研究

最全面且应用最广的行为理论来自1945年俄亥俄州立大学斯多基尔和沙特尔提出的领导行为理论。通过收集大量的下属对领导行为的描述，他们将领导行为分为两个维度，分别称为结构维度和关怀维度。

结构维度（initiating structure）是指领导者更愿意界定和建构自己与下属的角色，以达成组织目标，包括设立工作、工作关系和目标的行为。高结构特点的领导者向小组成员分派具体工作时，要求员工保持一定的绩效标准，并强调工作的最后期限。

关怀维度（consideration）是指领导者尊重和关心下属的看法和情感，更愿意建立相互信任的工作关系。高关怀特点的领导者帮助下属解决个人问题时，友善而平易近人，公平对待每一个下属，并对下属的生活、健康、地位和工作满意度等问题十分关心。

以此为基础而进行的大量研究发现，高结构—高关怀的领导者通常比其他三种类型（即高结构—低关怀、低结构—高关怀、低结构—低关怀）的领导者更能使下属取得高工作绩效和高满意度，但并非总能产生良好效果。

二、密执安大学的研究

与俄亥俄州立大学的研究差不多同一时期，密执安大学调查研究中心进行了类似的研究。密执安大学的研究者也将领导行为划分为两个维度，分别称为员工导向和生产导向。员工导向领导（employee-oriented leader）重视人际关系，他们总会考虑到下属的需要，并承认人与人之间的不同。相反地，生产导向领导（production-oriented leader）更强调工作的技术或任务事项，主要关心群体任务的完成情况，并把群体成员看作是达成目标的手段[20]。

密执安大学研究者的结论肯定了员工导向的领导者的有效性。他们认为，员工导向的领导者与群体的高生产率和高工作满意度呈正相关关系；而生产导向的领导者则与群体的低生产率和低工作满意度联系在一起。

三、管理方格理论

管理方格理论（management grid theory）是研究企业的领导方式及其有效性的理论，是由美国得克萨斯大学的行为科学家罗伯特·布莱克（Robert R. Blake）和简·莫顿（Jane S. Mouton）在《管理方格》一书中提出的[21]，这种理论倡导用方格图表示和研究领导方式。他们认为，在企业管理的领导工作中往往出现一些极端的方式，或者以生产为中心，或者以人为中心，或者以 X 理论为依据而强调靠监督，或者以 Y 理论为依据而强调相信人。为避免趋于极端，克服以往各种领导方式理论中的"非此即彼"的绝对化观点，布莱克和莫顿指出：在对生产关心的领导方式和对人关心的领导方式之间，可以有使两者在不同程度上互相结合的多种领导方式。为此，他们针对企业中的领导方式问题提出了管理方格法，设计了一张纵轴和横轴各九等分的方格图，方格图的纵轴和横轴分别表示企业领导者对人和对生产的关心程度。第 1 格表示关心程度最低，第 9 格表示关心程度最高。全图总共 81 个小方格，分别表示"对生产的关心"和"对人的关心"这两个基本因素以不同比例结合的领导方式，共 81 种领导方式，如图 9-2 所示。

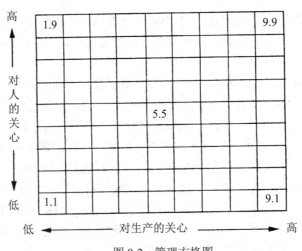

图 9-2　管理方格图

管理方格图中，1.1 型表示贫乏的管理，对生产和对人的关心程度都很低；9.1 型表示任务管理，重点抓生产任务，不太注意人的因素；1.9 型表示所谓的俱乐部式管理，重点在于关心人，企业充满轻松友好的气氛，不太关心生产任务；5.5型表示中间式或不上不下式管理，既不偏重于关心生产，也不偏重于关心人，完成任务的表现不突出；9.9型表示理想型管理，对生产和人都很关心，能将组织的目标和个人的需要最理想、最有效地结合起来。

布莱克和莫顿认为，9.9型管理方式表明，在对生产的关心和对人的关心这两个因素之间，并没有必然的冲突。他们通过对自由选择、积极参与、相互信任、开放地沟通、目标和目的、冲突的解决办法、个人责任、评论、工作活动九个方面的比较，认为9.9型方式最有利于企业的绩效。所以，企业领导者宜客观地分析企业内外的各种情况，把自己的领导方式改造成为理想的9.9型管理方式，以达到最高的效率。

第四节　领导权变理论

领导权变理论认为，要找到一个适合于任何组织、工作、任务和下属的领导者特质或领导行为是不切合实际的，只能根据具体情况来确定有效的领导类型和方式。领导的有效性是领导者、被领导者、环境的函数。

一、菲德勒权变理论

美国学者菲德勒（Fred E. Fiedler）于20世纪60年代初提出了"有效领导者的权变模式"，简称菲德勒权变理论[22]。菲德勒认为，领导风格是影响领导效果的关键因素之一。每个领导者的领导风格由其人格特征决定，因而是相对稳定的，可以把"最不愿与之共事的同事"问卷（least-preferred-coworker，LPC；见本章末心理测试）作为测量工具加以鉴别，高LPC分数的领导者为工作取向型领导，而低LPC分数的领导者为关系取向型领导。

菲德勒认为，有效的领导行为依赖于情境对领导者的有利程度。情境的有利程度由下面三种因素决定。

（1）领导者与下属的关系。关系好坏是指领导者受其团体成员喜爱、信任、乐意服从的程度。

（2）工作结构。工作结构以是否明确为指标，其内容包括每位成员是否了解工作所需要的条件，是否有实现目标的多种途径，是否有独特的处理问题的正确解决方案，是否清楚决策的正确性。

（3）领导者的职权。职权以强弱为指标，主要指领导者的职位有多少权力，有无雇佣、辞退、奖惩下属的权力，任职期限有多长，是否得到上级的支持等。

在上述三种情境因素中，领导者与下属的关系最为重要。三种情境因素彼此组合构成八种情境类型，如表9-4所示。

表9-4 八种情境类型

情　　境	1	2	3	4	5	6	7	8
领导者与下属的关系	好	好	好	好	差	差	差	差
工作结构	明确	明确	不明确	不明确	明确	明确	不明确	不明确
领导者的职权	强	弱	强	弱	强	弱	强	弱
有利程度	最为有利	比较有利	比较有利	中等有利	中等有利	不太有利	不太有利	最为不利

工作取向型领导在最为有利和最为不利的情境（情境 1、8）中，领导效果较好；关系取向型领导在中等有利的情境（如情境 4、5）中最能发挥领导效率。

二、领导行为连续体理论

坦南鲍姆（R. Tannenbaum）和施米特（W. H. Schmidt）于 1958 年提出了领导行为连续体理论[23]。他们认为，经理们在决定何种行为（领导作风）最适合处理某一问题时常常面临困难，不知道是应该自己做出决定，还是授权给下属做决策。领导风格与领导者运用职权的程度和下属在做决策时享有的自由度有关。在连续体的最左端表示的领导行为是专制的领导；在连续体的最右端表示的是将决策权授予下属的民主型领导。在领导工作中，领导者使用的职权和下属拥有的自由度之间是一方扩大则另一方缩小的关系。坦南鲍姆和施米特将领导模式划分为高度专制、高度民主以及在高度专制和高度民主的领导风格之间的其他领导模式（见图 9-3）。

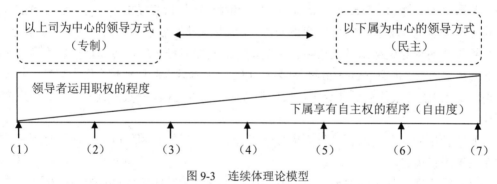

图 9-3 连续体理论模型

在上述各种模式中，坦南鲍姆和施米特认为，不能抽象地认为哪一种模式一定是好的，哪一种模式一定是差的。成功的领导者应该在一定的具体条件下，善于考虑各种因素的影响并采取最恰当的行动。当需要果断指挥时，他应善于指挥；当需要员工参与决策时，他能适当放权。领导者应根据具体的情况，如领导者自身的能力、下属及环境状况、工作性质、工作时间等，适当选择连续体中的某种领导风格，才能确保领导行为的有效性。通常，管理者在决定采用哪种领导模式时要考虑以下三个方面的因素：① 管理者的特征，包括管理者的背景、教育、知识、经验、价值观、目标和期望等；② 员工的特征，包括员工的背景、教育、知识、经验、价值观、目标和期望等；③ 环境的要求，包括环境的大小、复杂程度、目标、结构和组织氛围、技术、时间压力和工作的本质等。

根据以上这些因素，如果下属有独立做出决定并承担责任的愿望和要求，并且他们已经做好了这样的准备，能理解所规定的目标和任务，并有能力承担这些任务，领导者就应给下属较大的自主权。如果不具备这些条件，领导者就不会把权力授予下级。成功的领导者应该在多数情况下能够评估各种影响环境的因素和条件，并根据这些因素和条件来确定自己的领导方式并采取相应的行动。

例证 9-5

松下幸之助的领导风格变化[24]

松下公司的创始人松下幸之助先生作为领导者，在公司脱离了生存问题进入发展期的时候，开始转变自己的领导风格，即从初创期的"笃信佛教"的家族式领导风格逐步向强化企业命运共同体建设，向以"纲领、信条、七大精神"为基础的领导风格转变，这样的领导风格在管理系统中起到了不可多得的正面作用。同时，把培养人才作为重点，强调将普通人培训为有才能的人。而在 20 世纪 30 年代，松下公司已步入成熟期，其内部的管理体系得以确立，松下幸之助先生的领导风格再次发生转变，其积极成分构成了松下公司整体管理氛围的骨架，使其完全脱离了家族亲情式领导风格。随着企业规模的扩大，家族股权降到了 3%以下，并确立了"自主自立的个人""建立培养专家型人才"和以"成果主义"为核心的人事制度，并配以适应经营环境变化的组织体制，将领导风格最终完全平稳地过渡到制度化上，从而更加适应企业在未来的发展。

三、领导生命周期理论

领导生命周期理论（situational leadership theory，SLT）是由科曼首先提出[25]，后由保罗·赫西和肯尼斯·布兰查德进一步发展而成的，该理论也称情景领导理论，这是一个重视下属的权变理论。赫西和布兰查德认为，依据下属的成熟度，选择正确的领导风格，就会取得领导的成功[26]。这里所说的成熟主要是指心理成熟，成熟度是指成就动机、承担责任的意愿（包括愿望、热情、信心）和能力（包括学识、技能和经验等）。表 9-5 列出了成员不成熟和成熟的表现。

表 9-5 成员不成熟和成熟的表现

不成熟的表现	成熟的表现
消极	积极
依赖	独立
有限的行为	多样的行为
对工作的兴趣淡薄	对工作的兴趣浓厚
目光短浅	目光长远
低的、从属的职位	高的、显要的职位
缺乏自知之明的	自我意识强的

随着组织成员由不成熟趋于成熟，领导行为应按以下四个步骤推移：高工作、低关

系（命令型领导）→高工作、高关系（说服型领导）→低工作、高关系（参与型领导）→低工作、低关系（授权型领导），如图9-4所示。

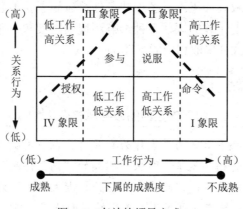

图9-4　有效的领导方式

由图9-4可以看出，当下属很不成熟时，采用高工作、低关系的命令专制型领导方式最有效；当下属不太成熟时，采用高工作、高关系的说服教育型领导方式最合适；当下属比较成熟时，采用低工作、高关系的参与型领导方式最有效；当下属的成熟度相当高时，采用低工作、低关系的授权型领导方式最合适。

四、道路—目标领导理论

道路—目标领导理论由加拿大学者豪斯（Robert J. House）提出[27]。豪斯把期望理论与俄亥俄州立大学的领导行为理论结合起来，发展出道路—目标领导理论（path-goal theory of leadership）。豪斯等人认为，领导是激励下属的过程，领导者的责任就是通过明确指出实现工作目标的途径来帮助下属并为下属扫清通向目标的各种障碍，从而使下属能够顺利达成目标。

根据道路—目标领导理论，领导者要激励下属，必须做到如下三点：① 使下属认识到实现目标后所能获得的利益；② 提高下属对实现目标的期望值，对下属该做什么提出明确要求，帮助下属掌握实现目标的方法，使其明确通向目标的途径；③ 使下属的需要在实现目标的过程中得到满足，刺激他们的工作动机。为此，领导者必须根据下属的情况和环境的特点采用不同的领导方式。以下是一些具体情境和相适宜的领导方式的例子。

例1：外控型下属（指依赖性比较强的人），对指导型领导比较满意。

例2：内控型下属（指相信自己能掌握命运的人），对参与型领导比较满意。

例3：对经验比较丰富或能力比较强的下属，授权型领导比较适合。

例4：对经验不足或能力比较差的下属，指导型领导比较适合。

例5：在工作性质和任务不明确，下属也不知道如何做、压力较大时，指导型领导比较适合。

例6：在工作性质和任务比较明确，下属也知道如何做时，支持型领导比较适合。

例7：当群体成员内部存在激烈的冲突时，指导型领导可能比较有效。

例 8：组织中的正式权力关系越明确、越官僚化，领导者越应表现出支持型行为，减少指导型行为。

五、领导方式的选择

领导者的领导方式对领导有效性有着重要影响。按以任务为中心和以关系为中心两个维度，可将领导方式划分为四种，即影响型（高任务，高关系）、指导型（高任务，低关系）、合作型（低任务，高关系）、授权型（低任务，低关系），如图 9-5 所示。而影响型和指导型可归为集权型领导方式，合作型和授权型可归为民主型领导方式。对于在组织中采用何种领导方式最有效，并无一定的规则，而应根据实际情况灵活调整，一般来说，可以根据下述几种情况进行调整。

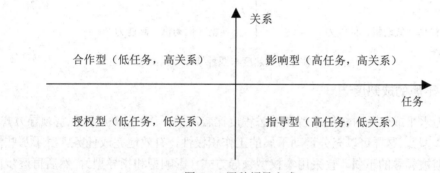

图 9-5　四种领导方式

（一）情况紧急程度

情况越是紧急（如危机处理），或者完成任务的急迫程度越高，越应采用集权型领导方式（影响型和指导型）。但这也并不尽然，如果任务复杂，非集体智慧不能解决，那就应采用民主型领导方式，如图 9-6 所示。

图 9-6　情况紧急程度与四种领导方式的选择

（二）任务结构

任务越复杂、越重要、越有难度，或者任务比较明确，越应采用民主型领导方式（合作型和授权型），这样可以集中集体智慧，增强集体战胜困难的意志力，增强预测事态变动的准确性，如图 9-7 所示。

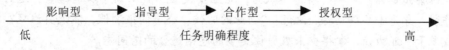

图 9-7　任务结构与四种领导方式的选择

（三）领导的成熟度

一般而言，领导能力越低，越应采用民主型领导方式（合作型和授权型）；领导能力越高，越应采用集权型领导方式（影响型和指导型）。当领导处于低动机、低能力的情况时，所谓的授权型领导实质上是变相的放任型领导，如图9-8所示。

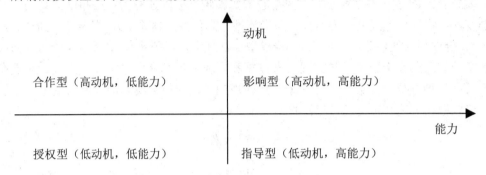

图 9-8　领导的成熟度与四种领导方式的选择

（四）下属的成熟度

对能力水平或任务目标的理解和熟悉程度比较高的下属，宜采用民主型领导方式（授权型和合作型），这样可以充分调动下属的工作积极性，有效地完成任务。对于那些能力较低或习惯被领导的下属，宜采用集权型领导方式（影响型和指导型），然后再逐步向民主型领导方式转变，如图9-9所示。

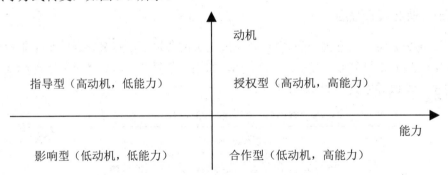

图 9-9　下属的成熟度与四种领导方式的选择

柳传志的领导智慧[28]

联想集团创始人之一的柳传志认为，企业要发展，就必须争取追随者，这时领导者以身作则、身先士卒很重要。他说："创业的时候，公司的报酬低，能吸引谁呢？就只能凭着我多干、能力强、拿得少来吸引住更多的志同道合的老同志。"

争取追随者必须做到以下三点。

第一，"人行得正"。柳传志说："在公司里面，我对他们的要求挺严格，大家还都信我，甚至离开公司想自己发展的人也不会出去说联想不好。"

第二，要诚信。柳传志说："要取信于领导，取信于用户和合作者，取信于员工。说到的事情一定要做到，要不然，你就别说。另外，公司立的规矩一定要不管不顾地坚持。"

第三，用实践证明一切。柳传志说："要部下信你，还要有具体办法，通过实践证明你的办法是对的。我跟下级交往，决定事情的时候有三个原则：（1）同事提出的想法，我自己想不清楚，在这种情况下，肯定按照人家的想法做。（2）当我和同事都有看法，分不清谁对谁错，发生争执的时候，我采取的办法是，按你说的做，不管对错，需要自行承担结果。（3）当我把事想清楚了，我就坚决地按照我想的做。"

第五节　领导理论的新进展和应用

近年来，领导理论又有了新发展，主要包括领导—成员交换理论、领导替代模型、交易型领导与变革型领导、内隐领导理论和分布式领导理论等。在具体实施领导的过程中，要学会选择与领导者、下属、任务、环境相适宜的领导方式。

一、领导—成员交换理论

领导—成员交换理论（leader-member exchange theory）由乔治·格里恩（George Graen）提出[29]。该理论认为，由于时间压力，领导者与下属中的小部分人建立了特殊关系，这些下属成为圈内人。一般地说，领导倾向于将个人特点（如年龄、性别、态度）与自己相似、有能力、性格外向的下属选为圈内人。他们受到信任，得到领导更多的关照，也更可能享有特权，得到的绩效评估等级更高，离职率更低，对领导更满意。而其他下属则成为圈外人，他们占用领导的时间较少，获得满意的奖励的机会也较少。该理论认为，在领导者与某个下属产生相互作用的初期，领导者就暗自将其划入圈内或圈外，并且这种关系是相对固定不变的。

二、领导替代模型

科尔和杰迈尔创立的领导替代模型（substitutes for leadership）认为，在有些情境中，领导过程可能对下属没有产生影响，或者被其他因素替代。使领导过程失去作用的变量被称作"中和"因素[30]。例如，下属对领导者提供的报酬漠不关心，会使领导者运用报酬影响下属的方法失效；领导与下属之间的物理空间距离远，容易导致下属没有太多的机会接受领导的指令与命令；领导本身缺乏权力，会使下属减少对领导的依赖；组织的政策太死板、效率太低，会使下属仅按工作准则办事而不求助于领导。使领导变得可有可无的变量被称作"替代"因素。例如，如果员工的能力强、经验丰富、知识面广，则根本不需要领导告诉他们如何工作；如果工作任务明确、工作内容有趣并具有挑战性，则领导的指导与鼓励便成了画蛇添足；如果工作团队凝聚力强、组织结构明晰（如标准化、正规化水平高），则领导可能会成为多余人员。表9-6列举了领导的一些中和因素和替代因素。

表 9-6　领导的中和因素与替代因素

因　　素	支持型领导	指导型领导
1．下属特征		
（1）经验与训练；	替代	
（2）职业化；	替代	替代
（3）对组织报酬漠不关心	中和	中和
2．任务特征		
（1）任务明确；	替代	
（2）反馈直接；	替代	
（3）工作任务挑战性强	替代	
3．组织特征		
（1）团队有凝聚力；	替代	替代
（2）领导缺乏权力；	中和	中和
（3）标准化与正规化；	替代	
（4）组织缺乏灵活性；	中和	
（5）领导与下属空间距离远	中和	中和

三、交易型领导与变革型领导

交易型领导者（transactional leader）通过明确角色和任务要求来指导和激励下属朝着既定的目标努力，根据下属表现的恰当性对下属加以奖励或约束。前面所讲的大多数理论，如俄亥俄州立大学的研究、菲德勒的权变模型、道路—目标理论等谈的都是交易型领导者。

另一种类型的领导者是变革型领导者（transformational leader）[31]。他们鼓励下属要把组织的利益放在自身利益之上，并能够对下属产生深远而不同寻常的影响。表 9-7 描述了交易型领导者与变革型领导者各自的特点。交易型领导与变革型领导的分歧在于：交易型领导者既未将员工的需求个人化，也不关注其个人成长，他们强调的是"交换"，而变革型领导者强调"改变"。交易型领导者通过与员工的交易而获得合作，并监督这种交易关系；而变革型领导者以魅力和预测性沟通为基础，在愿景的实现过程中使个体在工作能力、道德水平上得到提升和自我完善。

表 9-7　交易型领导者与变革型领导者的特征

交易型领导者	变革型领导者
➢ 权变奖励：努力与奖励相互交换原则，良好绩效是奖励的前提，注重成就 ➢ 通过例外管理（主动）：监督、发现员工的不符合规范与不标准的行为，并使其改正 ➢ 通过例外管理（被动）：等到偏差、错误出现才进行干预，采取正确行动 ➢ 自由放任：放弃责任，回避决策	➢ 领导魅力：榜样，牺牲自我，行动一致，高道德标准 ➢ 感召力：为下属工作提供意义和挑战，热情乐观，使下属预见不同的未来，通过言行激励下属 ➢ 智力激发：提出假设，重新定义问题，用新视角和方法处理老问题；从不公开批评下属的过失；对事不对人 ➢ 个性化关怀：把下属当作一个完整的人，而不是仅当作雇员看待，平等对待每一个人，并根据其不同情况给予培训、指导和建议

有学者认为，通用电气公司前任总裁杰克·韦尔奇就是名副其实的变革型领导，曾国藩则是典型的交易型领导[32]。就变革型领导而言，领导魅力和智力激发对额外努力、领导的满意度和领导者有效性有正面的影响，个性化关怀对额外努力有正面的影响[33]。

四、公仆型领导

公仆型领导者以员工为导向，他们关心员工，并把服务员工和帮助员工成长和发展放在第一位[34-35]，在此基础上使员工变得更为"健康、明智和自由"。

在员工创造力受到组织高度重视的今天，公仆型领导方式显得尤为重要。一方面，提高自身创造力水平是员工自我成长和发展的一个重要方面，由于公仆型领导会关心并帮助员工实现自我成长，所以公仆型领导会帮助员工提升创造力水平；另一方面，公仆型领导关心员工，积极地给员工授权，鼓励员工进行自我决策，他们持有很高的道德准则并让员工明白所做工作的价值和重要性，并在员工情绪低落时予以情绪抚慰，这些行为在某种程度上会激发起员工的内在工作动机，从而使其表现出更高的创造力水平[36]。

五、E-领导

E-商业（E-business）是指通过信息媒介进行买卖和办公（前台和后台），以此为导向或动力的现代商业。全球商业变化的动力经由 20 世纪 70 年代的石油禁运和贸易不平衡，20 世纪 80 年代的敌意收购、裁员和私有化，20 世纪 90 年代的流程再造和 ERP 变革，到了 21 世纪的 E-商业，推进变革的领导必须适应这种变化。与 E-商业相适应的领导方式称为 E-领导（E-leadership）。E-领导面临的问题包括：如何利用知识管理策略和信息技术，快速和有效地将新的信息注入组织；如何带领跨功能团队将愿景付诸实践；如何创建快速和高效的组织；如何领导新型员工（如知识型员工、在家工作的员工）以及多元化员工；如何留住人才；如何克服组织变革的阻力。

奇思乐总结了 E-领导应该具备的某些特征，具体包括以下几个。[37]

（1）乐于面对复杂性、模糊性和不确定性。

（2）为实现目标，愿意无私奉献。

（3）强烈反思，包括自己的失败。

（4）隐藏对懈怠和官僚的过分憎恶。

（5）非常好奇，能够终身学习。

（6）经常大胆而又理性地冒险。

（7）因心中价值和不可动摇的信念而信心百倍。

（8）能够培养和留住人才。

（9）善于建立和领导组织外围的人际网络。

六、对新型员工和新生代员工的领导

（一）对新型员工的领导

在知识经济时代，知识成为最重要的经营资源。维持知识经济发展动力的人则是掌握知识的员工，即知识员工，他们成为当前新型员工群体的重要组成部分。知识员工最早由彼得·德鲁克提出，他将其定义为"利用知识或信息工作的人"。由于知识员工自身工作的特殊性，对这一群体的领导也具有新的挑战性。具体来说，知识员工的特性表现在知识员工的流动性、工作环境的不确定性、成果的无形性三个方面。因此，对知识员工的领导需要做到：① 承认知识员工的进步，激发其潜能和热情；② 处置绩效不佳的员工，以免使知识员工受牵连；③ 听取知识员工的内心想法，及时调整工作目标；④ 帮助知识员工发现问题、吸取经验，防止问题恶化。

此外，新型员工还包括两种群体。一种是劳务派遣员工。当企业发展到一定规模之后，企业会选择将非核心员工外包给劳务公司，这部分员工与劳务公司签订劳务合同，但是向用人单位提供劳务，这种员工群体就被称为劳务派遣员工。劳务派遣员工的人事关系虽然不在用人单位，但是在用人单位工作期间，用人单位的领导该如何对这部分新型员工实施有效领导也是一个值得探讨的课题。而另一种新型员工指的是具有法律效应的自然人。我国法律规定自然人也属于商业活动的主体，能与企业之间签订合作协议，这样，企业领导和该自然人之间就存在一种新型关系，即自然人只需按合同要求提供劳务，其本身并不是企业员工。如今，以个人名义与企业签订合作协议的自由职业者以及个体户越来越多，企业领导该如何在没有劳务合同的情况下对其进行影响，提高其劳务产出质量，成为企业领导和管理学界需要思考解决的重要课题之一。

（二）对新生代员工的领导

随着时间的推移，我国最新的一代人群"00后"逐渐成年，开始步入职场并参加工作。相比"90后"而言，"00后"成长于经济发展、物质丰富以及互联网大普及的环境下。互联网大普及所带来的信息与观念，同时计划生育政策所带来的家庭环境，使他们的成长具备以下四个特点：① 学习能力强，喜欢追求新事物。新生代的员工大多在学校中接受过系统完备的教育，整体的知识水平明显高于上一代人，同时良好的教育环境也培养了他们优秀的学习习惯，使得他们在面对新知识或者新技能时能更加快速地掌握和更加熟练地应用。② 个性鲜明，关注自我。新生代的员工多出自独生子女家庭，从小受到家庭集中的宠爱，对自身的关注较多，缺乏与身边同龄人或者同事的相处经验，难免导致同事关系紧张，人际关系压力较大。在工作中，新生代的员工也常常会从自己的角度来考虑问题，对自己的定位也高于组织实际对他们的定位，造成眼高手低的状况，不愿意去做较为基础的工作，又无法胜任对能力要求高的工作，最终会产生较强的挫败感。③ 追求平等，价值多元。新生代的员工可以通过多种渠道获得知识和信息，这促进了他们追求自由平等的观念。他们较为反感传统的权威式的领导方式，希望能和上司建立平等的关系，更愿意接受建议和友好的对话。④ 注重生活，职业多变。新生代员工更加注重自己的个人生活，他们不希望因为过多的工作而影响自己正常的兴趣爱好、社交交友以及其他的享受与追求。工作对于新生代员工来说，并不是必要的赚钱手段，而享受生活、追求自己喜欢的事情才是他们生活的主要目的。

"00"后的新生代作为职场的新人，有着自己独特的优点，同时还有很多需要打磨的地方，要根据新生代员工的特点来有针对性地制定措施，让新生代员工成为企业更为年轻可靠的助力。首先，要做到以包容的观念和开放的心态看待他们，作为管理者要学着去接受和认可，包容他们的言行，从平等的视角来看待自己的下属，将他们作为与自己一同完成任务的工作伙伴，这样才能真正体现企业以人为本的理念。其次，可以根据新生代员工的成熟度，来选择参与型领导方式或授权型领导方式，在管理中减少命令行为而多采用支持行为，与下属共同决策，更多的是提供便利和支持。最后，管理者要做到适材适所，人尽其才，要让每一位员工在适当的岗位上发挥作用是最有效也是最直接的激励方式。同时，管理者应为有需要的新生代员工做长期的职业生涯规划，协助他们认识到自己对职业生涯的需求，以及自己未来成长的方向，从而使自己未来的发展与企业的前途命运联系在一起，真正做到员工对企业有归属感[38]。

七、内隐领导理论

内隐领导理论（implicit leadership theory）是人们"内心"对领导者的希望和预期，是追随者对于理想的领导者应该具有的特质和能力的预期和假设，是个体用以区分领导者与非领导者的"内部标签"。内隐领导理论起源于内隐人格理论，研究的是下属对其领导行为的认知过程，即员工在与领导交往的过程中，头脑中形成的关于领导行为和特质的理想化概念结构[39]。

众多国内外学者对内隐领导理论的因素结构进行了研究。格拉伊（Graves）等提出三维论：工作热情、参与、激励。奥弗曼（Offerman）等通过调查大量人格问卷，提出八个一阶因素：感受性、献身精神、专制、魅力、吸引力、男性气质、智力、力量。还有两个二阶因素：原型与非原型。奥尔加（Olga）和罗宾（Robin）通过因素分析认为，有六个因素能精确描述工作关系中的内隐领导理论，即敏感性、智力、贡献、动力、专制与男性气质。

在中国，凌文辁等人发现中国人内隐领导理论结构由个人品德因素、目标有效性因素、人际能力因素和多面性因素四个维度构成，并且对于中国人而言性别对内隐领导理论没有影响。

八、分布式领导理论

一直以来领导被视为单一角色，领导工作是领导者一个人的事情。随着领导理论的发展，人们开始认识到领导不是领导者一个人单打独斗，领导角色可以由多人共同担任，领导行为或职能可以在组织成员中共享或分布，这就是分布式领导理论（distributed leadership theory）的概念[40]。

戈隆（Peter Gronn）认为，领导行为既可以是单独的个体行为，也可以是若干个体彼此独立或整体一致的行为。分布式领导行为有两种形式：数量式行为和协同性行为。数量式行为指实施领导行为的多个个体虽然分别承担不同的领导角色，但是彼此之间没有关联性；协同性行为指实施领导行为的个体之间既有角色分工，又有自发或自觉的互动和合作。在戈隆看来，后面这种角色相互依赖的分布式领导更有意义。斯皮兰（James P. Spillane）认为，领导是领导者、下属和情境三者的互动过程，这三个要素共同构成领导实践，缺一不可。领导者、下属和情境三者共同构成领导实践的三角形的三个角，并且领导实践会随时间的不同而发生动态变化。哈里斯（A. Harris）在斯皮兰的观点基础上指出，分布式领导概念的核心即：领导不是某个人所拥有的职能，而是组织成员都有可能担当的职能；领导也不是固定不变的，而是流动的，具有生成和变化性。

在传统的组织结构中，领导者与下属之间界限分明，领导力的执行者是少数人。而分布式领导概念的提出具有重要意义——要在组织中建立分布式领导，而不是依赖少数领导精英。领导者必须学会分权、授权于他人，实施分布式领导，从而最大化地发挥组织中人力资源的作用，集大家之智慧，应对复杂多变的动态环境。

本章相关视频资料

Contemporary Issues in Leadership

Contemporary Issues in Leadership（课件）

本章小结

➤ 领导是指领导者对下属施加影响以完成他们的目标和任务的过程，它与管理有一定的区别。

➤ 领导理论的发展经历了特质理论、行为理论和权变理论三个阶段。

➤ 领导特质理论经历了由传统的领导特质理论向现代的领导特质理论的转变。传统的领导特质理论认为，领导者的素质是与生俱来的，而现代的领导特质理论认为领导者的大多数素质是在实践中培养而成的。

➤ 领导行为理论在于了解有效领导者的行为是否具有独特之处，可以区分为员工导向行为和任务导向行为。领导行为理论的提出为领导者培训提供了广阔的天地，通过对具体行为的培训，可获得大量的有效领导者。

➤ 领导的权变理论认为，要找到一个适合于任何组织、工作、任务和下属的领导者特质或领导行为是不切合实际的，只能根据具体情况来确定有效的领导类型和方式。

➤ 当代领导理论包括领导—成员交换理论、领导替代理论、变革型和交易型领导理论、内隐领导理论、分布式领导理论等。

➤ 领导—成员交换理论是指领导倾向于将个人特点（如年龄、性别、态度）与自己相似，有能力、性格外向的下属选为圈内人。他们受到信任，得到领导更多的关照，也更可能享有特权，得到的绩效评估等级更高，离职率更低，对领导更满意。

> 科尔和杰迈尔创立的领导替代模型认为，在有些情境中，领导过程可能对下属没有产生影响，或者被其他因素替代。

> 交易型领导者通过明确角色和任务要求来指导和激励下属朝着既定的目标努力，根据下属表现的恰当性对下属加以奖励或约束。变革型领导者鼓励下属把组织的利益放在自身利益之上，并能够对下属产生深远而不同寻常的影响。

> 公仆型领导者以员工为导向，把服务员工和帮助员工成长和发展放在第一位，能够激发员工的内在工作动机，从而使其表现出更高的创造力水平。E-领导是指通过信息媒介进行买卖和以办公为导向或动力的领导方式。

> 内隐领导理论是员工内心对领导者的希望和预期，假设理想的领导者应该具有哪些特质和能力。

> 分布式领导理论的概念是指领导角色可以由多人共同担任，领导行为或职能可以在组织成员中共享或分布，从而最大化地发挥组织中人力资源的作用，集大家之智慧，应对复杂多变的动态环境。

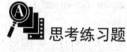
思考练习题

心理测试

"最不愿与之共事的同事"（LPC）分级表

管理游戏

他的授权方式

影视拓展

 **案例分析**

刘强东领导风格的演变

 **参考文献**

[1] 刘世英. 谁认识马云[M]. 北京：中信出版社，2006.

[2] 海茵茨·韦里克，哈罗德·孔茨. 管理学：全球化、创新与创业视角[M]. 马春光，译. 14 版. 北京：经济科学出版社，2015.

[3] 陈国海，张玲蕙. 管理零距离：感知管理世界[M]. 北京：清华大学出版社，2005.

[4] YUKL G, FALBE C M. Importance of different power sources in downward and lateral relations[J]. Journal of applied psychology, 1991, 76(3): 416-423.

[5] 谭乐，宋合义，富萍萍. 西方领导者特质与领导效能研究综述与展望[J]. 外国经济与管理，2010，32（2）：38-44.

[6] STOGDILL R M. Handbook of leadership: a survey of theory and research[M]. New York: Free Press, 1974.

[7] 刘晓. 杰出的领导艺术家：杰克·韦尔奇[J]. 北京成人教育，2000（7）：35-36.

[8] 林秉贤. 中国古代管理心理思想[J]. 社会心理科学，2004，19（2）：3-19.

[9] 林琼，方俐洛. 领导人才特质调查[J]. 中国人才，2002（11）：36-37.

[10] 赵国祥. 185 名处级领导干部的个性特质的研究[J]. 心理科学，2002，25（2）：231-232.

[11] 王蕾，车宏生，杨六琴，等. 领导力人格特质的层次结构研究[J]. 心理科学，2004，27（3）：677-681.

[12] 文晓立，陈春花. 领导特质理论的第三次研究高峰[J]. 领导科学，2014（35）：33-35.

[13] 王本梅. 论领导特质理论[J]. 吉林省教育学院学报（中旬），2015，31（1）：138-139.

[14] 余凤. 军人企业家领导特质研究：以万科集团总经理王石为例[J]. 科教文汇，2011（4）：173-174.

[15] 郑立捷. 众里寻他千百度：专访百度董事长兼首席执行官李彦宏[J]. 经济，2009（9）：6-9.

[16] 谢衡晓. 诚信领导：企业可持续发展的基石[J]. 商场现代化，2007（3）：150.

[17] COVEY S R. The 7 habits of highly effective people[M]. New York: Simon & Schuster, 2003.

[18] 曹德旺. 心若菩提[M]. 北京：人民出版社，2015.

[19] 埃德加·沙因，彼得·沙因. 谦逊领导力：关系、开放与信任的力量[M]. 徐中，

胡金枫，译. 北京：机械工业出版社，2020.

[20] LIKERT R. New patterns of management[M]. New York: McGraw-Hill Companies, 1961.

[21] BLAKE R R, MOUTON J S. The managerial grid: key orientation for achieving production through people[M]. Houston, Tex.: Gulf Pub. Co., 1964.

[22] FIEDLER F E. A theory of leadership effectiveness[M]. New York: McGraw-Hill Companies, 1967.

[23] TANNENBAUM R, SCHMIDT W. How to choose a leadership pattern[J]. Harvard business review, 1958(36): 95-101.

[24] 麦肯纳利. 走出松下幸之助[M]. 刘芳，译. 北京：东方出版社，2008.

[25] KORMAN A K. Consideration, initiating structure, and organizational Criteria – A review[J]. Personnel psychology: a journal of applied research, 1966, 19(4): 349-361.

[26] HERSEY P, BLANCHARD K H. The management of organizational behaviour[M]. 3th ed. Upper Saddle River N. J.: Prentice Hall, 1977.

[27] HOUSE R J. A path goal theory of leadership effectiveness[J]. Administrative science quarterly, 1971, 16(3): 321-328.

[28] 刘雯. 柳传志精彩语录[M]. 北京：中国纺织出版社，2009.

[29] LIDEN R C, GRAEN G. Generalizability of the vertical dyad linkage model of leadership[J]. Academy of management journal, 1980, 23 (3): 451-465.

[30] KERR S, JERMIER J M. Substitutes for leadership: Their meaning and measurement[J]. Organizational behavior and human performance, 1977(22): 375-403.

[31] TICHY N M, DEVANNA M A. The transformational leader[M]. New York: Wiley, 1986.

[32] 张抒，陈国权. 从曾国藩看交易型领导风格[J]. 领导科学，2004（24）：36-37.

[33] 李超平，时勘. 变革型领导与领导有效性之间的研究[J]. 心理科学，2003（1）：115-117.

[34] Parris D L, Peachey J W. A systematic literature review of servant leadership theory in organizational contexts[J]. Journal of business ethics, 2013, 113(3): 377-393.

[35] van Dierendonck D. Servant leadership: a review and synthesis[J]. Journal of management, 2011, 37(4): 1228-1261.

[36] 林钰莹，许灏颖，王震. 公仆型领导对下属创造力的影响：工作动机和领导—下属交换的作用[J]. 中国人力资源开发，2015（11）：50-57.

[37] KISSLER G D. E-Leadership[J]. Organizational dynamics, 2001, 30(2): 121-133.

[38] 张峰，王旦旦. 从 Y 世代到零零后：新生代员工的管理对策研究[J]. 中国商论，2019（22）：119-120.

[39] 王柳，谢嗣胜. 内隐领导理论文献综述[J]. 经济论坛，2009（17）：36-39.

[40] 张晓峰. 分布式领导：缘起、概念与实施[J]. 比较教育研究，2011, 33（9）：44-49.

第十章
组织文化

 学习目标

> ➢ 了解组织文化的基本概念
> ➢ 掌握组织文化的结构和类型
> ➢ 了解组织文化的作用
> ➢ 掌握组织文化建设的方法
> ➢ 了解组织公民行为的概念、特点和作用

引例 ●

西南航空——"员工第一" [1]

在美国西南航空公司的组织文化中，"员工第一"的信念对于激发员工的工作积极性起着至关重要的作用。公司董事长赫伯·凯勒尔（Herb Kelleher）认为，企业信奉"顾客第一"是老板可能对雇员做出的最大背叛之一。西南航空公司努力强调对员工个人的认同，如：将员工的名字雕刻在特别设计的波音 737 上，以表彰员工对于西南航空公司的突出贡献；将员工的突出业绩刊登在公司的杂志上；访问员工等。通过这些具体的做法，让员工认为公司以拥有他们为荣。美国西南航空公司认为公司所拥有的最大财富就是公司的员工和他们所创造的文化，人是管理中第一位的因素。

让员工享受快乐，成为热爱和关心工作的"真正"雇员是西南航空公司的追求。"在美国西南航空，我们宁愿让公司充满爱，而不是敬畏""不仅仅是一项工作，而是一项事业"，从这一系列的口号中可以看出美国西南航空公司的组织文化特质。其员工培训强调员工应该"承担责任、做主人翁""畅所欲言"，强调在组织文化中真正引导员工形成一种主人翁意识，让员工认为公司的发展也就是个人的发展，促使员工愉快地投入工作中去。

美国西南航空公司借助组织文化建设，才得以在激烈的航空市场竞争中保持着领先的竞争地位。可见，每个组织都有自身的组织文化，而且组织文化对员工和企业的发展至关重要。组织文化主要表现为一个组织中所有成员所共享并传承给组织新成员的一整

套价值观念、共同信念、共同目标和行为准则。本章将介绍组织文化及其类型，探讨它的作用以及如何塑造良好的组织文化。

第一节　组织文化概述

组织文化可分为表层文化、中层文化和深层文化三个层面，又可分为学院型、俱乐部型、棒球队型、堡垒型和学习型五种类型。它由组织的愿景、目标和价值观念、礼仪和仪式、英雄人物、故事和内部语言等要素构成。组织文化的影响因素主要包括社会文化背景、组织创业者和领导者的素质、组织成员的素质。

一、组织文化的含义

组织文化是指组织成员的共同价值观体系，为组织中所有的成员所接纳，成为组织的一种群体意识，表现为组织的共同信仰、追求和行为准则。组织文化是在企业的长期经营发展过程中逐步形成的，具有组织的经营特色，能够推动组织可持续发展的群体行为规范，包括企业精神、经营思想、价值观、道德规范、行为规范、管理制度、历史传统、英雄故事、内部语言、产品外观、企业形象等内容。

二、组织文化的结构

组织文化的结构是指组织文化的各种内容和形式之间的层次关系。如果把组织文化体系看成一个由内向外辐射的球形体，将其逐级解剖，组织文化大致可以划分为如下三个层次，如图 10-1 所示。

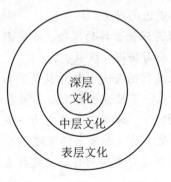

图 10-1　组织文化的层次

1. 表层文化

表层文化又称物质文化，是由企业员工创造的产品和各种物资设施等构成的。作为组织文化系统的重要组成部分，组织的表层文化通常包括产品样式和包装、设备特色、建筑风格、厂旗、厂服、厂徽、厂歌、纪念品、信笺、纪念建筑、文化娱乐设施等。

组织表层的物质文化是组织和员工的理想、价值观、精神面貌的具体反映，集中体现了组织在社会上的外在形象。

2. 中层文化

中层文化又称制度文化，是指组织内部的各种规章制度、行为习惯、经营风格、行为规范、员工修养以及组织内部的一些特殊典礼、仪式、风俗等。这些内容以固定或者不固定的方式为组织中所有的员工在工作中所遵守。

3. 深层文化

深层文化又称精神文化，是指组织在生产经营活动过程中形成的具有组织特征的文化观念和意识形态。深层文化是凌驾于组织文化主体（个体与群体）的分散的自主意识之上的，可以脱离表层文化而独立发展的企业经营思想、意识、价值观念的总和。精神文化包括组织精神、组织哲学、价值观念、组织道德、组织风气、组织目标等，往往是一个组织长期积累和沉淀的结果。

例证 10-1

苹果公司的企业文化[2]

苹果公司的企业文化有以下八个特点。

（1）重视设计。苹果公司比其他任何一家公司都更加注重产品的设计，它以满足消费者需求为出发点，并努力实现这些目标。

（2）重视创新。许多人都认为苹果是全球最具创新精神的企业。也正是苹果重视创新，才为公司注入了活力。

（3）重视人才。苹果公司挑选最优秀的技术人员和管理人员，挑选最合适的人选。重视人才是苹果企业文化的表现之一。

（4）坚信自己。苹果相信自己是最优秀的公司，是世界上最强的公司。有了信心，有了坚定的信念，公司就有了前进的动力。

（5）永不服输。无论公司遇到什么样的风险，乔布斯都凭借自己多年的经营经验，以及正确的策略扭转局面，使公司获得了收益。

（6）销售渠道。苹果企业文化的另一个特点就是开拓销售渠道，重视销售环节，重视把自己的产品推销出去。所以，苹果在世界上很多国家都有自己的专卖商。

（7）关注细节。在多数情况下，苹果总要多努力一点点，正是这多努力的一点，使得苹果获得了成功，这也是苹果在关注细节上的表现。

（8）发挥特色。苹果始终以消费市场为目标，发挥自己的特色，这也是重视企业文化的表现。

三、组织文化的类型

桑南菲尔德（J. A. Sonnenfeld）通过对不同组织结构的研究，提出了一套标签理论（学院型、俱乐部型、棒球队型、堡垒型），用于分析和认识组织文化之间的差异。彼得·圣吉在《第五项修炼》一书中提出了学习型组织的概念。[3]由此，可将组织文化分为学院型、俱乐部型、棒球队型、堡垒型和学习型五种类型。

（一）学院型

该类型组织喜欢雇用刚刚毕业的大学生，公司会为他们提供大量的专门培训，然后指导他们在特定的职能领域内从事各种专业化的工作。IBM 公司、宝洁公司、可口可乐公司、伊利公司就是典型的例子。为应对全球化和客户质量要求的挑战，IBM 公司的培训焦点从单纯的知识技能转向了与业务需要相联系的特定问题，培训方法也从传统的讲授式转变为行动学习。

（二）俱乐部型

该类型组织非常重视员工的忠诚感和承诺，员工在公司的资历是关键因素，年龄和工作经验也非常重要。这种公司按照通才型方向培养员工，政府机构、军队、美国贝尔公司、UPS 公司、中国铁路集团、国有商业银行就属于这种类型。

（三）棒球队型

这种类型的公司是冒险家和创新者的天堂，公司从各种年龄段和不同工作阅历的人群中寻求合适的人选，并根据员工的实际产出状况支付报酬。由于公司一般给予工作出色的员工以丰厚的报酬、较高的奖励和较大的工作自由度，员工的工作积极性发挥得比较好，在会计、法律、投资银行、咨询公司、广告公司、软件发展商等行业和领域，这种类型的组织较为普遍。摩根士丹利银行、瑞士信贷第一波士顿集团和海尔集团就是典型例子。

（四）堡垒型

这种类型的企业以往大多是学院型、俱乐部型或者棒球队型的，但是后来衰退了，于是希望通过努力来尽量保存自己尚未被销蚀的财产，将工作重心放在公司的生存方面。这种类型的公司的工作安全缺乏保障，但是对于喜欢挑战的人来说是一种令人兴奋的工作环境。宾馆、石油天然气勘探公司、中国传统的大型零售企业，如成都华联、天津劝业、汉商集团、王府井百货、第一百货等，均属于这种类型。

（五）学习型

这种类型组织的文化是比较理想的，因为它集中了上述四种组织类型的优点，壳牌石油公司就是这种类型组织的典型例子。

许多企业组织不能完全归为上述五种类型中的某一种。有的是一种混合文化，如通用电气，不同的部门就有明显不同的文化；苹果电脑公司的企业文化起初为棒球队型，后变为学院型；而中国联想集团公司是棒球队型[4]和俱乐部型的混合。

四、组织文化的影响因素

组织文化的影响因素主要包括社会文化背景、组织创业者和领导者的素质、组织成员的素质、组织特征、管理过程五个因素。

（一）社会文化背景

任何组织都存在于特定的社会环境中，组织文化是整个社会文化的一部分，二者在很多方面是一脉相承的。社会上所流行的价值观、道德取向都会直接反映在组织文化的内容中。例如，"金钱万能"可能导致不择手段地追求利润的经营哲学的产生，从而进一步在各方面加以体现，这一点在东西方企业文化的对比中最为鲜明。

（二）组织创业者和领导者的素质

组织创业者或者现行领导者的个人素质对企业文化的形成具有相当重要的影响，稳定的企业往往在一定程度上带有创业者的个人痕迹。创业者的教育背景、领导风格、处事的方式和作风决定了组织初期的组织文化。经过组织的生存和发展，组织文化不断延续到最后，并体现出各个阶段的领导者的风格。

（三）组织成员的素质

组织成员虽然是组织文化的受影响者，但反过来，组织成员的素质状况也影响着组织文化的形成。组织成员的知识水平、文化素养决定了其工作的自觉程度和对参与决策的热情程度，这便形成了组织文化的重要内容。

（四）组织特征

组织文化也会受到组织特征的影响，如组织的规模和复杂性等。大型组织往往倾向于高度的专业化和非个人化；复杂的组织往往雇用更多的专业人员和专家，这会改变解决问题的一般方式。另外，大型和复杂组织还会制定出更多的制度和程序。

（五）管理过程

组织文化也会受到管理过程的影响。报酬和绩效直接挂钩的企业容易形成追求成功的组织文化；开放和自由的沟通制度容易促成参与和创造性的文化；对冲突的容忍度和处理风险的态度对团队工作有很大影响，它们往往决定着企业的革新和发明的数量。[5]

五、组织文化的构成要素

为了准确地识别和解释组织文化的内容，需要进一步对组织文化的某些构成要素进行分析和推断。这些组织文化的要素可以被研究，但人们很难准确地破解其含义，一家公司的颁奖典礼和另一家公司相同却可能会有不同的意义。为了充分地了解"在组织里究竟发生了什么"这个谜团，就需要进行探索性的工作，或许还要有作为公司内部人员的一些经历。组织文化的一些典型、重要、可观测的构成要素是经营目标和价值观、礼仪和仪式、英雄人物、故事和语言。

（一）组织的经营目标和价值观

组织的价值观念是一个组织的共同思想和信念的集成，也是组织文化的核心。古往今来，成功的企业均有被所有员工所认同和接受并且能够履行的组织价值观。一个组织的价值观是在多年的经营活动过程中逐步形成的。组织的价值观一旦形成，组织的员工们就将其直接体现在自己的具体工作行为中，成为他们自身价值体系的一部分。此时，员工一方面在为组织工作，另一方面也在为自己的理想、价值观的实现而努力，从而产生一种成就感。

（二）礼仪和仪式

礼仪和仪式是组织文化的重要表征，是指通过精心设计并由观众参与观赏的一些特别事件。组织的文化礼仪活动一方面体现了组织对于员工的期望和要求，另一方面又以生动形象的形式向员工灌输了组织的价值观念和经营理念。组织的管理者可以通过举行礼仪和仪式来提供一个表达公司价值观的渠道。这些活动是强化特定的价值观、在分享重要理念的人与人之间建立一条纽带、塑造并祝贺那些使重要信念和行为具体化的英雄们的特殊机会。

经常在组织中使用的仪式有四种类型，即进阶、增进、复兴和整合，如表 10-1 所示。进阶仪式有利于雇员向新的社会角色转化。增进仪式会使雇员产生更强的社会认同感并提高他们的地位。复兴仪式是指那些具有改善组织功效的训练和发展活动。整合仪式则使雇员之间有了共同的纽带并培养了良好情感，增进了雇员对组织的认同。这些礼仪和仪式可以被高层管理者用来强化组织的重要文化价值观。

表 10-1　组织礼仪的类型及其社会效果

礼仪的类型	示　例	社　会　效　果
进阶	入伍及基本训练	社会角色和地位的转化
增进	年终的颁奖晚会	增加社会认同感
复兴	组织发展活动	改善组织功能
整合	春节晚会	产生对组织的认同感

（三）英雄人物

每一个组织都有自己的英雄人物，组织的英雄人物可以是组织的创始人或者领导人，也可以是工作出色的员工。作为组织的杰出代表，英雄人物被赋予了超乎常人的经营智慧和能力，成为组织文化的旗帜，其一举一动、思想乃至语言都被组织奉为榜样，其本人被赋予组织行动的评判权，具有裁决他人行动的权威。

（四）故事

每一个组织都有自己的故事，故事的内容大多是与组织的创业者、重大经营事件联系在一起的。适当的故事表达可以起到一般思想工作所无法取代的作用，同时也可以为组织的有关措施的贯彻提供一定的解释和支持。

组织内的许多故事是关于那些符合公司文化标准和价值观的榜样化、偶像式的公司英雄人物的。有一些故事被认为是传奇故事，因为这些故事是历史故事，而且可能加入一些虚构细节；还有一些故事是神话，这些神话与组织的价值观和信念是一致的，但并没有事实根据。故事可以使公司的基本价值观保持长久活力，并为全体雇员提供一种共享的理念。

例证 10-2

海尔砸电冰箱：质量意识[6]

1985 年，青岛电冰箱总厂（海尔电冰箱的前身）生产的瑞雪牌电冰箱在一次质量检查时被发现库存不多的电冰箱中有 76 台不合格，按照当时的销售行情，这些电冰箱只要稍加维修便可出售。但是，厂长张瑞敏当即决定，在全厂职工面前，将 76 台电冰箱全部砸毁。当时，一台电冰箱售价 800 多元，而职工每月平均工资只有 40 元，一台电冰箱几乎等于一个工人两年的工资。当时职工们纷纷建议便宜处理给工人。

张瑞敏对员工说："如果便宜处理给你们，就等于告诉大家可以生产这种带缺陷的电冰箱。今天是 76 台，明天就可能是 760 台、7600 台……因此，必须解决这个问题。"

于是，张瑞敏决定砸毁这 76 台电冰箱，而且由责任者自己砸毁，很多职工在砸毁电冰箱时都流下了眼泪。平时浪费了多少产品，没有人心痛，但亲手砸毁电冰箱时，员工感受到这是一笔很大的损失，都痛心疾首。这种非常有震撼力的做法改变了职工对质量标准的看法。

（五）语言

语言是企业成员用来相互表达和传递意思的口头或书面符号，也是传递价值观的重要工具。语言作为企业文化的一个载体，不同于一般意义上的交流语言，它指的是企业内部广泛存在的各种隐语、口号、标语和其他特殊用语等。这些语言既可以口头传播，也可以见于书面材料，具有强势文化的企业一般都有很多富有特色的语言。

第二节　组织文化的作用

组织文化在一个组织中发挥着重要的作用，主要表现在如下五个方面：① 激励功能；② 凝聚功能；③ 导向功能；④ 规范功能；⑤ 协调功能。

一、组织文化的激励功能

组织文化的激励功能是指组织文化本身所具有的通过各组成要素来激发员工动机与潜在能力的作用，属于精神激励的范畴。具体来说，组织文化能够满足员工的精神需要，调动员工的精神力量，使他们产生归属感、自尊感和成就感，从而充分发挥他们的巨大潜力。组织文化能够对员工产生激励作用，其原因主要是：首先，优良的组织文化能够为员工提供一个良好的组织环境。如果一个组织拥有良好的组织文化，它的内部人际环境就比较和谐。员工能够以良好的心态进行工作，各种纠纷比较少，工作绩效自然可以提高。其次，优良的组织文化能够满足员工的精神需求，起到精神激励的作用。美国心理学家赫兹伯格认为，只有从人的内部进行激励才能真正调动人的积极性，恰当的精神激励比许多物质激励更有效、更持久。组织文化能够综合发挥目标激励、奖惩激励等多种激励手段的作用，从而有效地激发出企业内部各部门和所有员工的积极性。

例证 10-3

沃尔玛的员工都是与众不同的[7]

沃尔玛信奉这样一个理念："沃尔玛的员工都是与众不同的。"沃尔玛公司将这句经典信条印在了员工的工作牌上，以提升员工的自信心和自豪感，从而激励员工忠于本职工作，全心全意地为顾客服务。沃尔玛十分注重对员工的精神鼓励，如经常在各个购物中心和公司总部的大厅、宣传栏张贴公司优秀员工的照片。沃尔玛的管理人员常常会走出办公室与员工直接沟通、交流，并及时处理现场的问题，这就是沃尔玛公司所倡导的"走动式管理"。管理人员的办公室虽然有门，但门总是长期敞开着，以便让员工随时走进去进行交流。沃尔玛在管理上较少运用批评或处罚，最多的是激励。沃尔玛还会利用业余时间在公司总部和各个商场举办各种形式的培训班，此外还成立了培养高级管理人员的学校——山姆·沃尔顿学院。总之，以人为本的理念让员工感到沃尔玛是一个团结的大家庭，充满了愉快、平等、上进的氛围。

二、组织文化的凝聚功能

组织文化是一种"软性"的协调力和黏合剂，能够使员工形成巨大的向心力和凝聚力。组织文化以大量微妙的方式来沟通组织内部人们的思想，使组织成员在统一的思想和价值观指导下，产生作为组织成员的"身份感"和"使命感"，产生对组织目标、道德规范、行为准则、经营观念等的"认同感"。同时，在组织氛围的作用下，组织文化使组织成员通过自身的感受，产生对于本职工作的"自豪感"和对组织的"归属感"，使组织成员乐于参与组织的事务，发挥各自的潜能，为组织目标做出贡献。因此，出色的组织文化所营造的人文环境对员工的吸引力是其他吸引物无法比拟的，它打动的是员工的心。正所谓"留人先留心"，要建立一支长期稳定的、有战斗力和凝聚力的团队，必须依靠组织文化战略来支撑。

三、组织文化的导向功能

组织文化作为员工的共同价值观念，一旦形成，就会产生一种思维定式，必然会对员工具有强烈的感召力，这种感召力将员工逐步引导到组织的目标上去。企业提倡什么、抵制什么，员工的注意力也就相应转向什么。这种功能往往在组织文化形成的初期就已经存在，并将长期引导员工为实现组织目标而努力。

组织文化通过一系列管理行为来体现，如企业战略目标的透明性、内部分配机制的公平性等均能反映一个企业所倡导的价值观。当组织文化在组织内部成为一种强势文化以后，其对员工的影响力越大，员工的行为也就越发自然。

四、组织文化的规范功能

在一种特定的组织文化氛围中，组织文化可以起到有效的规范作用。组织文化的规范功能主要体现在如下三个方面：① 组织文化能够规范、统一组织的外部形象；② 组织文化能规范公司的组织制度，让员工行为规范化；③ 组织文化可以让组织的全体员工产生一致的精神信仰，把个人和组织的发展目标进行有效结合。组织文化的规范功能是通过员工自身感受而产生的认同心理过程实现的，它不同于外部的强制机制。组织文化使员工通过内省产生一种自律意识，从而自觉遵守组织管理的各种规定，如厂规、厂纪等。自律意识相比强制机制，其优势在于员工心甘情愿地接受无形的、非正式的和不成文的行为准则，自觉地接受组织文化的规范和约束，并按照价值观念的指导进行自我管理和控制。

五、组织文化的协调功能

组织文化的协调功能就是指组织文化可以强化组织成员之间的合作、信任和团结，培养亲近感、信任感和归属感，从而促进组织内部各个部门之间、个体与个体之间、个体与群体之间、群体与组织之间、员工与组织之间的有机配合。

例证 10-4

松下的玻璃式经营法[8]

松下幸之助在公司只有七八名员工的时候就开始公开公司的盈亏：他每个月都和公司的会计结算盈亏，然后把结果向员工公开发表。这样的做法激励了员工的士气，公司的业绩越来越高。当经营得好的时候，松下把喜讯带给员工，请大家分享成功的欢乐；当经营得差的时候，他也如实地把一切都讲出来，依靠大家的力量共渡难关。这种传统延续至今，公司负责人把公司的账目向松下产业工会负责人公开。工会的负责人看过账目，彻底了解公司的运营状况以后，自然不会提出无理要求。如此一来，劳资双方当然比较容易因相互信任而建立和谐的关系。

第三节　塑造完善的组织文化

对于处于发展中的组织来说，如何创造良好的组织文化，如何保持已经取得的文化建设的成果，如何优化或更新本组织的文化以适应变化的环境的挑战，这些问题都是人们最为关心的。

一、加强企业家的培养

随着对现代企业经营活动认识的逐步深入，人们越来越意识到企业经营活动的优劣主要取决于企业是否具有一定数量和水平的企业家队伍。因而，一个企业能否在竞争激烈的市场中立于不败之地，主要在于现有管理者培养下一代企业家队伍的成效。就多数企业来说，企业的领袖特别是创始人对组织的早期文化有着巨大的影响。企业家自身的素质以及因自然和社会环境而形成的企业家行为在很大程度上对企业文化建设有着至关重要的作用，企业家既是企业文化的主旨设计者，又是企业文化建设的引领者。创业初期，创始人往往不受传统习惯做法和思想的束缚，而且新组建的企业一般规模较小，使得创始人能够用自己的思想和意识去直接影响其他成员。

企业家行为对企业文化价值观的影响，引导了企业员工的职业道德、工作态度以及社会责任，使得企业发展更富有凝聚力。高素质的企业家一方面具有极强的管理能力，其专业的企业文化素养对企业文化建设有很大帮助；另一方面，企业家对思想建设极为重视，不仅包括社会担当及爱国爱民族的精神建设，对市场环境的风险意识也十分注重，在对企业做出科学决策的同时，还会对企业管理不断创新，为企业积极探索发展之路。[9]企业家在自身的创业和管理活动中的原动力主要来自如下四个方面：① 企业家在崇尚创新和创业的环境中更容易发展，例如，我国广东潮汕地区、浙江温州地区、香港地区崇尚个人独立创业，企业家发展得很快；② 父母的支持对后代的企业家倾向具有重要的影响；③ 企业家通常都有自己崇拜和试图模仿的偶像；④ 企业家以前的创业经历。

企业家精神是指人们竞相成为企业家的一种行为，是指着手工作、寻求机会，通过创新和创业实现个人目标，并满足社会需求。[10]而企业家精神主要有四个要素：① 强大的改革创新精神；② 理性的冒险精神；③ 以人为本的领导理念；④ 社会价值为主的出发点。企业家精神对于组织文化创新的影响在于赋予组织创新性，让组织有把握地冒险。同时，组织在社会企业家精神的领导下更加以人为本，充分考虑个体的态度与感受，为社会创造价值。

企业家之所以在企业管理中取得高效率的成就是因为他们摆脱了传统管理的各种束缚，企业家和传统的管理者在工作动机、时间导向、活动、风险倾向以及对失败和错误的观点等方面存在明显的区别，如表 10-2 所示。

表 10-2　企业家与传统管理者的比较

项　目	企　业　家	传统管理者
主要动机	独立性、创新机会、财务收益	晋升、传统的公司奖赏
时间导向	实现 5～10 年的企业成长	实现短期目标
活动	直接参与	授权和监督
风险倾向	高	低
对失败和错误的观点	接受	避免

企业家自身的形象对企业的整体形象会产生重要影响。企业家的形象直接代表和反映他所领导的企业形象，因此，企业家有必要关注自身形象。世界微型计算机销量第一的戴尔公司的创始人麦克尔·戴尔具有很强的进取心，富有竞争精神，自制力很强，而这些特点也正是戴尔公司留给人们的印象。

组织的高层管理人员对组织文化的影响同样不可低估。这是因为高层管理者往往通过自己的所作所为，将企业精神、价值观和行为准则等渗透到组织中去。所以，要注重企业家的培养和企业家精神的培育。如果在企业前期的发展过程中，尚未产生很有影响力的企业家，或是新组建的公司，那么通过如下三种途径可获得与培养其高层管理者：① 企业家通过自我学习、探索，完善、超越自我来实现，目前我国出现的企业家通过参加在职 EMBA 培训等方式提高自身素质正是这方面的体现；② 组织为企业家的成长创造良好的环境和条件，包括在职培训、职务轮换、挑战性的工作等；③ 通过招聘的方式面向社会招纳英才，如目前国内许多公司开始面向全国甚至全世界招揽精英管理人才。

例证 10-5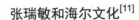

张瑞敏和海尔文化[11]

在 1997 年美国《家电》杂志公布的全世界范围内增长速度最快的家电企业中，海尔名列榜首。1998 年，海尔集团总裁张瑞敏应邀登上哈佛大学讲坛，"海尔文化激活休克鱼"的案例正式写进哈佛大学教材，这标志着海尔真正走向了世界。1999 年的《财富》论坛，张瑞敏总裁作为唯一一名中国家电企业家与会并发表演讲。1999 年 12 月 7 日，英国《金融时报》公布了"全球 30 位最受尊重的企业家"排名，海尔集团总裁张瑞敏荣居第 26 位。海尔在张瑞敏这位优秀企业家的带领下，实现了成功的管理，建立了较为完整的海尔文化体系。

张瑞敏是一位喜欢哲学的企业家。在哲学和宗教方面，张瑞敏似乎是一位儒家式的人物，因为他视发展海尔、振兴民族工业为己任。在给北京大学的学生演讲时，他曾说，"当民族工业支撑不住的时候，海尔愿做最后一个倒下的"，大有"风萧萧兮易水寒，壮士一去兮不复还"的感觉，示人以"扶大厦之将倾"的大丈夫的气概。

他给海尔浇灌的是"海尔是海"，具有吸纳百川的博大胸怀和永不停息的奋斗精神；他给员工的是"赛马不相马"，致力于将公司建成一个情深似海的大家庭，让每个人都有一种归属感，深化工作的意义和增添生活的价值；他给顾客的是"真诚到永远"，没有最好，只有更好，你的幸福就是海尔的幸福。一个响亮的名字，远传世界各地，洁白晶莹的骄子飞向世界；从"铁锤定乾坤"到"海尔·中国造"走向世界，张瑞敏带领海尔艰难而稳定的从无到有、从弱到强，对海尔的起死回生起着至关重要的作用。如果没有张瑞敏这位儒雅而有意志、能很好地经营企业又不完全陷入金钱陷阱中的企业家，海尔的历史可能会改写，他没有愧对海尔人的期望。

二、改善组织内部环境

组织文化的外壳——物质文化设施一旦被设定就不会轻易变动，但是在设定之后就能反映设定者的价值观、文化品位、艺术修养等，并从中反映出一定的文化价值。它主要包括企业容貌、劳动环境和生活娱乐设施三个方面。

（一）企业容貌

这是企业文明的一种标志和象征。从厂房的建筑造型、色彩装饰到空间结构布局，从环境是否整洁到各种物品安排是否井然有序，都能反映出一个企业的管理水平和风格，体现企业文化的个性特点，以及企业领导人的文化品位。

（二）劳动环境

劳动环境包括办公室布置、生产流水线顺序、色彩、照明、设备安排、保险装置等。

一个优化的环境不仅能够提高生产效率，保证劳动安全，还能够相应地提高员工的劳动兴趣，激发员工对企业的忠诚感和责任感。

（三）生活娱乐设施

生活娱乐设施是指文娱场所、体育设施、图书馆、职工培训中心、食堂等。选择的生活娱乐设施既应与职工需求相一致，又应与企业价值观和精神相一致。美化企业员工的生活娱乐环境能使职工感到大家庭的和谐和温暖，增强企业的凝聚力。

三、提高组织的产品文化内涵

组织的产品文化是组织文化中的基本物质文化内容。组织文化的载体——产品通常被理解为具有价值和使用价值的物品，然而产品结构及产品外观的美学成分又使产品体现出企业的文化特色。

组织的产品文化内容的涉及面很广，大体可以概括为以下十个方面：① 组织产品一般来说可分为实质层、形式层和扩展层三个层次；② 企业产品构成的要素、零件与部件的整合方式与系统结构（主要指其物理结构）；③ 企业产品所具有的物理、化学、生物等性状与功能；④ 企业生产经营产品的造型、综合观感、包装、商标等方面的选择、组合与特色；⑤ 企业产品结构，产品系列的现状、未来和特征；⑥ 企业产品投入—产出状况、成本控制手段与特色；⑦ 企业产品开发和创新的能力、潜力、方向与方式；⑧ 企业产品成长周期（或生命周期）的形成、保持和利用；⑨ 企业产品的物质技术前提和工艺基础；⑩ 企业产品生产与消费的生态与环境影响。

组织产品文化管理就是围绕上述几个方面展开的，就是要在以上诸多方面，甚至在产品管理过程的每一项具体活动中都形成一种相对稳定、富有魅力又颇具特色的个性文化，以使组织的顾客和消费者只要接触和使用到公司的某种产品，就会产生一系列美好的联想，获得一种发自内心深处的愉快感和舒适感。

日本的东芝公司、索尼公司和丰田公司，美国的 IBM 公司、惠普公司，德国的大众汽车公司都只有一种中心产品或中心产品线、一个中心市场、一种中心技术。这些大公司全都有一种明确的使命、一项重点，在一个领域中具有一种特长、一种市场，而且基本上是一条产品线。在英国，那些成功的公司干脆把这一点视为企业经营的制胜之道。

组织产品个性文化能否形成，一方面涉及企业的常规经营管理，另一方面又涉及组织经营的战略规划和战略管理。如果说产品质量是组织的生命线，产品在价格、品种、造型、包装、牌子等方面的优势则是组织生产经营的基本，产品的开发创新、产品的生态性质、产品的生命周期会对企业经营、发展的未来产生影响。而企业产品生产经营过程中的成本控制、企业的产品结构与系列的建立和完善、企业产品的技术基础则直接影响着企业的日常经营。

事实上，不论经济环境、社会环境发生怎样的变动，始终坚持和维护企业已有的优良产品文化，并不断把它发扬光大，这是企业经营得以成功和立于不败之地的基本条件之一。

iPhone 的魅力[12]

自从苹果公司首席执行官史蒂夫·乔布斯（2011 年 10 月去世）在 2007 年 1 月 9 日宣布推出 iPhone 系列手机之后，iPhone 的四款产品目前虽只占全球手机市场份额的 5.6%，却赚得全球手机市场利润总额的近 2/3，如此强大的吸金能力着实令人敬佩。

App Store 是 iPhone 的杀手锏，用户只需轻轻点击就可以在 App Store 下载自己喜爱的程序。凭借着如此便捷的软件下载方式和 App Store 中高质量的软件，iPhone 一下子成为全球最受欢迎的智能手机。软件开发者们可以为 iPhone 研发软件，再提交苹果审核后最终放到 App Store 上供用户下载。如果下载收费，利润由苹果与应用开发商按 3∶7 分成。这不仅让那些优秀的软件开发商赚得盆满钵满，更使得苹果公司从中赚取相当大的一笔收入。

和 App Store 类似，iTunes 只是把 App Store 的应用程序换成了歌曲和专辑，歌手可以在 iTunes 上销售自己的专辑和单曲，每首歌下载支付 0.9 美元，既宣传了歌曲，又赚到了钱，一举两得。iTunes 用户也只需在手指的轻触之间完成歌曲的购买。与此同时，iTunes 也为歌曲数字化和正版化做出了贡献，让我们看到了未来歌曲的营销模式。

四、培育优良的组织精神

组织精神是区别于物质、财富或经济价值观的组织观念体系的核心。组织精神是组织的员工群体在长期生产经营中形成的一种信念和追求，是组织基于自身的性质、任务、宗旨、时代要求和发展方向，为使组织获得更大发展，经过长期精心培育而逐步形成的。换言之，组织精神是隐藏于组织经营思想和管理哲学背后并构成它们强有力支撑的组织的最基本的信念或者信仰体系。事实上，组织的主要文化现象、文化特征、文化创新均是以组织精神为源泉的，组织的可持续发展也均是以此为核心而得到实现的。组织精神是组织价值观的外化，它用简洁的语言表现出组织在一切行为和观念中的主导意识，体现了群体的价值取向。

由于组织精神是某个特定组织的精神，它应该在本组织的特定条件下创设并形成，反映本组织的追求和一定的精神面貌。组织精神应有其个性特征，而不是千篇一律。

日本老牌食品企业的企业精神[13]

吉野家是一家在日本全国各地有多家店面和上千家海外连锁店的日本企业。吉野家虽经历过多次波折与危机，依然在业界中留有不可动摇的地位。2004 年美国发现疯牛病，从而导致日本政府暂停进口美国牛肉，这使得吉野家在两年半的时间里失去了牛肉饭中最具特色的牛肉来源。在竞争对手纷纷改变进口渠道使用替代品时，吉野家公司总裁安部修仁决定宁可停止销售最畅销的牛肉饭，也不使用其他原料作为代替。这种对产品质量的坚持，体现了对产品质量追求完美的精神。

在日本还有许多老牌企业坚持着自己的初心：如有着百年历史的味之素始终保持传承经典、锐意创新、认真负责的企业文化精神；再如有着近 400 年历史的老牌企业龟甲万，一直怀着一颗工匠之心，保持着对传统文化的珍视，坚持不使用转基因大豆进行酱油酿造，同时也坚持工匠精神不断进行科技创新。

我国一些著名的企业集团也提出了自己的组织精神口号，如青岛海尔集团根据电器的售后服务质量这一顾客最为关心的问题，提出了"真诚到永远"的企业精神，使顾客无后顾之忧而乐于购买其产品。

组织精神需要用简明而寓意丰富、深刻的语言来表述，这种表述要符合以下五点要求：① 具有组织个性；② 符合时代与民族特点；③ 体现组织价值观；④ 寓意深刻；⑤ 便于记忆与宣传。

企业精神形成之后，不能停留在口号上，而应让企业的每一个员工去了解、接受和履行。通常可采取以下四种方法：① 强化灌输法。如日本松下集团规定，每天早上上班前，员工都要站在厂门口背诵反映企业价值观的司训。此外，也可以通过培训班的方式向员工讲解企业精神。② 领导引导法。企业领导要将企业精神外化为日常行为，引导和感染员工。如遇到困难，就要用企业价值观去鼓励大家知难而进；员工间发生了矛盾，就要用企业精神去化解；员工犯了错误，就用企业精神去帮助其改正和克服。③ 触目可见法。把企业精神印在企业简介中、印在信封上、挂在办公室里、刻在建筑物上，使员工触目可见，形成一种企业精神无时不在、无处不在的感觉。④ 文化宣传法。举办各种文化娱乐活动，或大型的社会文化活动，如赞助文艺晚会、体育比赛、向灾区捐款、扶贫救弱、支持希望工程等方式，向全社会宣传企业的精神。把企业社会责任作为新时期企业文化整合和再造的重要内容已成为国际企业文化发展的趋势。

五、建设稳定的组织制度文化

组织的制度文化是企业制度演进、企业制度规范、企业制度内容、企业制度运转、企业制度创新等的统称。现代企业组织机构是企业为了有效地整合资源，以便达到企业既定目标而规定的上下左右的领导与协调关系。如果把企业视为一个生物有机体，那么企业组织机构就是这个有机体的骨骼。企业组织机构的构建除了受到领导体制的影响，还受到企业环境、企业目标、企业生产技术以及企业职工的思想文化素质的约束和影响。

企业制度文化体系是企业全部制度文化子系统或子集的有机集合。企业制度文化的具体方面或种类很多，集中起来可以概括为五大子文化系统：① 企业财产制度文化；② 企业决策制度文化；③ 企业组织制度文化；④ 企业人事制度文化；⑤ 企业财会制度文化。这五大子系统之间存在着有机的内在联系，并在此基础上形成了企业制度文化体系。决策制度文化是中心，它首先决定着企业组织制度文化，其次决定着企业人事制度文化和企业财会制度文化。制度文化整合的倾向和必然结果就是制度文化的一体化，就是企业制度文化体系本身。其中，领导体制中的领导方式对组织机构的影响相当大，因为组织机构并不是一旦固定就一成不变，领导方式变换就可能导致部分机构变化以适应前者。所以从这些因素来看，一个企业组织机构的设置是对一定的企业文化特质的反映。组织文化制度建设包括组织的领导体制、组织结构和管理方针与制度。组织领导体制是领导方式、领导结构和领导制度的总称。领导体制在某种意义上也是企业价值观的一种表现。领导方式多种多样，如民主型、专制型、放任型等。管理者选择哪种方式进行管理，实际上体现了个人的价值观和偏好，反映了他的文化修养、知识结构及个性，而这与企业的文化氛围是一致的。当企业领导方式主要为权威型与服从型时，则不会提出"和为贵"的企业价值观。

至于领导结构和领导制度，虽然它们反映了企业生产经营和管理的要求，但依然会在具体的构造中反映出企业价值观、企业精神的内涵。例如，德国企业的领导结构与其他国家企业的领导结构不同，德国企业在总经理之上设有管理委员会，以其作为企业最高的日常领导机构，管理委员会成员中有三分之一是工人，这一领导结构是德国企业在长期发展中形成的，反映出德国文化和德国企业的价值观。

企业管理方针与制度是现代企业为达到企业目标，在生产经营管理活动中制定的各种带有强制性义务，并能保障一定权利的各项规定和条例，具体包括人力资源管理、生产管理、经营、分配等方面的一切规章制度。企业管理制度是帮助实现企业目标的有力手段，它是企业员工应该遵守的行为准则，能够使员工个人的生产经营活动符合企业要求。然而，所有企业的管理制度并不是都一样，每个企业的管理制度都会因其生产领域、产品结构、生产工艺、技术特点、市场状况、员工素质等不同而不同。起初，企业管理制度的特性及规范性会迫使员工遵守以符合企业要求，时间久了就会使员工养成一定的行为习惯，这本身对员工行为起到一种很好的引导作用。

例证 10-8

丰田的合理化建议制度[14]

丰田公司实施的是一场全民皆兵的合理化建议制度，而不是单兵作战。领导认为员工是改善产品的主要力量，鼓励全体员工不断地提出建议。这项举措可以充分调动全体人员共同思考和共同参与来改善生产活动及其效果，公司的高层也有机会接触一些底层的呼声，使高层的决策能够照顾到广大的基层员工，形成强大的向心力和凝聚力。在这种气氛下，丰田的每一个员工都会积极地为企业的健康发展献计献策。他们每年都会提出几百万条合理化建议，这些建议的实施和应用给丰田注入了强大的创造力，使丰田企业能够健康快速地以几何级数发展，成为全球汽车业的巨无霸。

成功企业的文化，尤其是制度文化的最大特点就是把企业员工的价值放在极其重要的地位，从充分尊重、信赖、依靠、激励他们的角度和原则出发，把通常的硬性的制度加以软化，使刚性的制度富有弹性，让强制和外在约束变成自觉和自主管理，变防范、制裁为充分信赖和不断激励。由于成功企业在最高境界、最高层次上展开其制度文化，因而它们的制度文化的根本法宝就是无形的精神力量，就是具有充分弹性的自我升华和自主管理。

企业制度文化一方面要保持其必要的、充分的刚性，从而保证企业文化共同体从总体上协调好其与外界大环境的关系，保证其在生存空间里能够长期地存续，保证企业员工对企业制度文化认同的简洁性和对它的信赖感；另一方面，要发挥其弹性文化的作用，充分体现其尽可能大的弹性，从而使企业具有足够的应变能力，可以灵活、迅速的通过制度规范的更新，通过制度文化自身所具有的弹性来及时、有效地调整各种必要的关系，这样才能使企业制度文化既有坚实可靠的基础，又有足够的灵活性和创新活力。成熟的、优秀的企业文化都有一个共同的特点，那就是在其制度规范的形成和贯彻中既坚定不移、毫不含糊地坚持它们的基本准则——对那些令人信服、值得称道的思想原则、精神追求、基本宗旨的规范的形成和贯彻表现出十足的不可更改性，同时又对各种新观念、新潮流、新情况保持足够的敏感性和应变能力。正所谓：文武之道，一张一弛；刚柔并济，双管齐下。

六、通过社会化过程保存组织文化

组织内的新员工很难马上适应组织文化的要求，也可能是他们对组织文化不熟悉，因此组织中总是出现新员工干扰组织已有的价值观念和工作习惯的情况。所以组织要帮助新员工迅速适应组织文化，这个过程称作社会化过程。

组织文化的社会化过程主要包括如下三个阶段。

（1）原有状态阶段。这是指新员工进入组织前的所有学习活动。在这一阶段，每一个员工还带有原先形成的价值观念、工作态度和期望。

（2）碰撞阶段。新员工在进入组织之后，可能会发现自己的期望与现实存在不一致的情况。如果自己的期望与现实有差异，员工就必须经过社会化，使自己从以前的假设中摆脱出来，代之以另一套期望，即新的组织期望。在极端情况下，新员工可能会对自己的工作现状彻底失望，甚至会辞职。有效的员工甄选过程应该尽量减少后一种情况发生的可能性。

（3）调整阶段。通过管理人员的努力，在组织文化正规化、集体化、固定化的影响下，新员工的个性和员工之间的差异越小，员工行为的标准化和可预测程度就越高。通过控制新员工的社会化过程，管理人员既可以造就循规蹈矩的顺从型员工，也可以造就富有创新精神的创造型员工。

第四节　组织公民行为

员工自愿做出的、没有任何正式的规定强制他们这样做的行为称为组织公民行为（organizational citizenship behavior），这些行为的总和的累积效应可以为组织带来良好的效果。因此，组织要对员工的组织公民行为进行适当的教育、鼓励、支持、引导和管理。

一、组织公民行为的概念、特点和维度

（一）组织公民行为的概念和特点

卡兹（Katz）和卡恩（Kahn）最早提出"组织公民"的概念。[15]他们认为，有效的

组织应该有三种基本功能：① 组织必须吸引并留住员工；② 确保员工以可信赖的方式实现组织特定角色的任务；③ 员工必须有创造性和自发性行为，其行为超越角色规范，主动自发地为组织负担一些分外的事情。贝特曼（Bateman）等人将第三种功能和行为称为组织公民行为，并把它定义为职务外行为，主要是指帮助同事和因对组织有责任感而做出的行为。本书采用奥根（Organ）的定义，即组织公民行为是在组织正式的薪酬体系中尚未得到明确的或直接的确认，但就整体而言有益于组织整体运转成效的行为总和。[16]

组织公民行为具有如下三个方面的主要特点。

（1）自愿自发。自愿自发是指员工行为超越角色规范，主动自发地为组织负担一些分外的事情。组织公民行为不是由员工的角色或工作描述强制要求的，即便没有这样的行为也不会受到惩罚。

（2）组织中正式的报酬系统未做明确规定。奥根认为，员工在工作职责范围内的出色表现不算组织公民行为，因为这些行为能够得到报酬系统直接、明确的回报。当然，组织公民行为并非得不到组织的回报，一个员工成熟稳定地表现出某些组织公民行为会给上司或同事留下深刻印象，从而有利于其加薪或晋升，但是这种回报并没有得到正式劳动合同、政策、程序等制度保证，因此具有不确定性。

（3）行为总和的累积效应。单个组织公民行为的影响可能微不足道，但是单个员工的跨时间累积或者多个员工的组织公民行为累积，就可以明显提升组织的整体绩效。这就是行为总和的累积效应。

（二）组织公民行为的维度

组织公民行为具有多维结构。奥根提出了组织公民行为的五因素模型[16]：① 助人行为，指自发地帮助同事，预防和解决与工作相关的问题的行为；② 公民道德，指员工作为组织中的一个"公民"应有的道德行为，包括对组织的工作感兴趣、节约组织资源、保护组织财产、愿意参加组织的各项活动、参与组织战略计划的制订、监控来自环境的威胁和机会等；③ 文明礼貌，指对别人表示尊重的礼貌举动；④ 运动员精神，指员工在非理想化的工作环境中毫不抱怨，仍然保持积极的态度，为了组织的利益而坚守岗位的一种意愿行为；⑤ 责任意识，指严肃认真、尽心尽力地对待工作。

樊景立等人认为，我国文化背景下的组织公民行为可划分为十个维度：① 对组织的认同；② 对同事的利他行为；③ 责任意识；④ 人际和谐；⑤ 维护组织资源；⑥ 自我教育；⑦ 通过自学增加自身的知识和技能；⑧ 参加社会公益活动；⑨ 保持环境卫生；⑩ 表达意见。他们并没有发现奥根描述的另外两个维度（文明礼貌和运动员精神），却发现了有着我国文化特色的两个维度（人际和谐和维护组织资源），体现了组织公民行为的文化独特性。他们还将组织公民行为的多种表现形式按照其发生的不同层面构建了一个多圆环状模型，如图10-2所示。[17]

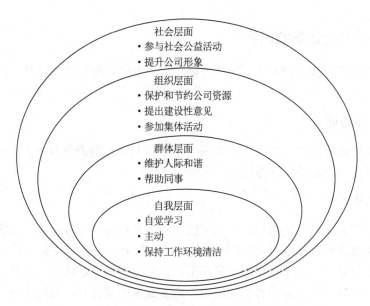

图 10-2 组织公民行为的多圆环状模型

二、组织公民行为的作用

组织公民行为对组织的重要性日益显著。由于组织公民行为充当了组织运行的"润滑剂"，减少了组织各个"部件"运行时的相互摩擦，从而促进整个组织的效率的提高。[16] 波得萨阔夫（Podsakoff）等人将组织公民行为对组织有效运行的作用总结为以下五个方面。

（1）作为组织运行的润滑剂，组织公民行为有助于减少人际矛盾和冲突。例如，主动为他人提供方便，帮助他人，维护人际和谐，从而保证工作关系的顺畅。

（2）自愿合作行为能够使组织更有效地利用资源，优化资源结构，降低资源投入成本，减少不必要的资源争夺，特别是能够更有效地利用稀缺资源，使其更符合生产的目的，减少对纯粹基于维护功能的有限资源的需求，将其投入各种生产活动中去。

（3）能够促进同事和管理者的生产效率的提高。例如，通过帮助有困难的同事，能让同事的生产力提高，组织公民行为中的人际促进和工作奉献可以支持士气，鼓励合作精神，有利于关系绩效的提高；员工主动承担工作减少了管理者在工作分配方面耗费的不必要的精力，从而使管理者的精力能够放在更重要的事情上；员工积极为工作献计献策，也更有利于管理者开展工作。此外，员工在任何时候，包括组织面临困难和危机时，都能够全身心地投入，这样使得员工的工作绩效具有一定的稳定性。但也有研究表明，帮助行为与工作绩效呈负相关。[17]

（4）能够有效地协调团队成员与工作群体之间的活动。组织公民行为能够使员工从组织的大局出发考虑问题，懂得如何有效地协调组织中的群体利益和个体利益。

（5）能够创建良好的企业文化，增强组织吸引和留住优秀人才的能力。能够使员工做出较多组织公民行为的环境是一个充满合作、互相支持、愉快的环境，这样的环境对员工具有非常强的吸引力。

三、组织公民行为的影响因素

影响组织公民行为的因素主要包括个体特征、家庭环境、工作特征、组织特征、领导特征。[18]

（一）个体特征

与其他年龄段相比较，25 岁以下的员工的组织公民行为表现得更多、更积极。个体的责任意识对一些组织公民行为具有预测作用。

（二）家庭环境

家庭环境对员工的行为表现、组织的绩效和发展都会产生直接或间接的影响。由于一个人的工作成就和家庭密不可分，所以要让员工在工作中得到快乐，并且快乐地工作，在社会中做个好公民，在单位中做个好职工，在家庭中做个好成员。这种相互影响是显而易见的，在心理学上被称为行为的溢出。当家庭氛围紧张时，可能不利于员工产生组织公民行为，而愉悦的家庭氛围则可能有利于组织公民行为的产生。

（三）工作特征

任务重要性、任务反馈、内在满意感与组织公民行为之间存在正向关系；工作任务的重复单调性与组织公民行为之间存在负向关系。

（四）组织特征

国有企业员工会比民营企业员工更频繁地展现出组织公民行为；组织凝聚力与组织公民行为之间存在正向关系；员工感知到的工作情景中具有的符合社会期望的价值观以及激励性的工作特性与组织公民行为之间存在正向关系；组织公正性、管理人员的支持与组织公民行为之间存在正向关系。

（五）领导特征

支持型领导、变革型领导特征与组织公民行为之间存在正向关系；领导—下属交换与组织公民行为之间存在正向关系；员工的社会交换意识是组织支持感知与组织公民行为之间以及领导—下属交换与组织公民行为之间的调节变量。领导者的模范作用对下属的组织公民行为表现也具有积极的促进作用。

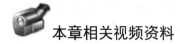 **本章相关视频资料**

What Is Organizational Behavior?

What Is Organizational Behavior?（课件）

本章小结

➢ 组织文化是指组织成员的共同价值观体系，为组织中所有的成员所接纳，成为组织的一种群体意识，表现为组织的共同的信仰、追求和行为准则。

➢ 组织文化可以划分为三个层次：表层文化、中层文化、深层文化。

➢ 组织文化可分为学院型、俱乐部型、棒球队型、堡垒型和学习型五种类型。

➢ 组织文化在一个组织中发挥着重要的作用：（1）激励功能；（2）凝聚功能；（3）导向功能；（4）规范功能；（5）协调功能。

➢ 组织社会化过程主要包括三个阶段：（1）原有状态阶段；（2）碰撞阶段；（3）调整阶段。

➢ 组织公民行为是在组织正式的薪酬体系中尚未得到明确的或直接的确认，但就整体而言有益于组织整体运转成效的行为总和。

➢ 良好的组织文化对组织公民行为具有积极的促进作用。

 思考练习题

 管理游戏

组织文化调查表

影视拓展

 案例分析

华为的企业文化建设

 **参考文献**

[1] 刘亚洲. 餐巾纸上的伟大公司[J]. 东方企业文化，2012（1）：49-50.

[2] 王会让. 苹果公司的企业文化[J]. 东方企业文化，2012（1）：52-55.

[3] 彼得·圣吉. 第五项修炼：学习型组织的艺术与实践[M]. 北京：中信出版社，2009.

[4] 管一新. 联想创新型企业文化[J]. 企业改革与管理，2005（2）：49-50.

[5] 毕雪阳. 管理心理学[M]. 上海：上海财经大学出版社，2010.

[6] 何跃清. 小问题大管理[M]. 北京：地震出版社，2005.

[7] 李庚. 沃尔玛：赢在企业文化[J]. 中外企业文化，2014（10）：52-53.

[8] 王成荣. 企业文化教程[M]. 北京：中国人民大学出版社，2008.

[9] 王红春，李继丽. 基于企业家行为的企业文化建设思考[J]. 现代营销（信息版），2019（2）：138.

[10] 刘鑫瑶. 经济增长与企业家精神关系研究综述[J]. 合作经济与科技，2023（6）：110-111.

[11] 彭烨. 企业家在企业文化中的角色[J]. 化工管理，2004（5）：35.

[12] 至秦. iPhone 的魅力[J]. 信息化建设，2011（9）：49.

[13] 陈秋雨桐. 日本企业工匠精神对我国企业经营者的启示：以食品行业中小企业为例[J]. 广西质量监督导报，2019（2）：91.

[14] 郑立鹏. 丰田管理方式[J]. 经营与管理，2000（11）：30-32.

[15] DANIEL K, KAHN R L. The social psychology of organizations[M]. New York: John Wiley & Sons, Inc., 1978.

[16] ORGAN D W. Organizational citizenship behavior: the good soldier syndrome[M]. Lexington, Mass. : Lexington Books, 1988.

[17] 罗明亮. 组织公民行为研究理论与实证[M]. 北京：经济管理出版社，2007.

[18] JIING-LIH FARH, EARLEY P C, SHU-CHI LIN. Impetus for action: a cultural analysis of justice and organizational citizenship behavior in Chinese society[M]. New York: Cornell University, 1997.

第十一章
员工援助计划

学习目标

➢ 了解员工援助计划的概念和作用
➢ 掌握员工援助计划的内容
➢ 掌握员工心理保健的方法
➢ 了解员工心理咨询的概念和步骤

引例 ●

中国移动杭州分公司幸福成长 EAP[1]

中国移动杭州分公司立足于全体员工身心健康素质提升，积极落实"爱与成长"的员工关怀理念，以促进员工职业幸福感为目标，深入结合公司员工的工作特性和心理需求，将心理学的个人成长、人际沟通、家庭建设、压力缓解等知识、方法、技巧纳入企业员工的成长关爱工作中。此外，该公司通过微信平台、企业内网、EAP 项目专栏等渠道，推动全体员工学习和了解 EAP 的服务理念、服务内容和服务方式，提高 EAP 项目的知晓率，扩大 EAP 项目的受益面。此外，该公司还制订了 EAP 专员骨干成长计划，培养公司内部 EAP 专业团队，并针对中国移动杭州分公司 111 名网格党建指导员，特别邀请国际 EAP 协会中国分会副秘书长曾海波教授开设专项 EAP 课程，进而打造一支有知识、懂技术、能实战的内部专业 EAP 专员队伍，能够发现和识别员工的异常情绪和行为，及时采取措施，提供心理疏导和支持。

随着企业的不断发展壮大，员工的工作压力自然会有所增加，而对中国移动所处的通信行业来说，更是如此。中国移动能够及早关注员工压力问题并积极实施 EAP 项目，对于帮助员工保持健康心态，提高组织绩效具有重要意义。随着生活和工作节奏加快，社会竞争压力增加，员工面临的压力越来越大，因而员工需要掌握和运用各种应对压力的方法。员工援助计划是企业维护和管理员工身心健康的行之有效的方法，值得在企业中推广。

第一节　员工援助计划概述

员工援助计划（employee assistance program，EAP）是由企业组织为其成员设置的一项系统的、长期的服务项目，用来解决员工及其家人的心理和行为等问题，以促进员工个人成长，提高组织绩效，实现组织目标。

一、员工援助计划的概念及发展演变

（一）员工援助计划的概念和特点

员工援助计划是由企业组织出资为员工及其家属设置的一套系统的、长期的福利与支持项目，是心理卫生服务的一种。它根据企业具体情况，通过专业人员对组织进行诊断，提供专业指导、培训和咨询，为企业管理者和员工提供管理以及个人心理帮助的专家解决方案，旨在帮助员工及其家庭成员解决各种职业心理健康问题和行为问题，提高员工在组织中的工作绩效，开发其工作潜能以及改善组织气氛和管理。

EAP 的项目特点是系统性、长期性和保密性。

（1）系统性：EAP 项目为系统解决方案，是以全外部或者内外结合的方式，通过员工、管理层、内部 EAP 以及外部 EAP 共同为企业降低管理风险的系统项目。

（2）长期性：企业实施 EAP 是长期福利与支持项目，一旦引入则必须连续为员工提供服务，除非企业出现重大变故，否则项目不会临时终止。

（3）保密性：EAP 项目为员工及管理者提供服务，要求实施服务的机构恪守职业道德的要求，不得向任何人泄露资料，保密例外的内容除外。

（二）员工援助计划在国外的兴起和发展

EAP 于 20 世纪 40 年代起源于欧美国家，最初的对象是二战老兵。随后，有一些企业注意到员工的一些不良嗜好（如过度抽烟、酗酒、吸毒以及其他一些药物滥用问题）会影响到员工和企业的绩效。于是，有的企业出钱聘请专家帮助员工解决这些个人问题，逐渐建立了一些项目，这就是员工援助计划的雏形。

20 世纪 60 年代，由于美国社会变动剧烈，工作压力、家庭暴力、婚姻问题、法律纠纷等问题越来越影响到企业员工的情绪和工作表现。一些比较进步的组织采用了 EAP，取得了显著的效果，此后 EAP 的发展逐渐迈向了专业化和产业化的道路。1971 年，为帮助员工解决酗酒等不良行为问题，美国洛杉矶成立了一个专业组织，即现在的国际 EAP 协会的前身。

20 世纪 80 年代以来，EAP 在欧美发达国家得到了蓬勃发展和广泛应用，并日益完善。EAP 被越来越多的企业实践证明是一种行之有效的解决职业心理健康问题的方案，对企业提高劳动生产率以及形成健康积极的企业文化产生了积极作用，成为现代企业人力资源管理的重要手段。有的企业设置了放松室、发泄室、茶室、咖啡室等来缓解员工的紧张情绪；有的企业制订了员工健康修改计划和增进健康的方案，帮助员工克服身心疾病，提高健康程度；还有的企业设置了例行健康检查制度，为员工进行身体和心理检查。

（三）员工援助计划在我国的兴起和发展

对于绝大多数的我国企业来说，EAP 是舶来品，是一个比较新的概念。国内最早的 EAP 出现在外资（尤其是美资）企业在我国的分支机构中，由于企业在美国总部就有 EAP 的福利，被派驻到我国的员工也要求企业提供 EAP 服务。于是，当时美资的 EAP 服务公司就在我国成立 EAP 的分公司，为在我国的美资企业提供 EAP 服务。下面是员工援助计划在我国发展的典型性事件。

（1）2000 年，联想集团客服部开展国内第一个完整的 EAP 项目。

（2）2008 年，中石油开始实施 EAP 项目，成为国内首家实施 EAP 服务项目的央企。该项目赋予了中国石油 HSE 管理及以人为本理念以新内容和新方式，成为管理辅助工具。

（3）2009—2013 年，南方电网、IBM、广汽集团、东风日产、广州地铁、中石油、建设银行、招商银行以及政府机构（如黄埔海关）陆续开始引入 EAP 项目。

（4）2014—2017 年，阿里巴巴、腾讯、海底捞、绿瘦集团、唯品会等民营企业开始引入 EAP 项目。EAP 作为管理辅助工具，帮助企业在转型变革时期为员工以及管理者提供心理支持。

（5）2018 年 11 月，10 部委在《全国社会心理服务体系建设试点工作方案》中提出要将社会心理服务体系建设试点作为推进平安中国、健康中国建设的重要抓手。这说明社会心理健康问题越来越受到国家重视，社会心理服务体系建设与社会治理相融合。EAP 作为先进的心理卫生服务项目，将会在我国企业得到越来越广泛的应用。

二、EAP 的作用

EAP 的发展历史和实践证明，EAP 不仅能够帮助企业解决具体的、现实的员工心理和个人问题，而且是帮助企业发现和解决问题、改进生产管理、提高生产效率、改善组织气氛和企业文化的有效途径，对企业具有重要的价值[2]。

（一）个体方面

EAP 帮助解决的个人问题主要有压力、情绪、人际关系及心理困扰等。具体来说，表现在如下四个方面。

（1）减轻工作压力，改善工作情绪，预防过激事件的发生，提高工作积极性。

（2）学会有效协调工作与家庭生活的关系，促进家庭和睦，提高心理健康水平。

（3）增强员工自信心，提高适应能力，并且改善沟通和人际关系。

（4）掌握解决下属个人心理困扰的实用技术。

（二）组织管理方面

EAP 对企业问题的帮助涉及裁员心理危机、灾难性事件、工作中的公平感、降低意外事故出错率、问题员工、减少缺勤率、提升满意度指标、降低离职率、协助进行绩效沟通等多个方面。具体来说，主要表现在如下四个方面。

（1）建立有效的员工心理管理机制，从而降低缺勤率和病假率，增加留职率，改进生产管理，提高生产效率，降低企业运营成本。

（2）提高组织的公众形象，树立良好的企业形象，以此增强员工对企业的认同感。

（3）促进各部门、各层次员工间的沟通，改善组织气氛。

（4）提升管理者"员工心理管理"技能，实现从传统管理者向教练型管理者的转变。

三、EAP 的内容与实施

（一）EAP 的内容

EAP 的内容主要包括工作环境设计与改善、心理压力应对、沟通和人际关系改善、职业心理健康问题、职业生涯规划和心理危机干预六个方面。

1. 工作环境设计与改善

工作环境设计与改善包括如下两个方面的内容：通过改善工作物理环境、工作条件以及工作场所的设施或辅助工具来改善工作的硬环境，以及通过组织结构变革、优化工作氛围、企业文化建设、工作轮换等手段改善工作的软环境，在企业内部建立一个舒适、安全并具有支持性的工作环境，丰富员工的工作内容，发展和谐的企业文化。

2. 心理压力应对

通过压力管理、挫折应对、情感调节等一系列培训，帮助员工掌握应对压力的基本方法，改善应对方式，提高适应能力。从改变他们对于压力的看法开始，最终改变他们对工作的看法，使他们学会处理压力问题，从而增强他们对于工作压力的承受力。

3. 沟通和人际关系改善

良好的人际关系和交流既是心理健康的表现，也是人们最基本的心理需求。一方面，通过培养和训练，让员工学会改善人际关系的技巧，提高处理人际关系的能力，建立心理支持系统；另一方面，帮助组织领导者、管理者引导组织内的人际关系朝着积极的方向发展，改善和促进上下级之间的沟通和交往，理顺组织成员之间的各种关系，为整个组织建立系统有效的沟通渠道和沟通网络等。

4. 职业心理健康问题

由专业人员采用专业的心理健康评估方法评估员工心理生活质量现状，发现问题产生的原因，并提出解决方案或建议，如对企业员工的个人问题，如恋爱、婚姻、家庭、子女教育、个人心理困扰等，提供及时有效的咨询、辅导和支持帮助；对大多数员工普遍存在的问题，举办具有针对性的职业心理健康讲座、咨询、团体辅导（培训）以及搭建心理服务网络平台。

5. 职业生涯规划

对个体做出专业诊断与详尽评估，针对个体情况做出个性化设计（包括组织内的职业生涯设计乃至人生的规划），继而给予适当修正与持续督导，促进个人潜能的充分开发，同时满足组织要求达成的价值需求。

6. 心理危机干预

当员工受到不良嗜好、身心疾患、家庭或婚姻生活失败、降职或解雇、创伤性应激、暴力或自杀倾向等个人问题困扰引发心理危机时，通过个别心理咨询、小组辅导、团体训练等一系列干预方式，可以帮助员工掌握提高心理素质的基本方法，增强对心理问题的抵抗力。管理者通过咨询和训练，掌握员工心理管理的技术，能够在员工出现心理困扰、发生心理危机时，及时找到适当的处理方法。

（二）EAP 的组织实施

EAP 的组织实施流程如图 11-1 所示。

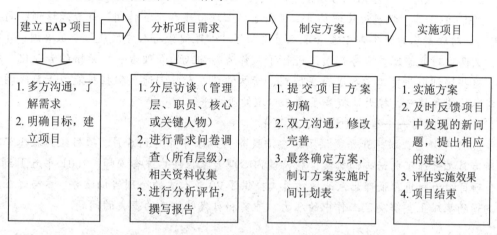

图 11-1　EAP 的组织实施流程

EAP 组织实施的具体过程包括如下四个步骤。

（1）建立 EAP 项目。首先要与目标企业的相关部门和员工进行多方面沟通，初步了解企业的需求，明确 EAP 服务的目标，并正式建立项目。

（2）分析项目需求。首先对管理层、职员、核心或关键人物进行调查访谈，并进行需求问卷调查。通过访谈、问卷调查等方式多方面了解企业的不同部门、不同层次管理者与员工的需求，在系统分析企业员工的心理现状和导致问题产生的原因后，可以对员工进行专业分析评估。

（3）制定方案。提交项目方案的初稿后，双方将做进一步的沟通，修改完善项目方案。在最终确定方案后，制订具体的时间计划表。

（4）实施项目。确定方案后，就可以在企业开展 EAP 了。例如，员工心理咨询、员工职业生涯规划等。在实施过程中及时发现新问题，并提出相应的建议，与企业有关部门进行沟通协调。在 EAP 实施过程中，定期评估项目实施效果也是必要的。

例证 11-1

联想 EAP 的实施[3]

联想客户服务中心员工因需要直接与客户沟通，承受了较大的心理压力，造成员工的流失率居高不下。为了解决这个问题，联想公司客服部邀请了北京师范大学心理系专家为联想客服部门的员工提供 EAP 服务。实施方案包括如下方面。

1. 初级预防——宣传（小册子、电子邮件）

初级预防的目的是减少或消除任何导致职业心理健康问题的因素，建立一个积极支持性的、健康的工作环境。为此，项目组印制了 EAP 宣传小册子，散发到各个客服中心站点，同时还定时向全国客服员工个人发送特定的电子邮件。除了宣传此次活动，项目组也对一些基本的心理学知识和技巧进行了介绍。初级预防能使员工对自身的心理健康和心理性质逐渐形成重视的态度和科学的认知。

2. 二级预防——培训（管理层、一线员工）

2001 年 2 月，联想对管理层员工进行了"心理健康和交互作用"等专题培训；同年 3 月份，对联想客户服务部中层管理人员进行了"心理健康与人才发展"专题培训；紧接着，又两次对联想客户服务部员工进行了"作为咨询式的管理者——亲情的专业化"培训。这些培训引导员工学习了自我控制、情绪管理、人际沟通、耐挫折能力等自我调整的实际技能和技巧，极大地提高了员工心理健康水平。

3. 三级预防——咨询（线上、线下）

2001 年 4 月，联想开始提供团体咨询服务。2001 年 4 月到 6 月，项目组为联想客服部所有员工开通了电话咨询热线，聘请国内心理专家担任热线咨询师。2001 年 6 月到 7 月，项目组为联想客服部北京地区的员工提供了 20 多人次的个别咨询服务。参与者在充分沟通的基础上，解决了工作中的压力、冲突和自我效能感的丧失的问题。

第二节 员工心理保健

随着社会的进步和人民生活水平的提高，人们越来越关心自己的身心健康，企业员工也不例外，缓解压力、管理情绪、应对挫折等是员工关注的重点方向。

一、心理健康的概念

人是生理与心理的统一体，生理素质和心理素质决定了人的健康程度和发展水平。世界卫生组织（WHO）对健康的定义是：健康不仅仅指身体不虚弱或没有疾病，而必须是个体在身体上、心理上和社会适应上保持良好的状态。1986 年，世界心理卫生协会在年会上又发出宣言，健康还要包括良好的道德品质。由健康的定义以及现代生物—心理—社会健康模式可以推知，心理健康就是指一个人的生理、心理与社会处于相互协调的和谐状态。

评判一个人心理健康状况良好，一般包括以下六个方面。

（一）智力正常

智力是人们利用经验、知识和阅历解决问题的综合性能力，主要包括观察力、记忆力、思维能力、想象能力与实践活动能力。一般将人的智力分为超常、正常和低下三个等级。正常的智力水平是人们生活、学习、工作、劳动的最基本的心理条件。

（二）情绪稳定和心情愉快

情绪稳定与心情愉快是心理健康的重要标志。它表明一个人的中枢神经系统处于相对的平衡状态，意味着机体功能的协调。它包括情绪的反应强度和引起情绪的刺激强度相适应，反应时间随着引起情绪的客观情境转移而有所变化，反应的特点与年龄阶段相适应。

（三）行为协调统一

一个心理健康的人，其行为受意识支配，思想与行为是统一协调的，在行动中一般有明确的目的性和较高的自觉性，并有自我控制能力。

（四）自我意识客观

自我意识是对于自我以及自我与外界关系的认知。客观的自我评价和自我接纳是既不贬低又不高估自己的能力，而且能够接受自己的缺点。适度的自信心、自尊心和自制力，一定的社会责任感和义务感是心理健康的表现。

（五）人际关系和谐

人生活在社会中，就要善于与他人友好相处，人的安全、归属、爱和尊重等多种需要的满足都是靠良好的人际关系来维持的，并以此获得心理上的慰藉、支持和激励，或者给予他人关爱，体谅他人。拥有和谐持久的人际关系是心理健康的一个重要特征。

（六）社会适应良好

人生活在纷繁复杂、变化多端的大千世界里，一生中会遇到多种不同的环境。因此，一个人应当具有良好的适应能力，积极处理自己遇到的问题，接受应该承担的责任，若有可能，要尽量塑造好的环境，同时能够根据环境调整自己，为自己树立现实的目标。能够积极、有效地面对和应付周围环境的要求和变化，这也是心理健康的标志之一[4]。

二、缓解压力

任何需要去适应的情境都会构成压力（或应激）。在急剧变化的现代社会中，面对市场竞争的加剧，企业员工的工作负荷也随之不断增大，来自工作、家庭和社会变革等的压力成倍增加，企业员工常常出现内心矛盾和冲突，产生不适应感、焦虑感、压抑感等消极心理体验，甚至产生心理障碍，损害身心，导致严重的后果。值得注意的是，根据《中国国民心理健康报告》显示，抑郁、焦虑、失眠是 21 世纪中青年人群高发的三大"心病"。

（一）正视压力

无论人们怎样努力减少应激事件的发生，都避免不了压力的产生。在一定压力下工作和生活，也许是现代和未来生活的一个重要特征。生活中如果没有压力或压力不足，不管在生理、心理或社会方面，我们都无法获得成长，从而变得百无聊赖、斗志涣散。如果工作缺乏压力，就难以保持适当的效率。适当的压力可以产生强大的动力，压力有其积极的一面，人们可以顶着压力走向成功。应激和绩效关系的研究结果证实，在最适合的应激水平下，操作水平（绩效）才能达到最高点[5]。但是，如果压力太大，积极的激发力就会被疲惫所取代，人们会逐渐觉得难以应付。长期过度的压力负荷会造成筋疲力尽和最终的崩溃。过度的压力也会影响工作效率，使问题频繁出现，如焦虑、失眠、烦躁、效率下降等，如图 11-2 所示。

福克曼（Folkman）和拉扎拉斯（Lazarus）提出了关于压力与健康关系的应对模型，如图 11-3 所示。该模型认为，是人们对压力的评定而不是压力本身引发了压力反应或后果[6]。其基本假设是，当人们遭受压力时，首先，对压力做出评定，然后根据评定做出情绪或行为上的不同反应。如果把压力解释为积极的，就会产生积极情绪；如果认为压力是对身体或心理的威胁，就会产生消极情绪。接着，人们根据评定来思考如何开发自身的应对能力，以减少压力事件带来的危险、破坏或损失等后果。压力知觉和应对反应是压力事件及其潜在后果的重要中介变量。其他的中介变量还有 A 型行为、控制感以及社会支持等。

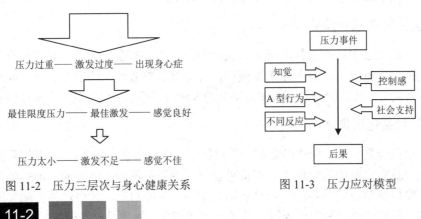

图 11-2　压力三层次与身心健康关系　　　图 11-3　压力应对模型

例证　11-2

百事可乐公司员工的工作压力[7]

尽管百事可乐公司一直以发展迅速、竞争力强而自豪，但公司总裁 Andrall E. Pearson 仍为公司各级员工之间的勾心斗角而忧虑。调查表明，80% 的公司员工曾经因工作不顺而烦恼。许多员工抱怨自己没有得到关怀，不知道公司正在发生的事情，也没有人告诉他们工作绩效如何。

在百事可乐公司，工作职责划分不太明晰，这导致内部竞争十分激烈。管理人员常常分配给员工太多的任务并要求其按时完成。那些能够圆满完成任务的员工晋升得很快，其他人则纷纷离职。平均来说，百事可乐的员工在一个职位上仅仅可工作 18 个月。除了离职率高，管理层还过分强调短期效果。快速晋升的允诺吸引了不少有抱负的年轻人，但大多数人在百事可乐公司都待不久。大家都说，百事可乐公司有许多职位，但鲜有事业。

Pearson 要求各级主管给予下属更多的绩效反馈，并详细解释奖金分配的依据，要求表现出对下属利益与成长的真正关心。公司今后将告知每位员工有关晋升的具体标准与途径，管理人员的晋升与工资也将部分取决于他们指导和培训下属的情况。

（二）探求压力来源，进行压力管理

在日常生活中成为生活压力的琐碎事件可归纳为家庭支出、工作职业、身心健康、时间分配、生活环境和生活保障六个方面。这些方面相互联系和渗透，甚至是多方面相关联的，因此，在探求员工心理压力来源时，有时无法确切地指出问题出自哪个具体方面[8]。我们大致从个人、工作和家庭三个方面来探讨员工心理压力的来源，侧重点是工作组织管理因素，如表 11-1 所示。

表 11-1　员工心理压力的来源

个 人 因 素	组织管理因素	家 庭 因 素
1. 追求完美，期望过高； 2. 缺乏安全感； 3. 总是不断地变换角色； 4. 与人沟通得不够； 5. 学习新课程紧迫； 6. 外部表现与内心想法相矛盾	1. 工作繁重和各种不现实的最后期限； 2. 指令太多，干扰太多； 3. 工作分配与酬劳不合理； 4. 缺乏提升的机会，工作前景不明朗； 5. 与上司和同事有冲突； 6. 组织决策和管理缺乏民主； 7. 恶劣的工作条件（噪声、空间和设备等）	1. 缺乏情感支持； 2. 所背负的责任太多； 3. 与家人缺乏沟通； 4. 被指望无所不能； 5. 工作时间以外，太多工作事务侵犯私人生活

找出压力来源后，就可以着手修正或消除应激物，制订压力管理计划。该计划包括以下三个方面。

1. 个体心理调节

个体心理调节主要包括如下六个要点：

（1）消除错误的认知方式（如对完美的过分追求等）。

（2）进行事前计划和时间管理。

（3）寻求外界的心理帮助（如亲友支持、心理咨询等）并帮助他人。

（4）发展健康的兴趣或爱好。

（5）制订具体的健身计划并实践。

（6）学习放松技术。

2. 组织管理改善

组织管理改善主要包括如下九个要点：

（1）改变工作负荷和最后期限。

（2）重新进行工作设计，改变组织结构以消除应激物。

（3）建立畅通的工作沟通渠道。

（4）开展时间管理、目标管理、角色分析等方面的研讨会。

（5）让员工参与对他们产生影响的组织变革。

（6）物理工作环境的改善。

（7）对员工进行职业生涯咨询和规划以及其他辅助训练。

（8）建立心理支持系统，推广心理咨询和培训。

（9）组织开展文娱和体育活动。

3. 家庭协调

家庭协调主要包括如下五个要点：

（1）多花时间和家人在一起。

（2）进行有效的沟通。

（3）真诚地向家人表达感情并养成习惯。

（4）营造理解、温暖的家庭氛围。

（5）将工作和家庭分开，并采取措施使之平衡。

学会管理压力是相当重要的，因为一旦你意识到压力存在，并学会管理它，便能使压力朝着有利的方向发展。"向压力要动力"不仅仅是一种愿望，而且完全可以通过科学的手段达到这个目标。

（三）学会幽默应对

幽默是精神健康的调节剂。它是一种高尚、成熟的心理防卫机制，是人们面临困境时减轻精神和心理压力的方法之一。越来越多的企业意识到笑声的神奇作用并将其包含在企业发展的研究项目之中。如今，在成千上万家充满活力的企业里，随处都能看到笑声不断的雇员，这些员工正好成为应对变化和不确定因素的生命线。企业赋予他们自由的笑声，他们就带给企业健康的工作环境，还能带动其他成员团结一心，使所有集体成员拧成一股绳，共同面对险境。可见，如果企业员工在生活和工作中学会运用幽默，就能轻松自如地应对压力。那么，怎样培养幽默感呢？

（1）要领会幽默的内在含义。幽默包括滑稽、讽刺、喜剧、相声、小品、笑话、黑色幽默、双关语、歇后语、动漫等媒体中一切让人发笑的要素。要多用健康、积极的幽默（如善意并可被接受的玩笑），尽量不用有害、消极的幽默（如恶意的讽刺和贬低）。

（2）扩大知识面。幽默是一种智慧的表现，它必须建立在丰富知识的基础上。一个人只有具有审时度势的能力、广博的知识，才能做到谈资丰富、妙言成趣，从而展示幽默的艺术。

（3）面临困境，也能够持乐观、开朗的态度。幽默是一种宽容豁达精神的体现，要学会善于体谅他人。乐观与幽默是亲密的朋友，生活中要尝试着发现事物的光明面，积极面对挫折。

（4）要有意识地提高观察事物的能力，培养机智、敏捷的反应能力。只有迅速地捕捉事物的本质，以恰当的比喻、诙谐的语言表达出来，才能使人们产生轻松的感觉。

例证 11-3

美国企业的幽默管理[9]

对于将幽默运用到工作管理中，美国企业界已有多年的经验。其实施手段中，简单的有创建"幽默室"或提供宽松的工作机制（如鼓励员工用幽默手法书写备忘录或员工通信），更进一层的则是聘用专职幽默顾问。据美国一份针对 1160 名管理者的调查报告显示：77%的人在员工会议上以讲笑话来打破僵局；52%的人认为幽默有助于其开展业务；50%的人认为企业应该考虑聘请一名"幽默顾问"来帮助员工放松；39%的人提倡在员工中"开怀大笑"。作为一种激励艺术，幽默被越来越多的管理者应用。

华盛顿大酒店曾在纽约为其 2000 名员工建造了一座有 4 个活动场所的"幽默房"。其中，图书室收有各种幽默书籍、光盘、录像带、录音带；会议厅里布置了卓别林等幽默大师的剧照；玩具房内有各种供宣泄压力的器具。该幽默房受到酒店员工的普遍欢迎。AT&T、IBM 等公司则雇用了幽默顾问。这些举措使员工保持了乐观积极的工作状态，企业也更好地提升了创造力和凝聚力。

三、管理情绪

情绪和情感是人类重要的心理活动形式。它们不仅对个体其他的心理和行为活动起着影响和调节作用，而且对社会交往和适应具有交流和协调功能。良好的情绪不仅能使人精神振奋、效率提高，而且对个体身心健康发展有着积极的促进作用；而不良情绪则能使人精神萎靡，减低工作效率，严重者会做出损害公司利益的事。因此，企业组织管理部门要重视员工的情绪管理，努力使员工保持良好心情。

（一）改变认知角度

发生的事情本身不是导致情绪障碍的原因，人们对事件所持的看法、解释、信念才是直接原因。

20 世纪 50 年代，美国心理学家艾利斯（Ellis）在美国创立了合理情绪疗法，ABC 理论就是该疗法的基本观点。在 ABC 理论模式中，A 是指诱发性事件；B 是指个体在遇到诱发性事件后产生的信念，即个体对这一事件的看法、解释和评价；C 是指在特定情景下，个体的情绪及行为的结果。通常人们会认为，人的情绪及行为反应是由诱发性事件 A 引起的，即 A 引起了 C。ABC 理论则指出，诱发性事件 A 只是引起情绪及行为反应的间接原因，而人们对诱发性事件所持的信念、看法、解释 B 才是直接原因。例如，两个员工在公司的餐厅吃饭，他们的经理从餐桌旁走过，两人都向经理微笑示意，但经理没有与他们打招呼，径直走了过去。一个员工对此是这样想的："他可能正在想别的事情，没有注意到我们。即使是看到我们而没理睬，也可能有什么特殊原因。"而另一个人却有不同的想法："是不是上次我顶撞了他一句，他就故意不理我了，下一步可能就要给我穿小鞋了。"想法不同会导致不同的情绪和行为反应。前者可能觉得无所谓，该干什么继续干什么；而后者可能忧心忡忡，以致无法冷静下来干好自己的工作。从这个简单的例子可以看出，人的情绪及行为反应与人们对事物的观念和认识有直接关系。

合理、积极的信念会引起人们对事物恰当的、适度的情绪和行为反应；而不合理、消极的信念则往往会导致不适当的情绪和行为反应。当人们坚持某些不合理的信念、长期处于不良的情绪状态之中时，最终将导致情绪障碍的产生。以下是三种典型的不合理信念。

1. 绝对化要求

绝对化要求是指人们以自己的意愿为出发点，对某一事物怀有认为其必定会发生或不会发生的信念。它通常与"必须""应该"这类词语连在一起。例如，"我必须表现良好，并受到某重要人物的赏识""这项工作应该是很容易的""我不应该求人帮助"等。

2. 过分概括化

这是一种以偏概全、以一概十的不合理思维方式的表现。一方面，个体以自己做的某一件事或某几件事的结果来评价自己整个人的价值，其结果常常会导致自责自罪、自卑自弃的心理及焦虑和抑郁情绪的产生。过分概括化的另一个方面是对他人的不合理评价，即别人稍有差错就认为他很坏、一无是处，这会导致个体一味地责备他人，以致产生敌意和愤怒等情绪。

3. 糟糕至极

糟糕至极即认为某事情发生了会非常可怕，是灾难性的，以至于个体陷入极端不良的情绪体验（如耻辱、自责自罪、焦虑、悲观、抑郁）的恶性循环之中，难以自拔。

因此，要想改变人的情绪和反应，就要改变人们对发生的事件所持的看法、解释，调整人们所持有的不合理信念，改变认知角度，从而避免不良情绪的产生，保持良好心境。

（二）学会放松训练

放松技巧是通过逐渐松弛全身各部位的肌肉组织，使全身上下消除紧张的一种控制应激、促进健康的技术。放松训练简便易行，不需要花很多时间学习，对于应付紧张、焦虑、不安、气愤的情绪与情境非常有用，可以帮助人们振作精神、恢复体力、消除疲劳、稳定情绪。放松的技巧有很多，如呼吸放松法、肌肉放松法、想象放松法、音乐放松法等。这里给大家介绍一种有效的呼吸放松法——腹式呼吸。

一般来说，人们在感到焦虑、紧张或惊恐时，往往会呼吸过急。这是一种无用呼吸，而且它极有可能会形成一种很难打破的习惯，产生恶性循环，即感到焦虑、紧张或惊恐→呼吸急促→产生焦虑感、紧张感或惊慌感→呼吸过急→感到更加焦虑、紧张或惊慌，而腹式呼吸则是一种可以有效缓解紧张或焦虑的呼吸方式。

首先，尽量让自己坐得舒服，使双手放松，不要握拳，以免妨碍呼吸。一定要感到脖子是放松的，还可以闭上你的眼睛（如果这样做能够帮助你感到更放松的话）。然后，轻轻地从鼻孔吸气，再轻轻地呼出。以这种放松的方式呼吸数次，确保气流的运动只发生在胸脯的下部（你的腹部区域）。要检查你是否做得正确，可以把一只手放在胸前，另一只手放在你的腹部，感觉气流的运动。如果你从腹部呼吸，胸的上部应是放松和静止的。

其次，保持呼气的时间比吸气的时间稍长。在下次吸气之前，稍微屏一下气。不要着急，体会一下平静的感觉。继续用腹部轻轻地、慢慢地呼吸，有意识地体会气流的运动，直到你感到完全放松。逐渐地，它会自动完成，你不用去想它。

例证 11-4

VR 技术在放松训练方面的应用[10]

有学者使用虚拟环境对 75 名广泛性焦虑障碍患者进行研究。他们将被试者随机分为 VR 组、非 VR 组和 WL 组。其中，VR 组被试者在实验者的指导下使用虚拟环境和视听材料进行放松；非 VR 组被试者使用和 VR 组一样的视听材料，但缺少虚拟环境；而 WL 组被试者则不接受任何实验处理。在干预结束后的第 6 个月和第 12 个月，学者对患者进行两次随访。结果发现，VR 组的患者比非 VR 组能够更轻松有效地使用放松技术，而且在治疗过程中患者体验到的沉浸感对治疗效果有显著的促进作用。作为一种新的心理治疗手段，虚拟现实疗法有着较大优势。VR 技术可以增加患者和虚拟环境的互动，更好地缓解患者的紧张情绪，提高患者参与的积极性，防止阻抗的出现。除了能治疗心理疾病，虚拟现实疗法对正常人群压力管理和情绪放松也有积极的干预效果。

（三）发泄不良情绪

在生活中，每个人每天都可能遇到令自己心情不好的事情，产生一些不良情绪，如愤怒、郁闷、焦虑、消沉甚至绝望。这时该怎么办？是向亲友发怒来转移，还是默默地忍受、借酒消愁？抑制不良情绪是一种不健康的选择，它会破坏我们的生活，威胁我们的身心健康，削弱我们的意志。其实，情绪反应是人体内的一种自我保护机制，是人面对威胁时的一种本能身体反应。从心理健康的角度讲，发泄就像清除体内垃圾一样，是消除心中不快的极为有效的手段。发泄也可以减轻精神疲劳，使人变得轻松愉快，能够精力充沛地投入今后的工作中去。但是，发泄不良情绪要注意选择恰当的方式，否则就可能导致令人不快的后果，甚至会使事情更糟。下面介绍发泄不良情绪的九种方法。

（1）进行剧烈运动，或来一次长途步行。

（2）到一个隐蔽的地方，一个你可以跺脚、尖叫、大吼、狂喊而没有人会听到的地方。

（3）大哭一场。

（4）捶坐垫或枕头；拧一条毛巾或类似物，再用它猛击墙壁。

（5）找一个你信得过的朋友，描述或表演让你生气的场景，倾诉你想说的一切。

（6）在说出任何话前先低声数到 10，这会给你足够的时间来冷静下来，以免说错话。

（7）试一下空椅子技巧，即将一张空椅子放在你的面前，假装惹火你的那个人正坐在你对面，把你对那个人的感觉发泄出来。

（8）与你平时最信任、最喜欢的朋友进行交谈或倾诉，将心中的委屈、压抑、担心、焦虑全说出来。

（9）把愤怒或羞于启齿的事情写下来，过后毁掉。

（四）掌握情绪劳动技能

霍赫希尔德（Hochschild）最早提出情绪劳动（emotional labor/work）的概念，并把情绪劳动界定为"管理好情绪以创造公众可以观察到的面部和肢体表情"[11]。简单地说，情绪劳动是指员工根据组织制定的情绪行为管理目标所进行的情绪调节行为。员工怎么调节自己的情绪行为呢？齐普夫（Zapf）提出了四种调节策略：① 自然表现。这种调节不需要意志努力，是人的自然反应。② 表层行为。这是指员工尽量调节自己的表情以表现组织所要求的情绪，而内心的感受并不发生改变。③ 深层行为。这是指为了按照组织制定的情绪进入角色，员工尽量去体验必须产生的情绪。在这种情况下，其表情行为是发自内心的。④ 蓄意失调行为。这种行为是指员工满足了制定的情绪行为要求，表达出了适当行为，员工的内心情绪感受却保持独立[12]。

对于服务业员工（如公务员、空姐、义工、餐饮业员工、护士、教师等）而言，情绪劳动扮演的角色日益重要。情绪劳动技能和认知技能一样重要，这些技能要求员工管理好自己的情绪，同时也要管理好客户的情绪。那么，情绪劳动技能包括哪些内容呢？皮斯库里仕（Piskulich）和曼德尔（Mandell）提出了七项相关的技能：① 展示自我的能力；② 敏感观察的能力；③ 灵活表达的能力；④ 谈判沟通的能力；⑤ 协助他人的能力；⑥ 人际关系能力；⑦ 团队工作能力。那么，究竟如何提高员工的情绪劳动技能呢？这是今后研究的重要现实课题[13]。情绪劳动工作坊、戏剧工厂、沟通风格自我评估等方法都有助于提升情绪劳动技能[14]。

四、应对挫折

挫折是指人们在有目的的活动中，遇到无法克服或自以为无法克服的障碍或干扰，使其需要或动机不能得到满足而产生的消极反应。挫折的产生一般应具备以下四个条件：① 个体有具体的目标和实现目标的动机；② 个体有达到目标的行动和手段；③ 有挫折的情境发生；④ 个体感知到实现目标的行为受到了阻碍并产生相应的情绪和行为反应，如焦虑、愤怒、沮丧、攻击或躲避等。

挫折会带来种种不利于工作的消极因素和消极行为，直接影响到员工的工作积极性能否被充分调动，间接影响着组织的效率及员工的生活质量，因此，管理者要充分重视员工的挫折应对。

（一）挫折的来源

在现实生活中，由于主客观因素的限制，个体往往会遇到"恶者不能避，好者不能取，恨者不能除，爱者不能得"等各种不如意的事情。凡是预期目的没有达到的情境都会引起个体的挫折，但挫折仅仅在超出人的挫折忍受力时才会以挫折感表现出来。不同的人，挫折忍受力的强弱也不相同，它和个人的生理忍受力、动机的强烈程度、受挫折的经历以及对挫折的认知和预见等方面有关。美国心理学家霍姆斯（Holmes）等人曾通过调查研究和测试，选定 43 项生活事件，按其给人的挫折感强弱进行排列，各项目评分标准 LCU（life change unit，生活事件单位）以虽有压力但无伤害的生活事件——"结婚"为中点（给 50 分），编成了生活事件的社会再适应评定量表，如表 11-2 所示。根据表中所列的生活事件可以发现，在日常生活中，人们随时随地都可能遇到挫折情境，因而产生不同程度的挫折感。

表 11-2 生活事件与挫折感量表[15]

顺　序	生 活 事 件	LCU	顺　序	生 活 事 件	LCU
1	配偶死亡	100	23	儿女离家	29
2	离婚	73	24	司法纠纷	29
3	夫妻分居	65	25	个人有杰出的成就	28
4	坐牢	63	26	配偶开始或停止工作	26
5	亲人死亡	63	27	入学或毕业	26
6	个人受伤或生病	53	28	生活状况改变	25
7	结婚	50	29	个人习惯改变	24
8	解雇	47	30	和上级有矛盾	23
9	复婚	45	31	工作环境、时间的改变	20
10	退休	45	32	搬家	20
11	家人患病	44	33	转学或换学校	20
12	怀孕	40	34	改变娱乐方式	19
13	性生活问题	39	35	改变宗教活动	19
14	家庭增加新成员	39	36	改变社交活动	18
15	工作调动	39	37	少量借贷	17
16	经济状况改变	38	38	睡眠习惯改变	16
17	好友死亡	37	39	家庭成员聚会	15
18	职业性质改变	36	40	饮食习惯改变	15
19	夫妻不和睦	35	41	放假	13
20	贷款超过一年净收入	31	42	过圣诞节	12
21	抵押或贷款到期	30	43	轻微违法	11
22	工作职责改变	29			

（二）挫折的心理防御机制

在遭遇挫折、冲突和严重的生活事件时，人们都有一种摆脱困境、减轻不安、稳定情绪、重新达到心理平衡的倾向，总会有意无意地运用心理防卫方式（又称挫折防御机制）。挫折的心理防御机制是指个体在经受挫折后，保持情绪平衡和稳定的心理机能。

由于个人的个性特征、生活态度及所面对的情境不同，每个人所使用的防御机制也有差异，常见的自我防御机制有以下八种。

1. 合理化

合理化又称为"文饰"，指既定目标未达到时，个体寻找各种理由或值得原谅的借口来替自己辩护或争取社会认可。合理化有以下三种常见的形式：① 酸葡萄心理。吃不到的葡萄是酸的，得不到的东西就是坏的，达不到的目标就说是不喜欢达到或本来就没想达到的。② 甜柠檬心理。得到柠檬就说柠檬是甜的，夸大既得东西的好处，缩小不足之处，以减轻得不到自己原先想得到的东西的失望与痛苦心理。③ 援例。这是指引用某些事实为据，试图使自己不合理的行为合理化、不合法的行为合法化，以摆脱面临的困境，减轻自己因过失而产生的内心焦虑和愧疚感。这些理由都不是真实的理由，而且往往不合逻辑，有悖常理，个体却能以此安慰自己，从而得到心理上的安慰和平衡。

2. 压抑

压抑是指一个人在受到挫折之后，用意志的力量压制住愤怒、焦虑的情绪反应，或者把意识所不能接受的使人感到困扰或痛苦的思想、欲望、体验等，不知不觉中自动地压抑到无意识中或通过延期来满足，使自我避免痛苦，保持心境的安宁。压抑比较常见，虽然能够暂时减轻焦虑和获得安全感，但按捺住内在的情绪纷扰，久而久之可能使人变得性情暴躁或孤僻、沉默，甚至形成心理疾病，对身心危害较大。

3. 投射

投射是指个体以自己的想法、感受去推想别人也是如此，把自己的过失行为或内心存在的不良动机和思想观念转移到别人身上，以此来减轻自己的内疚和焦虑，化解自己的心理困境，即"以小人之心度君子之腹"。一个对领导有成见的人，可能会散布领导对自己有成见、有意刁难自己的消息。

4. 补偿

补偿是指个体在追求目标、理想的过程中受挫后，改变活动方向，以别的目标代替原来受阻的目标，以新的活动方式代替原来的活动方式，以弥补因失败而丧失的自尊和自信，减轻挫折造成的痛苦，起到"失之东隅，收之桑榆"的目的。

5. 认同

认同是指当一个人在生活中无法获得成功感时，把别人具有的、使自己感到羡慕的品质加在自己头上，或是将自己比拟成其他成功的人，借以在心理上分享他人的成功感，提高自己的信心和声望，从而消除因挫折而产生的痛苦。如在生活中，有的人遭遇挫折之后，通过想象自己崇拜的英雄或偶像的形象来鞭策和激励自己，走出心理困境。

6. 幽默

当一个人遇到挫折、处境尴尬时，用幽默来化解困境，摆脱失衡状态，也是一种积极的心理防御机制。

7. 反向

反向又称"矫枉过正"现象。个体为了防止自认为不好的动机外露，于是以相反的行为取而代之，这种内有动机与外在行为不一致的现象，称为反向。它实际上也是对个体的冲动和欲望进行压抑的一种心理表现。例如，内心过于自卑者则常常过分地炫耀、抬高自己。

8. 升华

将遭遇的失败导向比较崇高的方向，转移理想到另一更有价值的事业上去，使其具有建设性并有利于本人和社会时，便是升华。例如，司马迁遭受凌辱、身陷囹圄，却以《史记》传世。升华不仅可以使原来的欲望得到间接宣泄而消除焦虑感，还可以使个体获得成功的满足，因此它是一种非常积极的心理防御机制。

（三）应对挫折的方法

挫折不可避免，企业员工总会出现因心理受挫而降低工作积极性、怠工、士气低落的情况，甚至会引发缺勤、闹事、罢工、自杀等事故。面对挫折，该如何去应对，企业管理者又该如何帮助员工进行挫折心理调适，降低负面影响，从而提高工作效率，是值得重视并付诸实践的问题。

克斯（Cox）和夫格森（Ferguson）结合应对的两种功能（针对问题和情绪）和两种形式（认知和行为），提出了较为全面和具体的应对方式[16]，如图 11-4 所示。

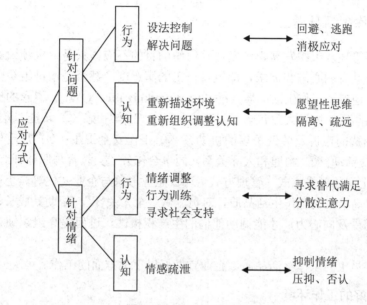

图 11-4　应对方式结构

1. **针对问题的应对方法**

行为方面要设法控制、解决问题。例如，正确归因，学会升华或替代；找出并排除造成挫折的根源；创造条件，改变挫折产生的情境；改善组织管理等，而不是回避、逃跑、消极应对。认知方面则要加强引导，提高认识，变换视角和出发点，正确对待挫折。例如，重新描述环境、重新组织调整认知、吸取经验教训等。

2. **针对情绪的应对方法**

人的情绪和心理活动有关。当人遇到挫折时，心理上会产生一种自我保护的需求，目的是使人减轻痛苦和不安，从而达到心理平衡，这种心理活动又称为心理防御机制。心理防御机制分为两种：一种是健康的防御机制，如替换目标、幽默化解、榜样效应等；另一种则是消极的心理机制，如自欺欺人、怨天尤人等。在遭遇挫折时，健康的防御机制可以缓解压力、减轻负担，帮助员工勇敢地面对和解决挫折，而消极的心理机制则会起到反作用。企业可组织员工进行挫折教育，引导员工正视情绪，进行情感疏泄，而不要否认、压抑情绪，从而帮助员工建立良好的心理防御机制。

在挫折教育中，良好的心理咨询可以采用以下三种主要方法。

（1）幽默交流法。管理者要创造出良好和谐的氛围，与员工建立友好的朋友关系，并用幽默风趣的语言缓解员工的压力，利用轻松和谐、畅所欲言的气氛，使员工将心中的苦闷和遭受的挫折都释放出来。

（2）替换目标法。替换目标是指当个体因为目标确立过大或者不切实际而遭遇挫折时，应当鼓励个体放弃大而不实的目标，并且帮助个体树立一个切实可行的目标的办法。

（3）榜样效应法。榜样的力量是无穷的。榜样效应法是指在员工遭遇挫折时，管理者可以引用他人成功的经验，以增强员工获得成功的信心，以咨询对象崇拜的榜样来鼓励员工不断前进、不断努力[17]。

五、提升工作生活品质

人力资源管理及组织发展学者发现，组织的目的不应该只是追求绩效的提升，也应该重视员工所共有的心态和需求，即重视员工的满意度，甚至是增进组织全体人员的幸福感，因此，便有了工作生活品质（quality of working life，QWL）概念的提出。

工作生活品质的内涵大致包含了下列内容：① 工作环境；② 薪资、奖金与福利（个人生活适应困扰的申诉及劳资争议的协助）；③ 工作安全卫生；④ 升迁与前途发展；⑤ 休闲、社交活动；⑥ 沟通和人际关系（同事合作）；⑦ 教育与职业训练；⑧ 工时和工作量；⑨ 上司的领导方式（管理方式）；⑩ 企业形象与企业文化等。企业只有满足员工的需求，提高员工的工作生活品质，对员工做"全人关怀"，帮助其成长、提升，增加员工的快乐感受及向心力，才能调动他们的生产积极性，进而提高组织绩效，创造更多的财富。

为了改善员工的工作生活品质，企业宜做好以下七方面的工作。

（一）良好的工作环境

整体工作环境的满意度对工作绩效有着明显的正面影响。良好的工作环境除了能够提高工作效率，更能创造出良好的工作气氛，凝聚员工向心力，使员工即使在较大压力时也能保持健康平衡的心理，进而提高工作效率，达到组织和谐的目标。

良好的工作环境包含两个层面的内容：一是指硬件环境，如人性化的办公设施，安全和卫生的工作条件，防止意外发生及职业病伤害等；二是指工作氛围，如营造宽松、和谐的人际关系，协调合作、相互帮助的工作氛围。组织的各项管理功能，如计划、领导、组织、人事、控制等都无法离开沟通。沟通被视为维系人际和谐的最基本的要素，它也是组织能够持续成长的原动力，因此良好的工作环境还应包括顺畅、有效的沟通等要素。

（二）完善的薪资、奖金与福利制度

合理、科学的工资报酬福利体系关系到组织中员工队伍的稳定。为了提升工作绩效并善用人力资源，企业组织应制定完善的薪资、奖金与福利制度，力求在提供良好的可持续平台的基础上形成劳资双方对奋斗目标的一致认同，使人员的发展与组织发展紧密配合，实现企业与员工的共同发展。员工福利是社会和组织保障的一部分，是对工资报酬的补充或延续，主要包括社会福利保险制度、医疗保障制度、退休制度、上下班制度、

请休假制度、教育训练制度以及各项补助等。完善的薪资、奖金与福利制度亦是满足员工安全心理需求和使员工产生心理安全感的一个重要因素。

（三）休息娱乐需要的满足

没有好的休息就没有好的工作。从日常工作来讲，员工有三个方面的需求：工作需求、休息娱乐的需求和学习发展的需求。而休息娱乐的需求往往发生在 8 小时以外，由于不在工作管理范畴以内，故常常会被忽略。事实上，工作以外的休息和娱乐生活往往会影响 8 小时之内员工工作的质量和效益，8 小时之外的企业文化生活是为提高 8 小时之内的工作能力和情感服务的。因此，要让员工处在一个工作、生活、娱乐相结合的环境中，在工作之余，公司应该提供相应的环境和设施，举办相关的社团活动，充分满足员工娱乐和学习的需求。工作 8 小时之外的文化活动能够使员工的生活丰富多彩，使员工的身心得以休息、放松，恢复体力和脑力，调节生活。同时，企业组织的文化娱乐活动可以增强员工之间的情感沟通，有意识地培育员工的参与意识、创新精神和团结合作精神，塑造和谐的气氛，鼓舞员工去创造丰富多彩和积极的人生。

（四）工作与家庭生活的平衡

工作与家庭一旦产生冲突，不但影响个人的家庭生活，也会直接或间接地影响组织绩效。因此，如何减少工作与家庭冲突已成为员工增强个人和家庭生活的幸福感，维持个人身心健康，改善个人与组织、与家庭之间的关系，以及提高个人价值与组织绩效的重要因素。那么，组织该如何帮助员工找到工作与家庭之间的平衡点？首先，组织必须了解员工在职业生涯各阶段的特点以及家庭生命周期各阶段的需要、工作对家庭生活的影响，然后给予员工适当的帮助，制定有针对性的平衡措施。目前，很多著名公司推行了具体的平衡方案和措施，主要有以下三种[18]。

1. 建立工作与家庭平衡计划

工作与家庭平衡计划是组织帮助员工认识和正确看待家庭与工作之间的关系，调和事业与家庭之间的矛盾，缓解由于工作与家庭关系失衡而给员工造成的压力的计划。其目的就在于帮助员工找到工作与家庭之间的平衡点，顺利完成生活和家庭职责，如针对孩子和老人的托管福利计划等。

2. 开展"家庭日"活动

"家庭日"活动通过安排参观或联谊等机会促进家庭对员工工作的认识和理解。企业可以定期或不定期地组织类似的活动，邀请员工的家属到企业参观，展出员工、团队的工作业绩与成就，由此激发员工家属的自豪感，使得家属对亲人的工作有一个全面、及时的认识，赢得家属对员工的理解。同时，"家庭日"活动还能加强企业与员工家庭成员之间的沟通，体现企业关爱员工、关爱家庭的宗旨。

3. 弹性工作制

设计和实施适应员工个人和家庭需要的弹性工作制是工作与家庭平衡计划中最有效、最实际的一种方法。弹性工作制是指在完成规定的工作任务或固定的工作时间长度的前提下，员工可以灵活地、自主地选择工作的具体时间安排，以代替统一、固定的上下班时间的制度。在欧美，超过 40% 的大公司采用了弹性工作制；在日本，日立制作所、富士重工业、三菱电机等大型企业也都不同程度地进行了类似的改革。实行弹性工作制，一方面可以使员工灵活地处理个人生活和工作间的关系，更好地安排家庭生活和业余爱好，赢得更多可自由支配的时间；另一方面由于员工感到个人的权益得到了尊重，满足了社交和尊重等高层次的需要，因而产生责任感，提高了工作满意度和士气。

（五）教育与职业训练的提供

企业要鼓励和关心员工的个人发展，帮助其制订个人发展计划，并及时进行监督和考查。这样做有利于促进组织的发展，使员工有归属感，进而激发其工作积极性和创造性，提高组织效益。在帮助员工制订其个人发展计划时，要考虑到它与组织发展计划的协调性或一致性。唯有如此，人力资源管理部门才能对员工实施有效的帮助和指导，促使个人发展计划的顺利实施并取得成效。具体地说，也就是一方面要给员工提供现有工作领域的培训和相关训练课程，强化对员工队伍的管理，不断增强员工的道德素质和业务素质，如开展针对主管的经营管理课程、针对工程研发人员的专业技术讲座、针对营销人员的营销技能研习等；另一方面要为员工的未来发展提升做准备，为员工积极创造进修和交流的机会，提供充分展示他们才华的平台，如外语培训、在职进修计划、外派训练、自我发展课程等。此外，不定期举办各种生活系列讲座、科技人文讲座，也可以促进员工工作与生活的均衡发展。

（六）人性化管理方式的实施

在企业经营中，管理方式将从过去着重规章管理的传统人事管理转变为强调人力资源管理"人性化"的组织管理。人性化管理就是指在一个企业组织中，认为作为个体的人在其人格上都是平等的，尊重人性特点，即尊重人本身所具有的生理、心理、行为特点，将人作为人力资源开发与管理的出发点。在组织中，追求企业与个人"共同参与、共同发展、共同分享"是十分必要的。就员工个体来说，宜不断创新、勇于表现自己，同时积极、民主地和企业分享信息、参与决策，在组织的发展目标中找到自己适当的定位。例如，通用公司、摩托罗拉等许多企业经常举行"解决会议""解决计划""员工大会"等活动，旨在征求所有员工的意见，并尊重员工的思想、心理需求、行为等特点，制定和修改人力资源开发与管理制度，形成"人性化"的人员管理制度。人性化管理中的情感因素将会使企业的员工空前团结，成为一个极具战斗力的团队。

例证 11-5

海底捞的人本化管理[19]

在海底捞的发展过程中，其基本经营理念是服务员都能像老板一样用心。一个家庭里不可能每个人都是家长，但不妨碍大家都对这个家尽可能地做出最大的贡献，因为每个家庭成员的心都在家里。海底捞的员工住的都是正规住宅，住宅内有空调和暖气，可以免费上网，步行 20 分钟就可以到工作地点。不仅如此，海底捞还雇人给员工打扫宿舍卫生、换洗被单，甚至在四川简阳建了海底捞寄宿学校，为员工解决子女的教育问题。海底捞还想到了员工的父母，优秀员工的一部分奖金每月由公司直接寄给其在家乡的父母。这样，员工就可以把心放在工作上了。事实上，企业的这一系列行为不是刻意推行创新，而是努力创造让员工愿意工作的环境。海底捞的独特管理智慧和企业文化作用的成果使得员工工作时充满激情，结果创新就不断涌出来了。如何加强与员工的情感交流与沟通，从而以情感管理为基础实现"人本化管理"？正如董事长张勇所说："答案很简单，把员工当成家里人。"

（七）企业文化的建设

企业的成长与发展永远处于一个动态的发展过程之中。在这一过程中，企业人力资源的物理状态和心理状态也都处于一个不断流变的过程中。保证企业的人力资源长期有效地为企业的发展服务，而不至于随着企业的变动成长而发生人心离散的情况，这是企业文化建设的价值所在。企业文化所包含的价值观念、行为准则等意识形态和物质形态均应为该组织成员所共同认可。

企业需要根据自身的实际情况，发挥自己的特色优势，形成自己的企业文化。企业可以通过向员工宣传统一的企业价值观、统一的经营宗旨、统一的管理理念和公司文化环境潜移默化的影响，积极引导员工的生活、行为方式和价值信念，使之符合企业的发展目标，并通过一种文化效应，让员工对企业产生一种认同感，在共同认识的基础上增强企业的向心力和凝聚力，在企业中创设一种奋发、进取、和谐、平等的企业氛围和精神，促使员工积极地投身于所从事的事业，为企业创造价值。

 本节相关视频资料

释放压力：幽默减压（上）　释放压力：幽默减压（下）　释放压力：幽默减压（课件）

第三节　员工心理咨询

在竞争激烈的社会中，企业员工必将承受种种心理压力，进而产生不良情绪困扰、人际冲突、工作效率低、创新不足等问题。企业调整员工心态、激发员工潜能的方法有很多种，其中，心理咨询是非常重要且有效的途径。

一、心理咨询的概念和特征

心理咨询是指受过专业训练的心理咨询师运用心理学的理论、方法和技巧，通过和咨询对象的商谈、讨论，使其正确认识自己与环境的关系，改变其态度与行为，帮助和启发他们解决各种心理问题，并对社会生活有良好适应的过程[20]。心理咨询既是一门科学，又是一门艺术，提高心理咨询师的素质是做好心理咨询的关键。心理咨询主要有以下五个特征。

（1）咨询师——要受过咨询心理学或者哲学的专门训练，一般是有博士学位或具有多年临床实践经验的硕士。目前我国合格的心理咨询从业人员较为缺乏，无论是数量还是质量都还远达不到社会的需求。

（2）咨询对象——主要是在日常生活中存在较大压力或人际关系有冲突等问题，需要专家帮助的正常人，所涉及的咨询问题大多是一般性或严重性心理问题，而不是严重的精神障碍，但实际工作中并不能回避患有严重神经症、失眠等身心疾病的来访者。若人格障碍甚至精神障碍康复前后的患者前来主动要求咨询，通常只能在专业医生同期治疗的前提下有限度地对其进行心理咨询。

（3）咨询内容——包括有关发展、教育、学习、升学、工作、人际关系、恋爱、婚姻、家庭、生活、医疗、卫生、司法等方面的心理咨询。若以心理咨询所要解决的主要问题为维度，可以分为障碍性心理咨询、适应性心理咨询和发展性心理咨询三类。

（4）咨询模式——一为发展性模式，旨在解决健康成长问题，属于心理（素质）教育的范畴；二为适应性模式，旨在解决社会适应问题，属于心理辅导的范畴；三为障碍性（或治疗性）模式，旨在解决心理障碍问题，是带有心理治疗性质的心理咨询。前两者是学校心理咨询的主要模式，后者是医学心理咨询的主要模式。

（5）咨询目标——帮助来访者解决心理问题、心理困惑和心理障碍，促进人的最佳发展，提高社会适应能力，增进人的身心健康。

二、心理咨询的类型

员工心理咨询可依据咨询的目的、对象、途径、对象的数量来进行分类。

（一）按咨询的目的划分

按咨询的目的不同，心理咨询可分为发展性咨询、适应性咨询和障碍性咨询：① 发展性咨询是针对人生成长过程及心理发展中的矛盾和困惑进行的咨询。目的是使来访者更好地认识自己、扬长避短、开发潜能、提高工作和生活质量、追求更完善的发展。② 适应性咨询是针对个体与工作、生活环境相互磨合中产生的适应问题所进行的咨询。目的是排解心理烦忧、减轻心理压力、提高来访者解决问题和适应环境的能力。③ 障碍性咨询是对患有某种神经症、轻度精神症或变态心理等心理疾病的员工进行咨询。咨询目的是通过系统的心理治疗和矫治，使来访者克服障碍、缓解症状、恢复心理平衡。

（二）按咨询的对象划分

按咨询的对象不同，心理咨询可分为直接咨询和间接咨询：① 直接咨询是由心理咨询人员直接对来访者进行的心理咨询。② 间接咨询是由心理咨询人员对当事人的亲属或其他人员所反映的当事人的心理问题进行咨询。

（三）按咨询的途径划分

按咨询的途径不同，心理咨询可分为门诊咨询、电话咨询、信函咨询、专题咨询、现场咨询和网络咨询等：① 门诊咨询是指咨询双方在专业心理咨询机构进行的咨询，是最基本的心理咨询方式。② 电话咨询是指通过电话交流的方式进行咨询，具有方便、快捷而且保密性强的特点。③ 信函咨询是指通过书信的方式进行咨询。④ 专题咨询是指针对某类心理问题进行分析、讨论、磋商、矫治。⑤ 现场咨询是指由心理咨询人员深入基层或其他活动现场中，为广大当事人提供多方面服务的一种咨询形式。⑥ 网络咨询是指建立在网络基础上的，将用户与专家和学科专门知识联系起来的问答式服务。

（四）按咨询对象的数量划分

按咨询对象的数量多少，心理咨询可分为个别咨询和团体咨询：① 个别咨询是指心理咨询人员和来访者一对一咨询的方式。② 团体咨询是由心理咨询人员根据来询者问题的相似性组成专题小组，通过团体成员的互动解决成员共有心理问题的咨询方式[21]。

三、心理咨询的原则

心理咨询的原则是指心理咨询人员在工作中必须遵守的基本要求，它是心理咨询师在长期咨询实践中不断认识并逐步积累的宝贵经验。正确理解心理咨询原则、熟悉心理咨询原则、践行心理咨询原则是每一个心理咨询师必须具备的职业核心素质[22]。心理咨询主要有以下三个原则。

（一）灵活性原则

灵活性原则是指咨询人员因人、因时、因地制宜，灵活地应用各种咨询理论和工作技术，采用灵活的步骤，来获得最佳的咨询效果。心理咨询的工作技术指的是咨询师在咨询时运用的技术和方法。在咨询过程中，心理咨询师运用适当的工作技术，可以更高效地和来访者建立相互信任的关系，从而达到理想的咨询效果。心理咨询常见的工作技术主要有尊重、热情、真诚、共情、积极关注、倾听等。

（二）保密性原则

保密性原则既是咨访双方确立相互信任的咨询关系的前提，也是咨询活动顺利开展的基础。这一原则要求心理咨询师有责任和义务替来访者保守一切个人的秘密，在没有得到对方同意的时候，不得将对方在咨询场合下的言行随意泄露给任何人或机关，包括不能在任何场所谈论来访者的隐私；除来访者触犯刑律，并经公检法机关认定出具证明外，任何机构和个人不得借阅心理咨询档案等。

（三）情感中性原则

情感中性原则是指心理咨询师在咨询中应保持中立的立场，确保心理咨询的客观与公正，不得把私人的情感掺杂进去，要保持冷静的、清醒的头脑，尽最大努力与来访者形成良好的、具有治疗作用的咨访关系，通过这种良好的咨访关系来促使来访者充分地展示自己的思想、情感和行为。

四、心理咨询的基本步骤

咨询活动是一个由一连串有序的步骤组成的过程。按照中国咨询师职业资格考试要求，初学心理咨询者最好按照标准的结构化流程来进行实践。无论接诊何种来访者和遇到何种复杂的案例，心理医生都可以不变应万变，按照结构化要素，循序渐进、按部就班地工作，逐渐可以变得得心应手。一般来讲，心理咨询有以下四个步骤。

（一）建立咨询关系

当事人来访，咨询人员应该热情接待，介绍咨询的性质和原则，双方交流、沟通，建立融洽、和谐的咨询氛围和咨询双方初步的信任关系。

（二）探讨咨询问题

来访者不能向咨询人员准确道出自身真正的问题和困扰，主要有两方面的原因：① 求询者不能准确地找到"元问题"。咨询人员要稳定求询者的情绪，理清求询者各种问题之间的关系，找到问题的根源。② 求询者出于顾虑，无法将问题"和盘托出"。遇到这类来访者，咨询人员需要进一步加强与来访者的咨访关系，获取来访者的信任。

（三）确定咨询目标

心理咨询是一个长期过程，咨询效果在短期内并不显著，咨询人员要学会确定咨询目标，这样有助于提高咨访双方的信心。确定咨询目标时，需要注意整个咨询目标、阶段咨询目标和单次咨询目标之间的联系。咨询目标的确定首先要明确来访者迫切需要解决的问题，咨询人员可以向来访者提建议，但采纳与否最终由来访者决定。

（四）解决咨询问题

从咨询人员的角度来看，心理咨询就是用心理咨询的专业方式陪伴求询者度过心理适应不良的阶段，协助来访者看清自己，激发并运用自身资源，克服自己的认知、情感或行为问题，摆脱痛苦，获得成长。一般意义上的心理咨询就是帮助来访者解决问题。为解决来访者的问题，咨询人员需要思考"我"该提供一种怎样的关系、营造一种怎样的氛围，以便来访者能够借助这种关系和氛围，解决自己的问题，实现成长[23]。

五、解雇和离职心理管理

（一）解雇心理管理

企业变革中的组织结构调整必然会涉及员工分流问题。面对解雇（不同于因为职工个人理由的离职或开除性解雇），员工常常缺乏必要的思想准备，感到难以承受，甚至会引起诸如离婚、自杀、偷盗、犯罪等社会问题。再者，如果对于被裁人员安置不当，没有适当地处理被裁员工产生的心理问题，则会影响留职员工的心态，可能会降低留职员工对企业的忠诚度，使他们对组织和工作的安全感产生怀疑。因此，在企业中进行的解雇心理管理包括裁员心理辅导和失业人员心理调适两个方面的内容。

1. 裁员心理辅导

（1）裁员沟通。在实行裁员时，组织管理者如何将消息告知员工是一个重要的问题。通常的做法是企业管理层做出决定后直接通知被解雇的员工。其实，东方人的心理更加敏感和细腻，加上几十年来经济制度所养成的心理惯性，我国企业的员工一般很难接受被解雇的现实——无论是被解雇的还是未被解雇的，因此，如何将裁员消息告诉员工就非常关键。在这个环节中，还要注意裁员的公平性和透明度以及时间、情境的安排等。

（2）裁员和裁员环境的心理调查、培训和辅导，其中包括裁员执行者的专门培训，解雇通知的时间、地点的安排，员工反应的应对等。另外，要积极关注被解雇员工的家庭经济情况、个人心理状况和家庭关系等问题，对有需要的员工，可联合工会和社会服务机构，适时提供帮助和咨询。

（3）顾及留用员工的感受。解雇发生后，要尽快减轻留用员工对裁员的消极情绪，努力帮助员工恢复积极的心态。企业可以借助与员工的真诚沟通，向员工解释裁员的目的。假如可以，可告诉员工企业未来的计划，使他们感受到自己是组织的一部分，进而重建他们对企业的忠诚度，避免因裁员带来的负面后果。

（4）增强员工的心理承受能力。注意培养员工的心理抗挫能力，提高他们的心理承受能力，使他们在面对外界环境的变化以及工作、生活中的突发事件时，可以泰然处之、从容应付，不至于出现心理创伤和较大的挫折感。

2. 失业人员心理调适

（1）正视现实，自觉调整认知方式。失业人员由在岗变成了待业，社会角色发生了变化，自我价值没有了实现的基础，会产生一些错误的认知，如认为自己无用、无能等。失业人员要正视自身处境，自觉调整不良认知结构，认识到自己失去的只是工作，而不是自身的价值。

（2）调节情绪，及时宣泄不良情绪。失业人员面对职业丧失和经济情况的改变，对新情况往往无所适从，从而产生恐惧、孤独、失落、无助、焦虑等情绪。失业人员要及时疏导这些不良情绪，通过向亲朋好友倾诉或参加一些活动和运动进行适度宣泄和调节。

（3）积极参加一些培训和训练，提高适应能力。培训内容可能包括再就业的技能培训、寻找工作的渠道和技巧、再就业的心理辅导。通过培训，失业人员既可以将注意力进行合理转移，又可以重新整理和提升自己。

（4）如有需要，可以找一些心理专业人士进行咨询和沟通，如心理咨询人员、医生、专家等。

（5）寻求社会支持系统的帮助，积极寻找新职业。理清问题后，失业人员应重新规划个人的职业生涯，为自己拟定一份蓝图，并利用人际网络去推销自己。

（二）离职心理管理

经济的快速发展使企业间的竞争变得更加激烈，企业间实力的较量主要集中在人才的比拼上。公司对员工的投资属于软投资，员工的流失会导致公司的人力、财力蒙受损失，甚至会导致企业的运作瘫痪。所以，做好员工入职前、任职时、离职前、离职后的离职心理管理极其重要。

1. 员工入职前的离职心理管理

招聘过程中，招聘负责人要真实清楚地向员工介绍他们比较关注的薪酬福利、工作环境和职业发展等内容，切勿承诺企业不存在或无法实现的条件，要尽可能地让他们正确认识企业的责任和义务。同时，招聘负责人要尽可能地充分了解应聘者的技能、兴趣、应聘动机和对组织的期望等，尽可能做到人职匹配，预防员工入职后因心理预期得不到满足导致的离职行为。

2. 员工任职时的离职心理管理

员工进入企业后，企业管理者要加强和他们的沟通，促进彼此对相互义务和责任的理解，要通过尊重员工、关心员工、让员工参与公司决策等措施促进员工对企业的感情，增强员工的主人翁意识，获得员工的理解和支持。与此同时，应该尽量让员工了解企业的战略规划和在行业中的竞争位置。在企业遇到困难时，要让员工明白企业的困难是暂时和可解决的，美好的发展前景是会到来的，以此来提高员工的组织凝聚力。优秀的员工多数希望能通过积累工作经验和培训来获得更高的技能、实现自我价值，所以，企业要积极提供必要的学习和培训机会，完善企业晋升制度，让员工在实现自我价值的过程中提高对企业的认可度和依赖度，从而防止或减少员工离职行为。

3. 员工离职前的心理管理

员工在离职之前往往会有申诉、降低工作绩效和破坏组织规范的行为，管理者要及时处理员工的申诉，发现员工出现减少工作投入、消极怠工和迟到早退等现象时，不要期待只通过减少奖金等惩罚性措施就可以解决问题。员工产生了离职意向，并不意味着他就会真正离开，组织应以积极、合作、真诚的态度与员工交流，通过双方的沟通和共同努力来解决问题。对通过离职面谈得到的影响雇员离职或使雇员产生离职意向的因素及时进行管理，对其中的一些弊端努力加以改善，避免再因这些问题发生员工离职现象。

4. 员工离职后的心理管理

如有员工离职，企业应运用一些方法来降低留用员工因为离职者的离开而体验到的角色应激，如进行心理咨询和辅导，开展集体心理咨询和培训、企业恳谈会等。企业对留用员工的工作要及时进行认可和肯定，让他们感到自己的工作是有价值的；对留在组织内多年的员工（尤其是对较高绩效的员工），应适当改变一下他们的工作环境或增加工资和奖金；对员工未来的发展做出最佳（不夸张）的承诺等。通过这些方法建立员工的忠诚度，从而降低员工离职率。

本章小结

> 员工援助计划是由企业组织出资为员工及其家属设置的一套系统的、长期的福利与支持项目，是心理卫生服务的一种。

- EAP 不仅能够帮助企业解决具体的、现实的员工心理和个人问题，而且是帮助企业发现和解决问题、改进生产管理、提高生产效率、改善组织气氛和企业文化的有效途径，对企业具有重要的价值。
- EAP 的内容主要包括工作环境设计与改善、心理压力应对、沟通和人际关系改善、职业心理健康问题、职业生涯规划和心理危机干预六个方面。
- EAP 组织实施的具体过程包括如下四个步骤：（1）建立 EAP 项目；（2）分析项目需求；（3）制定方案；（4）实施项目。
- 员工心理保健主要包括缓解压力、管理情绪、应对挫折、提高工作生活品质。
- 员工心理咨询是指受过专业训练的心理咨询师运用心理学的理论、方法和技巧，通过和咨询对象的商谈、讨论，使其正确地认识自己与环境的关系，改变其态度与行为，帮助和启发他们解决各种心理问题，并对社会生活有良好的适应的过程。

思考练习题

心理测试

应对幽默量表

案例分析

广州地铁车务中心 EAP 项目实践

讨论题

多方沟通

 **参考文献**

[1] 张小兰，毕霞，郭君萍等. 新时代中国移动杭州分公司幸福成长[EAP][J]. 互联网周刊，2021（22）：52-53.

[2] 刘勇，周琳. 现代企业心理与行为创新[M]. 广州：中山大学出版社，2007.

[3] 鲍立刚. 员工帮助计划的运作[J]. 企业管理，2008（6）：86-88.

[4] 陈国海. 大学生心理与训练[M]. 广州：中山大学出版社，2005.

[5] 岳春华. 员工管理：化压力为动力[J]. 人力资源，2009（7）：18-19.

[6] FOLKMAN S. Personal control and stress and coping processes: a theoretical analysis[J]. Journal of personality & social psychology, 1984, 46(4): 839-852.

[7] 殷智红，叶敏. 管理心理学[M]. 2 版. 北京：北京邮电大学出版社，2007.

[8] LAZARUS R S, DELONGIS A, FOLKMAN S. Stress and adaptional measures[J]. American psychologist, 1985, 40(7): 770-779.

[9] 沈健，胡洁敏. 当幽默与图书馆擦出火花[J]. 图书馆建设，2006（4）：102-104.

[10] 杨勇涛，张忠秋. 虚拟环境中的知觉动作和心理训练研究[J]. 西安体育学院学报，2015，32（1）：101-115.

[11] HOCHSCHILD A R. The managed heart[M]. Berkeley: University of California Press, 1983.

[12] ZAPF D. Emotion work and psychological well－being: a review of the literature and some conceptual considerations[J]. Human resource management review, 2003, 12(2): 237-268.

[13] PISKULICH, Michelle, MARV MANDELl. NASPAA Standards 2009[R]. Curricular Competencies: NASPAA White Paper, October.

[14] MASTRACCI S, NEWMAN M A, GUY M E. Emotional labor: why and how to teach it[J]. Journal of public affairs education, 2010, 16(2): 123-141.

[15] HOLMES T H, RAHE R H. Quantitative study of recall of life events[J]. Journal of psychomatic research, 1967(11): 215-217.

[16] COX T, FERGUSON E.Individual differences，stress and coping[M]//COOPER C L, PAYNE R. Personality and Stress: Individual Differences in the Stress Process. Wiley, Chichester, 1991.

[17] 方鸿志，陈馨仪. 思想政治教育方法在挫折教育中的应用[J]. 新疆社科论坛，2016（3）：97-100.

[18] 林媛. 组织的工作与家庭平衡策略[J]. 合作经济与科技，2009（5）：32-33.

[19] 胡慧萍. 企业人本化管理探讨：以海底捞火锅店为例[J]. 经营管理者，2009（22）：104.

[20] 卫春梅. 论哲学咨询与心理咨询之异同[J]. 安徽大学学报（哲学社会科学版），

2013，37（5）：46-51.

[21] 邱鸿钟. 咨询心理学[M]. 广州：广东高等教育出版社，2013.

[22] 张建峰，斯艳红. 心理咨询的原则与工作技术[J]. 课程教育研究，2018（24）：240-241.

[23] 张志刚. 心理咨询的五大步骤：做好心理咨询的几个基本技术问题（一）[J]. 大众心理学，2009（1）：16-19.

第十二章
职业生涯规划与管理

 学习目标

> 了解职业生涯的概念
> 掌握职业生涯规划的特点
> 了解职业生涯规划与管理的基本理论
> 掌握职业生涯设计的方法

引例 ●

辉煌人生早规划[1]

比尔·拉福年轻时立志成为一名优秀的商人。他的父亲是洛克菲勒集团的一名高级职员，对商海事务了如指掌。他的父亲发现他有商业天赋、机敏果断、敢于创新，但缺少经验，更缺乏知识。所以，在比尔·拉福快中学毕业时，父子俩进行了一次长谈，共同制定了一个发展生涯规划。这个发展生涯规划如人生引路明灯，最终引领比尔·拉福走向了辉煌人生。

第一阶段：工科学习

大学时代，比尔·拉福选择到麻省理工学院学习工科中最基础的机械制造专业。他做出这个选择不是随波逐流，而是进行了深思熟虑：适当学习工科是为了更好地实现成为企业家的理想，贸易中的工业商品占据了绝大多数，如果不了解产品的性能和生产制造情况，将来很难保证能在经商中占到优势，更何况工科学习不仅能增强工业技能，还能帮助一个人养成严谨求实的思维能力、脚踏实地的工作态度，这些素质都是经商所不能缺少的。4年的大学时间里，比尔孜孜不倦地学习，且没有拘泥于本专业，同时学习了化工、建筑、电子等方面的许多基本知识，这些知识在他后来的商业活动中发挥了举足轻重的作用。

第二阶段：经济学学习

大学毕业后，比尔·拉福没有一头扎进商海，而是按照计划，考入芝加哥大学攻读经济学硕士学位。这期间，比尔·拉福深入了解经济学规律，学习经济法律，注重学习微观经济活动的经营管理和财务管理知识。几年下来，比尔·拉福扎实地掌握了经济原理，厘清了影响商业活动的众多因素，对会计、财务管理也较为精通，完全具备了经商的素质。至此，比尔·拉福完全实现了对理论知识储备方面的规划。

第三阶段：政府部门工作

通过 7 年的学习，按理说，比尔·拉福可以投身商海闯荡一番了。但令人意外的是，比尔·拉福在拿到硕士学位后，并没有立即到商业公司实践或创业，而是考取了美国的公务员。原来，他的父亲深知经商的人必须有很强的交际能力，要想在商场上获得成功，就必须熟知处世哲学，而训练交际能力、观察人际关系的最佳去处就是政府部门。比尔·拉福在政府部门一干就是 5 年，他从一个稚嫩的热血青年成长为一名老练的公务员，培养出了心思稳重、沉着冷静的个性，并且结识了一大批社会各界人士，建立了自己的人脉圈，这对他后来事业成功的帮助极大。

第四阶段：通用公司锻炼

5 年政府工作结束后，掌握了丰富人脉资源的比尔·拉福慢慢向商业靠近，他没有选择直接创业，而是去了国际著名的通用公司进行锻炼以熟练掌握商情与商务技巧。两年后，比尔·拉福不仅为实践所学的理论找到了一个强大的平台，而且学习到了丰富的管理经验，熟练掌握了商业运作的各种技能，完成了原始的资本积累。

第五阶段：自创公司

掌握了足够商业经验的比尔·拉福很快开办了拉福商贸公司，开始了梦寐以求的商人生涯。由于他的准备工作太充分了，他几乎考虑到了每一个细节，因此，他的公司成长得出奇迅速。20 年后，拉福公司的资产从最初的 20 万美元发展到了 2 亿美元，比尔·拉福本人也成了美国商业圈的一个神话人物。

对于比尔·拉福的成功，2011 年诺贝尔经济学奖得主托马斯·萨金特这样评论："急于求成在很多时候往往是欲速则不达，而适当推远理想反而是一种备战人生的最佳方式，比尔所拥有和依赖的，就是这种独特的智慧！"

比尔·拉福的发展生涯规划脉络清晰、步骤合理，充分考虑了个人兴趣、个人素质，并着重职业技能的培养，这种生涯设计在他坚持不懈的努力下，终于变为现实。也许他的这套职业生涯规划并不完全适用于每个人，却带给我们一个重要的信息：人生是可以设计的！本章将介绍职业生涯规划的概念和特点，阐述职业生涯规划的理论，讲明个人和组织如何对职业生涯规划进行管理。

第一节　职业生涯规划与管理概述

近年来，我国社会经济的发展面临着愈加严峻复杂的形势，就业的困难和风险也大大增加。大学生就业难、中年失业危机、企业裁员困局已经成为司空见惯的现象，人们紧张和焦虑的心理也随之而来。那么，我们该如何应对这些风险与威胁呢？答案是：做好职业生涯规划和管理。职业生涯规划与管理可以使我们深入地了解自己，明确职业发展面临的种种条件与限制，最大程度地实现自己的职业生涯目标和自我价值，降低失业风险。

一、职业生涯的概念与特点

（一）职业生涯的概念

最早期的职业生涯概念是沙特列（Carroll L. Shartle）提出的。他认为，职业生涯是指一个人在工作生活中所经历的职业或职位的总称[2]。根据美国管理心理学专家道格拉斯·霍尔的观点，职业生涯是指一个人一生工作经历中所包括的一系列活动和行为[3]。美国著名职业问题专家萨帕（Donald Super）认为，职业生涯是指一个人终生经历的所有职位的整体历程[4]，而后他又进一步指出："职业生涯是生活中各种事件的演进方向和历程，是统合人一生中的各种职业和生活角色，由此表现出个人独特的自我发展组型；它也是人自青春期至退休之后，一连串有酬或无酬职位的综合，甚至包括了副业、家庭和公民的角色[5]。"

综上所述，职业生涯是指个体职业发展的历程，一般是指一个人终生经历的所有职业发展的整个历程。

（二）职业生涯的特点

从总体上看，人的职业生涯具有以下四个特点。

（1）独特性。每个人都有自己的职业发展条件，有自己的职业兴趣和价值观，有个人的职业机遇，从而有着独特的生涯历程。

（2）发展性。每个人的职业生涯都处于不断发展、演进的动态过程中，是贯穿一生职业历程的漫长过程。

（3）阶段性。每个人的职业生涯发展过程都有着不同的阶段，在不同的生涯阶段有着不同的目标和任务。

（4）整合性。由于每个人所从事的工作或职业往往会决定自身的生活状态，而且职业与生活很难区分，因此，生涯应具有整合性，涵盖人生整体发展的各个层面，而不仅仅局限于工作或职位。

二、职业生涯规划的概念与特点

（一）职业生涯规划的概念

职业生涯规划（career planning）简称生涯规划，又叫职业生涯设计，最早由著名管理学家诺斯威尔提出，他认为职业生涯规划是个人结合自身情况及当前制约因素，为自己实现职业目标而确定行动方向、行动时间和行动方案[6]。简单地说，就是一个人对一生的各阶段所从事的工作、职务或职业发展道路进行设计和规划。

（二）职业生涯规划的特点

职业生涯规划具有如下四个特点。

（1）可行性。规划要有事实依据，并不是美好的幻想或不切实际的梦想，否则将会错失良机。

（2）适时性。规划是预测未来的行动，确定将来的目标，因此，规划对于各项主要活动何时实施、何时完成，都应有时间和时序上的妥善安排，以作为日后检查行动的依据。

（3）可变性。规划未来的职业生涯目标牵涉多种可变因素，因此规划应有弹性，以增加其适应性。

（4）连续性。人生各发展阶段应该能够持续、连贯地衔接。

三、职业生涯管理

职业生涯管理（career management）是近十几年来从人力资源管理和管理心理理论与实践中发展起来的新领域。职业生涯管理包含个人和组织的职业生涯管理。个人的职业生涯管理是指以实现个人发展的成就最大化为目的，通过对个人知识、技能、能力、兴趣、价值观和个人发展目标进行深入了解，并有效地进行个人职业生涯管理，从而实现个人的发展愿望的过程。组织的职业生涯管理的最终目的是通过帮助员工的职业发展，提高公司的人力资源质量，发挥人力资源管理效率，以求组织的持续发展，实现组织目标[7]。组织的职业生涯管理要求管理者鼓励员工对自己的职业生涯负责，在员工进行个人工作反馈时提供帮助，并给员工提供有关组织工作、职业发展机会等信息，还必须帮助员工做好自我评估、培训和发展。

四、职业生涯规划与管理的意义

职业生涯规划与管理对个人和组织都具有相当重要的意义。

（一）职业生涯规划与管理对个人的意义

职业生涯规划与管理对个人的主要意义包括如下四个方面[8]。

（1）准确评价个人特点和强项、现有与潜在的资源优势，引导员工对自己的综合优势与劣势进行对比分析。

（2）树立明确的职业发展目标与职业理想，并且引导员工评估个人目标与现实之间的差距。

（3）引导员工将职业定位的前瞻性与实际相结合，搜索或发现新的或有潜力的职业机会。

（4）使员工学会如何运用科学的方法采取可行的措施，不断增强职业的竞争力，增加成功的机会，并且能够处理好职业生活和生活其他部分的关系，如事业与家庭之间的关系。

综上所述，一份行之有效的职业生涯规划将会帮助员工发掘自我潜能、增强职业竞争力、实现美好的职业目标。

例证 12-1

张艺谋的职业生涯规划[9]

由于特殊的历史环境，张艺谋于 1968 年初中毕业后，在陕西乾县农村插队劳动，后在陕西咸阳国棉八厂当工人，但是他始终没有忘记自己的志向是做一名导演。那时，很多人像他一样没有选择，但能像他一样坚持自己梦想的不多。终于，在 1978 年，27 岁的张艺谋争取到机会进入北京电影学院摄影系开始学习摄影，为自己未来转型做导演进行积累。1984 年，他作为摄影师拍摄了影片《黄土地》，此后声名鹊起。但是他没忘记自己的规划，为了亲身体会做演员的感受，提高今后拍片的时候和演员们的契合度，他选择暂时成为一名演员。1987 年，他主演的影片《老井》颇受好评，这部影片使他认识到自己的积累已经足够，于是，同年，他就导演了《红高粱》，以浓烈的色彩、豪放的风格颂扬了中华民族激扬昂奋的民族精神，把叙事、抒情、写实与写意熔于一炉，发挥了电影语言的独特魅力，广获赞誉。正是这部电影，让张艺谋以一个成功导演的角色进入公众视野，奠定了他知名导演的地位。借助 2008 年北京奥运会开幕式的无形宣传，张艺谋导演蜚声海内外，风头一时无人能及。

（二）职业生涯规划与管理对组织的意义

职业生涯规划与管理能够提高组织的竞争力和应变能力，减少因员工流动而带来的损失。组织关心员工的职业发展会使员工感觉到自己是组织整体计划中的一部分，从而改善员工的工作态度，激发他们的士气，提高劳动生产率，使组织变得更加有效率。良好的职业生涯规划与管理对组织具有三个主要方面的作用：① 可以帮助组织了解组织内部员工的现状、需求、能力及目标，调和他们与存在于企业现实和未来的职业机会与挑战之间的矛盾。② 通过协调统一人力资源管理中的人员选择、工作安排和能力开发等活动，更加合理与有效地利用人力资源。③ 可以为员工提供平等的就业机会，改善组织的企业文化，促进企业可持续发展。综上所述，职业生涯规划与管理是企业长盛不衰的组织保证，是具有战略意义的 EAP 项目。

例证 12-2

3M 公司的职业生涯体系[10]

从 20 世纪 80 年代中期开始，3M 公司的员工职业生涯咨询小组一直向个人提供职业生涯问题咨询、测试和评估服务，并举办个人职业生涯问题公开研讨班。3M 公司设计的员工职业生涯管理体系包括以下十个方面的内容：① 职位信息系统。② 绩效评估与发展过程。每一位员工都会收到一份供次年使用的员工意见表，员工可填入自己对工作内容的看法，指出主要的进取方向和期待值。然后，员工们与自己的主管一起讨论并达成一致意见。③ 个人职业生涯管理手册。该手册人手一本，它概述了员工、领导和公司在员工职业生涯发展方面的责任，还明确地提出了公司现有的员工职业生涯发展资源。④ 主管公开研讨班。这有助于主管们理解自己所处的员工职业生涯管理环境，同时，提高他们的领导技巧及增加他们对自己所担任的各类角色的理解。⑤ 员工公开研讨班。提供个人职业生涯指导，强调自我评估、目标和行动计划和职位晋升的经验。⑥ 一致性分析过程及人员接替规划。集团副总裁会见各个部门的副总经理，讨论其手下管理人员的业绩情况和潜能。⑦ 职业生涯咨询。公司为员工提供专业的个人职业生涯咨询。⑧ 职业生涯项目。员工职业生涯管理人员根据员工兴趣印发出一些项目，并将它们在全公司推广。⑨ 学费补偿。报销学费和与员工当前岗位相关的费用，以及与某一工作或个人职业生涯相关的学位项目的全部学费和费用。⑩ 调职。职位撤销的员工自动进入个人职业生涯过渡公开研讨班，同时还接受具体的过渡咨询。

第二节 职业生涯规划与管理的基本理论

职业生涯规划与管理的基本理论包括职业发展阶段论、职业锚理论以及兴趣、能力、性格与职业的匹配理论。

一、职业发展阶段论

从国内外职业教育的经验和对职业发展的研究可以知道，职业生涯是一个长期实践的过程。根据萨帕（Super）的研究，人类早期的职业生涯规划可以追溯到人刚出生时，许多人终生都在进行职业生涯规划[11]。他将整个人生分为成长阶段、职业探索阶段、立业与发展阶段、职业维持阶段以及职业衰退阶段。其中，后四个阶段为职业生涯阶段，如图 12-1 所示。在不同阶段中，人的需求也有所不同，如表 12-1 所示。

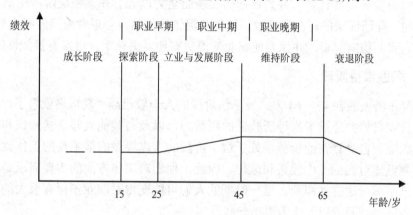

图 12-1　萨帕职业生涯发展模型

表 12-1　不同职业发展阶段的需求

职业发展阶段	对工作方面的需求	在情感方面的需求
职业探索阶段	1. 要求从事多种不同的工作； 2. 希望自己探索	1. 进行试探性的职业选择； 2. 在比较中逐渐选定自己的职业
立业与发展阶段	1. 希望做具有挑战性的工作； 2. 希望在某一领域发展自己的专业知识和技能	1. 希望面对各种竞争，敢于面对成败； 2. 能够处理工作和人际关系矛盾； 3. 希望互相支持
职业维持阶段	1. 希望维持并巩固现有的工作成果和地位； 2. 不想变更职业	1. 希望面对更小的职业压力； 2. 希望有更多自由的时间
职业衰退阶段	1. 计划好退休； 2. 从掌权转向咨询和指导性工作； 3. 寻找自己的接班人； 4. 寻找组织外的其他活动	1. 希望把咨询看作是对他人的帮助； 2. 希望能够接受和欣赏组织外的其他活动

（一）职业探索阶段

该阶段年龄一般在 25 岁前。萨帕认为，探索阶段又可以分为三个时期：① 尝试期（15～17 岁）；② 过渡期（18～21 岁）；③ 初步试验承诺期（22～24 岁）。在整个探索阶段，每个择业者都有选择一份理想职业的愿望与要求，力图了解自我，做出尝试性的职业决策。对于择业者来说，经常更换工作、获得有挑战性的工作机会和自我探索机会是非常重要的。通过本阶段的历练，如果青年人的能力能够得到迅速提高，职业兴趣趋于稳定，逐步形成了对未来职业生涯的合理心理预期，包括工作性质、劳动强度、工作时间、工作方式、同事以及上下级关系，并且为职业的发展做了物质、心理、知识、技能等各方面充分的准备，就能够迅速地成为一个职业工作者。

（二）立业与发展阶段

该阶段年龄一般在 25～44 岁。从职业生涯发展过程来看，这一时期是个人的职业活动能力最强大的时期，是创造业绩、成就事业的黄金时期。一般来说，处于该阶段的人都有自己的成长和发展计划，并为目标的实现而全力以赴。在该发展阶段中期，失败是难以避免的，伴随而来的还会有挫败、厌倦和泄气等情绪。管理者应当做好充分的准备，帮助员工克服不稳定因素，并探索使职业变得更有趣、更充实、更富有挑战性的途径。

（三）职业维持阶段

该阶段年龄一般在 45～64 岁。处于该阶段的人一般已经"功成名就"了，他们以自己多年来日积月累并经过多次经历验证的判断力，以及与其他人共享其知识和经验的能力，向组织证明自身存在的价值。处于这一阶段的人需要做的最主要的工作就是最大程度地维持并巩固自己的工作成果和地位。因此，他们对工作方面的主要需求是更新技能和知识，已不再考虑变换职业。这一时期的人们可能变得对职业不再有很大的兴趣，而希望有更多自由时间或职业压力更小一些。

（四）职业衰退阶段

该阶段年龄一般在 65 岁以上。由于年龄或身体状况等方面的原因，处于这一阶段的人们逐渐减弱了职业活动能力与职业兴趣，从而结束职业生涯。人们需要寻求不同的工作、生活方式，以及对某些娱乐活动的兴趣爱好，以满足退休后的身心需求。对那些先前事业比较成功的人来说，对该阶段的适应过程可能更为艰难，不过他们可以通过一些途径和方式重返职业社会，发挥余热。而对于早年事业表现一般，或已经看到自己的职业绩效在下降的人来说，这或许是一个令人心情舒畅的时期。

二、职业锚理论

职业锚的概念是由美国管理心理学知名学者埃德加·施恩（Edgar H. Schein）提出的。他认为，职业生涯发展实际上是一个持续不断的探索过程，每个人都在根据自己的天资、能力、动机、需要、态度和价值观等慢慢地形成较为明晰的与职业有关的自我概念，它体现了个体"真实的自我"。随着一个人对自己越来越了解，这个人就会越来越明显地形成一个占主要地位的职业锚。所谓职业锚，就是指当一个人不得不做出选择时，无论如何都不会放弃的职业中的那种至关重要的精神要素或价值观，即核心价值观[12]。

简而言之，职业锚是一种从早期工作经历中逐渐发展形成的职业自我观，包括三个部分：① 自省的才干和能力（以各种工作环境中的实际成功为基础）；② 自省的动机和需要（以实际情境中的自我测试和自我诊断的机会以及他人的反馈为基础）；③ 自省的态度和价值观。外部职业生涯的提升只能增长外部职业动机，而职业锚的实现带来的则是内在的愉快。因此，职业锚对个体的工作满意度和工作稳定性有着显著的影响。例如，职业锚决定个体会选择什么样的职业与什么类型的工作单位；决定个体是否会喜欢所从事的工作，是否会跳槽；决定个体在工作中是否有成就感。发现职业锚的标志是能够清晰地回答如下三个问题：要干什么？能干什么？为什么干？

例证 12-3

腾讯创始人马化腾在深圳奋斗的故事[13]

马化腾缔造了一个风靡中国的"网络神话"，他创业 7 年，身家 9 亿；与软件巨擘微软争夺中国网络通信市场，被美国《时代》周刊和有线新闻网评为 2004 年全球最具影响力商界人士之一。当《深圳商报》的一位记者见到这位低调的神话创造者的时候，他的评价是：马化腾更像是一位儒雅而内敛的斯文学者。只有谈到计算机和网络时，马化腾才会不时露出开心、得意的笑容。看得出来，他是一个完全沉浸在 IT 世界的人。"从 1998 年开始，我就考虑独立创业，却一直没想清楚要做什么，但创业的想法并没有起伏，我知道自己对着迷的事情完全有能力做好。我感觉可以在寻呼与网络两大资源中找到空间。"马化腾对记者说。1998 年 11 月，27 岁的马化腾创办了深圳市腾讯计算机系统有限公司。1999 年 2 月，腾讯自主开发了基于 Internet 的即时通信网络工具——腾讯即时通信（腾讯 QQ），一个网络神话开始了。经过短短 7 年的发展，腾讯 QQ 的用户群已成为中国最大的互联网注册用户群，注册用户数量高达 2.91 亿，而 QQ 的标志——那两个憨态可掬的企鹅更是让无数年轻人着迷。

施恩根据自己多年的研究，提出了以下五种职业锚。

1. 技术型职业锚

具有较强技术型（或功能型）职业锚的人往往不愿意选择那些带有一般管理性质的职业，而倾向于选择那些能够保证自己在既定技术或功能领域中不断发展的职业，如科学研究、工程技术、财务分析、营销等。他们喜欢独立完成目标，可以利用现有的资源来有效完成任务。他们往往把成功定义为成为某个领域的专家，在工作中不断地迎接挑战，而不是获得晋升或物质奖赏。他们首要的外在动机是得到专业领域的深造和自我发展的机会。具有技术型职业锚的人虽然在其技术能力领域也会接受管理职责，但他们对管理职业并不感兴趣。例如，一个具有技术型职业锚的财务分析员希望在发挥自己财务会计专长的领域中谋求发展，其最高目标是公司的技术总监，而不愿涉足任何其他职能领域，甚至会对全面管理抱有强烈的抵触情绪。

2. 管理型职业锚

具有管理型职业锚的人往往具有成为管理者或权威人物的强烈自信，他们认为自己具备提升到管理职位上必不可少的能力及价值观，通常，能够承担较高职责的管理职位是这些人的最终目标。他们渴望挑战性、多样化和整合性的工作，期待着能够对组织负有责任，获得高层岗位的权力和成就。他们往往具有以下三个方面的能力：① 分析能力（在信息不完全以及不确定的情况下发现问题、分析问题和解决问题的能力）；② 人际沟通能力（在各种层次上影响、监督、领导、操纵以及控制他人的能力）；③ 情感能力（在情感和人际危机面前只会受到激励而不会受到困扰和削弱的能力，在较高的责任压力下不会变得无所作为的能力，以及使用权术不感到内疚或羞怯的能力）。具有管理型职业锚的人适合的职业领域主要是政府机构、企事业组织的主要负责人，如市长、局长和企业的经理人等。

3. 创新型职业锚

这类人大多具有企业家人力资本特性，拥有把握自己命运、要求有自主权来施展自己才干的创造或创新能力。他们一般具有建立或创设某种完全属于自己的东西或杰作的行为倾向。这种职业锚具体涉及的职业类型是多种多样的。具有创新型职业锚的人追求建立或创设某种完全属于自己的东西——一件署有他们名字的产品或工艺、一家他们自己的公司或反映他们成就的个人财富等，以发挥他们的技能和意志，乐于冒险和克服障碍。具有创新型职业锚的人的主要职业领域是企业家、发明家、冒险性投资者和产品开发人员等。

4. 独立型职业锚

具有独立型职业锚的人追求一种能最大程度地摆脱组织约束，施展自己职业能力的工作情境。他们认为，组织生活是受限制的，提升、工作调动、薪金等诸多方面都难免要受别人的摆布。因此，他们喜欢更有独立性和自主性的职业。这种类型的人对于职业的自主性需求比其他任何需求都强烈，他们很少体验到错过提升机会的冲突，他们的主要需要是随心所欲地制定自己的步调、时间表、生活方式和工作习惯，其中有许多人还有着强烈的技术或功能导向。具有这种职业锚的人的主要职业领域是学者、科研人员、职业作家、个体咨询人员、手工业者和小型公司的所有者等。

5. 安全型职业锚

具有安全型职业锚的人极为重视职业的长期稳定和工作的保障，他们似乎比较愿意去从事这样一类职业：这些职业应当能够提供有保障的工作、体面的收入以及可预测的未来生活。这种可预测的未来生活通常是由良好的退休计划和较高的退休金来保证的。对于这些人来说，如果追求更为优越的职业意味着将要在他们的生活中注入一种不稳定因素的话，那么他们会觉得在一个熟悉的环境中维持一种稳定的、有保障的职业更为重要。具有安全型职业锚的人倾向于根据组织对他们提出的要求行事，比较容易接受组织对他们的工作安排，相信组织会根据他们的实际情况秉公办事。这种类型的人在选择职业时，往往深受其在现实生活中安全取向类型的影响。常见的安全取向类型的人有两种：① 稳定源和安全源主要来自给定组织中稳定的成员资格，他们乐于在政府部门或大公司工作；② 安全源以地区为基础，使家庭稳定和自己融入社团的感情，这类人往往选择在家乡或已经熟悉的地方长期发展。

三、兴趣与职业的匹配

兴趣是使个体积极探索某种事物的认识倾向。兴趣使人对有兴趣的事物给予优先的注意、积极的探索，并且带有积极的情绪色彩和向往的心情。职业心理学的研究表明，如果一个人对某种工作有兴趣，他就能发挥他全部才能的 80%～90%，并且能长时间地保持高效率而不感到疲劳；如果对某种工作不感兴趣，则他的才能只能发挥 20%～30%，并且容易疲劳。职业兴趣与职业环境的匹配是决定成功的最重要因素之一[14]。人们通常乐于选择与自我职业兴趣类型匹配的职业环境，如具有某种职业兴趣的个体在与自己的职业兴趣类型匹配的环境中工作，可以最大程度地发挥个人的潜能。美国职业指导专家霍兰德（John L. Holland）提出了兴趣类型与职业类型的学说。该理论从兴趣的角度出发，根据人格与环境交互作用的观点，把人分为六大类：现实型（R）、研究型（I）、艺术型（A）、社会型（S）、企业型（E）、常规型（C），如图 12-2 所示，职业环境也以同样的名称分为六大类。霍兰德逐步完善了对职业兴趣的个体差异的测量以及对职业和职业环境的研究这两个方面工作，并通过"六边形"将两者紧密联系起来，形成了具有开创意义的职业兴趣六边形理论[15]。

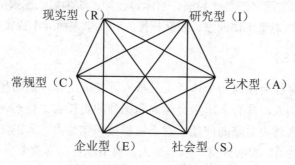

图 12-2　霍兰德职业兴趣六边形

以下为六种职业兴趣的个体的主要特点和适应的典型职业。

（一）现实型（R）

共同特点：具有现实倾向的个体一般具有技术与运动倾向，有较强的身体技巧和机械的协调能力，对于机械和物体显示出强烈的关注。他们稳重、实际，喜欢从事规则明确的活动和技术性工作，甚至非常狂热地自己动手创造新事物，但缺乏人际交流的技巧，对人事管理和监督工作不太感兴趣。性格特点：感觉迟钝、不讲究、谦逊、踏实稳重、诚实可靠。典型职业：喜欢使用工具、机器，需要基本操作技能的工作。该类型对要求具备机械方面才能、体力的工作或与物件、机器、工具、运动器材、植物、动物相关的职业有兴趣，并具备相应的能力。如技术性职业（计算机硬件人员、摄影师、制图员、机械装配工）、技能性职业（木匠、厨师、技工、修理工、农民、一般劳动）。

（二）研究型（I）

共同特点：具有研究倾向的个体对于抽象思维和数理统计具有浓厚的兴趣。他们倾向于通过思维分析解决复杂的问题，喜欢具有创造性、挑战性的工作。他们不会主动去做领导人员或社交工作，有明显的独立倾向。性格特点：坚持性强、有韧性、喜欢钻研、为人好奇、独立性强。该类型喜欢智力的、抽象的、分析的、独立的定向任务，以及要求具备智力或分析才能，并将其用于观察、估测、衡量、形成理论、最终解决问题的工作，且具备相应的能力。典型职业有科学研究人员、教师、工程师、计算机编程人员、医生、系统分析员。

（三）艺术型（A）

共同特点：具有艺术倾向的个体对于创造性的、想象的、能够表现个性的工作显示出明显的偏好。他们与具有研究倾向的个体的共同之处在于创造倾向明显，他们都比较喜欢独立行事，对操作性及程序化的工作缺乏兴趣，不太喜欢结构化程度较高的职业环境，不善于从事事务性工作。性格特点：有创造性、不传统保守、敏感、容易情绪化、较冲动、不服从指挥。典型职业：这类人喜欢的工作要求具备艺术修养、创造力、表达能力和直觉，并将其用于语言、行为、声音、颜色和形式的审美、思索和感受，且具备相应的能力。例如，艺术方面（演员、导演、艺术设计师、雕刻家、建筑师、摄影家、广告制作人）、音乐方面（歌唱家、作曲家、乐队指挥）和文学方面（小说家、诗人、剧作家）。

（四）社会型（S）

共同特征：具有社会倾向的个体乐于从事人际交流工作。通常他们在语言能力上具有优势，乐于帮助别人，具有人道主义倾向和强烈的责任心。他们习惯于通过和别人商讨或调整人际关系来解决面临的问题，对于以机械和物品为对象的工作不感兴趣。性格特点：为人友好、热情、善解人意、乐于助人。典型职业：喜欢要求与人打交道的工作，能够不断结交新的朋友，从事提供信息、启迪、帮助、培训、开发或治疗等的事务，并具备相应的能力。例如，教育工作者（教师、教育行政人员）和社会工作者（咨询人员、公关人员）。

（五）企业型（E）

共同特征：具有企业型进取倾向的个体喜欢制订新的工作计划、建立新的组织，并积极发挥组织的作用进行活动。他们喜欢影响、管理和领导他人，具有强烈的信心，喜欢冒险，喜欢支配别人，不喜欢具体、精细或需要长时间集中心智的工作。性格特点：善辩、精力旺盛、独断、乐观、自信、好交际、机敏、有支配愿望。典型职业：喜欢要求具备经营、管理、劝服、监督和领导才能，以实现机构、政治、社会及经济目标的工作，并具备相应的能力。例如，项目经理、销售人员、营销管理人员、政府官员、企业领导、法官、律师。

（六）常规型（C）

共同特点：具有传统倾向的个体喜欢高度结构化、要求明晰的工作，不适应规则模糊、自由空间大的工作。他们习惯于被动服从，一般较为忠诚、可靠，偏保守。在工作中，他们会与别人保持一定的距离，工作仔细、有毅力，比较在意社会地位和社会评价，通常愿意在大型机构中做一般性的工作。性格特点：有责任心、依赖性强、高效率、稳重踏实、细致、有耐心。典型职业：喜欢注重细节、精确度，有系统、有条理，具有记录、归档、据特定要求或程序组织数据和文字信息的职业，并具备相应的能力。例如，秘书、办公室人员、记事员、会计、行政助理、图书馆管理员、出纳员、打字员、投资分析员。

霍兰德的理论在美国得到了职业规划师的广泛使用，欧洲、亚洲和非洲的调查研究也证实了它的效用。它告诉我们，当我们就业、择业时，兴趣与职业环境的匹配是形成职业满意度、成就感的基础，如果能够选择到与自己兴趣爱好相符的职业，将会使个体在工作中找到快乐和满足感，也更容易获得成功。然而，在实际的职业选择中，除了应该优先选择与自身的职业类型相匹配的职业环境，还要考虑其他一些因素。首先，因为个体本身通常是多种职业兴趣类型的综合体，单一职业倾向显著突出的情况并不多见，因此人们在具体择业时，除了得分最高的职业类型，得分第二高的职业类型中的相关工作，有时也可以予以考虑。其次，在择业时，除了要考虑自己的职业兴趣，还要兼顾考虑获得职业成功的现实可能性。如果脱离客观条件，过于浪漫，往往想得好，却做不到。职业兴趣要建立在切实可行的基础之上，例如，自己所学的专业、社会的职业需求等。

例证 12-4 ███ ███ ███

比尔·盖茨把兴趣变为职业[16]

微软公司创始人比尔·盖茨在青少年时代就对计算机产生了浓厚的兴趣。他在中学时免修了一些课程，将节省下来的时间用于编程的实践中。职业心理学家西沃恩·汉密尔顿·菲利普斯（Siobhan Hamilton-Phillips）指出："即使作为一名儿童，盖茨也能够专心地做一些特别的事情，并从中找到乐趣。因此在他成人之后，他拥有足够的情绪稳定性以支撑他的工作，并使他成功。"盖茨在17岁时就建立了自己的软件公司，他以极大的兴趣和热情投入软件设计中，简直达到废寝忘食的程度，经常一头扎进工作室里通宵达旦，每周工作72～90小时，与他一起工作的人都说他是世界上最忙的企业主管之一。盖茨说："我每天早上一醒来，只要想到我所做的工作和开发的技术将会影响人类生活，就会无比兴奋和激动。"也正是比尔·盖茨本人的工作态度，使得员工的工作热情受到了极大鼓舞，微软公司很快就成为全球最大的计算机软件提供商，盖茨本人也在38岁时成为亿万富翁。

四、能力与职业的匹配

能力是顺利、有效地完成某种活动所必须具备的心理条件，是人格的一种心理特征。

在选择一项职业时，不仅要考虑自己的兴趣，还要考虑自己是否具有从事这项职业的潜力和素质（也可以称为职业能力）。此处所谓的职业能力，并非指从事某项工作所需要的具体技能，而是指要从事某项工作所需要的一般能力和基础素质，主要包括人的体力、智力、知识和技术等方面的基本要素。例如，管理能力包括执行能力、沟通能力、谈判能力、领导能力、训练能力、问题解决能力等要素，不具备这些要素就难以从事管理活动，也就是不具备管理能力。人的职业能力可以在工作实践中有目的、有意识地培养，不过对每个人的能力而言，发展的潜力也不尽相同。职业能力不足或对自己的职业能力水平不了解是青年人遭遇求职困境和职场窘境的重要原因。因此，进行职业生涯规划时，必须要考虑个人能力与职业是否匹配。

（一）能力与职业抉择相吻合的原则

1. 能力类型与职业相匹配

人的职业能力各有差异，不同的职业类型因其工作的性质、内容和环境的不同对人的能力的要求也有所不同，因而应注意能力类型与职业类型、职业性质的配合。例如，从思维能力方面来说，有的人擅长形象思维，有的人擅长逻辑思维（抽象思维），还有的人擅长具体行动思维。如果根据思维类型来考虑职业，属于形象思维型的人比较适合从事演员、艺术设计等工作，属于抽象思维型的人比较适合从事法律、物理研究等理论性较强的职业和工作，而属于具体行动思维型的人则比较适合从事机械修理等方面的工作。如果不考虑人的能力类型，而让其从事与之能力类型不同甚至相斥的职业，效果往往不会很好。不同的职业对人的语言能力要求亦不同。例如，要从事教师、营业员、服务员、护士等职业，必须具备较强的语言表达能力。

2. 能力水平要与职业层次一致

对一种职业或职业类型来说，由于所承担的责任不同，又可分为不同的层次，不同的层次对人的能力有不同的要求。因而，在根据能力类型确定了职业类型后，还应根据自己所达到或可能达到的能力水平确定相匹配的职业层次。只有这样，才能使能力与职业的匹配具体化。

3. 发挥优势能力的作用

每个人都具有一个由多种能力组成的能力系统。在能力系统中，各方面能力的发展是不平衡的，常常是某方面的能力占优势，而另一些方面的能力则不太突出。对职业选择和职业指导而言，应主要考虑自身的最佳能力，选择最能运用这种优势能力的职业。同样地，在人事安排中，如果能够注重一个人的优势能力并分配相应的工作，就更能发挥一个人的才能。

（二）能力类型与职业匹配的具体内容

根据英国心理学家斯皮尔曼（Charles Spearman）于1904年提出的能力的二因素结构理论，人在顺利完成某项任务时，必须既具有一般能力，又具有特殊能力[17]。此理论可以用来进行职业能力分析。

1. 一般能力与职业

一般能力又称为智力，它是人们认识、理解客观事物并运用知识、经验解决问题的能力。智力不是一种单一的能力，而是一种综合的整体结构，包括注意力、观察力、记忆力、思维能力和想象力等。其中，抽象思维能力是智力的核心。不同的职业对人的一般能力的要求不同，有些职业对从业者的智力水平有绝对的要求，如律师、教师、工程师、科研人员等都要求有很高智商。智力在相当大的程度上决定着个体所从事的职业类型。

2. 特殊能力与职业

特殊能力是顺利地完成某种专业活动所必备的能力，它同职业活动紧密相连。职业既有共性，也有特殊性。职业能力既与一般能力有关，也与特殊能力密不可分。要顺利完成某项工作，除了要具有一般能力，还必须具有该项工作所要求的特殊能力，如从事教育、新闻媒体等工作要求有较强的语言能力；从事统计、会计等职业要求有较强的数理能力。通常来说，人的一般能力（主要是智力）相差不大，从事许多项职业都可以有一定的事业发展空间。但是，如果要真正具备职场竞争力，最大程度地发挥个人所长，就要根据特殊能力来做职业选择的决策。

国外职业指导师通常用多重能力倾向成套测验（general aptitude test battery，GATB）进行职业能力测验。GATB 是美国劳工部就业保险局自 1934 年起花了 10 年时间编制而成的。GATB 用于测验分析人的九种不同的能力因素：一般能力（其成绩是通过词汇、算术推理和三维空间三个测验的分数得出的）、语言能力、计算能力、空间判断能力、形态知觉、书写知觉、运动协调、手工灵巧、手指灵活。根据测评结果可以探索个人职业适应范围，进而为选择所希望的职业提供一份参考资料。根据职业所需的特殊能力类型，也可以把特殊能力与职业匹配做如下划分：① 擅长与物打交道，如制图、勘测、建筑、机械制造等。② 擅长与人打交道，如记者、推销员、教师、行政管理人员等。③ 擅长做有规律的工作，如图书管理员、文秘人员等。④ 喜欢从事社会福利和助人的工作，如医生、律师、咨询等。⑤ 具有领导和组织能力，如行政人员、企业管理人员等。⑥ 擅长研究人的行为，如心理学家、政治人物、人事管理、思想政治教育等。⑦ 擅长科学技术研究，如科学家、理论家等。⑧ 擅长抽象、创造性的工作，如经济分析、社会调查等。⑨ 擅长操作性、技术性的工作，如驾驶员、飞行员、机械制造员等。

例证 12-5

公文箱处理[18]

近年来西方建立了许多评价中心（Assessment Center），该中心运用多种测试方法进行管理能力测试，以帮助企业选拔管理人才。其中有一种情景模拟法——"公文箱处理"，即要求被试者作为某一级管理者，在一定时间（20、30 或 65 分钟）内处理好 10 件或 15 件公文，包括电话记录、会议记录、电报、信件、上级指示、备忘录、请示报告、调查报告、人事档案和财务报表等。每件公文测试 1～3 项能力。根据被试者排序是否合理、授权是否恰当，得出被试者掌握会议的能力、分析与处理问题的能力、文字与口头表达能力等综合评分。使用该方法选拔管理人员的效果良好，据统计分析，正确性可达 76%。

例如，美国电话电报公司曾对几百名管理人员候选人进行测试，随后将结果密封，8 年后解封，在被直接提升的经理中核对，发现有 64% 在预测之内；齐克洛斯公司测试一批销售经理总共花了 34 万美元，而增加的收益达 490 万美元。

五、性格与职业的匹配

性格是比较稳定的对现实的态度和习惯化的行为方式。性格的表现是一个人对现实的态度和行为方式中比较稳定的心理特征的总和，也就是个性中经常的、习惯的、明显表现出来的心理特征，也是个性中最重要的心理特征，起着核心作用。

（一）性格类型的划分

一个人的性格特征对职业选择有很大的影响，是进行职业生涯规划时必须考虑的因素。不同职业具有不同的特点，因而对从业人员的性格特点也会提出不同的要求。一般来说，开朗、活泼、热情、温和的性格比较适合于从事营销、公关、文体、服务以及其他同人群交往多的职业；进取、果断、坚毅、自信是管理者不可缺少的性格；严谨、认真、执着的性格比较适合做科研、审计等工作。人的事业成功与否，与性格与职业的匹配度密切相关。那么性格是怎样划分类型的呢？英国的培因、法国的李波特提出的以心理机能优势分类法，将性格分为理智型、情绪型、意志型；美国心理学家威特金根据场的理论以个体独立性程度分类，将性格分成场依存型和场独立型；德国的心理学家斯普兰格以人的社会生活方式分类，把性格分为经济型、理论型、审美型、宗教型、权力型、社会型六种类型；瑞士的心理学家荣格以心理活动的倾向，将性格分为内倾性和外倾型；美国心理学家布里格斯和迈尔斯母女在荣格的两种态度类型和四种功能类型的基础上，又增加了判断型和知觉型两种类型，由此组成了个性的四维八极特征，它们彼此结合就构成了十六种个性类型，这种划分得到了当代心理学专家较为广泛的认同[19]。心理学研究的发展衍生了各种各样的心理测验量表，我们可以借助这些工具来了解自己的性格类型。

（二）不同职业者的性格类型研究

1. 不同管理者性格类型的比较

俞文钊教授曾对 12 个工厂的 144 位企业管理者（男占 80%，女占 20%）采用卡特尔16 种人格因素量表和 Y-G 性格测验量表进行了调查。Y-G 性格测验量表测试的 5 种典型的性格类型及其特点如表 12-2 所示[20]。

表 12-2　5 种典型的性格类型及特点（Y-G 性格测验量表）

型 号	名 称	情 绪	社 会 适 应	向 性	特 点
A	平均型	平均	平均	平均	智力平常，精力、体力、毅力、能力都中等，不引人注目
B	不稳定积极型	不稳定	不适应	外向	与周围人的关系不融洽，其行为常引起人们的注意和议论，容易出现异常行为
C	稳定消极型	稳定	适应	内向	常处于被动状态，温顺

续表

型 号	名 称	情 绪	社 会 适 应	向 性	特 点
D	稳定积极型	稳定	适应	外向	人缘好，有组织领导能力，是活跃务实的类型
E	不稳定消极型	不稳定	不适应	内向	好独立思考，有钻研性但不善于交际，内倾性明显，容易患神经症、身心疾病

采用 Y-G 性格测验量表的结果表明：D 型性格类型的领导者占 54.2%，C 型占 20.8%，A 型占 17.7%，混合型占 7.3%，B、E 型一个也没有。可见，企业领导者的主要性格是 D 型，不宜选 B、E 型性格的人担任领导。采用卡特尔 16 种人格因素量表的结果表明，企业中层管理者与一般工人在下面四种特质方面存在显著差异：① 缄默孤独与乐群外向；② 情绪激动与情绪稳定；③ 权宜敷衍与有恒负责；④ 专业而有成就。翟洪昌和许铎的研究表明，自律性是选拔管理人员的重要个性特征，而且管理人员的级别越高，自律性越强。管理人员必须善于控制自己的情绪和行为。

2. 不同从业者性格类型的比较

赵慧军曾采用卡特尔 16 种人格因素问卷对北京市各类企业中从事组织人事工作、营销管理工作和财务工作共计 248 人进行了个性测查，结果表明：上述三个职业群体的个性结构有许多共同之处，如都有较高的稳定性、有恒性和自律性。但他们之间的差异也是显而易见的。人事管理者和营销管理人员更加外向、开朗，而财会人员则比较内向、严谨，这明显反映了职业特点，即人事工作和营销工作更多的是以人为对象，而财会人员每天面对的更多是数据。另外，测验结果还反映了人事管理者讲实际、工作原则性强而不留情面，有保守倾向；营销人员冒险敢为，有广泛的社会联系；而财会人员则有细心敏感、独立性较高的个性特征[21]。

第三节　个人职业生涯规划与管理

个人职业生涯规划与管理主要包括如下六个环节：① 自我评估；② 环境评估；③ 职业定位；④ 设定职业目标；⑤ 设计职业生涯行动方案；⑥ 评估与反馈。高校应届毕业生大多处于职业生涯发展的早期阶段，大部分人还处于对未来职业发展的探索时期，在此阶段及早进行个人职业生涯规划，对于个人未来的成长和发展将产生重大的影响。此外，在进行个人职业生涯规划时，要先充分了解职业生涯成功的方向和标准，才能做好规划。

一、个人职业生涯规划与管理的步骤

职业生涯规划是一个周而复始的连续过程，要做好职业生涯规划宜按照职业生涯设计的流程，认真做好每个环节。总结国内外职业生涯规划专家的看法，职业生涯设计可采取以下六个具体步骤。

（一）自我评估

职业生涯规划是一个动态过程，其最基础的工作是要知己，即要客观、全面地认清自我，充分了解自己的职业兴趣、能力结构、职业价值观、行为风格、优势与劣势等，也就是要全面了解自己，进行自我评估。自我评估是职业生涯规划的基础，也是获得可行的规划方案的前提。只有正确地认识自己，知道自己想要干什么、能干什么，了解个人的优势与劣势、个人职业发展目标的设定及设定的原因、达到目标可能遭遇的助力与阻力、达到目标所需要的教育与培训等，才能进行准确的职业定位，才能选定适合自己发展的职业生涯路线。要做到客观认识自我，至少需要了解以下五个方面的内容。

（1）职业兴趣——个人爱好、目标、理想。在规划中认识自我，首先是要弄清楚"自己想干什么"与"自己能干什么"。因为，从一定意义上讲，人想成为什么，人就能成为什么。思考"自己想成为什么"，给人生发展定向。"人想成为什么""人往何处去"，这类问题的回答过程就是人生选择的过程。给自己的人生定向即确定自我规划的动机，这是人主动地自我规定、自我限制、自我选择的先决条件。有了它，就便于设置自己的人生目标，选择自己的人生道路。接下来就是全面探索与评估自己的兴趣等，以便在自我规划中做好一系列的选择[22]。

（2）适合干什么——个人特质，包括个人的能力、气质、性格特征。实践表明，性格与能力广泛地影响着人们对职业的适应性，而不同的职业对从业者有着不同的性格与能力要求。性格由遗传、家庭与文化环境、生理成熟度、学习等因素综合影响而形成，并且从人的态度、情绪、兴趣以及实践行为等层面表现出来，性格、能力与职业的最佳匹配能使人们更容易获得事业的成功。

（3）最看重什么——职业价值观，即进行职业锚类型分析。由于个人的身心条件、教育状况、家庭影响、年龄阅历等方面的不同，人们对不同的职业有着不同的看法。从社会来讲，各类职业在人们心目中有好坏高低之分，这些评价形成了人的职业价值观，并影响着人们对就业方向和具体职业岗位的选择。职业价值观可以从自我成长取向、自我实现取向、尊严取向和社会互动取向、组织安全与经济取向、安定与免于焦虑取向、休闲健康与交通取向六个方面进行评估。

（4）人岗是否匹配——岗位的胜任力特征如何，与个人条件是否匹配。岗位胜任力又称为岗位胜任特征，指能将某一岗位中有卓越成就者与表现平平者区分开来的个人潜在特征，它包括动机、特质、自我形象、态度或价值观、某领域知识、认知或行为技能[23]。冰川模型（见图12-3）是描述胜任力的通用模型，其可用来分析个人跟职业的匹配程度，从而做出正确的职业选择。冰川模型的水上部分代表表层的特征，如知识、技能等。知识指在实践中获得的认知和经验。技能指个人目前具备的某项专门技术。水下部分代表深层的胜任特征，如社会角色或价值观、自我定位、个性特点、内驱力或社会动机等，这些是决定人们的行为及表现和区分不同职业要求的关键因素。

（5）个人现状如何——当前个人具备的有利条件和不利条件各是什么。求职者可以从工作态度、工作经历、人际交往能力、学习能力、个人竞争力、自由资金、性格、家人和朋友的支持等方面分析自身条件的优势和劣势以及目前状态的好坏。了解个人优势可使我们更加自信，更好地进行自我定位；了解个人劣势，可使我们了解有所不为之处，便于扬长避短。我们可以借助 SWOT 模型对个人优劣势进行具体分析。

图 12-3　冰川模型

（二）环境评估

进行职业生涯规划还要充分认识与了解相关的外部环境，评估环境因素对自己职业生涯发展的影响，分析环境条件的特点、发展变化情况，把握外部环境因素的优势和限制，扬长避短，这样才能找到适合的发展方向。如果缺乏对外部环境的了解和分析，个人的职业生涯规划只能成为水中月、镜中花。外部环境评价主要包括社会政治环境、经济环境和组织（企业）环境的分析，即评估和分析社会的需求，本专业、本行业的地位、形势以及发展趋势，企业与组织的需求、家庭的期望，技术的发展和经济的走向，以及组织在职业生涯选择与规划等方面的员工政策等。如表 12-3 所示为环境分析。

表 12-3　环境分析

环 境 要 素	辨　　析
友伴条件	朋友是否多样化且有能力
行业条件	社会当前及未来需要的行业
企业条件	公司有改革计划吗；公司需要什么人才
地区条件	视行业和企业而定
社会	社会政治、法律、经济、社会与文化、教育及潜在的市场条件

　例证　12-6

人工智能带来的挑战[24-25]

剑桥大学的麦克尔·奥斯本（Michael Osborne）和卡尔·弗雷（Carl Frey）教授曾运用数据分析了 702 个详细职业被计算机取代的可能性。研究结果显示，大多数运输和物流，以及大部分办公和行政以及生产等传统重复性工作会被计算机化。随着技术的飞速发展，在可预见的不远的将来，大量的人类工作岗位将会被计算机和人工智能所替代。要想在未来保持工作竞争力，我们必须培养自己的创造力，锻炼社交技能。

ChatGPT 是一款美国人工智能实验室 OpenAI 开发的人工智能聊天机器人应用。2022

年11月上线，仅5天时间，用户突破100万，两个月时间注册用户过亿，一跃成为用户增长速度最快的应用。ChatGPT 能够与用户进行沟通聊天、编程写稿、作业辅导、设计翻译等。这些强大的功能，使每个原本需要人类创作的行业都等待被 ChatGPT 颠覆性重塑。ChatGPT 被公认为是继互联网、智能手机之后，带给人类的第三次革命性产品，有望形成"思维革命"，替代人类进行创作、创意、解答、咨询、翻译、客服等，改变人类思考和处理问题的方式方法，并由此重塑各行业生态。

（三）职业定位

职业定位就是要选择一种职业类型，为职业与自己的潜能以及主客观条件谋求最佳匹配。定位是自我定位和社会定位的统一，只有在了解自己和职业的基础上才能够给自己做准确定位。当你择业时，你将如何对自己的职业进行定位？成功的道路有千万条，属于你的是哪一条？良好的职业定位是以自己的最佳才能、最优性格、最大兴趣、最有利的环境等信息为依据的。也就是说，要充分考虑第一步的自我分析和第二步的环境评价的结果。进行职业定位时宜注意如下四个方面的事项：① 立足现实，依据客观现实，考虑个人与社会、单位的关系；② 树立辩证发展观，要厘清当前职业与未来发展的关系，选择条件更合适、更符合自己特长、更感兴趣、经过努力能够很快胜任、有发展前景的职业；③ 扬长避短，权衡个人能力，找到能够发挥个人所长的职业；④ 审时度势，及时调整。

（四）设定职业目标

职业生涯规划的核心是制定自己的职业目标，制定个人职业生涯规划的最终目的就是实现自己的职业目标，职业目标的选择正确与否直接关系到人生事业的成功与失败。在选错职业目标的人当中，超过 80%的人在事业上是失败者。因此，一定要择优选择职业目标。职业生涯规划中所确立的目标应该是可预想到的、有一定实现可能的目标，包括终极目标、长期目标、中期目标和短期目标。目标确立的方法通常是先结合自身条件和现实环境选择最适合自己发展的终极目标和长期目标，然后通过目标分解，分化为切合职业生涯各发展阶段实际情况的中期目标、短期目标。终极目标和长期目标需要个人经过长期艰苦努力、不懈奋斗才有可能实现，确立时要立足现实、慎重选择、全面考虑，使之既有现实性又有前瞻性。短期目标更具体，对人的影响也更直接，它也是长期目标的组成部分。

（五）设计职业生涯行动方案

有效的职业生涯设计需要有能够执行的生涯策略方案。没有行动，职业目标只能是一种梦想，实现它要有具体的行为措施来保证，要制定周详的行动方案。行动方案主要包括职业生涯发展路线的选择，相应的工作、教育和培训计划的制订等。职业目标确定后，向哪一条路线发展，比如是向行政管理路线发展，还是向专业技术路线发展，或是向市场营销路线发展，再或是先走技术路线，再转向行政管理路线，这就是职业生涯发展路线的选择。具体的工作岗位也需要做出规划，比如是从事行政管理、市场营销、技术研发，还是服务支持等。

例证　12-7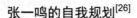

张一鸣的自我规划[26]

1983 年，字节跳动创始人张一鸣出生在福建龙岩，父母创造的殷实家境给他提供了宽松的成长环境，让他从小在很多事情上都能自己做决定。高考之后，张一鸣填志愿只用了 5 分钟，目的地是天津。他的目标很清晰：一所综合性大学，要靠海，不能离家近，最好冬天会下雪。

张一鸣不甘于做常规、重复事情的性格在大学时期开始显现。起初，他学习的是微电子专业，读了一年后，他觉得这个领域的想法和行动结果之间相差太远，"在面包板上插半天就为了做一个正弦波信号发生器，有这个时间，一顿晚饭都做出来了"。他强调"所见即所得"，喜欢付出之后能够迅速见效的事物，权衡之后，他认为计算机最符合要求，于是转专业到软件工程。他知道自己要什么，也知道为自己的梦想付出努力，于是张一鸣的大学时代在写代码和看书中度过，这在大多数人看来毫无乐趣，但张一鸣更像是带着强烈的目标导向，将所有行为精确掌握在可控的范围内。

大学毕业找工作时，张一鸣又一次为今后的职业道路拟定了条件：稳定不重要，户口不重要，公司规模和名气不重要；希望从事技术方面，最好是与信息组织相关的工作。他把这些条件按优先级排序，最终目标指向科技类创业公司，这为他今后创业打下了基础。

张一鸣自己的人生就如同算法一样运行着，他不断在"喜欢"和"不感兴趣"两个选项中修正自己，直到每做一项决策都是合乎理性的最优选择。也正因为如此，他创建的今日头条仅用了短短三四年的时间，便强势走进了数以亿计的用户的生活中，其本人也获得了巨大成功。

（六）评估与反馈

职业生涯规划是一个动态的变化过程。影响职业生涯设计的因素有很多，有些因素是可以预测的，有些因素是难以预见的。当今社会处于激烈的变化过程中，职业生涯规划难以预见个人发展将要遭遇的种种现实状况，因此原定职业生涯目标在策略实施过程中往往会出现偏差。成功的职业生涯规划需要时时审视内外环境的变化，在实施中去检验自己的方案，及时诊断规划中各个环节出现的问题，根据反馈情况，及时反省、修正规划目标并调整规划方案。

二、高校应届毕业生职业生涯规划

近年来，我国高校毕业生人数逐年递增，大学生的就业形势日益严峻，大学生就业问题已成为政府、社会各界和高校共同关注的焦点问题。大学生的职业生涯规划可以正向预测其就业力，即大学生的职业决策自我效能感对其就业竞争力的提升有积极的促进作用。通过职业探索、生涯决定、生涯行动以及评估调整等一系列行为，高校毕业生完善自己的职业生涯规划，有助于明晰职业发展的方向和目标，完善对自我的综合认识，促进就业[27]。

（一）高校毕业生就业竞争压力

随着我国高等教育从"精英化"向"大众化"改革，高等学校招生规模不断扩大，涌现出更多大学生，这也使得大学生就业竞争力不断加大。教育部公布的 2022 届高校毕业生规模和增量均创历史新高，规模 1076 万人，同比增加 167 万人。2023 届全国普通高校毕业生就业创业工作网络视频会议指出，2023 届高校毕业生规模预计 1158 万人，同比增加 82 万人。从 2008 年开始，毕业生人数已经连续 15 年上涨。在如此庞大的毕业生规模下，应届生就业难度势必会增加，就业形势较为严峻，竞争更加激烈。澎湃新闻数据显示，截至 2022 年 4 月 17 日，全国高校毕业生就业去向落实率仅为 23.61%。2022 届毕业生企业就业率呈下降趋势，选择企业就业其占比为 34.21%，比 2021 届下降了 7.15 个百分点，选择考研的人数在逐渐增多，占比为 40.78%。面对再创新高的毕业生人数和逐年下降的就业率，提前做好个人职业生涯规划对于个人降低职业选择的探索次数与成本，及早进入职业发展的立业与发展阶段，以获得更多的职场成长机会具有重要意义。

（二）大学生职业生涯规划的作用

高校应届毕业生提前做好职业生涯规划的重要性体现在以下两个方面。

（1）帮助个人清晰定位、明确职业目标。当前应届毕业生普遍存在对未来就业方向迷茫，工作不稳定、频繁跳槽等现象，这与他们大多处于职业生涯的探索期有关，而一个良好的个人职业生涯规划则可以帮助毕业生更清晰地了解自己的就业兴趣和对未来职业的期望，及早明确自己的职业目标，从而有助于缩短职业适应期，缩短职业试错的过程。

（2）帮助毕业生提前塑造个人核心竞争力。很多毕业生在毕业找工作时总是感觉高不成、低不就，即待遇更高的企业有更好的候选人，待遇低的企业自己又不愿意将就，造成了大学生就业难的现状。提前做好个人职业生涯规划有助于大学生依据个人的职业目标，对自己的能力与不足之处进行盘点，并据此来塑造自己，从而形成个人的职业竞争力。

（三）在学期间职业生涯规划准备

现在很多大学生虽然明白职业生涯规划对今后就业的重要性，但缺乏实践以及对现状的分析，因此造成了规划与现实相矛盾，具体体现在以下三点。

（1）社会认知不足，与企业需求不对称。大部分大学生在求学期间很少去关心或了解自己期待进入的公司的发展前景，对企业文化、企业背景、用人制度等更是了解甚微。还有的大学生只是一味地盲目考证，没有自己的职业目标，但是，与持证相比，企业往往更加看重求职者的个人素质和实际的操作能力。

（2）缺乏自我评估，职业定位不准。大学生职业生涯规划的起点是自我评估，进行科学的职业生涯规划的重要前提是能准确地对自己做出合理、全面、客观的评估。当前很多大学生对自我评估这个环节不够重视，大多是片面、不客观的，不能从自己的实际定位出发，多偏重于对自身兴趣、特长的评估，缺乏对自身缺点、接受挫折的能力及对未来职业价值观取向等方面所进行的评估[28]。

（3）缺乏行动力，规划的可行性低。很多大学生虽然制定了自己的职业生涯规划，但没有把自己的行动与规划统一起来，没有认真按规划执行，而是规划完就了事，把制定的职业生涯规划束之高阁[29]。

（四）高校毕业生的职业生涯规划要求

为了做好个人职业生涯规划，明确个人职业目标，合理择业，顺利就业，高校应届毕业生应该做到以下几点。

（1）尽快提升自我评估与定位的能力。开展职业生涯规划，首先应该提升自我评估与定位的能力。一方面，可以通过职业测评系统来客观地了解自我，客观地反映个人的职业倾向、职业兴趣、性格、能力，这些对个人合理地选择职业有较大的现实意义；另一方面，可以通过家长、老师和同学的评价来帮助个人综合评估自己的能力、智慧、优势、差距等，以此避免规划的盲目性，科学合理地制定自己的职业生涯规划。

（2）全方位提高综合竞争所需的专业技能。高校毕业生在学期间，必须构建合理的知识结构，通过业务知识的学习，夯实理论基础；通过科学研究，深化对知识的理解，强化各种专业技能。此外，还要培养从事相关行业的基本能力和某些专业能力，从而培养个人综合的职业竞争能力。大学生只有将合理的知识结构和社会需要的综合能力结合起来，才能在激烈的就业竞争中取得相对的优势。

（3）在实践中提高现代职场必备的心理素质。第一，增强心理承受力和耐挫折能力，学会冷静和坦然地面对择业过程中碰到的各种障碍和挫折，并从中吸取经验教训。第二，建立良好的人际关系，维护和增强心理健康。良好的人际关系有利于师生之间、同学之间互诉衷肠、分忧解难，从而有效地消除心理障碍，走出心理误区，最终实现顺利就业。第三，培养积极乐观的人生态度，开拓思路，转变观念，将时代发展、社会需要和个人前途三者有机结合起来，到国家急需人才的地方建功立业[30]。

三、职业生涯成功程度评价

职业生涯成功是指个人实现了自己认为有意义的职业生涯目标，主要可以从职业生涯成功的方向和标准两个方面进行评价。

（一）职业生涯成功的方向

职业生涯成功的含义因人而异，具有很强的相对性，对于同样的人在不同的人生阶段也有着不同的含义。每个人都可以，也应该对自己的职业生涯成功进行明确界定，包括成功意味着什么、成功时要拥有什么、成功的时间、成功的领域、成功时拥有的权势和社会的地位等。对有些人来讲，成功可能是一个抽象的、不能数量化的概念，如有一个和谐的工作氛围、未来非常有保障。职业生涯成功的方向主要有如下五种[31]：① 进取型：达到集团和系统的最高地位。② 安全型：追求认可、工作安全、尊敬和成为"圈内人"。③ 自由型：在工作过程中得到最大的控制权而不是被控制。④ 攀登型：得到刺激、挑战、冒险和"擦边"的机会。⑤ 平衡型：在工作、家庭关系和自我发展之间取得有意义的平衡，以使工作不至于变得太耗费精力或太乏味。如表 12-4 所示可以测试职业生涯成功的方向的类型。

表 12-4　测试职业生涯成功的方向的类型

类　型	比　例
进取型	%
安全型	%
自由型	%
攀登型	%
平衡型	%

注：你目前的职业成功方向类型属于哪种类型？请填表，如果不是单一选择，请填写各种比例，总和为100%。

（二）职业生涯成功的标准

职业生涯成功可以分为客观成功和主观成功。客观成功是指外部可以观察到并可以数量化的一些指标，如物质成功（财富、财产、收入）、晋升次数、地位和头衔（等级位置）、可支配的权力、威望、影响力、知识与技能。而主观成功标准则是个人从其所从事职业的内部或外部所获得的满意度，是个体的主观评价。从职业生涯成功要素来看，人力资本、社会资本和心理资本是预测个体职业成功的三大要素。其中，心理资本是最基础的要素，它通过影响个体人力资本和社会资本的获得，进而影响职业成功[32]。总的来说，要对职业生涯成功进行全面的评价，必须综合考虑个人、家庭、企业、社会等各方面的因素。对于企业人员来说，按照人际关系范围，可以将职业生涯成功标准分为自我评价、家庭评价、企业评价和社会评价四类评价体系，如表 12-5 所示。如果一个人在这四类体系中都能够得到肯定的评价，则其职业生涯必定是成功的[32]。

表 12-5　职业生涯成功评价体系

评 价 方 式	评 价 者	评 价 内 容	评 价 标 准
自我评价	本人	1. 自己的才能是否充分施展； 2. 对自己在企业发展、社会进步中所做的贡献是否满意； 3. 对自己的职称、职务、工资待遇等方面的变化是否满意； 4. 对处理职业生涯发展与其他人生活动的关系的结果是否满意； 5. 在职业工作过程是否感到开心、幸福； 6. 对职业任务、工作内容是否满意、感兴趣	根据个人的价值观念、知识水平、能力、主观幸福感、兴趣
家庭评价	父母、配偶、子女等家庭成员	1. 是否能够理解和肯定； 2. 是否能够给予支持和帮助	根据家庭文化
企业评价	上级、平级、下级	1. 是否有下级、平级同事的赞赏； 2. 是否有上级的肯定和表彰； 3. 是否有职称、职务的晋升或相同职务责权利范围的扩大； 4. 是否有工资待遇的提高	根据企业文化及其总体经营结果
社会评价	社会舆论、社会组织	1. 是否有社会舆论的支持和好评； 2. 是否有社会组织的承认和奖励	根据社会文明程度、社会历史进程

本章小结

➤ 职业生涯是指个体职业发展的历程，一般是指一个人终生经历的所有职业发展的整个历程。

➤ 职业生涯规划具有四个特点：可行性、适时性、可变性、连续性。

➤ 职业生涯规划与管理的基本理论包括职业发展阶段论、职业锚理论以及性格、兴趣、能力与职业的匹配理论。

➤ 职业生涯设计通常包括以下六个具体步骤：自我评估、环境评估、职业定位、设定职业目标、设计职业生涯行动方案、评估与反馈。

➤ 对于企业人员来说，按照其人际关系范围，可以将其职业生涯成功标准分为自我评价、家庭评价、企业评价和社会评价四类评价体系。

 思考练习题

 **心理测试**

你的职业兴趣——三个圆的启示

 **管理游戏**

圆球游戏

 **案例分析**

西门子公司的新职业生涯计划

 参考文献

[1] 谢稚澜. 港口企业人力资源管理核心问题之五：员工职业生涯规划[J]. 中国港口，2006（8）：46.

[2] SHARTLE C L. Occupational information: its development and application[M]. Englewood Cliffs, N.J.: Prentice-Hall, 1959.

[3] HALL D. The career is dead, long live career: a relative approach to career[M]. San Francisco, CA.: Jossey-Bass, 1996.

[4] SUPER D E. The psychology of careers[M]. New York: Harper & Row, 1957.

[5] SUPER D E. Vocational development theory in twenty years[M]//WHITELEY J M, RESNIKOFF A. Perspectives on vocational development. Washington, D.C.: American Personnel and Guidance, 1972.

[6] 诺斯威尔. 生涯规划理论述评[M]. 陈壁辉，译. 北京：商务印书馆，2003.

[7] 王凤科. 职业生涯管理视角：裂缝与修复[J]. 职业时空，2006（12）：5-8.

[8] 唐红杰，闵根. 大学生职业生涯规划中存在的问题及其对策研究[J]. 商业文化，2011（7）：281-282.

[9] 高峰. "大腕"们的精彩转行[J]. 职业，2016（4）：75.

[10] 祖天明. 企业员工职业生涯管理研究[D]. 长春：吉林大学，2005.

[11] 毕雪阳. 管理心理学[M]. 上海：上海财经大学出版社，2010.

[12] SCHEIN E H. Career anchors: discovering your real values[M]. San Diego, Calif.: University Associates, 1985.

[13] 刘世英，李良忠. QQ 帮主：马化腾其人[M]. 北京：经济日报出版社，2010.

[14] 俞文钊. 职业心理与职业指导[M]. 北京：人民教育出版社，1996.

[15] HOLLAND J L. Making vocational choices：a theory of careers[M]. Englewood Cliffs: Prentice-Hall, 1997.

[16] 陶小江. 怎样培养出工作狂[J]. 企业管理，2014（6）：34-35.

[17] SPEARMAN C. General Intelligence, Objectively determined and measured[J]. American journal of psychology. 1904(15): 201-293.

[18] 陈国海. 组织行为学[M]. 6 版. 北京：清华大学出版社，2020.

[19] 杨玉洁. 人的气质与性格：学会与不同性格的人友好相处[J]. 教育教学论坛，2010（18）：171-173.

[20] 俞文钊. 管理心理学[M]. 上海：东方出版中心，2002.

[21] 赵慧军. 不同职业者的个性模式及其测评：个性轮廓匹配法的应用[J]. 中国人力资源开发，1999（5）：32-34.

[22] 张文. 人生：从认识自我开始[J]. 大学教育科学，2016（1）：112-116.

[23] SPENCER J L, SPENCER S M. Competence at work: models for superior performance[M]. New York: John Wiley & Sons, Inc. 1903.

[24] CARL BENEDIKT FREY, MICHAEL A. OSBORNE. The future of employment:

how susceptible are jobs to computerization?[J]. Technological forecasting & social change. 2017(114): 254-280.

[25] 朱光辉，王喜文．ChatGPT 的运行模式、关键技术及未来图景[J]．新疆师范大学学报（哲学社会科学版），2023（4）：180-189．

[26] 杨芬．"头条哥"张一鸣[J]．企业观察家，2016（5）：30-33．

[27] 胡艳华，井影，曹雪梅．大学生职业决策自我效能感与就业力的关系：职业生涯规划的中介作用[J]．教育理论与实践，2019，39（12）：38-40．

[28] 王娜．加强大学生职业生涯规划的思考[J]．人才资源开发，2017（2）：188-189．

[29] 郭剑．当前大学生职业生涯规划的现状及对策[J]．中国大学生就业，2010（20）：37-40．

[30] 郭炯．职业能力研究的文献综述[J]．高等职业教育——天津职业大学学报，2009（2）：18-20．

[31] 黄洁星．职业生涯规划之理想与现实之间的选择[J]．人口与经济，2009（S1）：36-37．

[32] 周文霞，辛迅，潘静洲，等．职业成功的资本论：构建个体层面职业成功影响因素的综合模型[J]．中国人力资源开发，2015（17）：38-45．